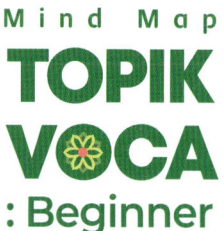

Mind Map
TOPIK VOCA
: Beginner

마인드맵으로 배우는

초급 토픽 어휘
1800

저자 정보영, 최은영

한글파크

한국어를 처음 배우는 학습자들은 새로운 단어의 양이 많고 형태가 낯설어 쉽게 잊어버리곤 한다. 특히 문형과 조사의 쓰임, 비슷해 보이는 단어들의 차이를 구별하는 일은 초급 단계에서 빈번하게 경험하는 어려움이다. 우리는 이러한 초기 부담을 줄이고 어휘를 의미 관계 속에서 이해하도록 돕기 위해 마인드맵 기반의 초급 어휘 교재를 기획하였다. 학습자가 단어를 하나씩 외우는 방식을 넘어, 주제 · 상위어 · 하위어 · 연관 표현을 함께 보며 어휘를 자연스럽게 익히는 것을 목표로 하였다.

본 교재는 KSL 교육과정, 국립국어원 TOPIK 어휘 목록, 대학 교재, 한국어 학습자 사전, 관련 연구 등을 바탕으로 초급 단계에서 반드시 알아야 할 핵심 어휘를 주제별 DAY 단위로 구성하였다. 각 DAY는 먼저 마인드맵으로 의미장을 시각화하고 목표 어휘의 의미를 함께 제시하여 쓰임을 한눈에 볼 수 있게 하되, 자주 함께 쓰이는 표현으로 실제 사용 맥락을 보완하였다. 이어 연습 문제에서는 문장 완성과 대화 완성 문제를 통해 배운 어휘를 실제 상황에 적용하도록 하였고, TOPIK I 기출 문제를 수록하여 실제 시험에도 대비할 수 있게 하였다. 아울러 어휘력 쑥쑥 코너에서는 조어력이 높은 기초 한자의 의미를 간단히 소개하고, 해당 한자가 포함된 초급 단어 예시를 제시하여 단어 기억과 확장을 돕도록 하였다. 마지막으로 한국 문화 코너에서는 초급 단계의 주제와 관련된 흥미로운 정보를 제공함으로써 언어와 문화를 함께 배우는 즐거움을 더하였다.

학습자들이 마인드맵으로 전체 숲을 먼저 보고 표제어 및 관련 표현을 학습한 뒤, 연습 문제로 점검하는 과정을 매일 꾸준히 이어 가면 약 80일 안에 초급 핵심 어휘를 체계적으로 마칠 수 있다. 우리는 이 책이 암기 위주의 학습을 넘어 연결로 기억하고 맥락으로 이해하는 어휘 학습을 가능하게 하리라 기대한다.

책 한 권이 만들어지기까지 많은 분의 수고가 필요함을 다시 한 번 깨닫는 시간이었다. 보다 좋은 책을 출판하기 위해 조언과 수고를 아끼지 않으신 한글파크 한국어 편집부와 디자인팀, 그리고 세심한 번역으로 완성도를 높여 주신 번역가님께 진심으로 감사드린다.

저자 일동

☑️ 이 책의 특징

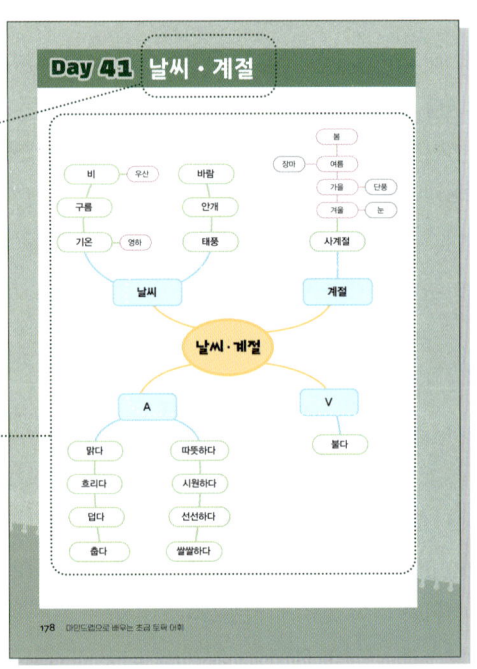

✔️ 제목

초급 단계의 주요 어휘를 분류한 주제로 DAY별로 하루 학습량을 구성하였다. 매일 꾸준히 학습하면 80일에 주요 초급 어휘 학습을 끝마칠 수 있다.

✔️ 마인드맵

어휘의 이해와 기억을 돕기 위해 마인드맵을 활용하였다. 대주제를 중심으로 상위어와 하위어 또는 의미상 포함되거나 연관된 어휘를 함께 묶어 어휘 간의 관계를 체계적으로 파악할 수 있도록 하였다.

✔️ 목표 어휘

목표 어휘는 초급 단계에서 반드시 알아야 할 기본 단어이다. 맵의 구조와 일관성을 유지하여 배열하여 학습자가 어휘의 의미를 보다 쉽게 찾을 수 있도록 하였다. 아울러 단어뿐만 아니라 문형과 조사도 어휘 범주에 포함하여 함께 제시하였다.

✔️ 자주 함께 쓰이는 표현

맥락이 없으면 이해하기 어려운 어휘의 의미 학습을 보완하기 위해 일부 어휘들은 '함께 쓰이는 표현'을 제시하였다.

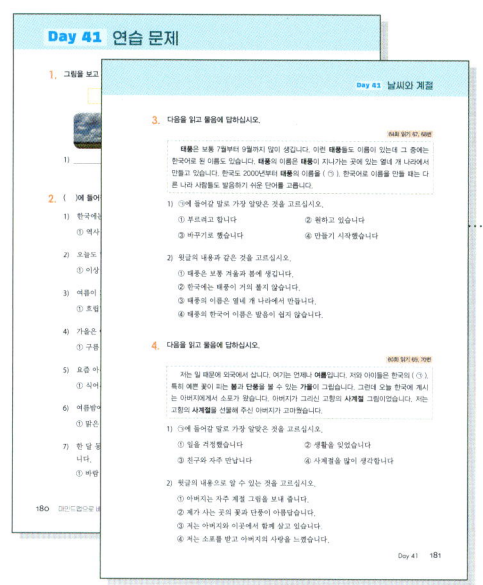

✔ 연습 문제

어휘와 표현을 실제 맥락 속에서 점검하도록 문장 완성, 대화 완성, 읽기로 구성하였으며 읽기 문제는 TOPIK I 듣기와 읽기 기출 문항을 활용하였다.

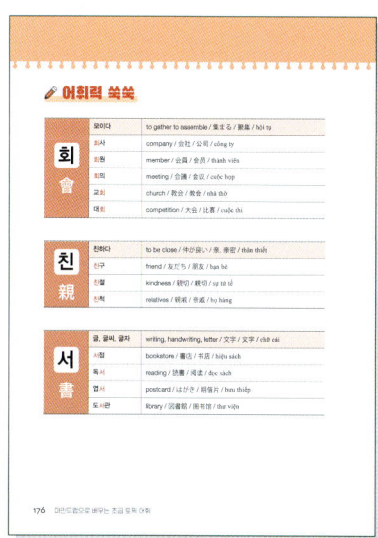

✔ 어휘력 쑥쑥

목표 어휘에 포함된 조어력이 높은 한자를 선별하여 그 의미를 설명하고, 초급 어휘 가운데 해당 한자가 포함된 단어를 예시로 제시하였다.

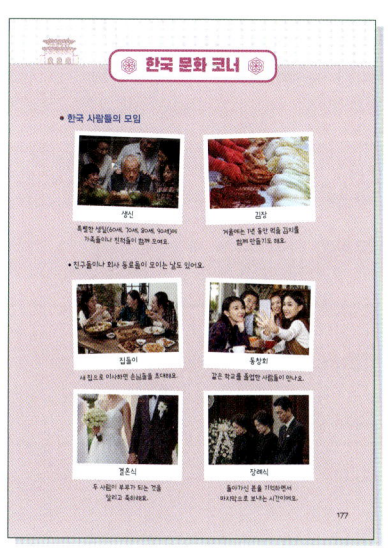

✔ 한국 문화 코너

흥미와 재미를 느끼면서 언어 지식과 문화적 배경을 함께 습득할 수 있도록 초급 단계에서 다루는 주제와 관련된 내용을 소개하였다.

목 차

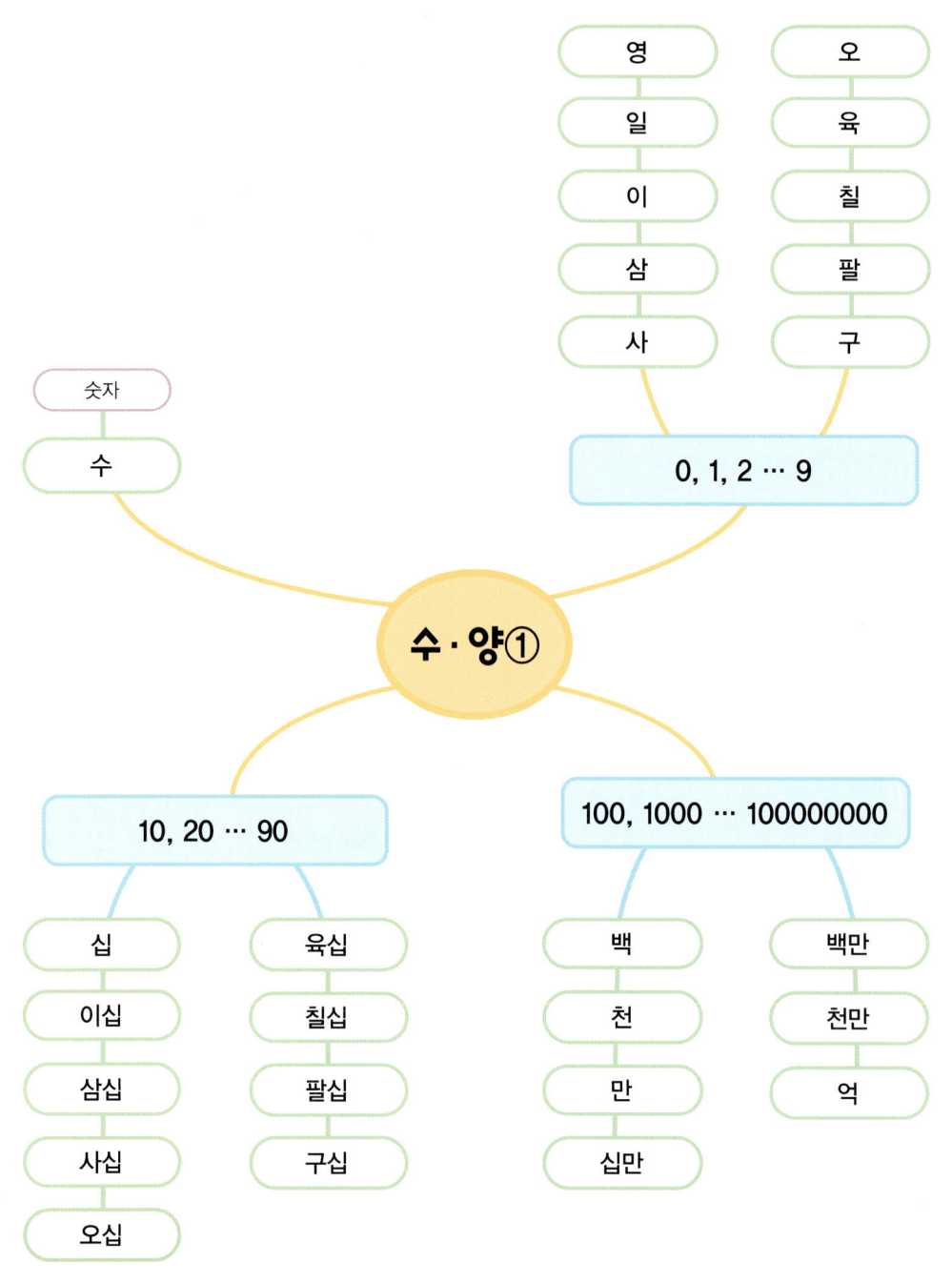

	영어	일본어	중국어	베트남어
수	number	数	数	con số
숫자	number, digit	数字	数字	chữ số

0, 1, 2 … 9

	영어	일본어	중국어	베트남어
영	zero	ゼロ、零	零	số không
일	one	一	一	một
이	two	二	二	hai
삼	three	三	三	ba
사	four	四	四	bốn
오	five	五	五	năm
육	six	六	六	sáu
칠	seven	七	七	bảy
팔	eight	八	八	tám
구	nine	九	九	chín

10, 20 … 90

	영어	일본어	중국어	베트남어
십	ten	十	十	mười
이십	twenty	二十	二十	hai mươi
삼십	thirty	三十	三十	ba mươi
사십	forty	四十	四十	bốn mươi
오십	fifty	五十	五十	năm mươi
육십	sixty	六十	六十	sáu mươi
칠십	seventy	七十	七十	bảy mươi
팔십	eighty	八十	八十	tám mươi
구십	ninety	九十	九十	chín mươi

100, 1000 … 100000000

	영어	일본어	중국어	베트남어
백	one hundred	百	百	trăm
천	one thousand	千	千	nghìn
만	ten thousand	一万	万	mười nghìn
십만	one hundred thousand	十万	十万	trăm nghìn
백만	one million	百万	百万	triệu
천만	ten million	一千万	千万	mười triệu
억	one hundred million	一億	亿	trăm triệu

1. 숫자를 한글로 쓰십시오.

1) _____ 이 지갑은 (50,000) 원입니다.

2) _____ 오늘 최고 기온이 (28) 도입니다.

3) _____ 우리 아파트는 (18) 층까지 있습니다.

4) _____ 우리 아버지는 올해 (80) 세이십니다.

5) _____ 제 조카는 키가 (138) 센티미터입니다.

6) _____ 저는 학교에 (753) 번 버스를 타고 갑니다.

7) _____ 제 전화번호는 (010-2453-6798) 번입니다.

8) _____ 회사에서 집까지 버스로 (40) 분쯤 걸립니다.

9) _____ 새로 산 노트북 가격은 (1,659,000) 원입니다.

10) _____ 인도에는 약 (1,450,000,000) 명이 살고 있습니다.

11) _____ 저는 하숙집에 사는데 한 달 하숙비가 (700,000) 원입니다.

12) _____ 시험 때문에 스트레스가 많아서 (0) 점을 받는 꿈을 꾼 적이 있습니다.

2. 다음을 읽고 맞지 <u>않는</u> 것을 고르십시오.

1)

64회 읽기 41번

① 삼 분 후에 먹습니다.　　　　② 가격은 이천 원입니다.

③ 이 라면은 김치 맛입니다.　　④ 이 라면에 계란이 있습니다.

2)

91회 읽기 40번

① 김밥입니다.　　　　　　　② 천오백 원입니다.

③ 불고기 맛입니다.　　　　　④ 십이월까지 팝니다.

3)

60회 읽기 41번

영화 할인권

가격 ~~12,000원~~ → 7,000원

사용 기한: 2018년 11월 1일(목) ~ 11월 30일(금)

메가 영화관

① 일주일 동안 사용합니다.　　② 칠천 원에 영화를 봅니다.

③ 십일월 삼십 일까지 사용합니다.　④ 메가 영화관에서 영화를 봅니다.

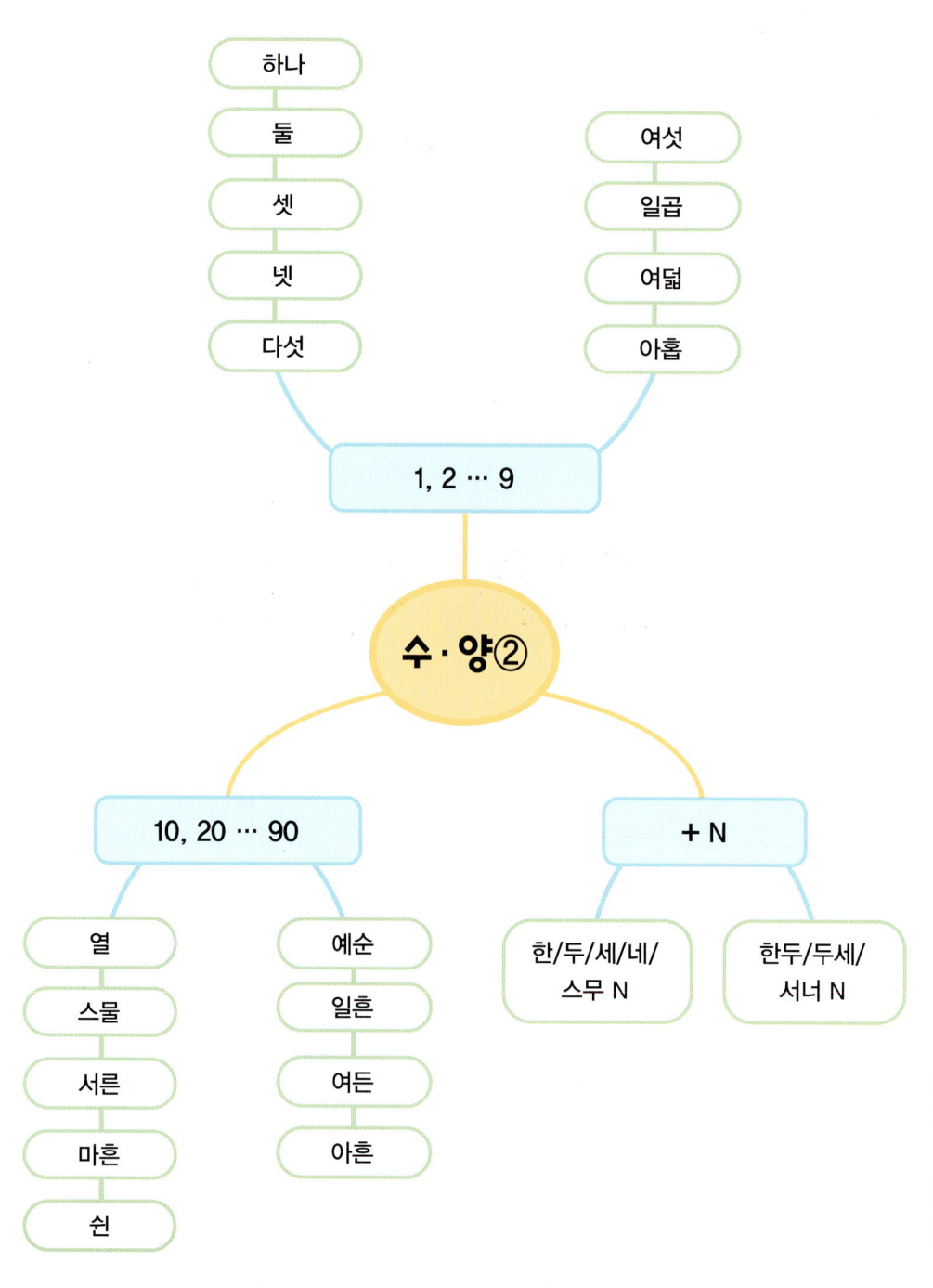

	영어	일본어	중국어	베트남어
1, 2 … 9				
하나	one	一つ	一	một
둘	two	二つ	二	hai
셋	three	三つ	三	ba
넷	four	四つ	四	bốn
다섯	five	五つ	五	năm
여섯	six	六つ	六	sáu
일곱	seven	七つ	七	bảy
여덟	eight	八つ	八	tám
아홉	nine	九つ	九	chín
10, 20 … 90				
열	ten	十	十	mười
스물	twenty	二十	二十	hai mươi
서른	thirty	三十	三十	ba mươi
마흔	forty	四十	四十	bốn mươi
쉰	fifty	五十	五十	năm mươi
예순	sixty	六十	六十	sáu mươi
일흔	seventy	七十	七十	bảy mươi
여든	eighty	八十	八十	tám mươi
아흔	ninety	九十	九十	chín mươi
+ N				
한 N	one N	一つの N	一N	một (cái) N
두 N	two N	二つの N	两N	hai (cái) N
세 N	three N	三つの N	三N	ba (cái) N
네 N	four N	四つの N	四N	bốn (cái) N
스무 N	twenty N	二十の N	二十N	hai mươi (cái) N
한두 N	one or two N	一、二の N	一两N	một hoặc hai (cái) N
두세 N	two or three N	二、三の N	两三N	hai hoặc ba (cái) N
서너 N	three or four N	三、四の N	三四N	ba hoặc bốn (cái) N

1. ( )에 들어갈 말로 가장 알맞은 것을 고르십시오.

1) 지금 한국은 오후 (7) 시입니다.

　① 아홉　　　　　② 여덟　　　　　③ 예순　　　　　④ 일곱

2) 저는 강아지를 (1) 마리 키웁니다.

　① 일　　　　　　② 한　　　　　　③ 아홉　　　　　④ 하나

3) 저는 매일 커피를 (3~4)잔 마십니다.

　① 두세　　　　　② 둘셋　　　　　③ 서너　　　　　④ 한두

4) 우리 할머니는 올해 (80) 살이 되셨습니다.

　① 마흔　　　　　② 아흔　　　　　③ 여든　　　　　④ 일흔

5) 한국에서는 (19)살부터 담배나 술을 살 수 있습니다.

　① 일구　　　　　② 십아홉　　　　③ 열아홉　　　　④ 열아흔

6) 부산을 좋아해서 지금까지 부산에 (3) 번 여행 갔습니다.

　① 넷　　　　　　② 사　　　　　　③ 삼　　　　　　④ 세

7) 형은 운동화를 좋아합니다. 운동화가 (20) 켤레나 있습니다.

　① 둘십　　　　　② 서른　　　　　③ 스무　　　　　④ 스물

8) 저는 주말에 카페에서 (8) 시간 동안 아르바이트를 하고 있습니다.

　① 다섯　　　　　② 서른　　　　　③ 여덟　　　　　④ 예순

9) 서울스키장은 (4)명 이상 예약하면 10% 할인을 받을 수 있습니다.

　① 네　　　　　　② 넷　　　　　　③ 쉰　　　　　　④ 한

10) 우리 어머니는 (40) 살에 대학원에 들어가서 공부를 시작하셨습니다.

　① 마흔　　　　　② 아홉　　　　　③ 아흔　　　　　④ 일흔

2. 다음을 읽고 맞지 <u>않는</u> 것을 고르십시오.

1)

36회 읽기 40번

19/일	20/월	21/화	22/수	23/목	24/금	25/토
	수영	민수 씨와 점심약속	쇼핑	수영	동생 생일	미영 씨와 등산

10월

① 금요일에 민수 씨를 만납니다.　　② 주말에 미영 씨와 산에 갑니다.

③ 일주일에 두 번 수영을 합니다.　　④ 시월 이십이 일에 쇼핑을 합니다.

2)

37회 읽기 40번

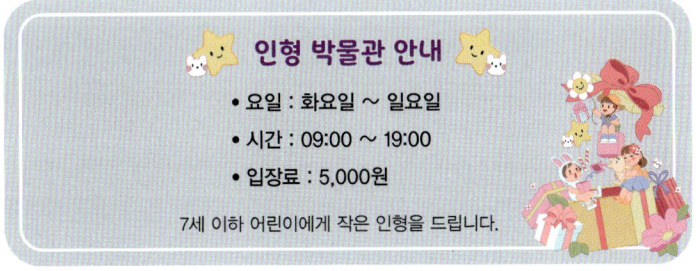

인형 박물관 안내
- 요일 : 화요일 ~ 일요일
- 시간 : 09:00 ~ 19:00
- 입장료 : 5,000원

7세 이하 어린이에게 작은 인형을 드립니다.

① 오천 원을 냅니다.　　② 월요일에 문을 엽니다.

③ 어린이가 갈 수 있습니다.　　④ 오후 일곱 시에 끝납니다.

3)

52회 읽기 40번

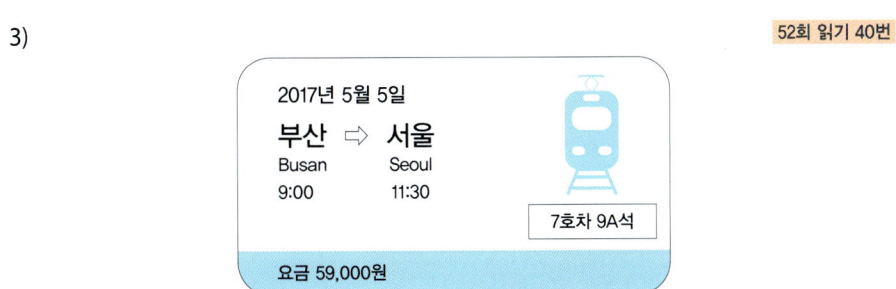

2017년 5월 5일

부산 ⇨ 서울
Busan　　Seoul
9:00　　11:30

7호차 9A석

요금 59,000원

① 부산으로 갑니다.　　② 표는 오만 구천 원입니다.

③ 아침 아홉 시에 출발합니다.　　④ 오월 오일에 기차를 탑니다.

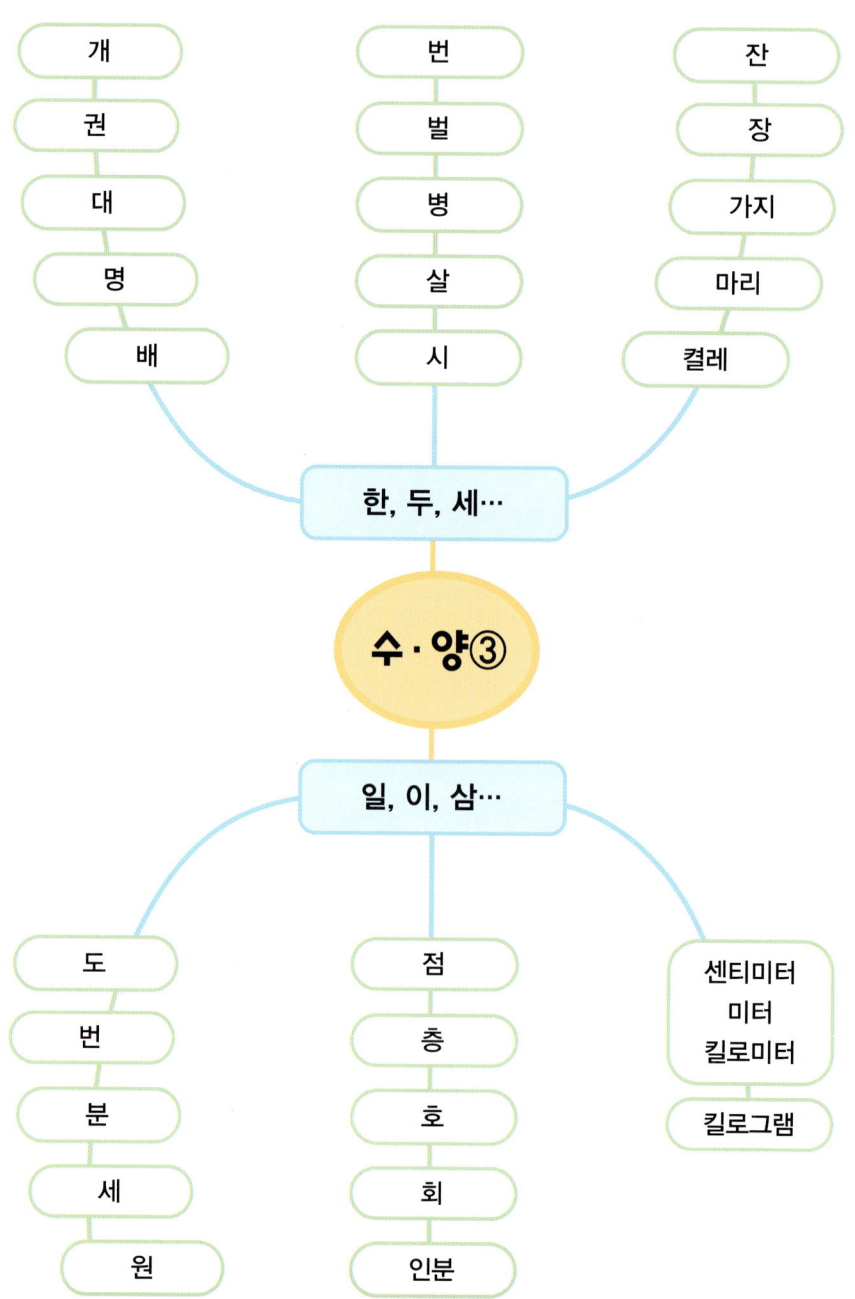

개
권
대
명
배

번
벌
병
살
시

잔
장
가지
마리
켤레

한, 두, 세…

수・양③

일, 이, 삼…

도
번
분
세
원

점
층
호
회
인분

센티미터
미터
킬로미터

킬로그램

	영어	일본어	중국어	베트남어
한, 두, 세…				
개	item	個	个	cái
권	volume	冊	本	cuốn
대	vehicle, machine	台	台	cái
명	person	名、人	名	người
배	times (multiplier)	倍	倍	gấp … lần
번	time	回	次	lần (thứ tự)
벌	pair, suit	そろい	身, 双	bộ
병	bottle	本	瓶	chai
살	years old	歳	岁	tuổi
시	o'clock	時	点	giờ
잔	cup, glass	杯	杯	ly, cốc
장	page, sheet	枚	张	trang
가지	kind, type	種類	种, 个	loại
마리	animal	匹、頭、羽	只	con (động vật)
켤레	pair	足	双	đôi, cặp
일, 이, 삼…				
도	degree	度	度	độ
번	No. (number)	番	次	số
분	minute	分	分钟	phút
세	years old	歳	岁	tuổi
원	won (KRW)	ウォン（韓国の通貨）	韩元	won
점	point, score	点	点/分	dấu chấm
층	floor	階	层	tầng
호	room number(#)	号	号	số phòng
회	session, time	回	次	lần
인분	serving, portion	人分	人份	phần
센티미터	centimeter (cm)	センチメートル	厘米	centimet
미터	meter (m)	メートル	米	mét
킬로미터	kilometer (km)	キロメートル	千米	kilômét
킬로그램	kilogram (kg)	キログラム	千克	kilôgam

1. ( )에 들어갈 말로 가장 알맞은 것을 고르십시오.

1) 우리 교실은 삼 층에 있습니다. 삼백 오 ( )입니다.

　① 도　　　　　② 세　　　　　③ 호　　　　　④ 회

2) 오늘 아침에 사과 한 ( )와/과 우유 한 잔을 마셨습니다.

　① 개　　　　　② 대　　　　　③ 명　　　　　④ 호

3) 비싸지 않고 여러 ( ) 반찬을 만들 수 있어서 저는 계란을 자주 삽니다.

　① 가지　　　　② 마리　　　　③ 인분　　　　④ 켤레

4) 시험을 봤는데 조금 어려웠습니다. 마지막 이십오 ( ) 문제는 풀지 못했습니다.

　① 번　　　　　② 병　　　　　③ 원　　　　　④ 점

5) 여행을 할 때마다 그 나라의 엽서를 사는데 지금까지 이백 ( ) 정도 모았습니다.

　① 명　　　　　② 벌　　　　　③ 잔　　　　　④ 장

6) 우리 가족은 주말에 같이 자전거를 타러 갑니다. 그래서 우리 집에는 자전거가 네
( ) 있습니다.

　① 대　　　　　② 배　　　　　③ 시　　　　　④ 살

7) 제주도로 여행을 갈 때 배로 가는 것이 비행기로 가는 것보다 두 ( ) 정도 싸서
배를 타고 가기로 했습니다.

　① 배　　　　　② 번　　　　　③ 살　　　　　④ 회

8) 가: 주문 하시겠어요?
나: 불고기 삼 ( )하고 냉면 두 개 주세요.

　① 권　　　　　② 시　　　　　③ 인분　　　　④ 켤레

9) 가: 머리를 어떻게 해 드릴까요?
나: 삼 ( ) 정도 잘라 주세요.

　① 미터　　　　② 센티미터　　③ 킬로그램　　④ 킬로미터

2. 다음을 듣고 물음에 맞는 대답을 고르십시오.

Track 01 64회 듣기 4번

> 여자: 친구를 몇 **시**에 만나요?
> 남자: _____

① 세 명이에요   ② 같이 숙제해요

③ 친구 집에 가요   ④ 두 시에 만나요

3. 여기는 어디입니까? 알맞은 것을 고르십시오.

1)

Track 02 60회 듣기 8번

> 여자: 모두 두 **권**입니다.
> 남자: 네. 이 책 두 **권** 빌려 주세요.

① 시장   ② 약국   ③ 도서관   ④ 여행사

2)

Track 03 64회 듣기 9번

> 여자: 방은 5**층**이고요. 501**호**입니다.
> 남자: 네. 아침 식사 시간은 언제예요?

① 호텔   ② 회사   ③ 극장   ④ 빵집

4. 다음은 무엇에 대해 말하고 있습니까? 알맞은 것을 고르십시오.

Track 04 83회 듣기 14번

> 여자: 그 가방 좋네요. 비싼 거예요?
> 남자: 아니요. 비싸지 않아요. 이만 **원**이에요.

① 값   ② 맛   ③ 위치   ④ 계절

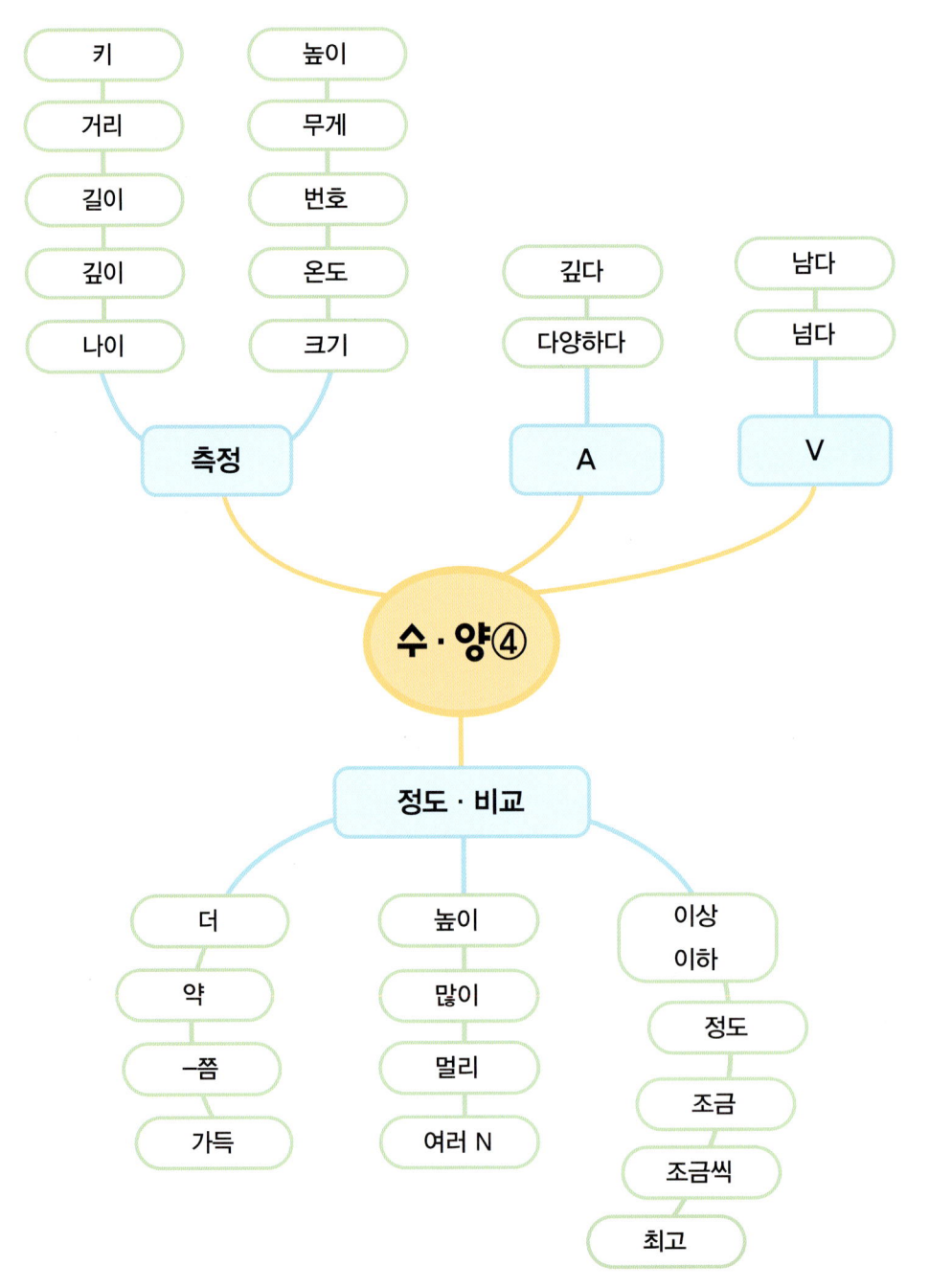

키
거리
길이
깊이
나이

높이
무게
번호
온도
크기

측정

깊다
다양하다

A

남다
넘다

V

수 · 양④

정도 · 비교

더
약
─쯤
가득

높이
많이
멀리
여러 N

이상
이하
정도
조금
조금씩
최고

	영어	일본어	중국어	베트남어
측정				
키	height	背	个子	chiều cao
키가 크다	to be tall	背が高い	个子高	cao lớn
거리	distance	距離	距离	khoảng cách
길이	length	たけ	长度	chiều dài
깊이	depth	深さ	深度	độ sâu
나이	age	歳、年齢	年龄	tuổi
높이	height	高さ	高度	độ cao
무게	weight	重さ	重量	cân nặng
번호	number	番号	号码	con số
온도	temperature	温度	温度	nhiệt độ
크기	size	大きさ	大小	kích cỡ
A				
깊다	to be deep	深い	深	sâu
다양하다	to be diverse	多様だ、様々だ	多样	đa dạng
V				
남다	to remain	残る	剩下	còn lại
음식이 남다	to have leftovers	食べ物が残る	剩下食物	thức ăn còn thừa lại
넘다	to be over, to exceed	超える	超过	vượt quá
30℃가 넘다	to be over 30℃	30度を超える	超过30度	trên 30 độ c
정도 · 비교				
더	more	もっと、もう	更/再	thêm
하나 더	one more	もう一つ	再来一个	thêm một (cái)
약	about, approximately	約	约	khoảng
一쯤	around, about	～頃	大约	khoảng ~
몇 시쯤	about what time	何時頃	大约几点	khoảng mấy giờ
가득	fully	いっぱい	满满	đầy
가득 차다	to be filled	いっぱいになる	装满	đầy ắp
높이	high	高さ	高度	chiều cao
많이	much	たくさん	多	nhiều
멀리	far	遠く	远	xa
여러 N	several	いろいろな	很多	nhiều
여러 종류	various kinds	いろいろな種類	很多种	nhiều loại
이상	more than	以上	以上	từ … trở lên
이하	less than	以下	以下	từ … trở xuống
정도	degree	程度	程度	cỡ, khoảng
어느 정도	to some degree	ある程度	某种程度	mức độ nào đó
조금	a little	少し	一点儿	một ít
조금씩	little by little	少しずつ	一点一点儿地	từng chút một
최고	best	最高	最高	tốt nhất

1. ( )에 들어갈 말로 가장 알맞은 것을 고르십시오.

1) 교실이 더워서 에어컨의 ( )을/를 조금 더 내렸습니다.

① 길이   ② 깊이   ③ 번호   ④ 온도

2) 회사 일이 많아서 어제는 밤 10시가 ( ) 퇴근했습니다.

① 남겨서   ② 남아서   ③ 넘어서   ④ 마쳐서

3) 다니엘 씨는 농구 선수처럼 ( )가 큽니다. 189cm입니다.

① 키   ② 거리   ③ 나이   ④ 높이

4) 시장이 ( ) 있어서 보통 인터넷으로 야채나 과일을 삽니다.

① 가득   ② 높이   ③ 많이   ④ 멀리

5) 읽기 시험에서 90점을 받았습니다. 지금까지 내가 받은 ( ) 점수입니다.

① 가장   ② 이상   ③ 최고   ④ 여러

6) 집에 큰 여행 가방밖에 없어서 ( )이/가 좀 작은 가방을 새로 사려고 합니다.

① 높이   ② 무게   ③ 정도   ④ 크기

7) 외국 여행을 하면서 가장 즐거운 일은 ( ) 나라에서 온 사람들과 사귀는 것입니다.

① 깊은   ② 어느   ③ 여러   ④ 조금

8) 제주항공은 한 사람이 비행기 안에 가지고 탈 수 있는 짐의 무게가 10kg ( ) 입니다.

① 영하   ② 이전   ③ 이하   ④ 지하

9) 가: 바지가 작은데 ( ) 큰 사이즈 있어요?
    나: 네, 손님. 한 사이즈 큰 걸로 보여 드릴게요.

① 꼭   ② 늘   ③ 더   ④ 약

10) 가: 아버님 수술 후 건강이 어떠세요?
     나: 이틀 동안은 식사도 잘 못 하셨는데 그후로는 ( ) 좋아지고 계세요.

① 깨끗이   ② 조금씩   ③ 조용히   ④ 활발히

2. 무엇에 대한 내용입니까? 알맞은 것을 고르십시오.

52회 읽기 31번

> 형은 스물한 살입니다. 누나는 스물세 살입니다.

① 나이   ② 날짜   ③ 이름   ④ 시간

3. 다음을 읽고 내용이 같은 것을 고르십시오.

60회 읽기 45번

> 7월에는 김치 축제가 있습니다. **여러** 김치를 먹어 볼 수 있어서 김치 축제에 사람이 **많이** 옵니다. 김치 중에서 오이김치가 제일 인기 있습니다.

① 축제는 구월에 합니다.   ② 축제에서 김치를 먹지 못합니다.

③ 축제에 사람들이 별로 없습니다.   ④ 사람들이 오이김치를 제일 좋아합니다.

4. 다음을 읽고 물음에 답하십시오.

47회 읽기 51, 52번

> 레몬은 요리에 **많이** 사용됩니다. 사람들은 레몬으로 차를 만들어서 마시기도 합니다. 레몬은 하얀 옷을 (㉠) 사용할 수도 있습니다. 레몬을 쓰면 옷이 **더** 하얗게 됩니다. 레몬은 이렇게 우리 생활에서 **다양하게** 사용됩니다.

1) ㉠에 들어갈 말로 가장 알맞은 것을 고르십시오.

　　① 빨고   ② 빨 때   ③ 빨아서   ④ 빤 후에

2) 무엇에 대한 내용인지 맞는 것을 고르십시오.

　　① 레몬의 맛과 색   ② 레몬을 먹는 이유

　　③ 레몬으로 할 수 있는 일   ④ 레몬으로 차를 만드는 방법

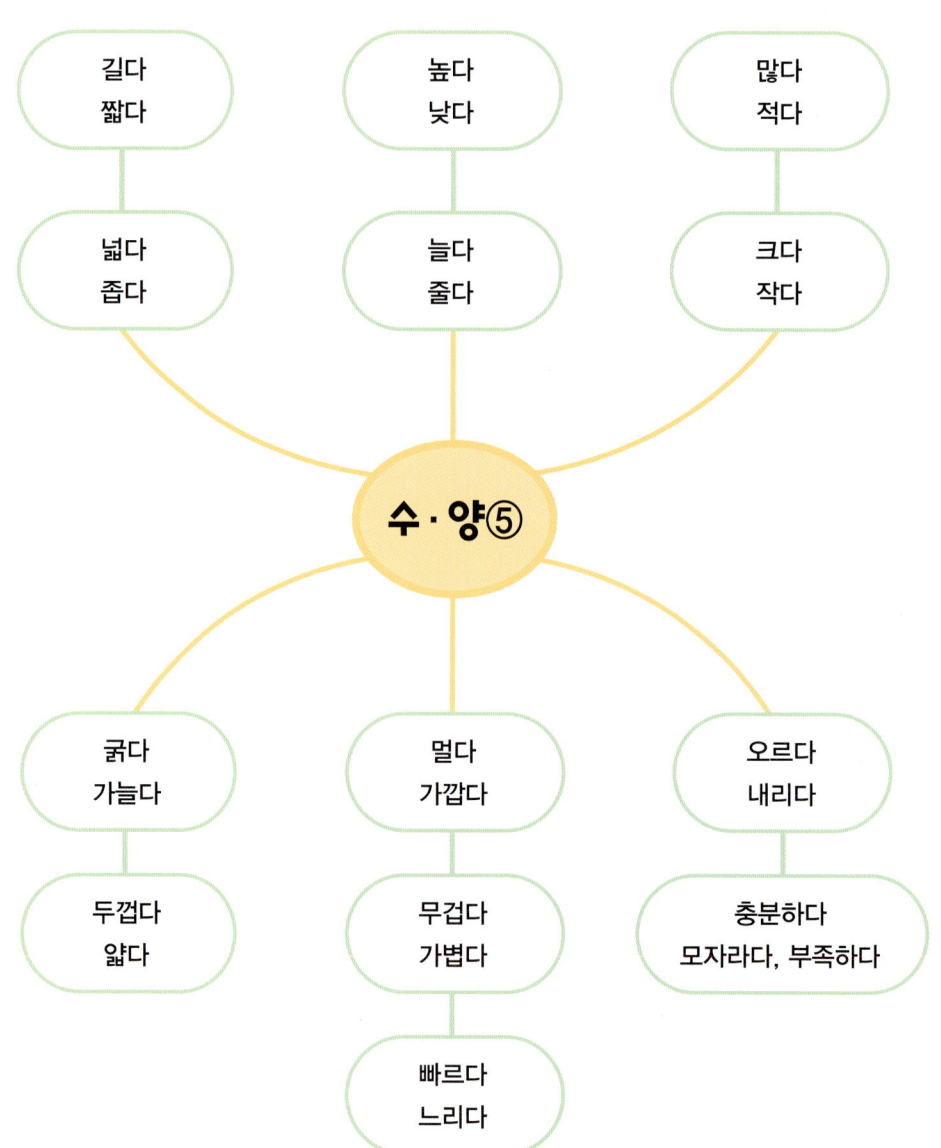

길다
짧다

높다
낮다

많다
적다

넓다
좁다

늘다
줄다

크다
작다

수·양⑤

굵다
가늘다

멀다
가깝다

오르다
내리다

두껍다
얇다

무겁다
가볍다

충분하다
모자라다, 부족하다

빠르다
느리다

	영어	일본어	중국어	베트남어
길다	to be long	長い	长	dài
짧다	to be short	短い	短	ngắn
넓다	to be wide	広い	宽	rộng
좁다	to be narrow	狭い	窄	chật hẹp
높다	to be high	高い	高	cao
낮다	to be low	低い	矮/低	thấp
늘다	to increase	増える	增加	giãn ra
손님이 늘다	the number of customers increases	客が増える	客人增加	lượng khách hàng tăng lên
줄다	to decrease	減る	减少	giảm
시간이 줄다	to have less time	時間が減る	时间减少	thời gian giảm
많다	to be many / much	多い	多	nhiều
적다	to be few / little	少ない	少	ít
크다	to be big	大きい	大	lớn
작다	to be small	小さい	小	bé
굵다	to be bold, to be thick	太い	粗	đậm
굵은 글씨	bold letters	太い字	粗体字	chữ in đậm
가늘다	to be thin	細い	细	khẽ khàng
목소리가 가늘다	to have a thin / weak voice	声が細い	声音细	giọng nói khẽ khàng
두껍다	to be thick	厚い	厚	dày
두꺼운 책	thick book	厚い本	厚书	cuốn sách dày
얇다	to be thin	薄い	薄	mỏng
얇은 옷	thin clothes	薄い服	薄衣服	quần áo mỏng
멀다	to be far	遠い	远	xa
가깝다	to be near, to be close	近い	近	gần
무겁다	to be heavy	重い	重	nặng
가볍다	to be light	軽い	轻	nhẹ
빠르다	to be fast	速い	快	nhanh
느리다	to be slow	遅い	慢	chậm
오르다	to rise, to go up	上がる	上涨	tăng lên
가격이 오르다	prices go up	値段が上がる	价格上涨	giá cả tăng lên
내리다	to fall, to go down	下がる	下降	xuống
열이 내리다	fever goes down	熱が下がる	退烧	hạ sốt
충분하다	to be enough	十分だ	充足	đủ
시간이 충분하다	to have enough time	時間が十分だ	时间充足	có đủ thời gian
모자라다, 부족하다	to lack	足りない、不足する	不够	thiếu
돈이 모자라다	to lack money	お金が足りない	钱不够	thiếu tiền

1. ( )에 들어갈 말로 가장 알맞은 것을 고르십시오.

1) 사과 가격이 작년보다 많이 ( ) 자주 사 먹지 못합니다.

① 멀어서　　　　② 올라서　　　　③ 모자라서　　　　④ 무거워서

2) 새로 산 핸드폰이 아주 ( ). 무게가 167g밖에 안 됩니다.

① 깁니다　　　　② 느립니다　　　　③ 가볍습니다　　　　④ 두껍습니다

3) 지난번에 이용한 호텔은 인터넷 속도가 너무 ( ) 답답하고 불편했습니다.

① 느려서　　　　② 짧아서　　　　③ 가늘어서　　　　④ 모자라서

4) 우리 언니는 손이 예쁩니다. 저도 언니처럼 손가락이 길고 ( ) 좋겠습니다.

① 가늘면　　　　② 넓으면　　　　③ 높으면　　　　④ 빠르면

5) 수미 씨 안경이 아주 ( ) 것을 보면 수미 씨는 눈이 많이 나쁜 것 같습니다.

① 낮은　　　　② 작은　　　　③ 가까운　　　　④ 두꺼운

6) 가: 요코 씨 방이 아주 좋은데요.

　　나: 그렇지요? 방이 크고 ( ) 마음에 들어요. 창문이 커서 햇빛도 잘 들고요.

① 넓어서　　　　② 느려서　　　　③ 적어서　　　　④ 좁아서

7) 가: 지금 몇 시예요? 늦은 건 아니지요?

　　나: 아직 두 시예요. 비행기 출발 시간까지 시간이 ( ) 천천히 가도 돼요.

① 빠르니까　　　　② 짧으니까　　　　③ 부족하니까　　　　④ 충분하니까

8) 가: 식당 아르바이트 어때요? 많이 바빠요?

　　나: 아니요, 별로 바쁘지 않아요. 학교 근처에 있는 식당인데 지금 여름 방학이라
　　　　서 손님이 평소보다 많이 ( ).

① 내렸어요　　　　② 늘었어요　　　　③ 작았어요　　　　④ 줄었어요

9) 가: 시원하고 ( ) 여름 이불을 사고 싶은데 어디에서 사면 좋아요?

　　나: 동대문 시장에 가 보세요. 거기에 이불 가게들이 많이 모여 있어요.

① 굵은　　　　② 낮은　　　　③ 많은　　　　④ 얇은

2. 다음을 듣고 물음에 맞는 대답을 고르십시오.

Track 05 64회 듣기 2번

> 여자: 구두가 **커요**?
> 남자: _____

① 네, 구두예요.　　　　　　　② 네, 구두가 예뻐요.

③ 아니요, 구두가 작아요.　　　④ 아니요, 구두가 있어요.

3. (　　)에 들어갈 말로 가장 알맞은 것을 고르십시오.

64회 읽기 36번

> 집에서 은행이 (　　　　). 집 앞에 있습니다.

① 넓습니다　　　② 가깝습니다　　　③ 깨끗합니다　　　④ 시원합니다

4. 다음을 읽고 물음에 답하십시오.

41회 읽기 55, 56번

> 우리 동네에는 '웃음 극장'이 있습니다. 저는 힘들 때마다 이 극장에 갑니다. 이곳에 가면 재미있는 공연을 볼 수 있기 때문입니다. 그런데 이 극장은 들어갈 때 돈을 내지 않고 나갈 때 돈을 냅니다. 이 극장에는 카메라들이 있어서 사람들의 웃는 모습을 찍습니다. **크게 많이** 웃으면 돈을 **적게** 내고, **적게** 웃으면 돈을 **많이** 냅니다. (㉠) 사람들은 이곳에서 **많이** 웃으려고 합니다.

1) ㉠에 들어갈 말로 가장 알맞은 것을 고르십시오.

　　① 그러면　　　② 그리고　　　③ 그러나　　　④ 그래서

2) 윗글의 내용과 같은 것을 고르십시오.

　　① 저는 웃음 극장에서 공연을 준비합니다.

　　② 저는 기분이 좋으면 웃음 극장에 갑니다.

　　③ 웃음 극장에서는 사람들의 사진을 찍습니다.

　　④ 웃음 극장에서는 사람들에게 돈을 받지 않습니다.

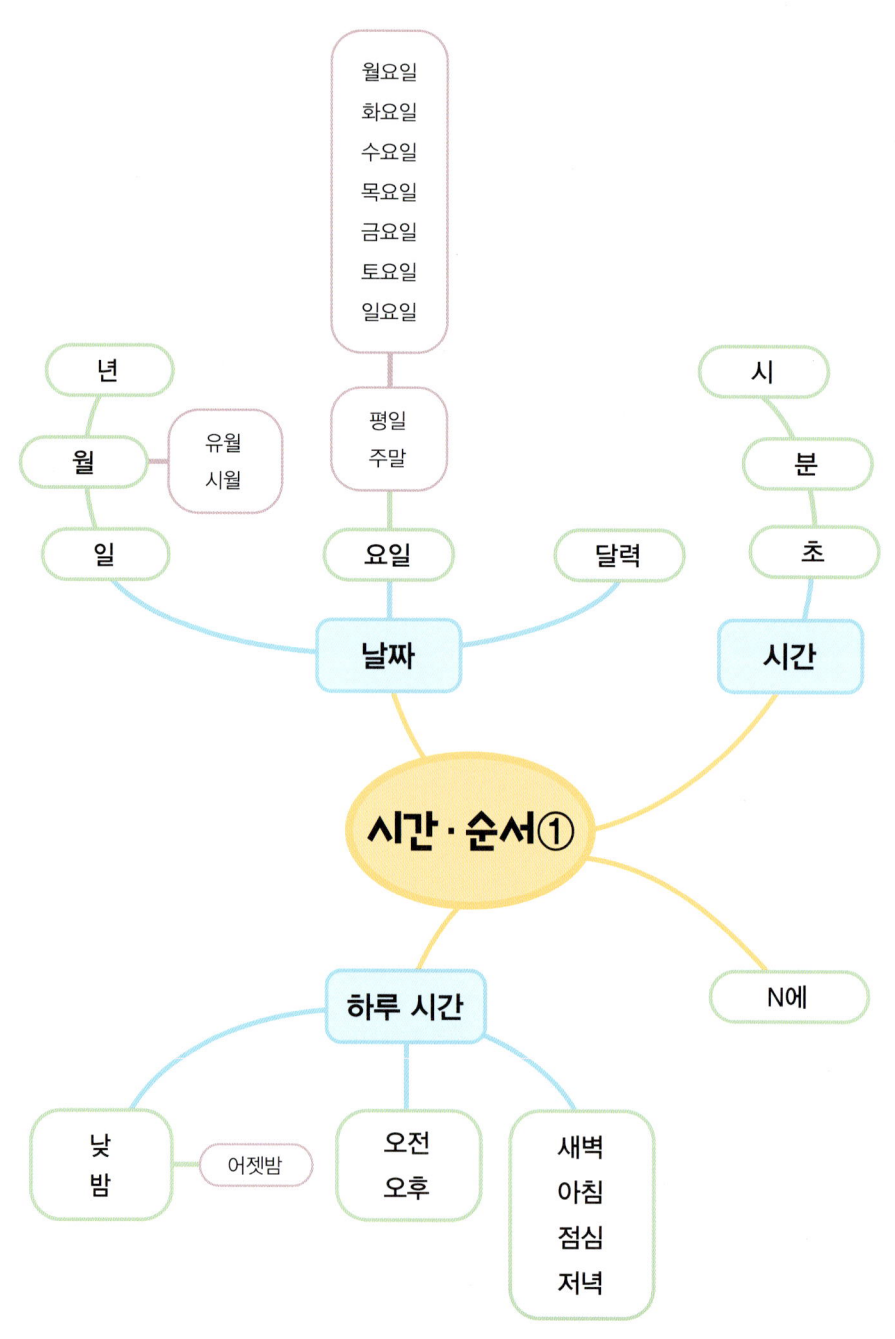

	영어	일본어	중국어	베트남어
날짜				
날짜	date	日付	日期	ngày
년	year	年	年	năm
월	month	月	月	tháng
유월	June	6月	六月	tháng sáu
시월	October	10月	十月	tháng mười
일	day	日	日	ngày
요일	day of the week	曜日	星期	ngày trong tuần
월요일	Monday	月曜日	星期一	thứ hai
화요일	Tuesday	火曜日	星期二	thứ ba
수요일	Wednesday	水曜日	星期三	thứ tư
목요일	Thursday	木曜日	星期四	thứ năm
금요일	Friday	金曜日	星期五	thứ sáu
토요일	Saturday	土曜日	星期六	thứ bảy
일요일	Sunday	日曜日	星期日	chủ nhật
평일	weekday	平日	平日	ngày trong tuần
주말	weekend	週末	周末	ngày cuối tuần
달력	calendar	カレンダー	日历	lịch
시간				
시간	time	時間	时间	thời gian
시	o'clock (hour on the clock)	時	点	giờ
분	minute	分	分	phút
초	second	秒	秒	giây
하루 시간				
낮	daytime	昼	白天	ban ngày
밤	night	夜	夜晚	ban đêm
어젯밤	last night	昨夜	昨晚	đêm hôm qua
오전	a.m., morning	午前	上午	buổi sáng
오후	p.m., afternoon	午後	下午	buổi chiều
새벽	dawn	明け方、早朝	凌晨	bình minh
아침	morning	朝	早上	buổi sáng
점심	lunchtime	昼	中午	buổi trưa
저녁	evening	夕方	晚上	buổi tối
N에	in, at, on (time)	Nに	在N	ở N

1. ( )에 들어갈 말로 가장 알맞은 것을 고르십시오.

1) 저는 2016( )에 한국에 왔습니다.
   ① 년　　　　　② 분　　　　　③ 월　　　　　④ 일

2) 오늘은 수요일입니다. 내일은 ( )입니다.
   ① 금요일　　　② 목요일　　　③ 토요일　　　④ 화요일

3) ( )에 영화관에 가면 영화표가 주말보다 1,000원 쌉니다.
   ① 생일　　　　② 시간　　　　③ 요일　　　　④ 평일

4) 이사 ( )까지 일주일 남았습니다. 빨리 새 집에서 살고 싶습니다.
   ① 계획　　　　② 날씨　　　　③ 날짜　　　　④ 센터

5) 회사 일이 너무 많아서 어제도 ( ) 10시까지 회사에서 일했습니다.
   ① 낮　　　　　② 밤　　　　　③ 오전　　　　④ 평일

6) 지난주 금요일( ) 친구와 부산에 갔습니다. 바다가 아주 아름다웠습니다.
   ① 과　　　　　② 로　　　　　③ 만　　　　　④ 에

7) 루이 씨는 달리기를 잘합니다. 100m 달리기를 했는데 13( ) 나왔습니다.
   ① 년　　　　　② 시　　　　　③ 초　　　　　④ 일

8) 저는 매년 새 ( )을/를 사면 제일 먼저 가족과 친구들의 생일을 적습니다.
   ① 달력　　　　② 메모　　　　③ 종이　　　　④ 필통

9) 우리 할아버지는 아주 일찍 일어나십니다. 매일 ( ) 5시에 일어나서 운동하십니다.
   ① 새벽　　　　② 오후　　　　③ 저녁　　　　④ 점심

10) 오늘 친구들과 한강 공원에 자전거를 타러 가기로 했는데 ( )부터 비가 많이 와서 약속을 취소했습니다.
   ① 공휴일　　　② 사계절　　　③ 지난해　　　④ 어젯밤

2. 다음은 무엇에 대해 말하고 있습니까? 알맞은 것을 고르십시오.

Track 06 60회 듣기 13번

> 남자: 여기 **일요일**에 쉬어요?
> 여자: 아니요, 저희는 **월요일**에 쉽니다.

① 위치　　　　　② 휴일　　　　　③ 날씨　　　　　④ 수업

3. 다음을 듣고 대화 내용과 같은 것을 고르십시오.

Track 07 83회 듣기 21번

> 남자: 여보세요. 거기 사랑병원이지요? **수요일 오후**에 예약하고 싶은데요.
> 여자: **수요일**요? 잠시만요. 몇 **시**쯤 오시겠어요?
> 남자: 세 **시**쯤 가도 될까요?
> 여자: 네, 됩니다. 이름과 전화번호를 말씀해 주세요.

① 남자는 병원에서 일합니다.　　　② 여자는 오전에 예약을 했습니다.

③ 여자는 남자와 같이 병원에 갑니다.　　④ 남자는 수요일에 병원에 갈 겁니다.

4. 다음을 읽고 맞지 **않는** 것을 고르십시오.

60회 읽기 40번

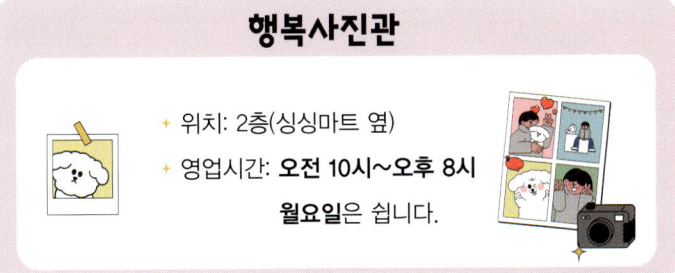

행복사진관

+ 위치: 2층(싱싱마트 옆)
+ 영업시간: **오전 10시~오후 8시**
  월요일은 쉽니다.

① 주말에 쉽니다.　　　　　② 이 층에 있습니다.

③ 마트 옆에 있습니다.　　　④ 저녁 여덟 시에 끝납니다.

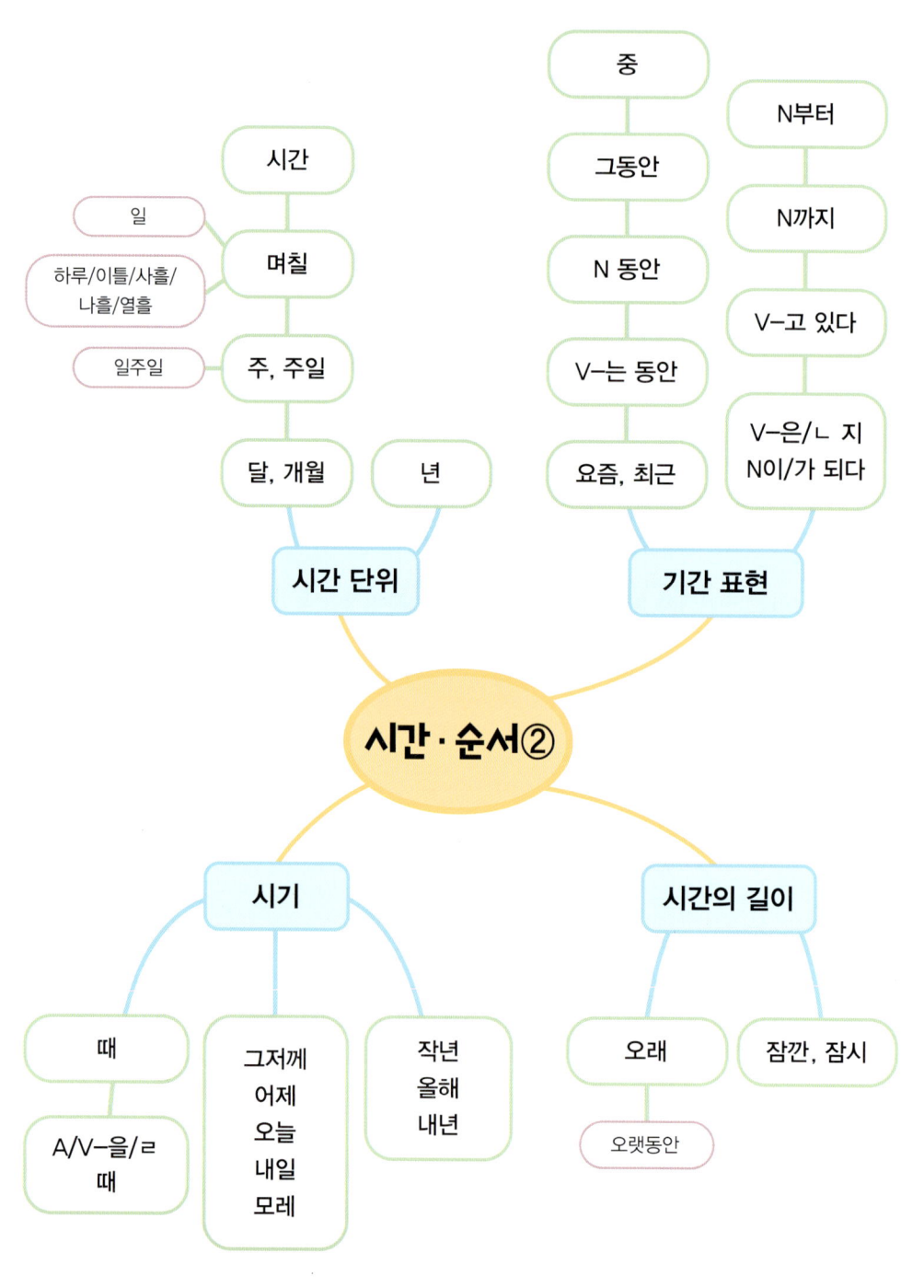

	영어	일본어	중국어	베트남어
시간 단위				
시간	hour	時間	时间	thời gian
며칠	several days	何日	几天	vài ngày
일	day	日	天/日	ngày
하루	one day	一日	一天	một ngày
이틀	two days	二日	二日	hai hôm
사흘	three days	三日	三日	Ba ngày
나흘	four days	四日	四天	bốn ngày
열흘	ten days	十日	十天	mười ngày
주, 주일	week	週、週間	周	tuần
일주일	one week	一週間	一周	một tuần
달, 개월	month	月、〜ヶ月	月	tháng
년	year	年	年	năm
기간 표현				
기간	period	其間	期	thời gian
중	during	中	中	trong số
그동안	during that time	その間	这段时间	trong thời gian đó
N 동안	for N	Nの間	N期间	trong lúc N
V−는 동안	while V-ing (duration)	Vている間	正在V的时候	trong lúc đang N
요즘, 최근	recently	最近	最近	dạo này
N부터	from N	Nから	从N	từ n
N까지	to N, until N	Nまで	到N	đến N
V−고 있다	to be V-ing (progressive)	Vている	正在	đang làm N
V−은/ㄴ 지 N이/가 되다	it has been N since V	VてからNになる	V已经N了	đã làm N được (khoảng thời gian) N
시기				
때	time, occasion	時	时候	khi, lúc
방학 때	during vacation	(学校が)休みの時	放假的时候	trong kỳ nghỉ
A/V−을/ㄹ 때	when A/V	A/V(な)とき	A/V的时候	khi V/A
그저께	the day before yesterday	一昨日	前天	ngày hôm kia
어제	yesterday	昨日	昨天	hôm qua
오늘	today	今日	今天	hôm nay
내일	tomorrow	明日	明天	ngày mai
모레	the day after tomorrow	明後日	后天	ngày kia
작년	last year	昨年、去年	去年	năm ngoái
올해	this year	今年	今年	năm nay
내년	next year	来年	明年	năm sau
시간의 길이				
오래	a long time	(時間的に)長く	久	thời gian dài
오랫동안	for a long time	長い間	很久	trong một thời gian dài
잠깐, 잠시	for a moment	少しの間、しばらく	一会儿	chốc lát

1. ( )에 들어갈 말로 가장 알맞은 것을 고르십시오.

1) 어제 집에 도착했을 때 동생이 저녁을 ( ).

① 준비했을 겁니다   ③ 준비하고 있었습니다

③ 준비하면 됩니다   ④ 준비할 수 있습니다

2) 한국에서 우리나라까지 비행기로 여덟 ( ) 걸립니다.

① 일   ② 시   ③ 동안   ④ 시간

3) 사라 씨는 지금 휴가 ( )(이)라서 회사에 가지 않습니다.

① 밖   ② 중   ③ 쪽   ④ 후

4) 서울공원 장미 축제가 1일부터 10일까지 ( ) 동안 열립니다.

① 나흘   ② 열흘   ③ 이틀   ④ 하루

5) 요즘에는 명절 연휴 ( )에도 문을 여는 가게나 식당이 많습니다.

① 기간   ② 모임   ③ 소식   ④ 시작

6) 우리 학교 여름 방학은 7월 1일부터 7월 31일까지 한 ( )입니다.

① 년   ② 달   ③ 주   ④ 개월

7) 저는 올해 대학교 4학년입니다. ( )에 졸업하고 대학원에 가려고 합니다.

① 내년   ② 모레   ③ 작년   ④ 최근

8) 친한 친구가 3년 동안 외국에서 공부하고 있어서 ( ) 친구를 못 만났습니다.

① 며칠   ② 잠시   ③ 오랜만에   ④ 오랫동안

9) 수영을 ( ) 일 년 되었습니다. 이제 바다에 가서 수영할 수 있을 것 같습니다.

① 배운 지   ② 배울 때   ③ 배우면서   ④ 배우는 동안

10) ( ) 레아 씨의 생일입니다. 그래서 수업 후에 친구들과 레아 씨 생일 파티를 할 겁니다.

① 내일   ② 어제   ③ 올해   ④ 요즘

2. 다음을 읽고 중심 내용을 고르십시오.

64회 읽기 48번

> 저는 게임 회사에 다니고 있습니다. 일도 재미있고 회사 사람들도 좋습니다. 저는 이 회사에 **오래** 다니고 싶습니다.

① 저는 게임을 하는 것이 좋습니다.
② 저는 이 회사의 게임을 좋아합니다.
③ 저는 이 회사에서 계속 일하면 좋겠습니다.
④ 저는 회사에서 같이 일하는 사람들이 좋습니다.

3. 다음을 읽고 물음에 답하십시오.

83회 읽기 63, 64번

받는 사람	daehan@hankuk.com; minkuk@hankuk.com; sarang@hankuk.com …
보낸 사람	mskim@hankuk.com
제 목	직원 여러분, 안녕하십니까?

직원 여러분께
안녕하십니까? 우리 회사의 영어 수업이 다음과 같이 열립니다.
많은 분들의 관심을 바랍니다.

수업 **기간** : 8월 1일~8월 31일(화, 목 19시~21시)
수 업 료 : 무료
신청 방법 : 7월 22일(금)**까지** 이메일(mskim@hankuk.com)로 신청

1) 왜 윗글을 썼는지 맞는 것을 고르십시오.

① 수업 시간을 바꾸려고   ② 수업 신청을 받으려고
③ 수업 방법을 설명하려고   ④ 수업 장소를 안내하려고

2) 윗글의 내용과 같은 것을 고르십시오.

① 칠월에 수업을 시작합니다.   ② 영어 수업은 매일 있습니다.
③ 영어 수업은 한 달 동안 합니다.   ④ 수업을 들을 때 돈을 내야 합니다.

	영어	일본어	중국어	베트남어
시간				
날	day	日	日子	ngày
다음날	the next day	次の日、翌日	第二天	ngày hôm sau
옛 N	old N	昔のN	旧N	N cũ, N ngày xưa
옛 모습	former appearance	昔の姿	旧模样	ngoại hình cũ
옛날	the old days	昔	以前	ngày xưa
옛날 이야기	old story	昔話	古老的故事	chuyện xưa, chuyện cũ
과거	past	過去	过去	quá khứ
현재	present	現在	现在	hiện tại
미래	future	未来	未来	tương lai
새해	New Year	新年	新年	năm mới
평소	as usual	普段	平时	thường lệ
속도				
속도	speed	速度	速度	tốc độ
빨리, 어서	quickly	早く、急いで	快点儿	nhanh lên
갑자기	suddenly	突然、急に	突然	đột nhiên
천천히	slowly	ゆっくり	慢慢	chậm rãi
반복 · 빈도				
또	again	また	又	lần nữa
또 만나다	to meet again	また会う	又见面	hẹn gặp lại
가끔	sometimes	時々	偶尔	thỉnh thoảng
늘, 항상, 언제나	always	いつも、常に、いつでも	总是/一直	luôn luôn
다시	again	もう一度、再び	再次	lặp lại
보통	usually	普通	通常	thường lệ
자꾸	frequently	何度も、しきりに	老是	cứ hay
자꾸 잊어버리다	to keep forgetting	何度も忘れる	老是忘记	cứ hay quên
자주	often	よく	经常	thường
매일	every day	毎日	每天	hàng ngày
매주	every week	毎週	每周	hàng tuần
매달	every month	毎月	每个月	hàng tháng
매년	every year	毎年	每年	hàng năm
해마다	each year	年ごとに	每年	mỗi năm
N마다	every N	Nごとに	每个N	mỗi n
월요일마다	every Monday	月曜日ごとに	每个星期一	mỗi thứ hai
세 시간마다	every three hours	3時間ごとに	每三个小时	cứ ba giờ một lần

Day 08 연습 문제

1. ( )에 들어갈 말로 가장 알맞은 것을 고르십시오.

1) 1월이 되면 사람들은 서로 (　　) 인사를 합니다.
　① 과거　　　　　② 미래　　　　　③ 새해　　　　　④ 옛날

2) 집에 오는데 (　　) 비가 내려서 옷이 다 젖었습니다.
　① 가끔　　　　　② 자주　　　　　③ 항상　　　　　④ 갑자기

3) 저는 주말에는 (　　)보다 한두 시간 늦게 일어납니다.
　① 새해　　　　　② 옛날　　　　　③ 평소　　　　　④ 현재

4) 요즘 (　　) 수요일마다 태권도 학원에 다니고 있습니다.
　① 매년　　　　　② 매달　　　　　③ 매일　　　　　④ 매주

5) 내가 타는 지하철은 출퇴근 시간에 거의 3분(　　) 와서 아주 편리합니다.
　① 까지　　　　　② 마다　　　　　③ 밖에　　　　　④ 부터

6) 고등학교 졸업 앨범을 보니까 만난 지 10년이 넘은 (　　) 친구들이 생각납니다.
　① 또　　　　　　② 새　　　　　　③ 옛　　　　　　④ 첫

7) 인천 여행 마지막 (　　)에 인천에서 가장 오래된 식당에 가서 냉면을 먹었습니다.
　① 날　　　　　　② 때　　　　　　③ 시　　　　　　④ 일

8) 우리 반 샤오미 씨가 (　　) 생각이 납니다. 제가 샤오미 씨를 좋아하는 것 같습니다.
　① 보통　　　　　② 어서　　　　　③ 일찍　　　　　④ 자꾸

9) 초등학교 앞에서는 운전을 (　　) 해야 합니다. 운전 속도가 30km/h보다 빠르면 안 됩니다.
　① 다시　　　　　② 빨리　　　　　③ 해마다　　　　④ 천천히

10) 지난달에 제주도에서 5일 동안 여행을 했는데 첫날 비가 왔습니다. 하지만 (　　) 부터 날씨가 맑았습니다.
　① 미래　　　　　② 그저께　　　　③ 다음날　　　　④ 마지막

2. ( )에 들어갈 말로 가장 알맞은 것을 고르십시오.

36회 읽기 38번

> 바다 여행이 재미있었습니다. 다음에 ( ) 갈 겁니다.

① 다시   ② 서로   ③ 아주   ④ 제일

3. 다음을 읽고 내용이 같은 것을 고르십시오.

36회 읽기 43번

> 저는 그림을 배웁니다. 주말**마다** 공원에 가서 그림을 그립니다. **가끔** 어머니와 미술관에 가서 구경을 합니다.

① 저는 어머니와 공원에 갑니다.   ② 어머니는 그림 공부를 합니다.

③ 저는 공원에서 그림을 그립니다.   ④ 어머니는 혼자 미술관에 갑니다.

4. 다음을 듣고 물음에 답하십시오.

Track 08 47회 듣기 29, 30번

> 남자: 기타 연습 많이 했어요? 그동안 연습한 거 한번 쳐 볼래요?
> 여자: 죄송해요, 선생님. 연습을 많이 못 했어요.
> 남자: 기타를 잘 치려면 **매일** 잊지 않고 연습하는 게 중요해요.
> 여자: 그건 아는데 연습하는 걸 **자꾸** 잊어버려요.
> 남자: 그럼 기타를 잘 보이는 곳에 두세요. 그러면 기타가 **자꾸** 보이니까 연습하는 걸 잊지 않겠지요?
> 여자: 아, 그럼 저는 기타를 소파 옆에 두어야겠어요. 집에 가면 주로 소파에 앉아서 텔레비전을 보거나 음악을 듣거든요.

1) 여자가 기타 연습을 자주 못 하는 이유를 고르십시오.

　① 기타 치는 것을 안 좋아해서   ② 기타를 연습할 시간이 없어서

　③ 기타 연습하는 것을 잊어버려서   ④ 기타를 가르쳐 주는 사람이 없어서

2) 들은 내용과 같은 것을 고르십시오.

　① 여자는 기타를 잘 칠 수 있습니다.   ② 여자는 텔레비전을 자주 보지 않습니다.

　③ 여자는 남자에게 기타를 가르칩니다.   ④ 여자는 기타를 잘 보이는 곳에 둘 겁니다.

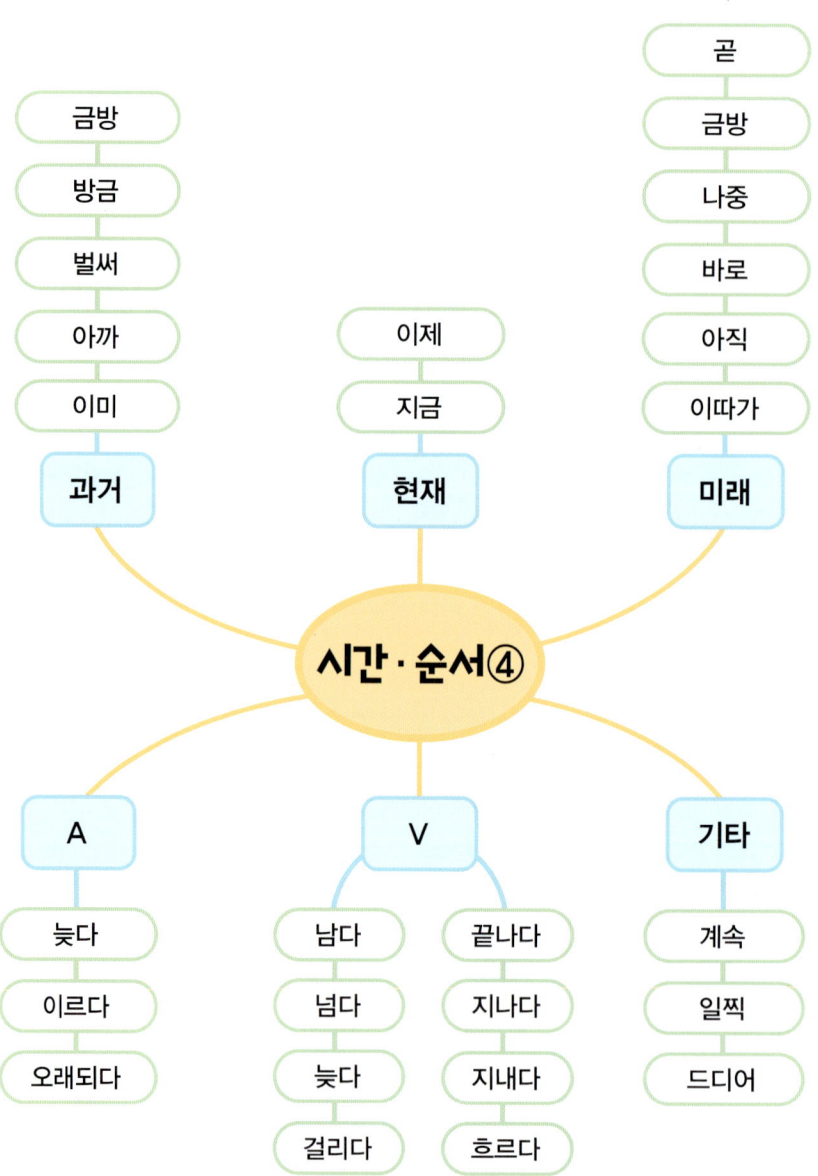

		영어	일본어	중국어	베트남어
과거					
금방		soon	すぐ(に)、たった今	马上	nhanh chóng
방금		just now (shortly before now)	たった今	刚刚	vừa mới
벌써		already	もう、すでに	已经	mới đó mà đã
아까		a little while ago	さっき	刚才	lúc nãy
이미		already	すでに	已经	đã
현재					
이제		from now on	これから	现在	từ giờ trở đi
지금		now	今	现在	bây giờ
미래					
곧		soon	もうすぐ、間もなく	马上	ngay thôi
금방		just now (shortly before now) soon (shortly after now)	すぐ(に)、まもなく	很快	nhanh chóng
나중		later	あと、のち	以后	sau này
바로		right away	すぐ(に)、まっすぐ(に)	立刻/马上	lập tức
아직		still	まだ	还	chưa
이따가		later	あとで、のちほど	等会儿	lát nữa
A					
늦다		to be late	遅い	迟	muộn
늦은 시간		late hour	遅い時間	很晚的时间	đêm muộn
이르다		to be early	早い	早	sớm
이른 나이		young age	若い年齢	年纪轻轻	tuổi trẻ, tuổi nhỏ
오래되다		to be old, to be aged	古い	很久了	lâu đời
오래된 건물		old building	古い建物	老建筑	toà nhà cũ lâu đời
V					
남다		to remain	残る	剩下	còn lại
10분이 남다		10 minutes remain	残り10分だ	还剩10分钟	còn 10 phút nữa
넘다		to go past	過ぎる	超过	quá
밤 10시가 넘다		It's past 10 p.m.	夜10時を過ぎる	过了晚上10点	quá 10 giờ đêm
늦다		to be late	遅れる	迟	muộn
수업에 늦다		to be late for class	授業に遅れる	上课迟到	đến lớp muộn
걸리다		to take (time)	(時間が)かかる	花费	mất (thời gian)
한 시간 걸리다		to take one hour	1時間かかる	花一个小时	mất một giờ
끝나다		to end, to finish	終わる	结束	kết thúc
지나다		to pass, to go by	(時間が)経つ	过去	trôi qua
한 달이 지나다		one month has passed	1か月が経つ	过了一个月	một tháng đã trôi qua
지내다		to spend (time, period)	過ごす	过得	trải qua
방학을 잘 지내다		to have a good vacation	休みを楽しく過ごす	假期过得好	trải qua kỳ nghỉ vui vẻ
흐르다		to flow	流れる	流逝	chảy, trôi
시간이 빨리 흐르다		time flows quickly	時間が早く過ぎる	时间飞逝	thời gian trôi nhanh
기타					
계속		continuously	続けて、ずっと	一直	tiếp tục
일찍		early	早く	提早	sớm
드디어		finally	ついに、やっと	终于	cuối cùng

1. ( )에 들어갈 말로 가장 알맞은 것을 고르십시오.

1) 어제 밤 12시가 ( ) 집에 들어갔습니다.
   ① 끝나서   ② 남아서   ③ 넘어서   ④ 지내서

2) 시험 시간이 조금 ( ) 답을 다시 확인했습니다.
   ① 남아서   ② 일러서   ③ 지내서   ④ 흘러서

3) 이 빵이 아주 맛있습니다. 어머니가 ( ) 구운 빵입니다.
   ① 계속   ② 방금   ③ 아직   ④ 일찍

4) 한국에 온 지 얼마 되지 않은 것 같은데 ( ) 1년이 지났습니다.
   ① 아까   ② 바로   ③ 벌써   ④ 지금

5) 초등학교 때는 방학 때마다 시골에 있는 할아버지댁에 가서 ( ).
   ① 걸렸습니다   ② 남았습니다   ③ 지났습니다   ④ 지냈습니다

6) 한국에서 유학 생활을 마치고 ( ) 다음 달에 고향으로 돌아갑니다.
   ① 금방   ② 이미   ③ 나중에   ④ 드디어

7) 지금 4시 30분인데 기차 도착 시간이 4시 40분입니다. ( ) 도착합니다.
   ① 곧   ② 아까   ③ 이미   ④ 이따가

8) 며칠 전부터 감기 때문에 힘들었는데 약을 먹고 푹 쉬어서 ( ) 괜찮습니다.
   ① 계속   ② 방금   ③ 아직   ④ 이제

9) 매일 한국어로 일기 쓰는 것이 숙제인데 한국어를 아직 잘 못해서 한 시간 이상 ( ).
   ① 걸립니다   ② 끝납니다   ③ 넘습니다   ④ 지냅니다

10) 공항에는 ( ) 시간에 문을 여는 식당이 있어서 새벽에도 아침 식사를 할 수 있습니다.
    ① 끝난   ② 늦은   ③ 이른   ④ 오래된

2. 다음을 읽고 내용이 같은 것을 고르십시오.

64회 읽기 45번

> 제 취미는 가구 만들기입니다. 주말에만 만들어서 하나를 만들 때 시간이 많이 **걸립니다**. 지금까지 책장 하나와 의자 두 개를 만들었습니다.

① 저는 가구를 빨리 만듭니다.　　② 저는 주말에 가구를 만듭니다.

③ 저는 책장을 많이 만들었습니다.　　④ 저는 의자를 한 개 만들었습니다.

3. 다음을 듣고 대화 내용과 같은 것을 고르십시오.

Track 09　36회 듣기 21번

> 남자: 팀장님, 행사 때 필요한 물건들을 사러 가려고 하는데요.
> 여자: 필요한 것들을 **아까** 메모해 놓았는데, 민수 씨 책상 위에 있을 거예요.
> 남자: 네, 알겠습니다. 그런데 물건들은 **바로** 행사장으로 가지고 갈까요?
> 여자: 아니요. 행사장 준비가 **아직** 안 끝났으니까 우선 사무실로 가지고 오는 게 좋을 것 같아요.

① 남자는 지금 행사장에 있습니다.

② 남자는 물건을 사서 사무실로 오면 됩니다.

③ 남자는 여자에게 필요한 물건을 써 주었습니다.

④ 남자는 행사 때 쓸 물건을 책상 위에 놓았습니다.

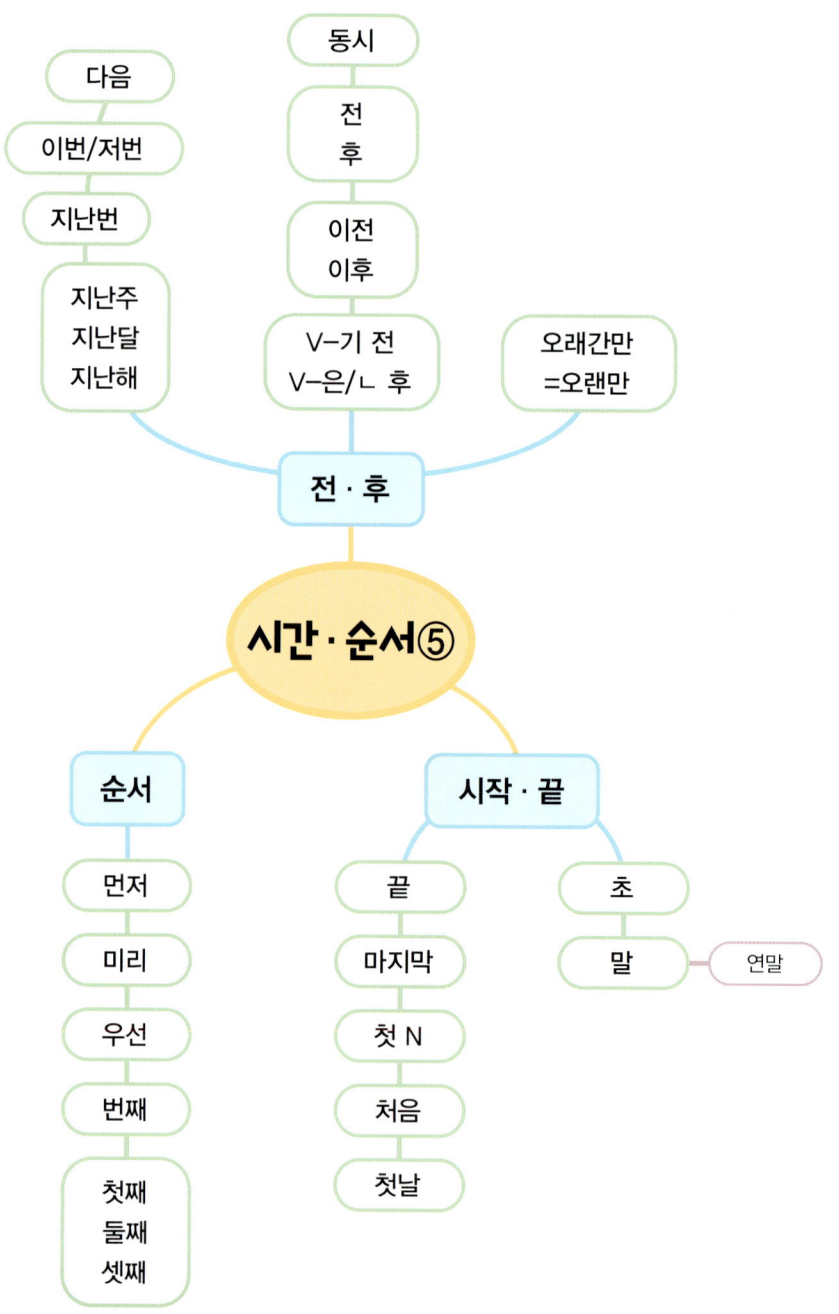

	영어	일본어	중국어	베트남어
전 · 후				
다음	next	次	接下来	sau
이번	this, this time	今回のN	这次N	N lần này
저번	previous, last time	前回のN	上次N	N lần trước
지난번	previous time	前回	上次	lần trước
지난주	last week	先週	上周	tuần trước
지난달	last month	先月	上个月	tháng trước
지난해	last year	昨年	去年	năm ngoái
동시	at the same time	同時	同时	đồng thời
전	before	前	之前	trước…
후	after	後	之后	sau…
이전	previous	以前	以前	trước đó
이전 경험	previous experience	以前の経験	以前的经验	kinh nghiệm trước đây
이후	afterward	以後、その後	以后	từ đó trở đi
식사 이후	after a meal	食事の後	用餐以后	sau bữa ăn
V-기 전	before V-ing	Vする前に	在V之前	trước khi làm V
V-은/ㄴ 후	after V-ing	Vした後に	在V之后	sau khi làm V
오래간만 = 오랜만	after a long time	久しぶり(に)	好久不见	lâu rồi không…
순서				
순서	order	順序	顺序	thứ tự
먼저	first	先に、まず	先	trước tiên
미리	in advance	前もって、あらかじめ	提前	đã … từ trước đó
우선	first of all	まず、とりあえず	首先	ưu tiên
번째	~th	番目	第N	thứ tự số
첫째	first	一番目、第一	第一	thứ nhất (thứ tự)
둘째	second	二番目、第二	第二	thứ hai (thứ tự)
셋째	third	三番目、第三	第三	thứ ba (thứ tự)
시작 · 끝				
끝	end	終わり	结束	kết thúc
마지막	last, final	最後	最后	cuối cùng
첫 N	first N	最初のN、初め(て)のN	第一个N	n đầu tiên
처음	beginning, the first time	はじめ	第一次	lúc đầu
첫날	first day	初日	第一天	ngày đầu
초	early part	初め	初	đầu …
10월 초	early October	10月の初め	10月初	đầu tháng 10
말	end	末	末	cuối…
연말	year-end	年末	年末	cuối năm

Day 10 연습 문제

1. ( )에 들어갈 말로 가장 알맞은 것을 고르십시오.

1) 저는 한국에 ( ) 고향에서 한글을 배웠습니다.
① 오면서　　　② 온 후에　　　③ 오기 전에　　　④ 오는 동안

2) 이 약은 식사를 하고 나서 30분 ( )에 드십시오.
① 이번　　　② 이전　　　③ 이후　　　④ 저번

3) 이 영화는 너무 재미있어서 여러 번 봤는데 이번이 세 ( )입니다.
① 가지　　　② 번째　　　③ 시간　　　④ 켤레

4) 한글을 쓰는 ( )은/는 왼쪽에서 오른쪽 그리고 위에서 아래입니다.
① 결과　　　② 모양　　　③ 속도　　　④ 순서

5) 내일 새로 들어간 회사에 출근하는 ( )(이)라서 조금 긴장이 됩니다.
① 처음　　　② 첫째　　　③ 순서　　　④ 첫날

6) 저는 ( ) 5월에 결혼했습니다. 오늘은 결혼한 지 1년이 되는 날입니다.
① 지난달　　　② 지난번　　　③ 지난주　　　④ 지난해

7) 우리 동네에 있는 큰 마트는 매달 ( ) 주 월요일에 문을 열지 않습니다.
① 먼저　　　② 처음　　　③ 첫날　　　④ 첫째

8) 언니가 다니는 회사의 월급날은 매달 ( )입니다. 우리 회사 월급날도 30일입니다.
① 말　　　② 전　　　③ 초　　　④ 후

9) 1년이 끝나는 ( )에는 모임이 많습니다. 사람들과 식사도 하고 선물도 주고받습니다.
① 다음　　　② 동시　　　③ 연말　　　④ 처음

10) 가: 드디어 도착했네요. 배고픈데 뭐 좀 먹을까요?
나: 호텔이 가까우니까 ( ) 호텔에 가서 짐을 놓고 가는 게 어때요?
① 미리　　　② 우선　　　③ 동시에　　　④ 오랜만에

2. 다음을 읽고 중심 내용을 고르십시오.

47회 읽기 48번

> 저는 **오랜만**에 고등학교 졸업 사진을 봤습니다. 사진을 보는 동안 친한 친구가 많이 생각났습니다. 오늘 그 친구에게 전화할 겁니다.

① 저는 친구가 보고 싶습니다.　　② 저는 친구의 전화를 받고 싶습니다.

③ 저는 친구와 학교에 가려고 합니다.　　④ 저는 친구와 사진을 찍으려고 합니다.

3. 다음을 듣고 대화 내용과 같은 것을 고르십시오.

Track 10　37회 듣기 17번

> 여자: 민수 씨, 미안해요. **지난번**에 빌린 책을 오늘 못 가져왔어요.
> 남자: 그래요? 내일은 가져다 줄 수 있어요?
> 여자: 네, 그렇게 할게요.

① 여자는 내일 책을 가져올 겁니다.　　② 남자는 여자에게 책을 빌렸습니다.

③ 여자는 남자에게 책을 받지 못했습니다. ④ 남자는 지금 책을 가지고 있습니다.

4. 다음을 읽고 물음에 답하십시오.

37회 읽기 51, 52번

> 겨울에 기차를 타고 떠나는 '눈꽃 여행'이 있습니다. '눈꽃 여행'은 (㉠) 즐거운 시간을 보내고 **다음** 역으로 가는 여행입니다. **첫 번째** 역에서 내리면 눈길을 산책하고 얼음낚시를 합니다. **다음** 역에서는 눈사람을 만듭니다. 그리고 **마지막** 역에서는 따뜻한 차를 마십니다.

1) ㉠에 들어갈 말로 가장 알맞은 것을 고르십시오.

　① 기차가 지나가서　　② 기차를 기다려서

　③ 기차역에서 내려서　　④ 기차역에서 돌아와서

2) 무엇에 대한 내용인지 맞는 것을 고르십시오.

　① 기차 안에서 볼 수 있는 것　　② 기차를 다시 탈 수 있는 곳

　③ 눈꽃 여행을 갈 수 있는 날　　④ 눈꽃 여행에서 할 수 있는 일

년/연 年	해, 나이	year, age / 年 / 年 / năm
	내년	next year / 来年 / 明年 / năm sau
	학년	grade / 学年 / 年级 / niên
	청소년	teenager / 青少年 / 青少年 / thanh thiếu niên
	연말	year-end / 年末 / 年末 / cuối năm
	연세	age (honorific) / 年, 年齢 / 年龄, 年纪 / tuổi, tuổi thọ

예 豫	미리, 먼저	in advance / 前もって、あらかじめ / 提前 / đã … từ trước đó
	예매	advance ticket purchase / 予約、前売り / 预订 / đặt vé
	예습	study in advance / 予習 / 预习 / học bài trước
	예약	booking, reservation / 予約 / 预约 / việc đặt chỗ
	날씨 예보	weather forecast / 天気予報 / 天气预报 / dự báo thời tiết

시 时	때	time, occasion / 時 / 时候 / khi, lúc
	시	o'clock / 時 / 点 / giờ
	시간	time / 時間 / 时间 / thời gian
	시계	watch, clock / 時計 / 手表 / cái đồng hồ
	동시	at the same time / 同時 / 同时 / đồng thời
	잠시	for a moment / 少しの間、しばらく / 一会儿 / chốc lát

● 한국의 특별한 날

설날(음력 1. 1.)

전통 명절로
한 해가 시작되는 첫 날

삼일절(3. 1.)

한국의 독립 의지를
알린 것을 기념하는 날

어린이날(5. 5.)

어린이의 소중함을 생각하고
어린이들의 행복을 바라는 날

어버이날(5. 8.)

부모님께 감사하는 마음을
전하는 날

스승의날(5. 15.)

선생님께 감사하는 날

현충일(6. 6.)

나라를 지키신 분들을
기억하는 날

광복절(8. 15.)

한국이 독립한 것을
기념하는 날

추석(음력 8. 15.)

전통 명절로 수확의 계절을
축하하고 감사하는 날

한글날(10. 9.)

세종대왕이 한글을 만드신 것을
기념하는 날

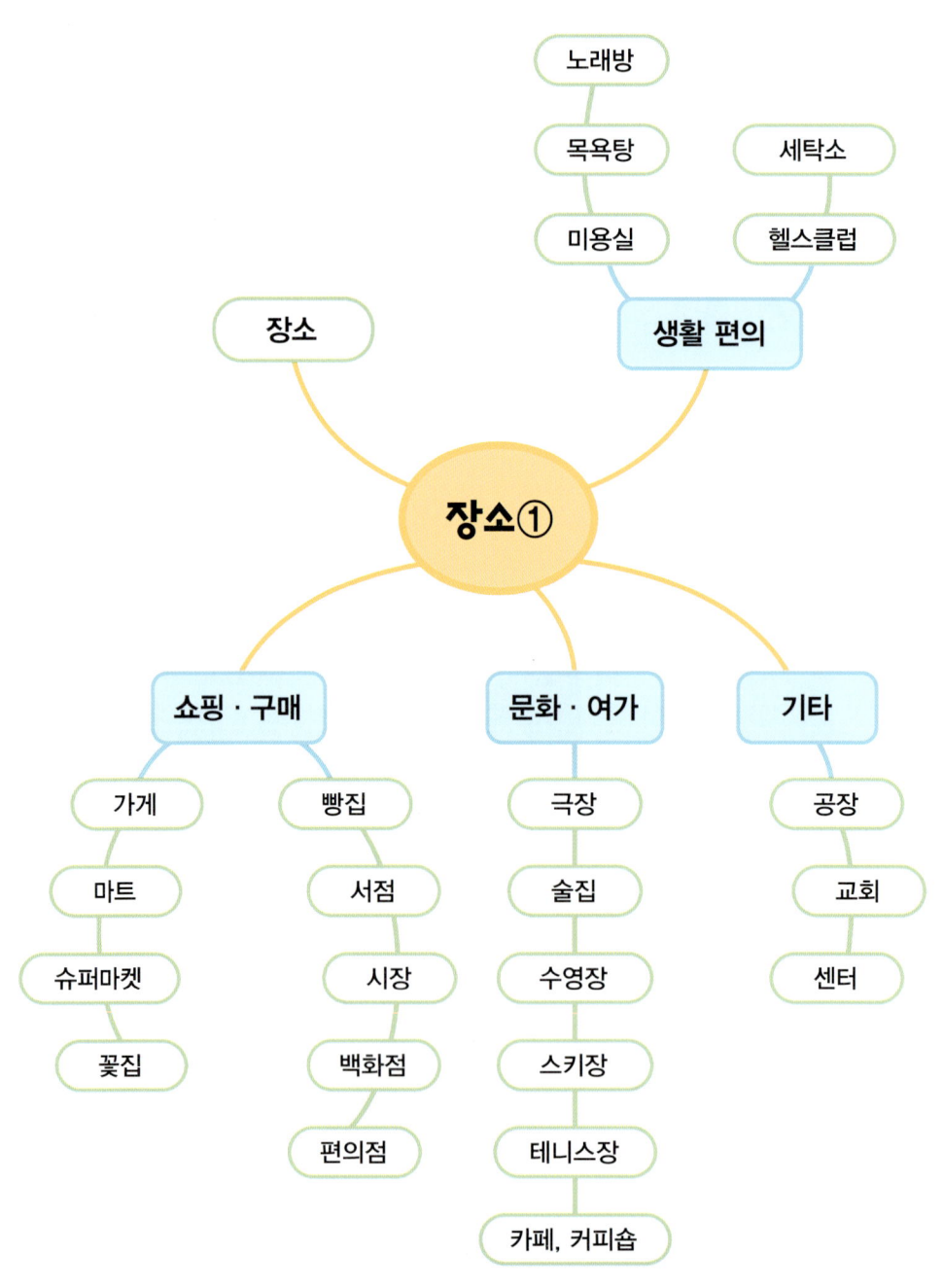

장소①

장소

생활 편의
- 노래방
- 목욕탕
- 미용실
- 세탁소
- 헬스클럽

쇼핑 · 구매
- 가게
- 마트
- 슈퍼마켓
- 꽃집
- 빵집
- 서점
- 시장
- 백화점
- 편의점

문화 · 여가
- 극장
- 술집
- 수영장
- 스키장
- 테니스장
- 카페, 커피숍

기타
- 공장
- 교회
- 센터

	영어	일본어	중국어	베트남어
장소	place	場所	场所	địa điểm

생활 편의

노래방	karaoke	カラオケ	KTV	quán karaoke
목욕탕	public bathhouse	銭湯	澡堂	phòng tắm hơi
미용실	beauty salon	美容室	美发店	tiệm làm tóc
세탁소	dry cleaners	クリーニング店	洗衣店	tiệm giặt ủi
헬스클럽	gym	ジム、フィットネスクラブ	健身俱乐部	câu lạc bộ thể hình

쇼핑 · 구매

가게	store, shop	店	商店	cửa hàng
마트	mart	マート	超市	siêu thị
슈퍼마켓	supermarket	スーパーマーケット	超级市场	siêu thị
꽃집	flower shop	花屋	花店	tiệm hoa
빵집	bakery	パン屋	面包店	tiệm bánh
서점	bookstore	書店	书店	hiệu sách
시장	market	市場	市场	chợ
백화점	department store	デパート	百货商店	cửa hàng bách hóa
편의점	convenience store	コンビニ	便利店	cửa hàng tiện lợi

문화 · 여가

극장	theater	劇場	剧院	nhà hát
술집	bar	居酒屋	酒吧	quán rượu
수영장	swimming pool	プール	游泳池	hồ bơi
스키장	ski resort	スキー場	滑雪场	khu trượt tuyết
테니스장	tennis court	テニスコート	网球场	sân quần vợt
카페, 커피숍	cafe, coffee shop	カフェ、コーヒーショップ	咖啡店	quán cà phê

기타

공장	factory	工場	工厂	nhà máy
교회	church	教会	教会	nhà thờ
센터	center	センター	中心	trung tâm
서비스 센터	service center	サービスステーション	服务站	trung tâm dịch vụ
스포츠 센터	sports center, gym	スポーツセンター	体育中心	trung tâm thể thao

1. 그림을 보고 알맞은 단어를 골라 쓰십시오.

| 시장 슈퍼마켓 테니스장 헬스클럽 |

1) _____ 2) _____ 3) _____ 4) _____

2. ( )에 들어갈 말로 가장 알맞은 것을 고르십시오.

1) ( ) 할인 기간에 새 운동화를 30% 싸게 샀습니다.
   ① 노래방　　　　② 목욕탕　　　　③ 백화점　　　　④ 수영장

2) 약국이 문을 닫아서 24시간 ( )에서 감기약을 샀습니다.
   ① 노래방　　　　② 미용실　　　　③ 세탁소　　　　④ 편의점

3) 저는 겨울 스포츠를 좋아합니다. 그래서 겨울이 되면 ( )에 자주 갑니다.
   ① 미용실　　　　② 세탁소　　　　③ 스키장　　　　④ 편의점

4) 여기는 ( )들이 많이 모여 있는 곳인데 친구와 맥주를 마시러 가끔 옵니다.
   ① 꽃집　　　　② 빵집　　　　③ 서점　　　　④ 술집

5) 토요일에 친구들과 만나서 놀기로 했는데 아직 만날 ( )을/를 정하지 않았습니다.
   ① 방향　　　　② 순서　　　　③ 요일　　　　④ 장소

6) 부산 여행이 처음이라서 기차역 안에 있는 안내 ( )에서 관광 지도를 받았습니다.
   ① 극장　　　　② 방송　　　　③ 센터　　　　④ 직원

7) ( )에서 아르바이트를 시작했습니다. 여러 가지 커피와 음료를 만드는 것이 재미있습니다.
   ① 공장　　　　② 교회　　　　③ 마트　　　　④ 카페

3. 여기는 어디입니까? 알맞은 것을 고르십시오.

1)
Track 11   41회 듣기 8번

> 남자: 이 바지 입어 볼 수 있어요?
> 여자: 네, 이쪽으로 오세요.

① 옷 가게   ② 신발 가게   ③ 모자 가게   ④ 안경 가게

2)
Track 12   41회 듣기 9번

> 남자: 어떻게 해 드릴까요?
> 여자: 짧은 머리로 해 주세요.

① 세탁소   ② 우체국   ③ 미용실   ④ 편의점

4. 다음을 읽고 물음에 답하십시오.

36회 읽기 49, 50번

> 학교 앞에 새 **카페**가 문을 열었습니다. 이 **카페**에는 (㉠). 손님이 마시고 싶은 차를 준비해서 마시고 컵도 직접 씻습니다. 차를 마신 후에 차 값은 '돈을 넣는 곳'에 내면 됩니다. 이 **카페**는 편하게 오래 앉아 있을 수 있고 값도 싸서 인기가 많습니다.

1) ㉠에 들어갈 말로 가장 알맞은 것을 고르십시오.

     ① 손님이 별로 없습니다   ② 친절한 직원이 있습니다
     ③ 일하는 사람이 없습니다   ④ 주인이 차를 직접 만듭니다

2) 윗글의 내용과 같은 것을 고르십시오.

     ① 이 카페는 오래되었습니다.
     ② 카페의 차 값은 싸지 않습니다.
     ③ 손님은 차를 주문하고 기다립니다.
     ④ 이 카페는 편안해서 사람들이 좋아합니다.

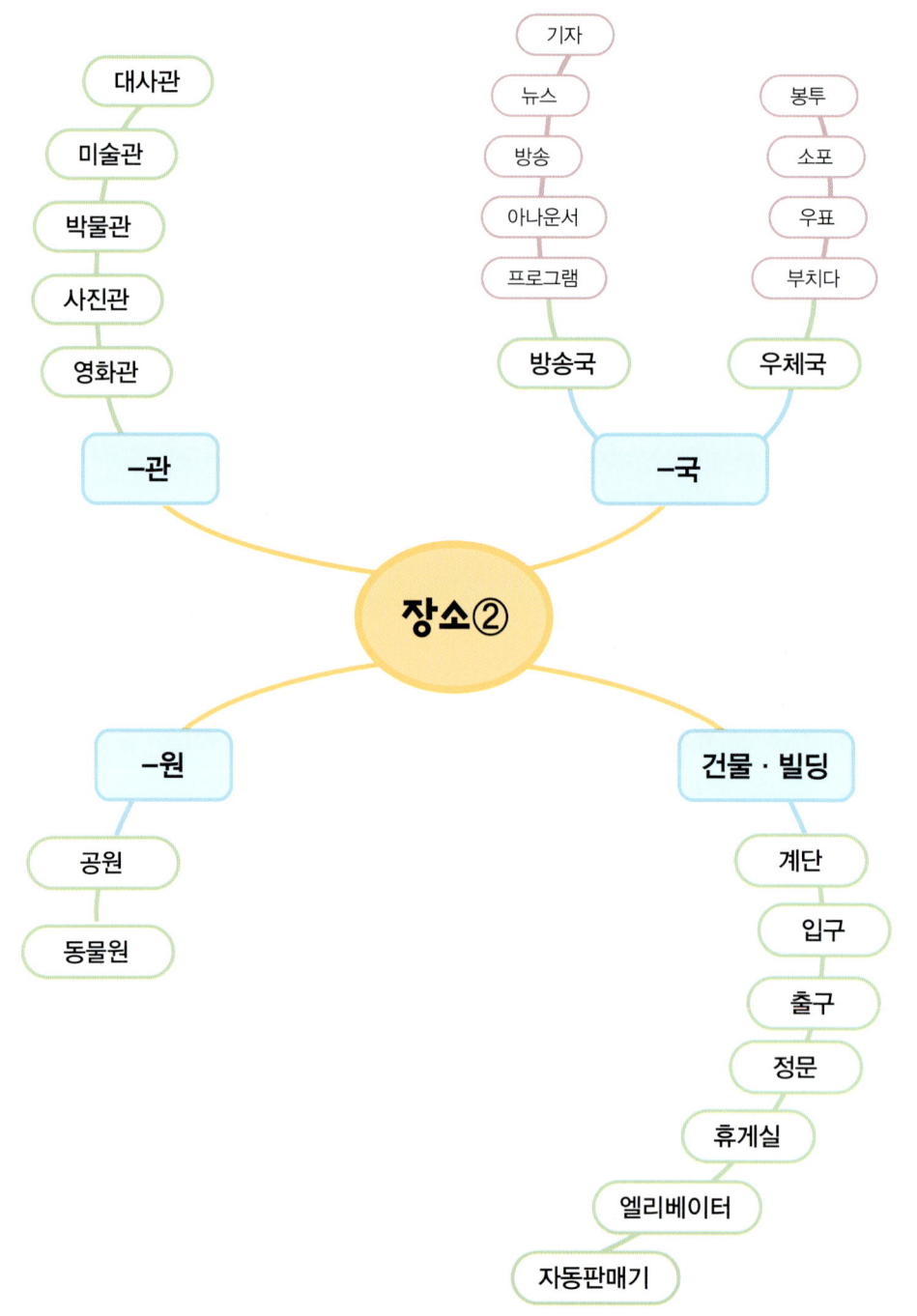

	영어	일본어	중국어	베트남어
-관				
대사관	embassy	大使館	大使馆	đại sứ quán
미술관	art gallery	美術館	美术馆	phòng trưng bày mỹ thuật
박물관	museum	博物館	博物馆	bảo tàng
사진관	photo studio	写真館	照相馆	tiệm chụp hình
영화관	movie theater	映画館	电影院	rạp chiếu phim
-국				
방송국	broadcasting station	放送局	电视台	đài phát thanh truyền hình
기자	reporter	記者	记者	phóng viên
뉴스	news	ニュース	新闻	tin tức
방송	broadcast	放送	播放	phát sóng
아나운서	news anchor	アナウンサー	主播	người thông báo
프로그램	program	番組	节目	chương trình
우체국	post office	郵便局	邮局	bưu điện
봉투	envelope	封筒	袋子	phong bì
편지 봉투	letter envelope	手紙用封筒	信封	phong thư
쓰레기 봉투	garbage bag	ごみ袋	垃圾袋	túi đựng rác
소포	package	小包	包裹	bưu kiện
우표	stamp	切手	邮票	con tem
부치다	to send	送る	寄	gửi
편지를 부치다	to send a letter	手紙を送る	寄信	gửi thư
-원				
공원	park	公園	公园	công viên
동물원	zoo	動物園	动物园	sở thú
건물 · 빌딩				
건물, 빌딩	building	建物、ビル	建筑/大楼	toà nhà
계단	stairs	階段	楼梯	cầu thang
입구	entrance	入口	入口	cổng vào
출구	exit	出口	出口	cổng ra
정문	main gate	正門	正门	cổng chính
휴게실	lounge	休憩室	休息室	phòng tạm nghỉ
엘리베이터	elevator	エレベーター	电梯	thang máy
자동판매기	vending machine	自動販売機	自动售货机	máy bán hàng tự động

1. 그림을 보고 알맞은 단어를 골라 쓰십시오.

기자	봉투	소포	우표

1) _____ 2) _____ 3) _____ 4) _____

2. (   )에 들어갈 말로 가장 알맞은 것을 고르십시오.

1) 유학생 비자를 신청하려고 내일 (   )에 가려고 합니다.

① 빌딩   ② 정문   ③ 대사관   ④ 휴게실

2) 이 건물은 1층에 커피 (   )이/가 있는데 동전만 사용할 수 있습니다.

① 공원   ② 공장   ③ 사무실   ④ 자판기

3) 제 동생은 어렸을 때 (   )에 가면 코끼리를 제일 먼저 보러 갔습니다.

① 동물원   ② 방송국   ③ 영화관   ④ 우체국

4) 내일 외국에 있는 친구에게 쓴 크리스마스 카드를 (   ) 우체국에 갈 겁니다.

① 버리러   ② 부르러   ③ 부치러   ④ 붙이러

5) 제임스 씨는 케이팝(K-POP)을/를 좋아해서 목요일마다 TV에서 하는 음악
(   )을/를 매주 봅니다.

① 공부   ② 수업   ③ 활동   ④ 프로그램

6) 이 영화관은 들어가는 문과 나가는 문이 다릅니다. 영화가 끝나서 나갈 때는 앞쪽
에 있는 (   )(으)로 나가야 합니다.

① 마당   ② 입원   ③ 출구   ④ 출입

3. 여기는 어디입니까? 알맞은 것을 고르십시오.

> 여자: 여권 만들 거예요. 잘 찍어 주세요.
> 남자: 네, 여기 보세요. 찍습니다.

① 사진관　　　　　② 도서관　　　　　③ 박물관　　　　　④ 미술관

4. 다음을 듣고 물음에 답하십시오.

> 여자: 알립니다. 기숙사 **건물 계단**을 청소하려고 합니다. 청소 시간은 이번 주 금요일 오후
> 1시부터 6시까지입니다. 이 시간 동안 학생들은 **계단**으로 다닐 수 없습니다. **엘리베**
> **이터**를 이용해 주십시오. 그리고 **계단**에 둔 자기 물건은 목요일 밤까지 모두 가져가
> 주시기 바랍니다. 감사합니다.

1) 여자가 왜 이 이야기를 하고 있는지 고르십시오.

　① 기숙사 청소 방법을 설명하려고　　② 기숙사 건물 위치를 안내하려고
　③ 기숙사 생활 규칙을 말해 주려고　　④ 기숙사 계단 청소를 알려 주려고

2) 들은 내용과 같은 것을 고르십시오.

　① 청소하는 동안 계단을 이용할 수 없습니다.
　② 이번 주에 학생들은 기숙사를 나가야 합니다.
　③ 기숙사 계단에 있는 물건을 만지면 안 됩니다.
　④ 금요일 하루 종일 기숙사를 청소할 계획입니다.

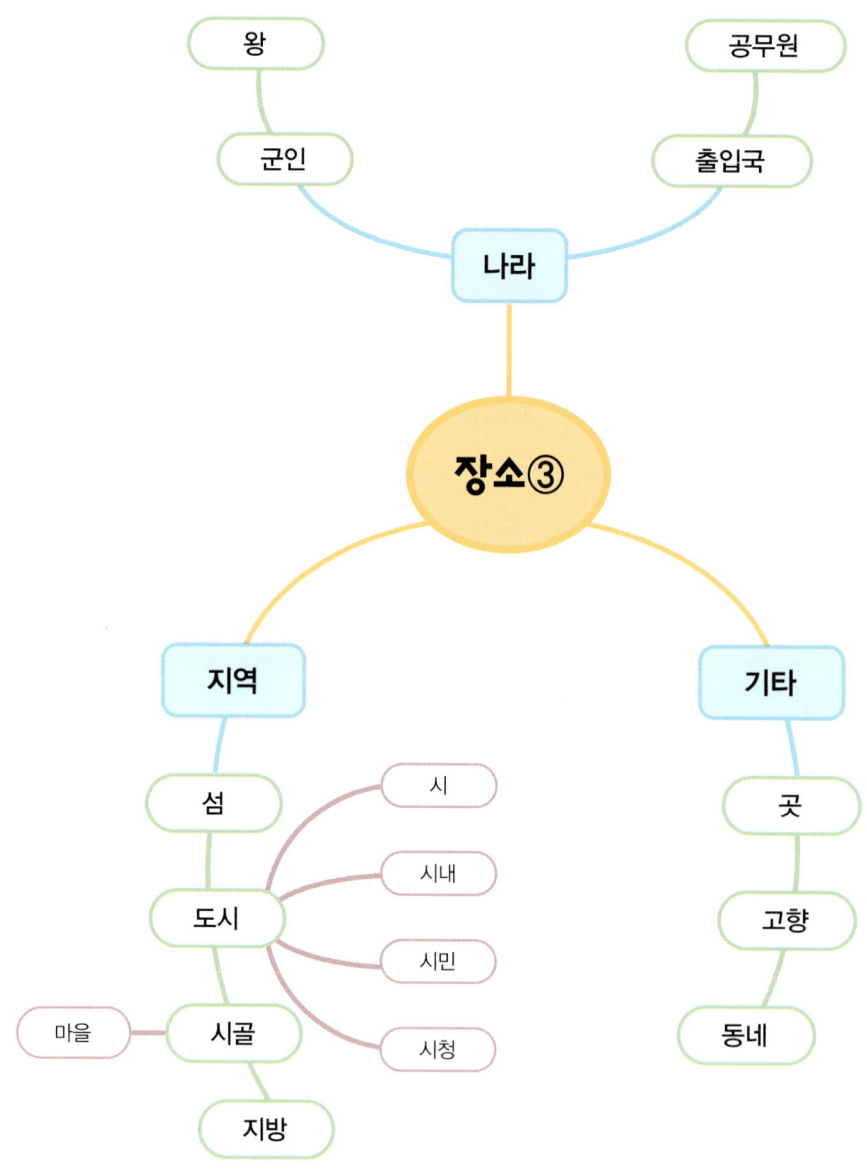

	영어	일본어	중국어	베트남어
나라				
나라	country	国	国家	quốc gia
왕	king	王	国王	nhà vua
군인	soldier	軍人	军人	lính
공무원	government official	公務員	公务员	viên chức nhà nước
출입국	immigration	出入国	出入境	cục xuất nhập cảnh
출입국 사무소	immigration office	出入国事務所	出入境事务所	văn phòng cục xuất nhập cảnh
지역				
섬	island	島	岛	hòn đảo
도시	city	都市	城市	đô thị
시	city, -si (administrative unit)	市	市	thành phố
서울시	Seoul	ソウル市	首尔市	thành phố Seoul
시내	downtown	市内	市中心	nội thành
시민	citizen	市民	市民	công dân
시청	city hall	市役所	市政府	tòa thị chính
시골	countryside	田舎	乡下	nông thôn
마을	village	村	村庄	làng
지방	region, non-capital regions	地方	地方	địa phương
지방 도시	regional city	地方都市	地方城市	thành phố cấp tỉnh
기타				
곳	place	所	地方	địa điểm
조용한 곳	quiet place	静かな所	安静的地方	nơi yên tĩnh
고향	hometown	故郷	故乡	quê hương
동네	neighborhood	近所	小区, 社区	làng xóm

1. 그림을 보고 알맞은 단어를 골라 쓰십시오.

섬 왕 군인 마을

1) ＿＿＿＿＿＿＿ 2) ＿＿＿＿＿＿＿ 3) ＿＿＿＿＿＿＿ 4) ＿＿＿＿＿＿＿

2. ( )에 들어갈 말로 가장 알맞은 것을 고르십시오.

1) 이번 여름 방학에 카페(   ) 아르바이트를 하려고 합니다.
   ① 로   ② 에   ③ 까지   ④ 에서

2) 우리 어머니는 서울시 (   )이십니다. 서울시청에서 일하십니다.
   ① 학원   ② 회원   ③ 공무원   ④ 종업원

3) 저는 서울에서 살았지만 결혼한 후에 (   )(으)로 내려와서 살게 되었습니다.
   ① 나라   ② 시내   ③ 지방   ④ 출입국

4) 서울도서관은 제가 자주 가는 (   )인데 식당도 있고 카페도 있고 빵집도 있습니다.
   ① 것   ② 곳   ③ 날   ④ 때

5) 우리 (   ) 문화 센터에 수영장이 생겼는데 수영 수업이 인기가 많아서 빨리 신청해야 합니다.
   ① 교실   ② 근처   ③ 동네   ④ 시골

6) 저는 사람들이 많이 찾는 관광지보다 작고 조용한 (   )을/를 여행하는 것을 좋아합니다.
   ① 가게   ② 건물   ③ 고향   ④ 마을

7) 한강공원에 있는 수영장은 물도 깨끗하고 요금도 싸서 많은 서울 (   )들이 이용하고 있습니다.
   ① 가족   ② 군인   ③ 시민   ④ 어른

3. 다음을 읽고 물음에 답하십시오.

52회 읽기 55, 56번

> 저와 아내는 **시골**에서 자랐습니다. 우리는 결혼한 후에 서울에서 살면서 회사에 다녔습니다. 하지만 **도시** 생활이 행복하지 않았습니다. 우리는 다시 **시골**로 (㉠). 그래서 얼마 전에 **시골**에 집도 사고 땅도 조금 샀습니다. 거기에서 꽃을 키울 겁니다. 내일 드디어 이사를 합니다.

1) ㉠에 들어갈 말로 가장 알맞은 것을 고르십시오.

① 돌아가면 안 됩니다　　　　　② 돌아갔기 때문입니다

③ 돌아가고 싶었습니다　　　　　④ 돌아간 적이 있습니다

2) 윗글의 내용과 같은 것을 고르십시오.

① 저는 시골에 가서 꽃을 키우려고 합니다.

② 제 아내는 도시 생활을 좋아합니다.

③ 저는 어렸을 때부터 서울에서 살았습니다.

④ 제 아내는 회사에 다니지 않았습니다.

4. 다음을 듣고 물음에 답하십시오.

Track 15　64회 듣기 27, 28번

> 여자: 민수 씨, 어제 드라마 '첫사랑' 봤어요? 거기에서 두 사람이 어떤 **섬**에 갔는데 정말 아름다웠어요.
> 남자: 아, 저도 그거 봤어요. 거기 제가 작년 여름휴가 때 간 곳이에요.
> 여자: 정말요? 그 **섬**이 어디예요?
> 남자: 여수에 있는 **섬**인데, 경치가 아름다워서 드라마에 자주 나와요.
> 여자: 아, 그래요? 저도 다음에 한번 가 보고 싶어요.
> 남자: 가기 전에 궁금한 거 있으면 물어보세요.

1) 두 사람이 무엇에 대해 이야기를 하고 있는지 고르십시오.

① 인기 있는 드라마　　　　　② 기억에 남는 여행

③ 원하는 휴가 기간　　　　　④ 드라마에 나온 장소

2) 들은 내용과 같은 것을 고르십시오.

① 남자는 작년 여름에 섬에 갔습니다.　② 여자는 어제 드라마를 못 봤습니다.

③ 남자는 여수에 가 본 적이 없습니다.　④ 여자는 여수에서 휴가를 보냈습니다.

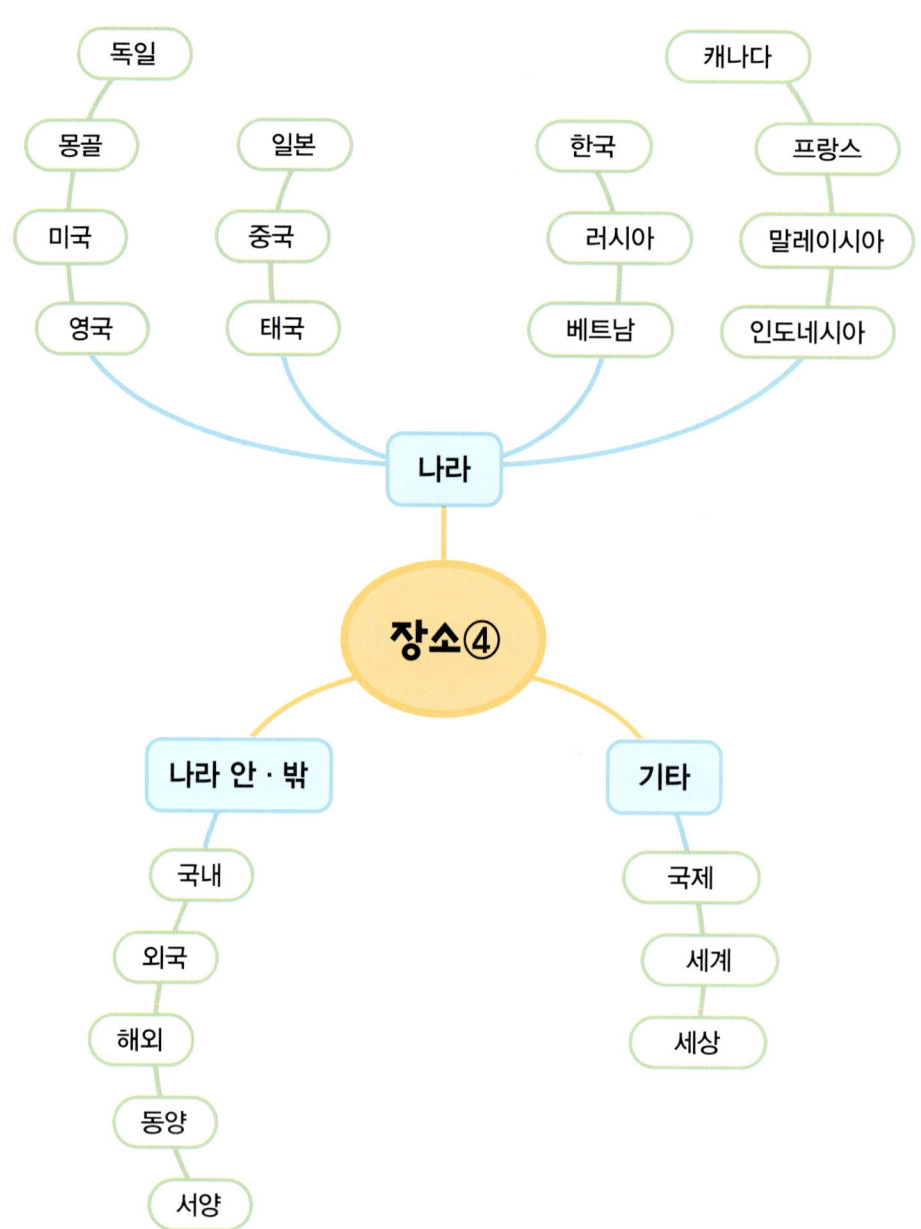

	영어	일본어	중국어	베트남어
나라				
독일	Germany	ドイツ	德国	nước Đức
몽골	Mongolia	モンゴル	蒙古	Mông Cổ
미국	USA, the United States	アメリカ	美国	Hoa Kỳ
영국	UK, the United Kingdom	イギリス	英国	nước Anh
일본	Japan	日本	日本	Nhật Bản
중국	China	中国	中国	Trung Quốc
태국	Thailand	タイ	泰国	Thái Lan
한국	South Korea	韓国	韓国	Hàn Quốc
러시아	Russia	ロシア	俄罗斯	Nga
베트남	Vietnam	ベトナム	越南	Việt Nam
캐나다	Canada	カナダ	加拿大	Canada
프랑스	France	フランス	法国	Pháp
말레이시아	Malaysia	マレーシア	马来西亚	Malaysia
인도네시아	Indonesia	インドネシア	印度尼西亚	Indonesia
나라 안·밖				
국내	domestic	国内	国内	nội địa
국내 경기	domestic economy	国内経済	国内经济	nền kinh tế trong nước
국내 여행	domestic travel	国内旅行	国内旅行	du lịch trong nước
외국	foreign, foreign country	外国	外国	ngoại quốc
외국 사람	foreigner	外国人	外国人	người ngoại quốc
외국 회사	foreign company	外国の会社	外国公司	công ty nước ngoài
해외	overseas	海外	海外	nước ngoài
해외 공연	overseas performance	海外公演	海外演出	biểu diễn ở nước ngoài
해외 뉴스	overseas news	海外ニュース	国际新闻	tin tức nước ngoài
동양	the East	東洋	东方	phương đông
서양	the West	西洋	西方	phương tây
기타				
국제	international	国際	国际	quốc tế
국제 대회	international competition	国際大会	国际比赛	cuộc thi quốc tế
국제 공항	international airport	国際空港	国际机场	sân bay quốc tế
세계	world	世界	世界	thế giới
세계 지도	world map	世界地図	世界地图	bản đồ thế giới
세상	the world	世の中	世上/世界	thế giới
세상이 변하다	the world changes	世の中が変わる	世界变化了	thế giới thay đổi

1. ( )에 들어갈 말로 가장 알맞은 것을 고르십시오.

1) 영국, 인도네시아, ( )은/는 모두 섬나라입니다.
   ① 몽골 　　　　② 일본 　　　　③ 중국 　　　　④ 캐나다

2) 세계에서 가장 큰 땅을 가지고 있는 나라는 ( )입니다.
   ① 독일 　　　　② 태국 　　　　③ 러시아 　　　　④ 베트남

3) 영국, 일본, 태국, 말레이시아에는 지금도 ( )이 있습니다.
   ① 글 　　　　② 땅 　　　　③ 왕 　　　　④ 힘

4) ( ) 미술 시간에 한국, 중국, 일본 미술의 다른 점을 배웠습니다.
   ① 도시 　　　　② 동양 　　　　③ 옛날 　　　　④ 장소

5) 우리 반에는 영국, 일본, 인도 등 여러 ( )에서 온 친구들이 있습니다.
   ① 고향 　　　　② 나라 　　　　③ 도시 　　　　④ 세상

6) 요즘 ( ) 역사책을 읽고 있는데 오늘은 프랑스 역사 부분을 읽었습니다.
   ① 국내 　　　　② 서양 　　　　③ 양식 　　　　④ 지방

7) 인천국제공항은 ( )(으)로 여름 휴가를 떠나는 사람들로 아주 복잡합니다.
   ① 세상 　　　　② 시골 　　　　③ 지방 　　　　④ 해외

8) ( ) 전화를 걸 때 나라 번호를 알아야 하는데 한국의 나라 번호는 82입니다.
   ① 국제 　　　　② 세상 　　　　③ 국내 　　　　④ 시내

9) 우리 동네에는 ( ) 식당이 많은데 그중에서 베트남 식당에 항상 손님이 많습니다.
   ① 국내 　　　　② 시골 　　　　③ 외국 　　　　④ 한국

10) 코로나19 이후에는 외국 여행보다 ( ) 여행을 선택하는 사람들이 많아졌습니다.
   ① 국내 　　　　② 동네 　　　　③ 지방 　　　　④ 세계

2. 다음을 읽고 물음에 답하십시오.

35회 읽기 49, 50번

> 제 친구는 그림 그리는 것을 좋아합니다. 그래서 시간이 있을 때마다 종이컵에 그림을 그립니다. 그리고 친한 사람들에게 종이컵을 선물합니다. (㉠) 종이컵은 **세상**에 하나만 있습니다. 친구의 종이컵은 참 예쁩니다.

1) ㉠에 들어갈 말로 가장 알맞은 것을 고르십시오.

① 친구가 산　　　　　　　② 친구가 만든

③ 사람들이 선물한　　　　④ 사람들이 버리는

2) 윗글의 내용과 같은 것을 고르십시오.

① 친구는 종이로 컵을 만듭니다.

② 친구는 예쁜 종이컵을 받았습니다.

③ 친구는 친한 사람들과 그림을 그립니다.

④ 친구는 종이컵에 예쁘게 그림을 그립니다.

3. 다음을 읽고 물음에 답하십시오.

83회 읽기 51, 52번

> 인주시에서는 매년 5월 '인주 꽃 축제'를 엽니다. 이 축제에서는 **세계** 여러 나라의 꽃을 볼 수 있습니다. 특히 올해 축제에서는 많은 사람이 모여서 꽃으로 **세계** 지도 만들기를 합니다. 또 평일 오전에 가면 무료로 꽃다발을 (㉠) 꽃 그림 그리기를 할 수 있습니다.

1) ㉠에 들어갈 말로 가장 알맞은 것을 고르십시오.

① 만드는데　　　② 만드니까　　　③ 만들거나　　　④ 만들려고

2) 무엇에 대한 내용인지 맞는 것을 고르십시오.

① 꽃 축제를 여는 이유

② 꽃 축제가 열리는 장소

③ 꽃 축제에 들어가는 방법

④ 꽃 축제에서 할 수 있는 일

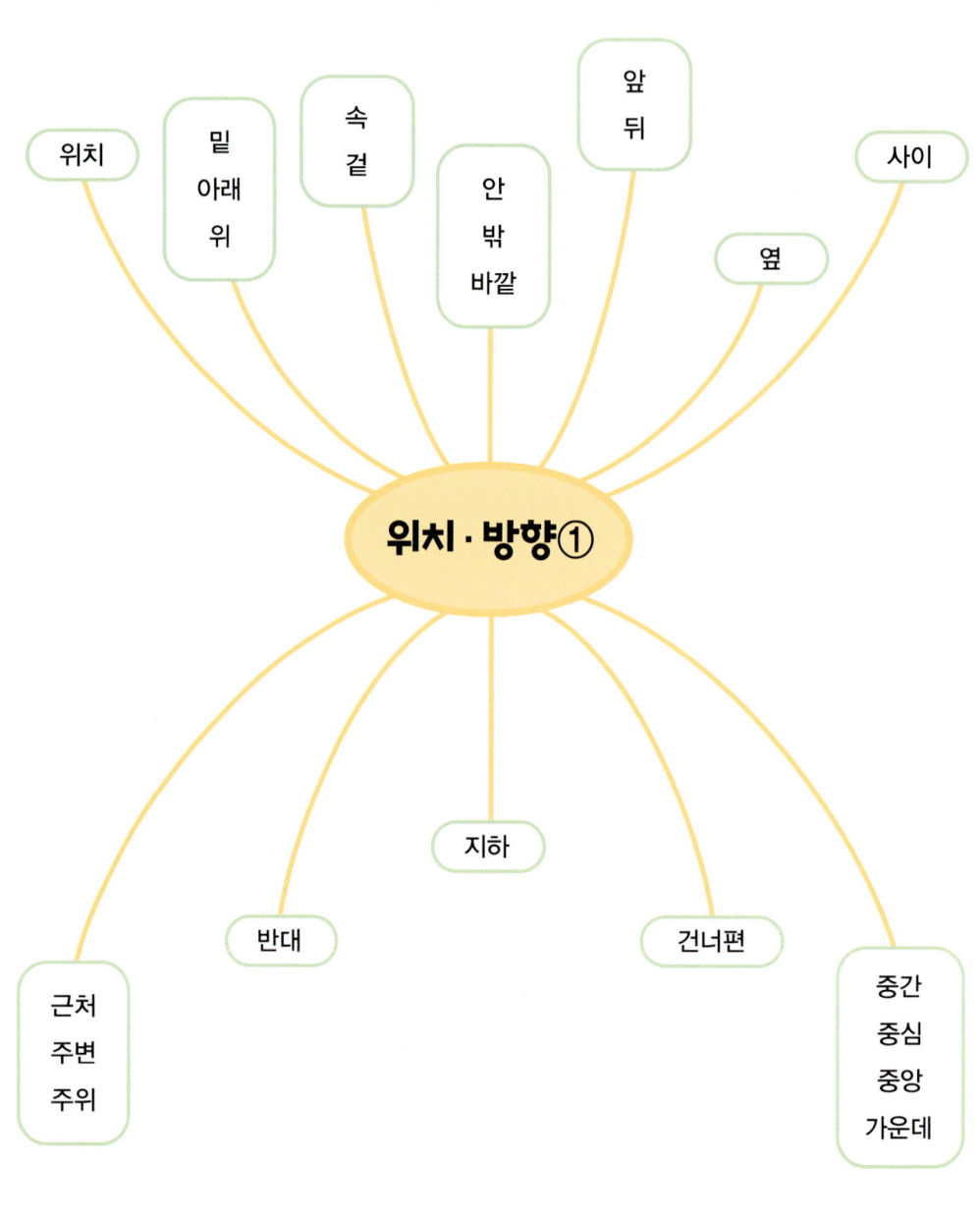

위치

밑
아래
위

속
겉

안
밖
바깥

앞
뒤

옆

사이

위치·방향①

근처
주변
주위

반대

지하

건너편

중간
중심
중앙
가운데

	영어	일본어	중국어	베트남어
위치	location	位置	位置	vị trí
밑	bottom	下	下	dưới
밑줄	underline	下線	下划线	gạch dưới
아래	under	下	下方	bên dưới
위	top, above	上	上	trên
속	inside, within	中	里面	bên trong
마음 속	in one's heart	心の中	内心	trong lòng
속이 불편하다	to have an upset stomach	気分(気持ち)が悪い	胃不舒服	cảm thấy khó chịu
겉	outside, surface	外側、外面	外面	bên ngoài
겉모습	appearance	外見	外表	vẻ bề ngoài
겉옷	outerwear	上着	外衣	áo khoác ngoài
안	inside	中、内	里面	bên trong
밖	outside	外	外面	bên ngoài
바깥	outside, outdoors	外	外面	ngoài trời
바깥에서 놀다	to play outside	外で遊ぶ	在外面玩儿	chơi ngoài trời
앞	front	前	前面	đằng trước
뒤	back	後ろ	后面	đằng sau
옆	side	横	旁边	bên cạnh
사이	between	間	之间	giữa
근처	nearby	近く、近所	附近	lân cận
주변	surroundings	周辺	周边	gần quanh
주위	around, surrounding area	周囲	周围	xung quanh
반대	opposite	反対	对面/相反	ngược lại
지하	basement	地下	地下	dưới mặt đất
지하 1층	B1 floor	地下1階	地下1层	tầng hầm 1
지하 주차장	underground parking lot	地下駐車場	地下停车场	bãi đậu xe dưới mặt đất
건너편	across, opposite side	向かい側	对面	bên kia đường
중간	middle	中間	中间	ở giữa
중심	center, core	中心	中心	trung tâm
중앙	center	中央	中央	trung ương
가운데	middle	真ん中	中间	ở giữa

1. ( )에 들어갈 말로 가장 알맞은 것을 고르십시오.

1) 명동은 서울의 ( )에 있어서 교통이 편리하고 쇼핑하기에도 좋습니다.

　① 밖　　　　　　② 안　　　　　　③ 반대　　　　　　④ 중심

2) 우리 집 ( )에 시장이 있습니다. 거리가 가깝고 값도 싸서 자주 갑니다.

　① 근처　　　　　② 바깥　　　　　③ 사이　　　　　　④ 중앙

3) 우리 회사는 삼성역과 선릉역 ( )에 있는데 삼성역에서 조금 더 가깝습니다.

　① 바깥　　　　　② 반대　　　　　③ 사이　　　　　　④ 주위

4) 식탁과 소파를 놓은 ( )을/를 바꿨는데 다른 집으로 이사 온 것 같은 느낌이
듭니다.

　① 색깔　　　　　② 위치　　　　　③ 주위　　　　　　④ 크기

5) 만두는 ( )에 여러 가지 재료를 넣어서 만들 수 있는데 저는 김치 만두가 맛
있습니다.

　① 겉　　　　　　② 밑　　　　　　③ 속　　　　　　　④ 옆

6) 알리 씨는 ( )(으)로 보면 무서운 사람 같지만 사귀어 보면 재미있고 따뜻한
사람입니다.

　① 겉　　　　　　② 뒤　　　　　　③ 앞　　　　　　　④ 위

7) 지금 살고 있는 집에 방이 세 개 있는데 가장 큰 방은 침실로, ( ) 크기 방은 공
부방으로, 가장 작은 방은 옷 방으로 사용하고 있습니다.

　① 바깥　　　　　② 아래　　　　　③ 주변　　　　　　④ 중간

8) 가: 실례지만 이 건물에 편의점이 있어요?
　나: 네, ( ) 1층에 있어요.

　① 근처　　　　　② 중심　　　　　③ 반대　　　　　　④ 지하

9) 가: 실례지만 근처에 약국이 어디에 있어요?
　나: 이 건물 ( )에 있어요. 건물에서 나가면 횡단보도가 있으니까 건너서 가세요.

　① 방향　　　　　② 중앙　　　　　③ 가운데　　　　　④ 건너편

2. 다음을 읽고 맞지 <u>않는</u> 것을 고르십시오.

47회 읽기 41번

① 꽃집은 일 층에 있습니다.　　　　② 커피숍 옆에 서점이 있습니다.

③ 은행 아래에 빵집이 있습니다.　　④ 병원과 약국은 같은 층에 있습니다.

3. 다음을 읽고 물음에 답하십시오.

41회 읽기 49, 50번

> 우리 회사 **지하**에는 운동하는 방, 책을 읽는 방, 낮잠을 자는 방, 이야기하는 방이 있습니다. 이 방들은 점심시간에만 문을 엽니다. 우리 회사 사람들은 이곳을 좋아합니다. 이 방에 가고 싶은 사람들은 (㉠) 바로 **지하**로 갑니다. 식사 후에 짧은 시간 동안 하고 싶은 일을 할 수 있기 때문입니다.

1) ㉠에 들어갈 말로 가장 알맞은 것을 고르십시오.

　　① 책을 읽고　　　② 잠을 자고　　　③ 일을 하고　　　④ 밥을 먹고

2) 윗글의 내용과 같은 것을 고르십시오.

　　① 우리 회사 식당은 지하에 있습니다.

　　② 우리 회사에서는 낮잠을 잘 수 없습니다.

　　③ 우리 회사 지하에 있는 방은 인기가 많습니다.

　　④ 우리 회사 사람들은 저녁에 지하에서 운동합니다.

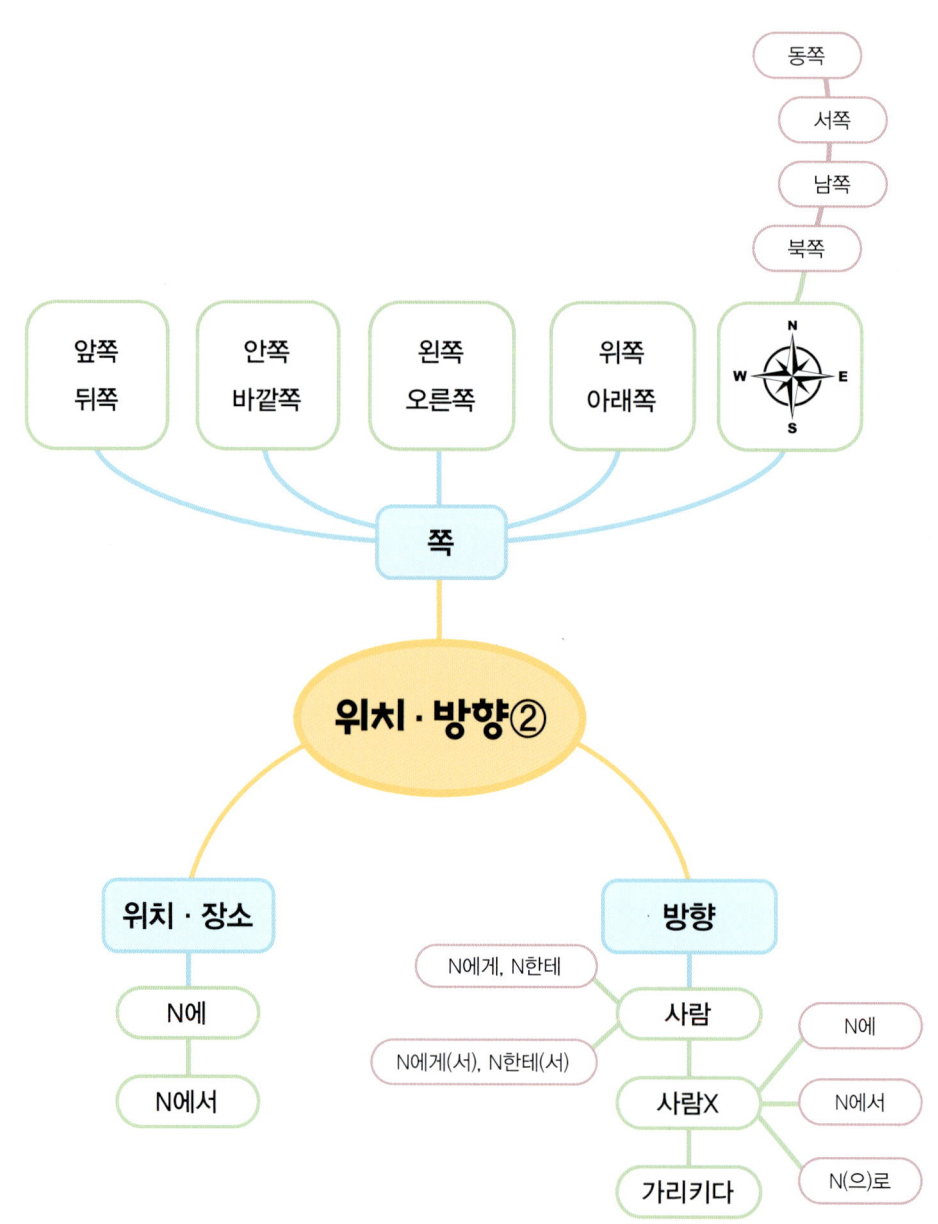

	영어	일본어	중국어	베트남어
쪽				
쪽	side	側	边/方向	phía
앞쪽	front side	前側	前边	phía đằng trước
뒤쪽	back side	後ろ側	后边	phía đằng sau
안쪽	inside	内側	里边	phía bê trong
바깥쪽	outside	外側	外边	phía bên ngoài
왼쪽	left side	左側	左边	phía bên trái
오른쪽	right side	右側	右边	phía bên phải
위쪽	upper side	上側	上边	phía bê trên
아래쪽	lower side	下側	下边	phía bên dưới
동쪽	east	東側	东边	phía đông
서쪽	west	西側	西边	phía tây
남쪽	south	南側	南边	phía nam
북쪽	north	北側	北边	phía bắc
위치 · 장소				
N에	in, on, at (location)	Nに	给N	tới N
N에서	in, at (place)	Nから	从N	từ N
방향				
방향	direction	方向	方向	phương hướng
반대 방향	opposite direction	反対方向	反方向	hướng ngược lại
N에게, N한테	to N (recipient, human)	Nに	给N	đến N
N에게(서), N한테(서)	from N (source, human)	Nから（より）	从N	từ N
N에	to N (destination, non-human)	Nに	在N	ở N, đến N
N에서	from N (origin, non-human)	Nから、Nで	在N/从N	từ N, tại N
N(으)로	to N, towards N (direction)	Nに(へ)	往/朝/向	bằng N
가리키다	to point	指す	指/指向	chỉ ra

1. 그림을 보고 알맞은 단어를 골라 쓰십시오.

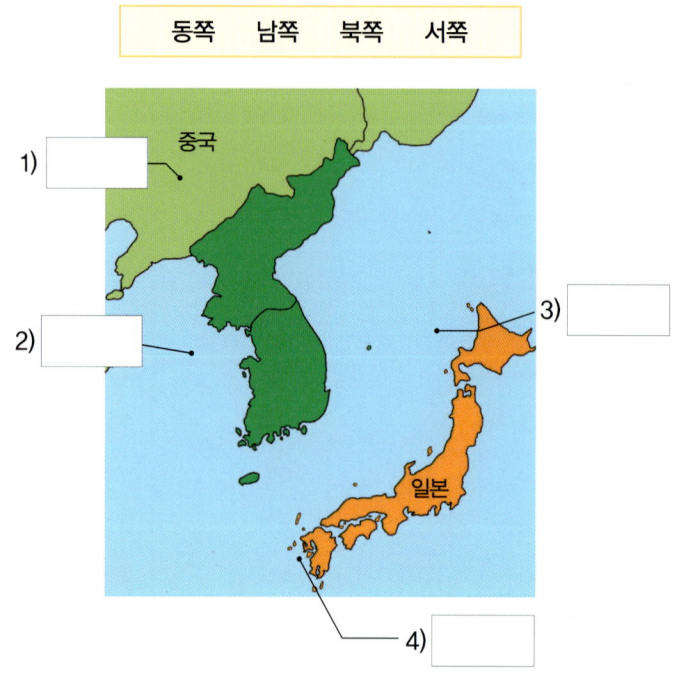

동쪽   남쪽   북쪽   서쪽

1)

중국

2)

3)

일본

4)

2. ( )에 들어갈 말로 가장 알맞은 것을 고르십시오.

1) 오늘 제 생일입니다. 고향에 있는 친구( ) 생일 축하 메일을 받았습니다.

① 로　　　　　　② 에　　　　　　③ 에서　　　　　④ 에게서

2) 청소할 때 창문 안쪽은 자주 닦는데 ( )은/는 한 달에 한 번 정도 닦습니다.

① 위쪽　　　　　② 바깥쪽　　　　③ 아래쪽　　　　④ 오른쪽

3) 한국에 처음 왔을 때 한국말을 못 해서 식당에서 메뉴를 손가락으로 ( ) 주문
했습니다.

① 가리켜서　　　② 가르쳐서　　　③ 건너가서　　　④ 찾아봐서

4) 지하철을 반대 ( )(으)로 잘못 타서 중간에 내려서 다시 탔습니다. 그래서
약속 시간에 늦었습니다.

① 목적　　　　　② 방향　　　　　③ 위치　　　　　④ 장소

3. 다음을 듣고 이어지는 말을 고르십시오.

 Track 16   36회 듣기 6번

> 남자: 저 주말에 부산**으로** 여행 가요.
> 여자: _____

① 괜찮아요.   ② 죄송해요.

③ 잘 다녀오세요.   ④ 잘 부탁드려요.

4. 다음을 듣고 여자의 중심 생각을 고르십시오.

Track 17   60회 듣기 23번

> 남자: 손님, 두 분이세요? 저기 **안쪽** 자리 어떠세요?
> 여자: 창문 **쪽**은 오래 기다려야 돼요?
> 남자: 30분 정도 기다리셔야 합니다.
> 여자: 그럼 기다릴게요. 창문 밖 경치가 좋아서요.

① 창문 쪽에 앉고 싶습니다.

② 밖에서 먹는 것이 좋습니다.

③ 기다리지 않고 바로 먹고 싶습니다.

④ 사람이 적은 식당에 가는 것이 좋습니다.

5. 다음을 순서에 맞게 배열한 것을 고르십시오.

41회 읽기 57번

> (가) 볼펜으로 글을 쓰면 지우개로 지울 수 없습니다.
> (나) 내일 쓰기 시험을 볼 때 이 볼펜을 사용하려고 합니다.
> (다) 그런데 지우개로 지울 수 있는 볼펜을 친구**한테서** 받았습니다.
> (라) 그러면 잘못 쓴 글을 쉽게 지울 수가 있어서 편할 것 같습니다.

① (가)–(나)–(다)–(라)   ② (가)–(나)–(라)–(다)

③ (가)–(다)–(나)–(라)   ④ (가)–(다)–(라)–(나)

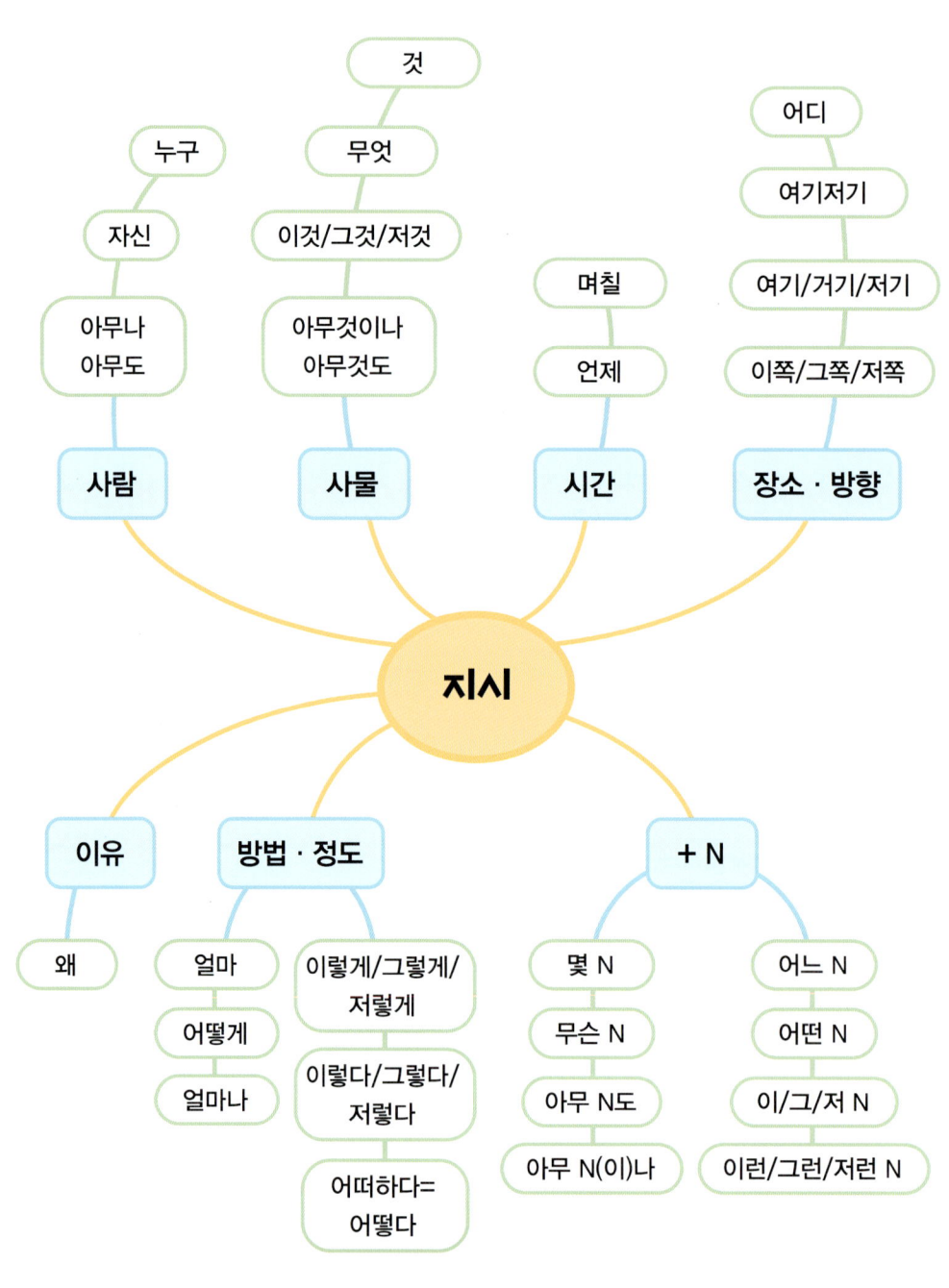

	영어	일본어	중국어	베트남어
사람				
누구	who	誰	谁	ai
자신	oneself	自分	自己	bản thân mình
아무나	anyone, anybody	誰でも	任何人	bất cứ ai
아무도	no one, nobody	誰も（～ない）	谁都不(否定)	không ai
사물				
것	thing	もの、こと	东西/事	điều, cái
무엇	what	何	什么	gì
이것/그것/저것	this one / that one / that one over there	これ／それ／あれ	这个/那个/那个	cái này/cái đó/cái kia
아무것이나	anything	何でも	随便什么	bất cứ điều gì
아무것도	nothing	何も（～ない）	什么也不(否定)	cái gì cũng
시간				
며칠	what date, how many days	何日、数日	几天	vài ngày
언제	when	いつ	什么时候	khi
장소 · 방향				
어디	where	どこ	哪里	ở đâu
여기저기	here and there	あちこち	到处	ở đây và ở đó
여기/거기/저기	here / there / over there	ここ／あそこ／そこ	这里/那里/那里	ở đây/ở đằng kia/ở đó
이쪽/그쪽/저쪽	this way / that way / that way over there	こちら側／そちら側／あちら側	这边/那边/那边	bên này/bên đó/bên kia
이유				
왜	why	なぜ	为什么	tại sao
방법 · 정도				
얼마	how much (price)	いくら、いくつ	多少	bao nhiêu
어떻게	how	どうやって	怎么(办)	như thế nào
얼마나	how (degree)	どのくらい	多么/多少	bao nhiêu
이렇게/그렇게/저렇게	like this / like that / like that over there	このように／そのように／あのように	这样/那样/那样	nhưthếnày/nhưthếđó/nhưthếkia
이렇다/그렇다/저렇다	to be like this / to be like that / to be like that (over there)	こうだ／そうだ／ああだ	这样的/那样的/那样的	kiểu thế này/kiểu thế đó/kiểu thế kia
어떠하다=어떻다	to be like	どのようだ	怎么样	như kiểu
+ N				
몇 N	how many N, what N	いくつかのN	几个N	một vài N
무슨 N	what kind of N	どんなN	什么N	N nào
아무 N도	no N, none of N	何のNも（～ない）	任何N都不(否定)	không N nào
아무 말도 안 하다	to say nothing	何も言わない	一句话也不说	không nói gì cả
아무 N(이)나	any N, any kind of N	どんなNでも	随便哪个N	bất kì n nào
아무 때나 괜찮다	anytime is fine	いつでもいい	什么时候都可以	bất cứ lúc nào cũng được
어느 N	which N	どのN	哪一个N	N nào
어떤 N	what kind of N	どんなN	哪个N	N kiểu nào
이/그/저 N	this N / that N / that N over there	この／その／あの N	这/那/那N	N này/N đó/N kia
이런/그런/저런 N	this kind of N / that kind of N / that kind of N over there	こんな／そんな／あんな N	这种/那种/那种N	N kiểu này/N kiểu đó/N kiểu kia

1. ( )에 들어갈 말로 가장 알맞은 것을 고르십시오.

1) 가: ( ) 얼마예요?
   나: 10개에 5,000원이에요.

   ① 그쪽   ② 이거   ③ 이런   ④ 저기

2) 가: ( ) 것을 살까요?
   나: 이브 씨한테 이 색깔이 더 잘 어울릴 것 같은데요.

   ① 누구   ② 무슨   ③ 아무   ④ 어느

3) 가: 주말에 어디에 갔어요?
   나: ( ) 안 가고 집에서 쉬었어요.

   ① 아무도   ② 아무것도   ③ 아무 데도   ④ 아무것이나

4) 가: 한국어 공부가 ( )?
   나: 어렵지만 재미있어요.

   ① 뭐예요   ② 어때요   ③ 누구예요   ④ 어디예요

5) 가: ( ) 영화를 좋아해요?
   나: 저는 무서운 영화를 자주 봐요.

   ① 누구   ② 어느   ③ 아무   ④ 어떤

6) 가: 린 씨는 그림 그리는 게 취미군요.
   나: 네, 그림 그리는 시간이 좋아요. 특히 그림으로 제 ( )을/를 표현하는 게
      참 즐거워요.

   ① 내용   ② 사실   ③ 자리   ④ 자신

7) 가: 집에서 학교까지 ( ) 걸려요?
   나: 버스로 30분쯤 걸려요.

   ① 어떤   ② 얼마   ③ 어떻게   ④ 얼마나

8) 가: 기차가 (   ) 시에 출발하지요?

　　나: 3시에 출발해요.

　　① 몇　　　　　　　② 며칠　　　　　　③ 무슨　　　　　④ 언제

9) 가: 여보세요. (   ) 토미 씨 집이지요?

　　나: 네, 그런데요.

　　① 거기　　　　　② 그거　　　　　　③ 이쪽　　　　　④ 저거

10) 가: 실례지만 근처에 은행이 어디에 있어요?

　　나: (   )에 높은 건물 보이시죠? 저 건물 1층에 은행이 있어요.

　　① 저것　　　　　② 저런　　　　　　③ 여기　　　　　④ 저쪽

11) 가: 국에 소금을 넣어야 하는데 이 정도면 괜찮을까요?

　　나: 처음부터 (   ) 많이 넣지 말고 맛을 보면서 조금씩 넣으세요.

　　① 그거　　　　　② 그런　　　　　　③ 그쪽　　　　　④ 그렇게

12) 가: 신발이 저에게 큰데 한 사이즈 작은 (   ) 있어요?

　　나: 네, 손님. 잠시만 기다리세요.

　　① 것　　　　　　② 곳　　　　　　　③ 날　　　　　　④ 때

13) 가: 오늘 수업은 (   )까지 합시다. 수고했어요. 내일 만나요.

　　나: 네, 선생님. 감사합니다.

　　① 여기　　　　　② 저쪽　　　　　　③ 얼마　　　　　④ 어디

14) 가: 이사한 집이 비싸지 않은데 넓어서 아주 마음에 들어요.

　　나: 저도 (   ) 집에서 살고 싶어요. 지금 살고 있는 집은 지하철역 근처에 있어서
　　　　작고 비싸요.

　　① 이렇게　　　　② 얼마나　　　　　③ 그런　　　　　④ 이쪽

2. 다음을 듣고 물음에 맞는 대답을 고르십시오.

1) 〔 Track 18 〕 36회 듣기 4번

> 남자: 이 회사에서 **얼마나** 일했어요?
> 여자: _____

① 혼자 일했어요   ② 3년 일했어요
③ 오후에 일했어요   ④ 집에서 일했어요

2) 〔 Track 19 〕 52회 듣기 4번

> 여자: **무슨** 일을 해요?
> 남자: _____

① 매일 일해요   ② 정말 멋있어요
③ 일이 어려워요   ④ 학생을 가르쳐요

3) 〔 Track 20 〕 83회 듣기 4번

> 여자: 공항에 **어떻게** 갔어요?
> 남자: _____

① 어제 갔어요   ② 자주 갔어요
③ 친구가 갔어요   ④ 지하철로 갔어요

3. 다음을 듣고 가장 알맞은 그림을 고르십시오.

〔 Track 21 〕 47회 듣기 15번

> 여자: **저거**, 우리 가방 같은데요.
> 남자: 제가 가지고 올게요. 잠깐만 기다려요.

①    ②    ③    ④

4. 다음을 순서에 맞게 배열한 것을 고르십시오.

1)
36회 읽기 58번

> (가) **그** 남자는 지금 제 남자 친구입니다.
> (나) 저는 우산이 없어서 그냥 건물 앞에 서 있었습니다.
> (다) **그때** 어떤 남자가 저에게 와서 우산을 주었습니다.
> (라) **어느** 날 회사 일이 끝나고 집에 가는데 갑자기 비가 왔습니다.

① (라)-(가)-(나)-(다) ② (라)-(가)-(다)-(나)
③ (라)-(나)-(가)-(다) ④ (라)-(나)-(다)-(가)

2)
41회 읽기 58번

> (가) **그** 동전들은 보통 한국에서는 사용할 수 없습니다.
> (나) 공항버스 매표소에서 **그것**으로 표를 살 수 있기 때문입니다.
> (다) 중국이나 일본에 다녀온 후에 동전이 남을 때가 있습니다.
> (라) 그런데 이제 **그** 동전으로 공항버스를 탈 수 있게 되었습니다.

① (다)-(가)-(나)-(라) ② (다)-(가)-(라)-(나)
③ (다)-(라)-(가)-(나) ④ (다)-(라)-(나)-(가)

3)
83회 읽기 58번

> (가) 남극에는 펭귄 우체국이 있습니다.
> (나) 또 우체국에서는 여러 가지 펭귄 기념품도 팝니다.
> (다) **여기**에서는 관광객들이 쓴 편지를 전 세계로 보내 줍니다.
> (라) 펭귄 우체국에서 **이렇게** 번 돈은 남극의 펭귄을 위해서 사용합니다.

① (가)-(다)-(나)-(라) ② (가)-(라)-(나)-(다)
③ (라)-(나)-(가)-(다) ④ (라)-(다)-(나)-(가)

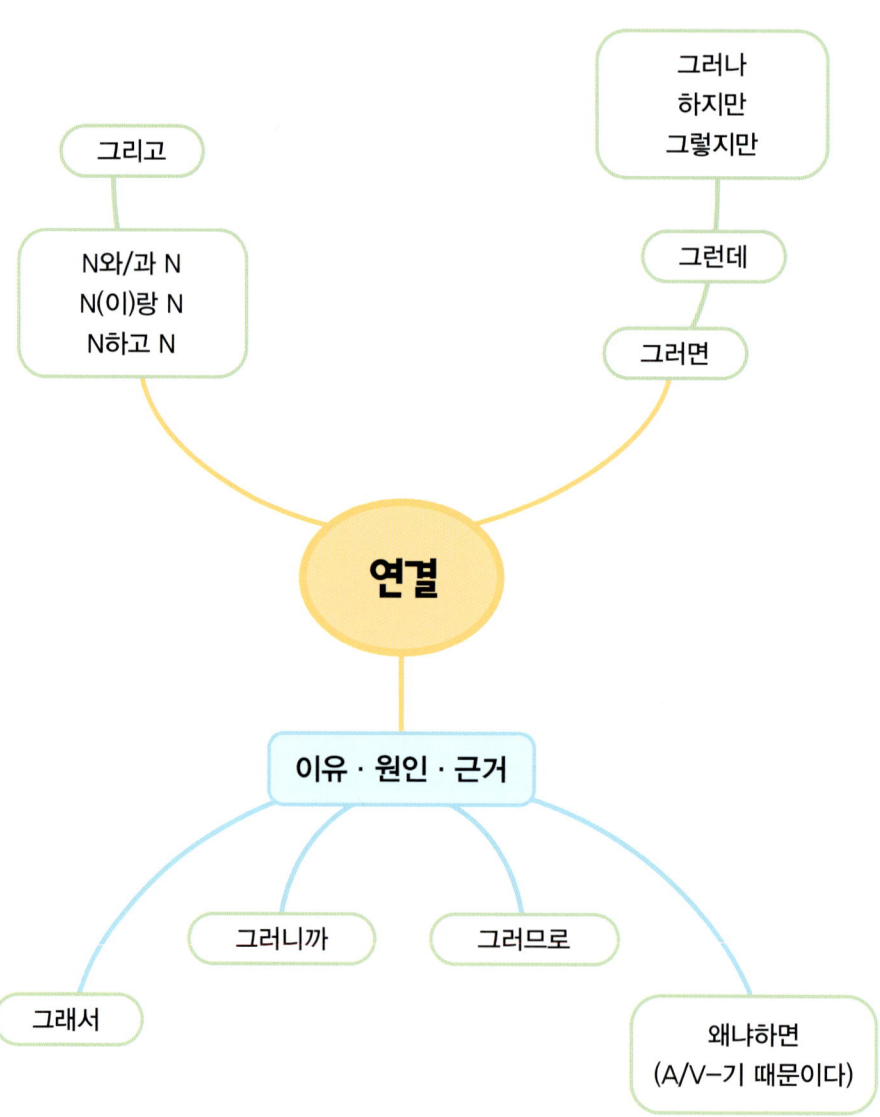

	영어	일본어	중국어	베트남어
그리고	and	そして	还有	và
N와/과 N	N and N (formal, written)	NとN (フォーマル・書き言葉)	N和N	cùng với N
N(이)랑 N	N and N (informal, conversational)	NとN (インフォーマル・話し言葉)	N跟N	N cùng với N
N하고 N	N and N (informal, spoken)	NとN (中立的・主に話し言葉)	N和N	N và N
그러나	however	しかし、でも	但是	tuy nhiên
하지만	but	しかし、でも	但是	nhưng
그렇지만	however, but	そうではあるが、けれども	虽然如此，但……	nhưng
그런데	by the way, however	ところで、だけど	不过，可是	tuy nhiên
그러면	then, if so	それならば、そうすると	那么	vậy thì

이유 · 원인 · 근거

	영어	일본어	중국어	베트남어
그래서	so, therefore	だから、それで	所以	vì thế
그러니까	so, therefore	だから、それゆえ	因此，所以	vì vậy
그러므로	therefore	したがって、それゆえ	因此，所以	vì vậy
왜냐하면 (A/V-기 때문이다)	because	なぜなら	因为	bởi vì

1. ( )에 들어갈 말로 가장 알맞은 것을 고르십시오.

1) 수영( ) 저는 초등학교 때부터 친한 친구입니다.

　① 께서　　　　　　② 이랑　　　　　　③ 처럼　　　　　　④ 한테

2) 저는 과일을 좋아합니다. 특히 참외( ) 수박을 좋아합니다.

　① 도　　　　　　　② 만　　　　　　　③ 와　　　　　　　④ 가

3) 지금 겨울입니다. ( ) 올해 겨울은 날씨가 별로 춥지 않습니다.

　① 그런데　　　　　② 그리고　　　　　③ 그러므로　　　　④ 왜냐하면

4) 배탈이 났습니다. ( ) 오늘 학교에 가지 않고 집에서 쉬려고 합니다.

　① 왜냐하면　　　　② 그래서　　　　　③ 그렇지만　　　　④ 그런데

5) 저는 스포츠를 좋아합니다. ( ) 제 동생은 스포츠에 관심이 없습니다.

　① 그러면　　　　　② 그래서　　　　　③ 하지만　　　　　④ 그러니까

6) 설날에 고향에 가려면 한 달 전에 표를 사야 합니다. ( ) 명절에 고향에 가는
　사람들이 아주 많기 때문입니다.

　① 그러니까　　　　② 그러므로　　　　③ 그렇지만　　　　④ 왜냐하면

7) 가: 밖에 비가 오고 바람도 많이 불어서 춥네요.
　나: ( ) 옷을 따뜻하게 입고 가세요.

　① 그러나　　　　　② 그래서　　　　　③ 그리고　　　　　④ 그러니까

8) 가: 죄송하지만 손님, 5일에는 방이 없습니다.
　나: 아, 그래요? ( ) 6일에는 방을 예약할 수 있어요?

　① 그러면　　　　　② 그래서　　　　　③ 그리고　　　　　④ 하지만

9) 가: 요코 씨가 오늘 결혼식에서 정말 아름답지요? 신랑도 멋있고요.
　나: 네, 신랑과 신부 모두 행복해 보여요. ( ) 두 사람이 사귄 지 얼마나 됐어요?

　① 그런데　　　　　② 하지만　　　　　③ 그러니까　　　　④ 그러므로

2. 다음을 순서에 맞게 배열한 것을 고르십시오.

1)
36회 읽기 57번

> (가) 주말마다 서울 여기저기를 다닙니다.
> (나) 찰리 씨는 서울에 사는 외국인입니다.
> (다) **왜냐하면** 지하철은 편리하기 때문입니다.
> (라) 서울 구경을 할 때는 주로 지하철을 탑니다.

① (나)-(가)-(다)-(라)　　　② (나)-(가)-(라)-(다)

③ (나)-(라)-(가)-(다)　　　④ (나)-(라)-(다)-(가)

2)
64회 읽기 57번

> (가) 저는 종이컵을 많이 썼습니다.
> (나) 이제부터 그 컵을 쓰려고 합니다.
> (다) **그래서** 가지고 다닐 컵을 샀습니다.
> (라) **그런데** 종이컵은 바로 쓰레기가 됩니다.

① (가)-(다)-(나)-(라)　　　② (가)-(라)-(다)-(나)

③ (나)-(다)-(라)-(가)　　　④ (나)-(라)-(가)-(다)

3)
64회 읽기 58번

> (가) 회사원들의 이런 생활은 목에 좋지 않습니다.
> (나) **그래서** 잠깐씩 일어나서 목 운동을 해야 합니다.
> (다) 또 목 주위를 따뜻하게 해 주는 것도 도움이 됩니다.
> (라) 회사원들은 오랜 시간 앉아서 컴퓨터를 보고 일합니다.

① (가)-(나)-(라)-(다)　　　② (가)-(다)-(나)-(라)

③ (라)-(가)-(나)-(다)　　　④ (라)-(다)-(나)-(가)

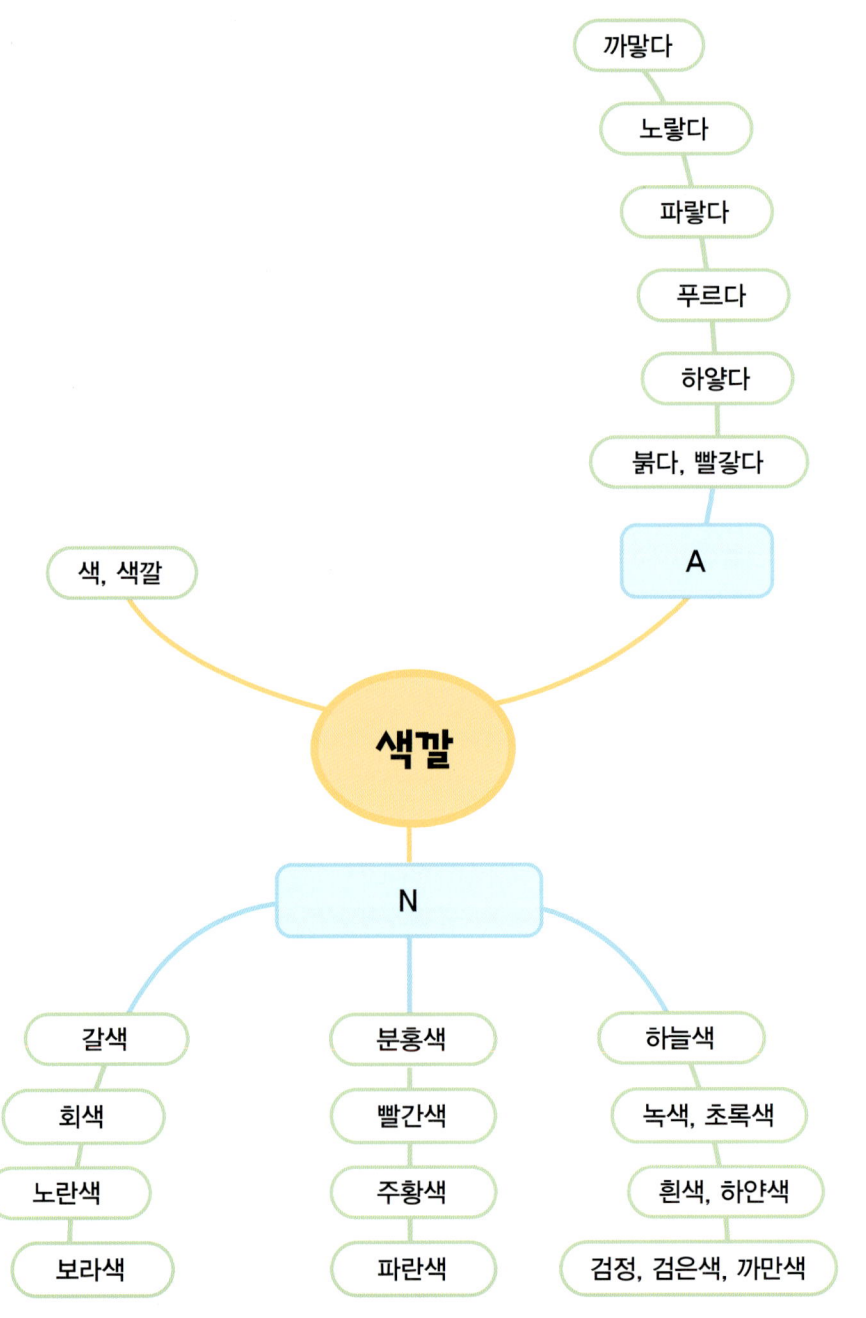

까맣다

노랗다

파랗다

푸르다

하얗다

붉다, 빨갛다

A

색, 색깔

색깔

N

갈색

회색

노란색

보라색

분홍색

빨간색

주황색

파란색

하늘색

녹색, 초록색

흰색, 하얀색

검정, 검은색, 까만색

	영어	일본어	중국어	베트남어
색, 색깔	color	色	颜色	màu sắc
A				
까맣다	to be black	黒い	黑色的	đen
노랗다	to be yellow	黄色い	黄色的	vàng
파랗다	to be blue	青い	蓝色的	xanh dương
푸르다	to be blue, to be green	青い	青色的	xanh da trời
하얗다	to be white	白い	白色的	trắng
붉다, 빨갛다	to be red	赤い	红色的	đỏ
N				
갈색	brown	茶色	棕色, 褐色	màu nâu
회색	gray	灰色	灰色	màu xám
노란색	yellow	黄色	黄色	màu vàng
보라색	purple	紫色	紫色	màu tím
분홍색	pink	ピンク色	粉红色	màu hồng
빨간색	red	赤色	红色	màu đỏ
주황색	orange	橙（オレンジ）色	橙色	màu cam
파란색	blue	青色	蓝色	màu xnah dương
하늘색	sky blue	空（水）色	天蓝色	màu xanh da trời
녹색, 초록색	green	緑色	绿色	màu xanh lá
흰색, 하얀색	white	白色	白色	màu trắng
검정, 검은색, 까만색	black	黒色	黑色	màu đen

1. 그림을 보고 알맞은 단어를 골라 쓰십시오.

검은색 노란색 빨간색 주황색 초록색 흰색

1) _____ 2) _____ 3) _____

4) _____ 5) _____ 6) _____

2. ( )에 들어갈 말로 가장 알맞은 것을 고르십시오.

1) 신호등이 ( )일 때는 길을 건너면 안 됩니다.

① 빨간색   ② 보라색   ③ 하늘색   ④ 하얀색

2) 가: 오늘 날씨가 정말 좋지요?
   나: 네. 저는 이렇게 하늘이 맑고 ( ) 날이 참 좋아요.

① 까만   ② 노란   ③ 빨간   ④ 푸른

3) 가: 이제 가을도 다 끝난 것 같아요.
   나: 네. 단풍들도 점점 ( )으로 변하고 떨어진 잎들도 많네요. 곧 겨울이 오겠
      어요.

① 갈색   ② 회색   ③ 녹색   ④ 분홍색

4) 가: 냄비가 왜 이렇게 ( ) 탔어요?
   나: 라면을 끓이고 있었는데 드라마를 보다가 완전히 잊고 있었어요.

① 붉게   ② 까맣게   ③ 파랗게   ④ 하얗게

3. 다음을 듣고 대화 내용과 같은 것을 고르십시오.

Track 22 41회 듣기 18번

> 남자: 이번 주 토요일까지 장미 축제를 하는데 같이 갈래요?
> 여자: 장미 축제요? 작년에 가 봤는데 정말 좋았어요.
> 남자: 올해는 장미 **색깔**인 **빨간색** 옷을 입고 가면 무료로 들어갈 수 있어요.
> 여자: 그래요? 그럼 만나서 같이 가요.

① 장미 축제는 올해가 처음입니다.
② 장미 축제는 이번 주 토요일에 시작합니다.
③ 두 사람은 장미 축제에 가서 만날 것입니다.
④ 빨간색 옷을 입으면 돈을 내지 않고 들어갑니다.

4. 다음을 순서에 맞게 배열한 것을 고르십시오.

37회 읽기 58번

> (가) 그래서 조금 비싸지만 더 인기가 많습니다.
> (나) 요즘 마트에 특별한 **색**의 토마토들이 많습니다.
> (다) 그 중에서 특히 **노란색** 토마토가 인기가 있습니다.
> (라) **노란색** 토마토는 보통 토마토보다 맛이 더 답니다.

① (나)-(다)-(가)-(라)   ② (나)-(다)-(라)-(가)
③ (나)-(가)-(다)-(라)   ④ (나)-(가)-(라)-(다)

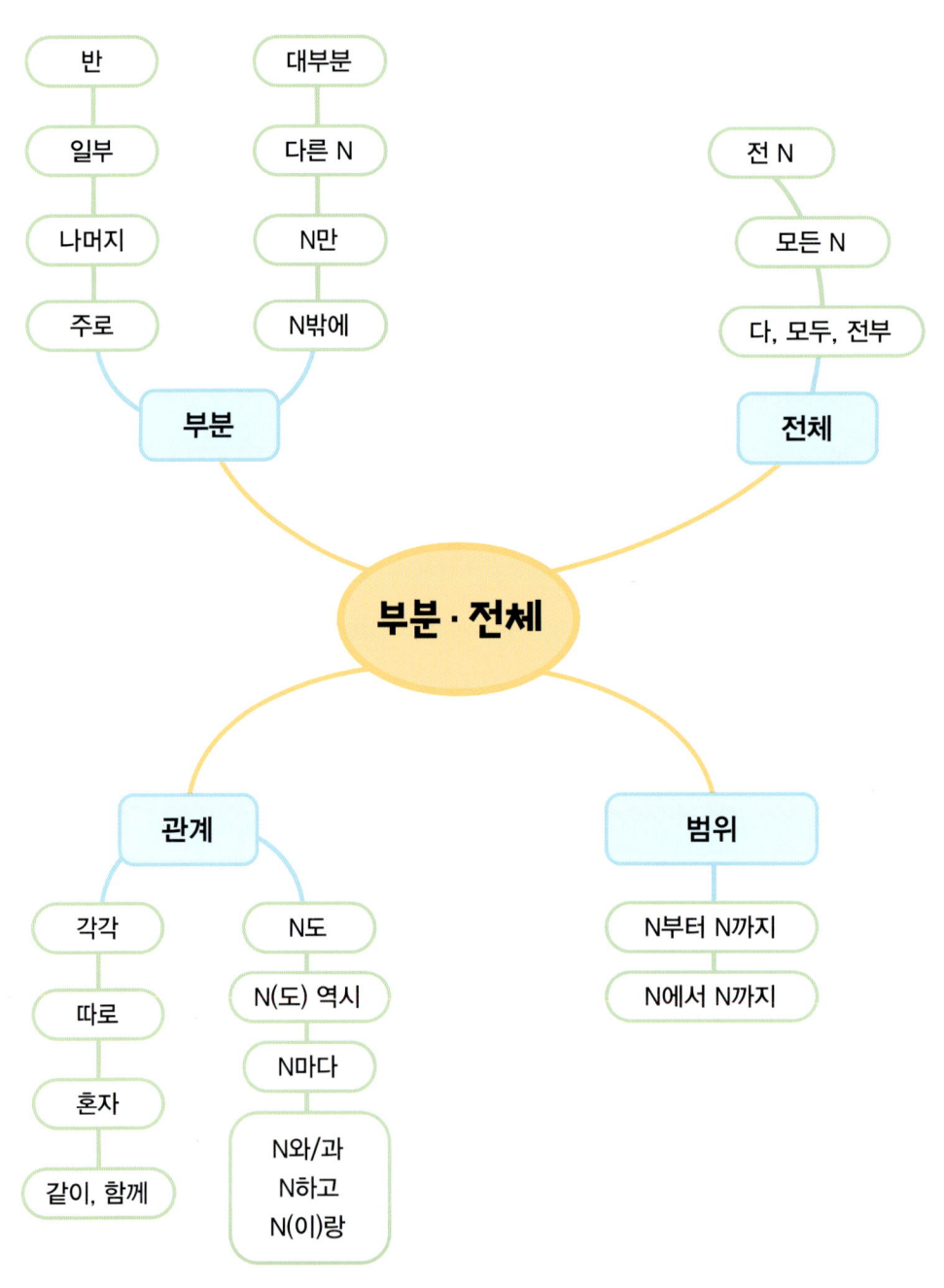

	영어	일본어	중국어	베트남어
부분				
부분	part	部分	部分	phần
마지막 부분	last part	最後の部分	最后一部分	phần cuối
잘못된 부분	wrong part	間違った部分	错误的部分	phần bị sai
반	half	半分	一半	một nửa
일부	some	一部	一部分	một phần
월급의 일부	part of the salary	給料の一部	工资的一部分	một phần tiền lương
나머지	the rest	残り	剩下的	phần còn lại
주로	mainly	主に	主要	hầu hết
대부분	most	大部分、ほとんど	大部分	phần lớn
다른 N	another N	他のN	别的N	N khác
다른 사람	another person	他の人	别人	người khác
다른 방법	another way	他の方法	别的方法	cách khác
N만	only N	Nだけ	只N	chỉ N
N밖에	only N	Nしか	只有N(否定)	ngoài N ra
전체				
전체	whole	全体	全体	toàn bộ
전 N	entire N	全N	全N	toàn bộ N
전 세계	the whole world	全世界	全世界	toàn thế giới
모든 N	all N	すべてのN	所有N	tất cả N
모든 사람	everyone	すべての人	所有人	tất cả mọi người
다, 모두, 전부	all	みんな、全部	全部/都	tất cả
관계				
각각	each	それぞれ	各自	mỗi
각각 한 개씩 먹다	to eat one each	それぞれ一つずつ食べる	每人吃一个	ăn mỗi thứ một cái
각각 준비하다	to prepare individually	それぞれ準備する	各自准备	chuẩn bị từng cái
따로	separately	別々に	单独	riêng
따로 앉다	to sit separately	別々に座る	分开坐	ngồi riêng
혼자	alone	一人	一个人	một mình
같이, 함께	together	一緒	一起	cùng nhau
N도	also N	Nも	N也	N cũng
N(도) 역시	N as well	NもまたN	N果然	tất nhiên cả N (cũng)
N마다	every N	Nごとに	每N	mỗi N
나라마다 문화가 다르다	every country has a different culture	国ごとに文化が違う	每个国家的文化都不一样	mỗi quốc gia có nền văn hóa khác nhau
N와/과	with N (together) (formal, written)	NとN(フォーマル・書き言葉)	N和N	cùng với N
N하고	with N (together) (informal, spoken)	NとN(中立的・主に話し言葉)	N和N	N và
N(이)랑	with N (together) (informal, conversational)	NとN(インフォーマル・話し言葉)	N跟N	cùng với N
범위				
N부터 N까지	from N to N (time)	NからNまで	从N到N	từ N đến N
N에서 N까지	from N to N (place)	NからNまで (範囲を表す)	从N到N	từ N đến N

Day 20 연습 문제

1. ( )에 들어갈 말로 가장 알맞은 것을 고르십시오.

1) 우리 회사 점심시간은 12시부터 1시 30분( )입니다.

① 까지   ② 밖에   ③ 에서   ④ 하고

2) 대학교를 졸업한 후부터 부모님과 ( ) 살고 있습니다.

① 따로   ② 전부   ③ 주로   ④ 대부분

3) 영화의 마지막 ( )이/가 너무 지루해서 조금 졸았습니다.

① 문제   ② 방법   ③ 부분   ④ 순서

4) 저는 영어만 할 수 있는데 ( ) 외국어도 배우고 싶습니다.

① 다른   ② 아무   ③ 각각   ④ 일부

5) 어머니는 꽃을 좋아하셔서 방( ) 꽃병에 예쁜 꽃을 꽂아서 두십니다.

① 만   ② 과   ③ 마다   ④ 이랑

6) 피자집에서 피자를 시켰는데 다 못 먹어서 ( )은/는 포장해서 집에 가져왔습니다.

① 부분   ② 전체   ③ 나머지   ④ 마지막

7) 저는 월급을 받으면 50%는 쓰고 나머지 ( )은/는 모두 은행에 저금하고 있습니다.

① 반   ② 각각   ③ 모든   ④ 이하

8) 우리 언니는 공부를 아주 잘하는데 중학교 때는 ( ) 과목에서 100점을 받은 적도 있습니다.

① 새   ② 약   ③ 전   ④ 첫

9) 부지런하고 성실한 차야 씨는 항상 일찍 학교에 옵니다. 오늘도 ( ) 제일 먼저 교실에 왔습니다.

① 같이   ② 금방   ③ 역시   ④ 전혀

10) 친구들과 우리 집에서 저녁을 먹을 겁니다. 저는 불고기를, 피터 씨와 유미 씨와 다니엘씨는 ( ) 샐러드, 잡채, 떡볶이를 준비하기로 했습니다.

① 각각   ② 일부   ③ 전부   ④ 전체

2. 다음을 읽고 중심 내용을 고르십시오.

35회 읽기 47번

> 시간이 없어서 일을 **다** 하지 못했습니다. 그래서 지현 씨가 저를 도와 주었습니다. 저는 지현 씨에게 커피를 사 주었습니다.

① 저는 일을 많이 합니다.　　　　② 저는 커피를 좋아합니다.

③ 저는 지현 씨가 고마웠습니다.　　④ 저는 지현 씨를 도와 주었습니다.

3. 다음을 듣고 대화 내용과 같은 것을 고르십시오.

Track 23　35회 듣기 22번

> 여자: 저 다음 주부터 백화점 안에 있는 옷 가게에서 일하기로 했어요.
> 남자: 잘됐네요. 그런데 매일 일해요?
> 여자: 아니요. 월요일**부터** 금요일**까지** 하루에 세 시간씩**만** 하면 돼요.
> 남자: 공부와 일을 같이 하려면 힘들겠어요.

① 이 일은 주말에 합니다.　　　　② 이 일은 백화점에서 합니다.

③ 이 일은 오늘부터 시작합니다.　　④ 이 일은 일주일에 세 시간 합니다.

4. 다음을 듣고 여자의 중심 생각을 고르십시오.

Track 24　64회 듣기 23번

> 남자: 무엇을 도와 드릴까요?
> 여자: 제가 지금 영어 수업을 들었는데 혹시 **다른** 반은 없어요?
> 남자: 왜 그러세요? 무슨 문제가 있으세요?
> 여자: 네. 좀 어려워서요. **다른** 수업을 들었으면 좋겠어요.

① 반이 더 많아져야 합니다.　　　　② 쉬운 수업을 듣고 싶습니다.

③ 수업을 더 듣는 것이 좋습니다.　　④ 영어 수업이 많이 도움이 됩니다.

✎ 어휘력 쑥쑥

중	가운데	middle / 真ん中 / 中间 / ở giữa
中	중간	middle / 中間 / 中间 / ở giữa
	중심	center, core / 中心 / 中心 / trung tâm
	중앙	center / 中央 / 中央 / trung ương
	중학교	middle school / 中学校 / 初中 / trường trung học cơ sở

내	안	inside / 中、内 / 里面 / bên trong
內	내과	internal medicine / 内科 / 内科 / bệnh viện nội khoa
	내용	content / 内容 / 内容 / nội dung
	국내	domestic / 国内 / 国内 / nội địa
	시내	downtown / 市内 / 市中心 / nội thành

국	나라	country / 国 / 国家 / quốc gia
國	국적	nationality / 国籍 / 国籍 / quốc tịch
	외국	foreign, foreign country / 外国 / 外国 / ngoại quốc
	한국	South Korea / 韓国 / 韩国 / Hàn Quốc
	출입국	immigration / 出入国 / 出入境 / cục xuất nhập cảnh

● **한국의 주요 도시**

한국은 총 6개의 도와 3개의 특별자치도, 17개의 특별시, 17개의 특별자치시, 6개의 광역시가 있습니다.

도: 경기도, 충청북도, 충청남도, 전라남도, 경상북도, 경상남도
특별자치도: 제주도, 강원도, 전라북도
특별시: 서울
특별자치시: 세종
광역시: 인천, 대전, 광주, 대구, 울산, 부산

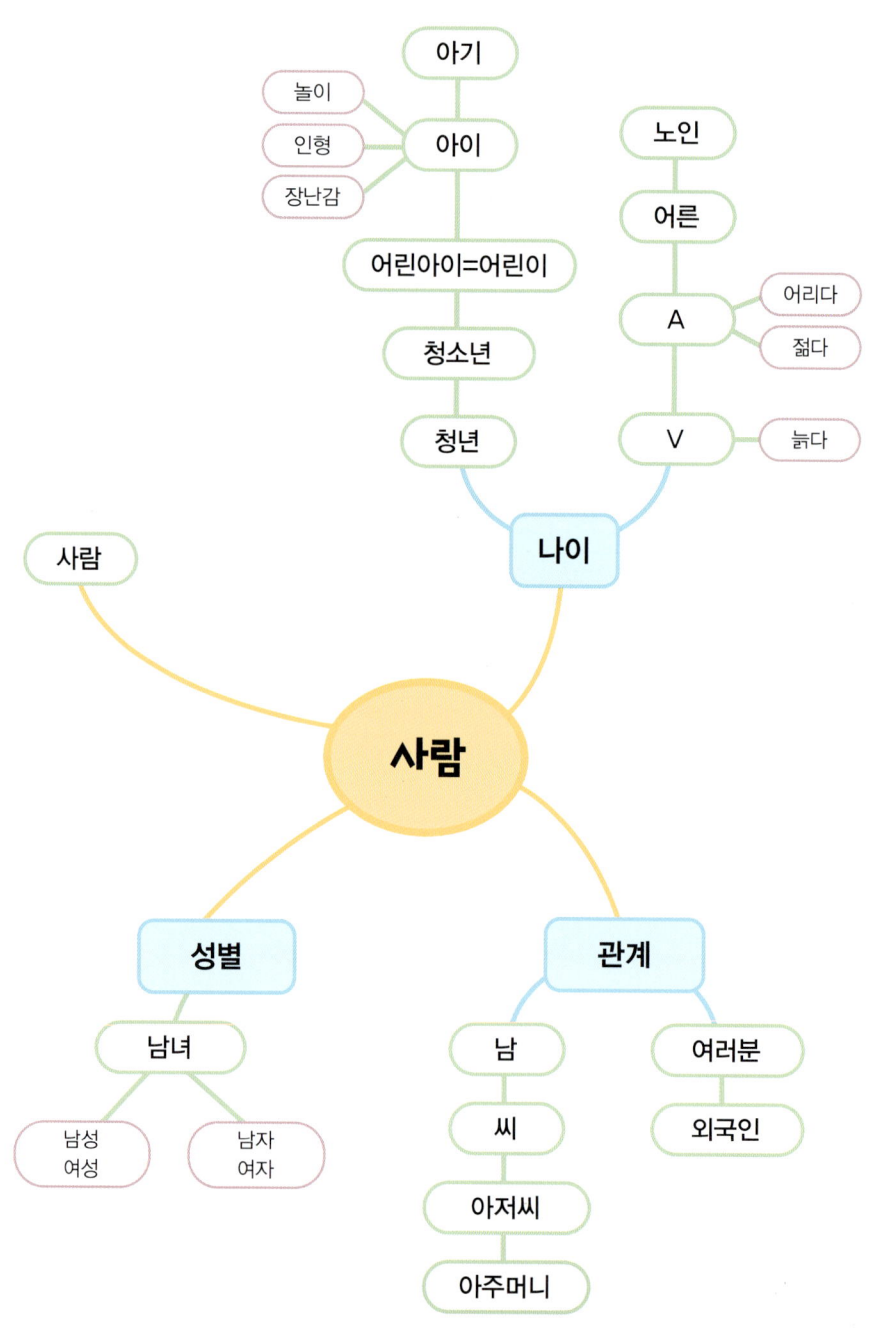

	영어	일본어	중국어	베트남어
사람	person	人	人	người

나이

	영어	일본어	중국어	베트남어
아기	baby	赤ん坊	婴儿	trẻ sơ sinh
아이	child	子ども	小孩	đứa trẻ
놀이	play, games	遊び	游戏	trò chơi
인형	doll	人形	玩偶	búp bê
장난감	toy	おもちゃ	玩具	đồ chơi
어린아이=어린이	child	子ども	小孩/儿童	trẻ nhỏ
청소년	teenager	青少年	青少年	thanh thiếu niên
청년	young adult	青年	青年	thanh niên
노인	senior	お年寄り、老人	老人	người già
어른	adult	大人	大人	người trưởng thành
어리다	to be young (relative age)	幼い	年幼	trẻ tuổi
두 살 어리다	to be two years younger	2歳年下だ	小两岁	trẻ hơn hai tuổi
어렸을 때	when young	幼い時	小时候	khi còn nhỏ
젊다	to be young (youthful, adult)	若い	年轻	trẻ trung
나이가 젊다	to be young in age	年が若い	年龄小	trẻ tuổi
젊은 사람	young person	若い人	年轻人	người trẻ tuổi
늙다	to be old	年を取る	变老	già

성별

	영어	일본어	중국어	베트남어
남녀	men and women	男女	男女	nam nữ
남성/여성	male / female	男性/女性	男性/女性	nam giới/nữ giới
남자/여자	man / woman	男/女	男人/女人	đàn ông/phụ nữ

관계

	영어	일본어	중국어	베트남어
남	someone else	他人	别人	người khác
남의 집	someone else's house	他人の家	别人家	nhà của người khác
남을 돕다	to help others	他人を助ける	帮助别人	giúp đỡ người khác
씨	Mr., Ms.	さん	先生/小姐	anh (ông), chị (bà)
아저씨	middle-aged man	おじさん	大叔	ông chú
아주머니	middle-aged woman	おばさん	大妈	bà cô
여러분	everyone	皆さん	大家	mọi người
외국인	foreigner	外国人	外国人	người nước ngoài

Day 21 연습 문제

1. ( )에 들어갈 말로 가장 알맞은 것을 고르십시오 .

1) 조카에게 다섯 살 생일 선물로 ( ) 자전거를 사 주었습니다.

① 남녀　　　　② 노인　　　　③ 어린이　　　　④ 청소년

2) 우리 언니는 조카가 태어나기 전에 ( ) 이름을 먼저 지었습니다.

① 아기　　　　② 어른　　　　③ 인형　　　　④ 청년

3) 우리 딸은 밖에서 노는 것보다 집에서 인형 ( ) 하는 것을 좋아합니다.

① 경기　　　　② 놀이　　　　③ 사진　　　　④ 가게

4) 어렸을 때 아빠처럼 자동차를 운전하고 싶어서 빨리 ( )이/가 되고 싶었습니다.

① 노인　　　　② 아이　　　　③ 어른　　　　④ 외국인

5) 이 티셔츠는 오빠가 산 것인데 ( ) 모두 입을 수 있어서 가끔 내가 빌려서 입습니다.

① 남녀　　　　② 남자　　　　③ 사람　　　　④ 여성

6) 제 동생은 유치원 때 비행기에 관심이 많아서 ( ) 가게에 가면 거의 비행기만 샀습니다.

① 신발　　　　② 인형　　　　③ 목도리　　　　④ 장난감

7) 내가 살고 있는 하숙집 주인 ( )은/는 요리를 잘하셔서 매일 맛있는 음식을 해 주십니다.

① 사람　　　　② 아기　　　　③ 아주머니　　　　④ 어린아이

8) 저는 아버지 직장 때문에 ( ) 때 영국에 살았는데 초등학교 3학년 때 한국으로 돌아왔습니다.

① 늙을　　　　② 어릴　　　　③ 젊을　　　　④ 태어날

9) 우리 오빠는 중학교 농구 팀 선수인데 다음달에 서울시 ( ) 농구 대회에 나갑니다.

① 청년　　　　② 여러분　　　　③ 연예인　　　　④ 청소년

10) 내 동생은 ( )이/가 하는 말을 듣고 쉽게 선택하거나 결정하는 성격이어서 조금 걱정이 됩니다.

① 남　　　　② 씨　　　　③ 애　　　　④ 저

2. 다음을 읽고 물음에 답하십시오.

36회 읽기 51, 52번

> 120 전화는 편리합니다. 이 전화는 **외국인**도 (㉠). 호텔을 예약하고 싶은 **외국인**은 여기에 전화하면 됩니다. 택시나 기차 예약도 도와 줍니다. 또한 외국어로 관광 안내도 받을 수 있습니다. 120 전화는 24시간 전화를 받습니다.

1) ㉠에 들어갈 말로 가장 알맞은 것을 고르십시오.

① 받을 수 있습니다   ② 빌릴 수 있습니다

③ 예약할 수 있습니다   ④ 이용할 수 있습니다

2) 무엇에 대한 내용인지 맞는 것을 고르십시오.

① 120 전화의 이용 시간   ② 택시와 기차의 예약 방법

③ 120 전화의 서비스 내용   ④ 한국에서 관광하기 좋은 장소

3. 다음을 읽고 물음에 답하십시오.

52회 읽기 69, 70번

> 예전에 제 꿈은 유명한 영화배우였습니다. 하지만 배우가 되는 것은 생각보다 어려웠습니다. 그래서 저는 (㉠). **아이**들에게 동화책을 읽어 주는 일입니다. 배우는 아니지만 저는 책을 읽으면서 배우처럼 연기를 합니다. **아이**들은 제 연기를 보고 크게 웃거나 박수를 치면서 좋아합니다. 배우가 되지는 못했지만 저는 지금 제가 하는 일이 아주 마음에 듭니다.

1) ㉠에 들어갈 말로 가장 알맞은 것을 고르십시오.

① 배우를 만났습니다   ② 금방 유명해졌습니다

③ 다른 일을 찾았습니다   ④ 더 열심히 노력했습니다

2) 윗글의 내용으로 알 수 있는 것을 고르십시오

① 제 직업은 영화배우입니다.

② 저는 직업을 바꾸고 싶습니다.

③ 아이들은 영화를 보면서 크게 웃습니다.

④ 제가 책을 읽어 주면 아이들은 좋아합니다.

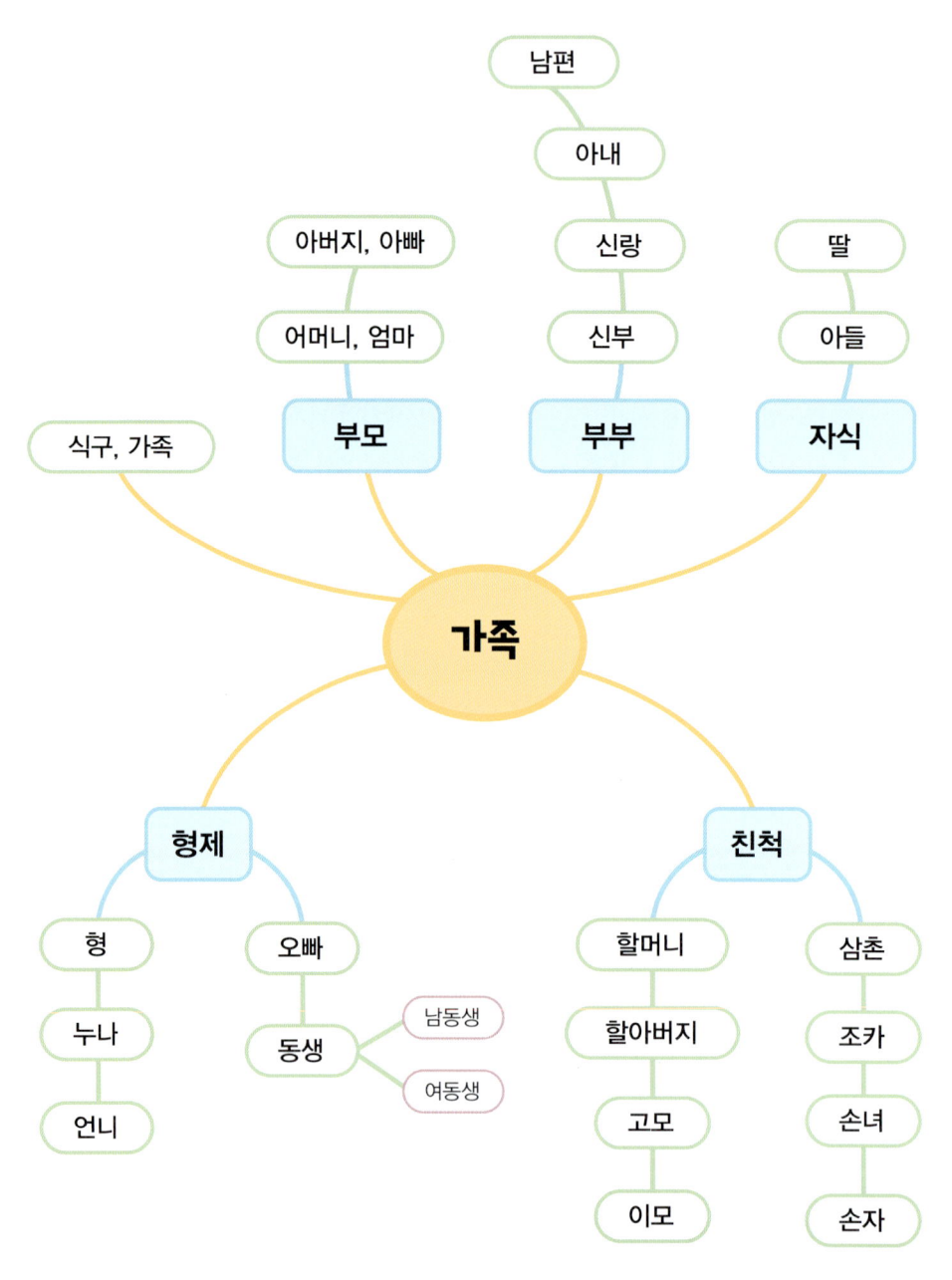

	영어	일본어	중국어	베트남어
식구, 가족	family	家族	家人	gia đình

부모

	영어	일본어	중국어	베트남어
부모	parents	両親	父母	cha mẹ
아버지, 아빠	father, dad	父、パパ	父亲/爸爸	bố
어머니, 엄마	mother, mom	母、ママ	母亲/妈妈	mẹ

부부

	영어	일본어	중국어	베트남어
부부	married couple	夫婦	夫妇	cặp vợ chồng
남편	husband	夫	丈夫	chồng
아내	wife	妻	妻子	vợ
신랑	groom	新郎	新郎	chú rể
신부	bride	新婦	新娘	cô dâu

자식

	영어	일본어	중국어	베트남어
자식	one's child	(自分の)子ども	子女	con cái
딸	daughter	娘	女儿	con gái
아들	son	息子	儿子	con trai

형제

	영어	일본어	중국어	베트남어
형제	siblings, brothers	兄弟	兄弟	anh em ruột
형	older brother (for male)	兄(男性から見た)	哥哥(男性使用)	anh (người nam gọi)
누나	older sister (for male)	姉(男性から見た)	姐姐(男性使用)	chị (người nam gọi)
언니	older sister (for female)	姉(女性から見た)	姐姐(女性使用)	chị (người nữ gọi)
오빠	older brother (for female)	兄(女性から見た)	哥哥(女性使用)	anh (người nữ gọi)
동생	younger sibling	(自信と関連がある)年下の子	弟弟/妹妹	em
남동생	younger brother	弟	弟弟	em trai
여동생	younger sister	妹	妹妹	em gái

친척

	영어	일본어	중국어	베트남어
친척	relatives	親戚	亲戚	họ hàng
할머니	grandmother	祖母	奶奶/外婆	bà
할아버지	grandfather	祖父	爷爷/外公	ông
고모	aunt (father's sister)	父方のおば	姑姑	bác, cô (chị/em gái của bố)
이모	aunt (mother's sister)	母方のおば	阿姨	bác, dì (chị/em gái của mẹ)
삼촌	uncle	おじ	叔叔/舅舅	cậu, chú
조카	nephew, niece	甥／姪	侄子/侄女	cháu trai
손녀	granddaughter	孫娘	孙女	cháu gái
손자	grandson	孫子	子	cháu trai

Day 22 연습 문제

1. 무엇에 대한 내용입니까? 알맞은 것을 고르십시오.

1) 저는 누나와 형이 각각 한 명 있습니다.
　① 부부　　　② 부인　　　③ 오빠　　　④ 형제

2) 제 어머니는 선생님입니다. 아버지는 회사원입니다.
　① 남편　　　② 신부　　　③ 자식　　　④ 부모님

3) 저는 축구를 좋아합니다. 제 아내는 야구를 좋아합니다.
　① 부부　　　② 자식　　　③ 친척　　　④ 형제

4) 아버지는 남자 형제가 없으십니다. 누나와 여동생 두 분만 있으십니다.
　① 고모　　　② 삼촌　　　③ 손녀　　　④ 이모

5) 저는 이모가 두 명, 삼촌이 한 명 있습니다. 조카도 두 명 있습니다.
　① 신랑　　　② 자식　　　③ 친척　　　④ 형제

2. ( )에 들어갈 말로 가장 알맞은 것을 고르십시오.

1) 우리 ( )은/는 올해 연세가 여든 살이십니다.
　① 딸　　　② 신부　　　③ 여동생　　　④ 할머니

2) 다음 달에 ( )이/가 태어납니다. 저는 곧 이모가 됩니다.
　① 동생　　　② 손녀　　　③ 아들　　　④ 조카

3) 우리 ( )은/는 모두 4명입니다. 아버지, 어머니, 언니 그리고 저입니다.
　① 동생　　　② 부부　　　③ 식구　　　④ 친척

4) 저는 ( ) 중에서 둘째입니다. 형 한 명과 남동생 한 명이 있습니다.
　① 고모　　　② 손자　　　③ 친척　　　④ 형제

5) 저는 고등학생이고 셋째입니다. ( )은/는 대학생이고 오빠는 회사원입니다.
　① 딸　　　② 형　　　③ 누나　　　④ 언니

3. 다음을 읽고 물음에 답하십시오.

60회 읽기 59, 60번

> 사람들은 보통 좋아하는 텔레비전 프로그램을 볼 때 조용히 봅니다. (㉠) 그러나 우리 **가족**은 다릅니다. (㉡) 드라마와 뉴스 이야기도 하지만 나와 **아내**의 회사 이야기도 하고 아이들의 학교 이야기도 합니다. (㉢) 텔레비전 소리를 못 들을 때가 있지만 **가족**들과 함께하는 이 시간이 정말 즐겁습니다. (㉣)

1) 다음 문장이 들어갈 곳으로 가장 알맞은 것을 고르십시오.

텔레비전을 보면서 이야기를 많이 합니다.

① ㉠   ② ㉡   ③ ㉢   ④ ㉣

2) 윗글의 내용과 같은 것을 고르십시오.

① 아내와 나는 회사에 다니고 있습니다.
② 우리 가족은 다른 프로그램을 좋아합니다.
③ 텔레비전 때문에 가족 이야기를 못 듣습니다.
④ 우리 가족은 텔레비전을 같이 보는 것을 싫어합니다.

4. 다음을 읽고 물음에 답하십시오.

52회 읽기 65, 66번

> 몇 달 전 우리 동네에 피아노 학원이 생겼습니다. **어머니**는 그 학원 앞을 지날 때마다 한참 동안 서서 피아노 소리를 들으셨습니다. **어머니**가 피아노를 배우고 싶어 하시는 것 같아서 저는 (㉠). 처음에 **어머니**는 나이가 많아서 학원에 다니는 것을 부끄러워하셨습니다. 하지만 요즘은 즐겁게 학원에 다니시고 가끔 **가족** 모임에서 **손녀**와 함께 연주도 하십니다.

1) ㉠에 들어갈 말로 가장 알맞은 것을 고르십시오.

① 가족 모임에서 말했습니다   ② 피아노를 사려고 했습니다

③ 피아노를 함께 연주했습니다   ④ 학원에 등록을 해 드렸습니다

2) 윗글의 내용과 같은 것을 고르십시오.

① 어머니는 가족들 앞에서 피아노를 안 치십니다.
② 우리 동네에는 피아노 학원이 없습니다.
③ 저는 어머니께 피아노를 가르쳐 드립니다.
④ 어머니는 즐겁게 피아노를 배우십니다.

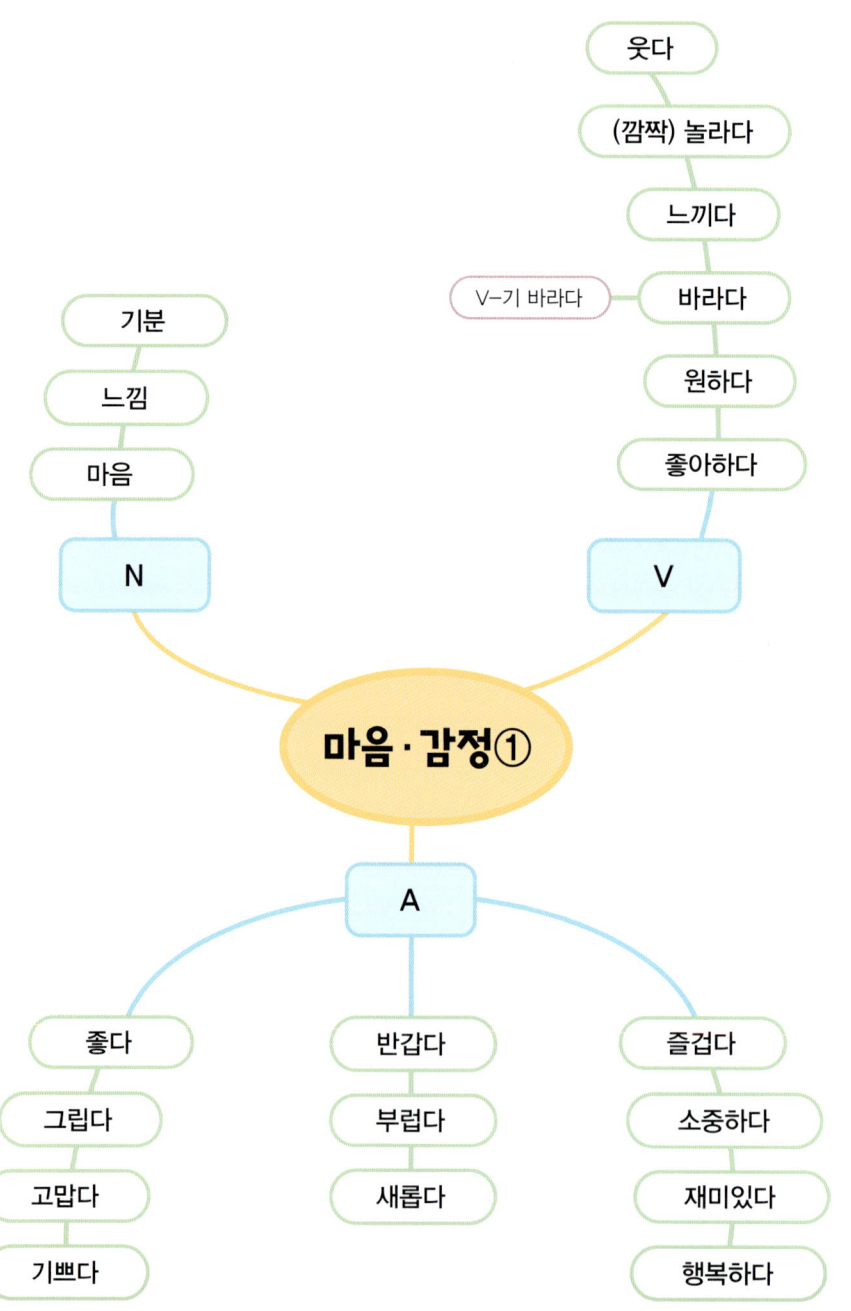

웃다

(깜짝) 놀라다

느끼다

V-기 바라다 — 바라다

원하다

좋아하다

기분

느낌

마음

N

V

마음 · 감정①

A

좋다

그립다

고맙다

기쁘다

반갑다

부럽다

새롭다

즐겁다

소중하다

재미있다

행복하다

	영어	일본어	중국어	베트남어
N				
기분	feeling, mood	気分	心情	tâm trạng
기분이 좋다	to feel good	気分が良い	心情好	tâm trạng tốt
느낌	feeling	感じ	感觉	cảm giác
행복한 느낌	feeling of happiness	幸せな感じ	幸福的感觉	cảm giác hạnh phúc
마음	heart, mind	心	心/心情	tấm lòng
마음에 들다	to like, to be one's taste	気に入る	满意/喜欢	hài lòng
V				
웃다	to laugh	笑う	笑	cười
(깜짝) 놀라다	to be surprised	驚く、びっくりする	吓一跳(吃惊)	giật mình
느끼다	to feel	感じる	感受到	cảm thấy
사랑을 느끼다	to feel love	愛を感じる	感受到爱	cảm thấy yêu thương
바라다	to wish, to hope	願う	希望	ước muốn
성공을 바라다	to hope for success	成功を願う	希望能成功	ước muốn được thành công
V−기 바라다	to hope to V	Vすることを願う	希望V	cầu chúc cho được V
원하다	to want	望む	想要	mong muốn
좋아하다	to like	好きだ	喜欢	thích
A				
좋다	to be good	良い	好	tốt
그립다	to miss	恋しい、懐かしい	想念	nhung nhớ
고맙다	to be thankful	ありがたい	感谢	cảm ơn
기쁘다	to be glad / pleased	嬉しい	高兴	vui mừng
반갑다	to be glad to see	嬉しい、懐かしい	很高兴见到	rất vui được gặp
부럽다	to be envious	うらやましい	羡慕	ghen tị
새롭다	to be new	新しい	新	mới mẻ
새로운 경험	new experience	新しい経験	新的经历	trải nghiệm mới
즐겁다	to be enjoyable	楽しい	愉快	vui vẻ
소중하다	to be precious	大切だ	珍贵	quý báu
소중한 물건	precious item	大切な物	珍贵的物品	đồ vật quý giá
재미있다	to be interesting, to be fun	面白い	有趣	thú vị
행복하다	to be happy	幸せだ	幸福	hạnh phúc

1. (   )에 들어갈 말로 가장 알맞은 것을 고르십시오.

1) 저는 요리하는 것을 (   ).

　① 좋아합니다　　② 놀랍니다　　③ 느낍니다　　④ 좋습니다

2) 한국어 공부가 어렵지만 (   ).

　① 부럽습니다　　② 재미있습니다　　③ 그립습니다　　④ 반갑습니다

3) 토픽 시험을 봤는데 2급을 받았습니다. (   ).

　① 기쁩니다　　② 원합니다　　③ 바랍니다　　④ 반갑습니다

4) 친구가 이사를 도와주었습니다. 친구에게 (   ).

　① 좋습니다　　② 고맙습니다　　③ 새롭습니다　　④ 좋아합니다

5) 수미는 저에게 이 세상에서 가장 (   ) 친구입니다.

　① 느끼는　　② 소중한　　③ 바라는　　④ 놀라는

6) 친구에게서 생일 선물을 받았습니다. 선물이 아주 (   ).

　① 기쁩니다　　② 마음에 듭니다　　③ 기분이 좋습니다　　④ 행복합니다

7) 공원에서 음악을 들으면서 산책하면 즐겁고 (   ) 느낌이 듭니다.

　① 놀라는　　② 부러운　　③ 원하는　　④ 행복한

8) 저는 노래를 잘 못 부릅니다. 가수처럼 노래를 잘 부르는 옌 씨가 (   ).

　① 기쁩니다　　② 고맙습니다　　③ 부럽습니다　　④ 행복합니다

9) 지금 외국에서 공부하고 있습니다. 1년 동안 가족을 못 만났습니다. 가족이 (   ).

　① 웃습니다　　② 그립습니다　　③ 재미있습니다　　④ 즐겁습니다

10) 오늘 한국어 수업 첫날이었습니다. (   ) 친구들과 선생님을 만나서 반갑게 인
사했습니다.

　① 고마운　　② 그리운　　③ 새로운　　④ 원하는

2. ( )에 들어갈 말로 가장 알맞은 것을 고르십시오.

41회 읽기 39번

> 이 그림이 **마음**에 ( ). 이것을 사고 싶습니다.

① 듭니다   ② 납니다   ③ 옵니다   ④ 잡니다

3. 다음을 읽고 내용이 같은 것을 고르십시오.

37회 읽기 44번

> 어제 형과 스키장에 처음 갔습니다. 그곳에는 스키를 타는 사람들이 많았습니다. 우리도 **즐겁게** 스키를 탔습니다.

① 저는 자주 스키장에 갑니다.   ② 저는 어제 스키를 탔습니다.

③ 저는 스키장에 혼자 갔습니다.   ④ 저는 스키장에서 형을 만났습니다.

4. 다음을 읽고 물음에 답하십시오.

83회 읽기 61, 62번

> 저는 오랫동안 다닌 회사를 그만두었습니다. 내년부터는 다른 회사에서 일할 겁니다. 그 때까지 시간이 생겨서 지금은 해외여행을 하고 있습니다. 자유롭게 여행하고 싶어서 (㉠) 여기저기 가고 싶은 곳을 다니고 있습니다. 저에게는 지금 이 시간이 정말 **소중하고 행복합니다.**

1) ㉠에 들어갈 말로 가장 알맞은 것을 고르십시오.

     ① 회사에서 일하고   ② 장소를 못 바꾸고

     ③ 약속 시간을 지키고   ④ 계획을 세우지 않고

2) 윗글의 내용과 같은 것을 고르십시오.

     ① 저는 여행사에서 일합니다.

     ② 저는 내년부터 여행을 다닐 겁니다.

     ③ 저는 지금 새 회사에 다니고 있습니다.

     ④ 저는 요즘 행복한 시간을 보내고 있습니다.

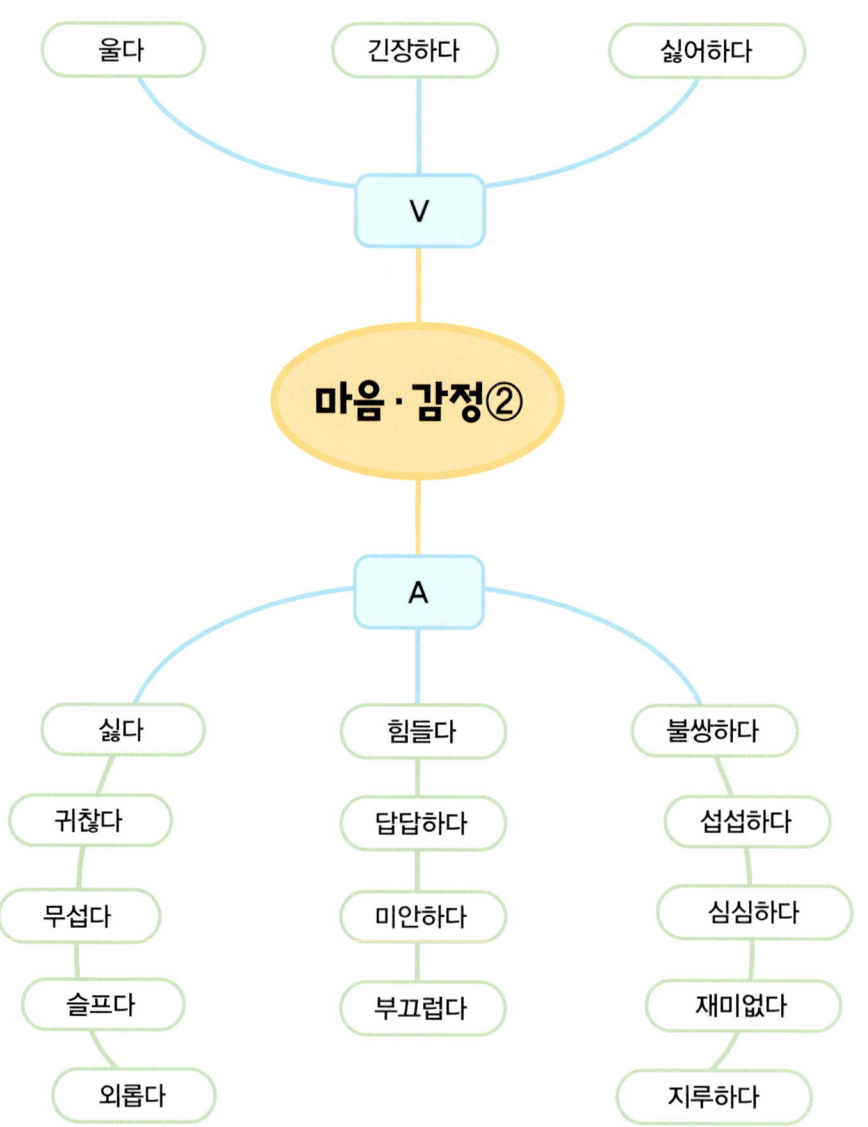

	영어	일본어	중국어	베트남어
V				
울다	to cry	泣く	哭	khóc
긴장하다	to be nervous	緊張する	紧张	lo lắng
싫어하다	to dislike	きらいだ	讨厌	không thích
A				
싫다	to hate, to not like	いやだ	不喜欢	không thích
귀찮다	to be bothered	面倒くさい	麻烦	phiền phức
무섭다	to be scary	怖い	害怕	sợ
슬프다	to be sad	悲しい	伤心	buồn
외롭다	to be lonely	寂しい	孤独	cô đơn
힘들다	to have a hard time, to be tough	大変だ	辛苦	vất vả
답답하다	to be frustrated	もどかしい、息苦しい	闷/郁闷	bực bội
미안하다	to be sorry	すまない、申し訳ない	对不起	xin lỗi
부끄럽다	to be embarrassed, to be shy	恥ずかしい	害羞, 羞愧	xấu hổ
불쌍하다	to feel sorry for someone, to be pitiable	かわいそうだ	可怜	tội nghiệp
섭섭하다	to be disappointed	残念だ、名残惜しい、寂しい	遗憾, 失望	tiếc nuối
심심하다	to be bored	退屈だ、暇だ	无聊	buồn chán
재미없다	to be uninteresting, to not be fun	面白くない	无趣	không thú vị
지루하다	to be boring	つまらない、飽きる	无聊	nhạt nhẽo

1. ( )에 들어갈 말로 가장 알맞은 것을 고르십시오.

1) 영화가 재미없고 ( ) 끝나기 전에 나왔습니다.

① 긴장해서　　　　② 미안해서　　　　③ 지루해서　　　　④ 힘들어서

2) 저는 영화를 좋아하는데 여름에는 ( ) 영화를 자주 봅니다.

① 긴장한　　　　　② 무서운　　　　　③ 섭섭한　　　　　④ 외로운

3) 주말에 비가 많이 와서 집에 혼자 있는데 할 일도 없고 ( ).

① 귀찮습니다　　② 심심합니다　　③ 부끄럽습니다　　④ 죄송합니다

4) 저는 추운 날씨가 ( ). 그래서 겨울이 빨리 끝나면 좋겠습니다.

① 싫습니다　　　② 슬픕니다　　　③ 섭섭합니다　　④ 싫어합니다

5) 친구가 다음주에 고향으로 돌아갑니다. 이제 만날 수 없어서 ( ).

① 긴장합니다　　② 무섭습니다　　③ 불쌍합니다　　④ 섭섭합니다

6) 주인 없이 길에 사는 강아지나 고양이를 보면 ( ) 마음이 듭니다.

① 불쌍한　　　　② 심심한　　　　③ 지루한　　　　④ 재미없는

7) 제 방은 창문이 하나만 있고 아주 작습니다. 그래서 조금 ( ).

① 귀찮습니다　　② 답답합니다　　③ 재미없습니다　　④ 싫어합니다

8) 지금 한국에 혼자 살고 있습니다. 한국에 가족도 없고 친구들도 없어서 ( ).

① 귀찮습니다　　② 부끄럽습니다　　③ 외롭습니다　　④ 죄송합니다

9) 오늘 아침에 지하철역 앞에서 넘어졌습니다. 사람들이 모두 저를 보는 것 같아서 너무 ( ).

① 부끄러웠습니다　② 심심했습니다　③ 외로웠습니다　④ 울었습니다

10) 가: 미안합니다.

나: ( ).

① 괜찮습니다　　② 들어오세요　　③ 어서 오세요　　④ 축하합니다

2. 다음을 순서에 맞게 배열한 것을 고르십시오.

47회 읽기 57번

> (가) 하지만 지금은 이 일이 아주 재미있습니다.
> (나) 처음 이 일을 시작했을 때는 **힘들었습니다.**
> (다) 저는 작년부터 자동차 파는 일을 하고 있습니다.
> (라) 손님들과 이야기하는 것이 **부끄러웠기** 때문입니다.

① (나) – (다) – (가) – (라)   ② (나) – (라) – (가) – (다)

③ (다) – (가) – (나) – (라)   ④ (다) – (나) – (라) – (가)

3. 다음을 읽고 물음에 답하십시오.

60회 읽기 61, 62번

> 저는 발표를 잘합니다. 하지만 전에는 발표를 잘하지 못했습니다. 여러 사람들이 저를 보고 있어서 너무 **긴장했기** 때문입니다. 저는 발표를 잘하고 싶어서 (㉠) 연습을 많이 했습니다. 혼자서 연습하는 것을 휴대전화로 찍고 잘 못한 부분을 다시 연습했습니다.

1) ㉠에 들어갈 말로 가장 알맞은 것을 고르십시오.

     ① 발표하기 전에   ② 발표한 지   ③ 발표하니까   ④ 발표하면

2) 윗글의 내용과 같은 것을 고르십시오.

     ① 저는 사람들 앞에서 연습했습니다.
     ② 저는 연습할 때 너무 긴장했습니다.
     ③ 저는 연습하는 것을 휴대전화로 찍었습니다.
     ④ 발표할 때 사람들이 잘 못한 부분을 말해 주었습니다.

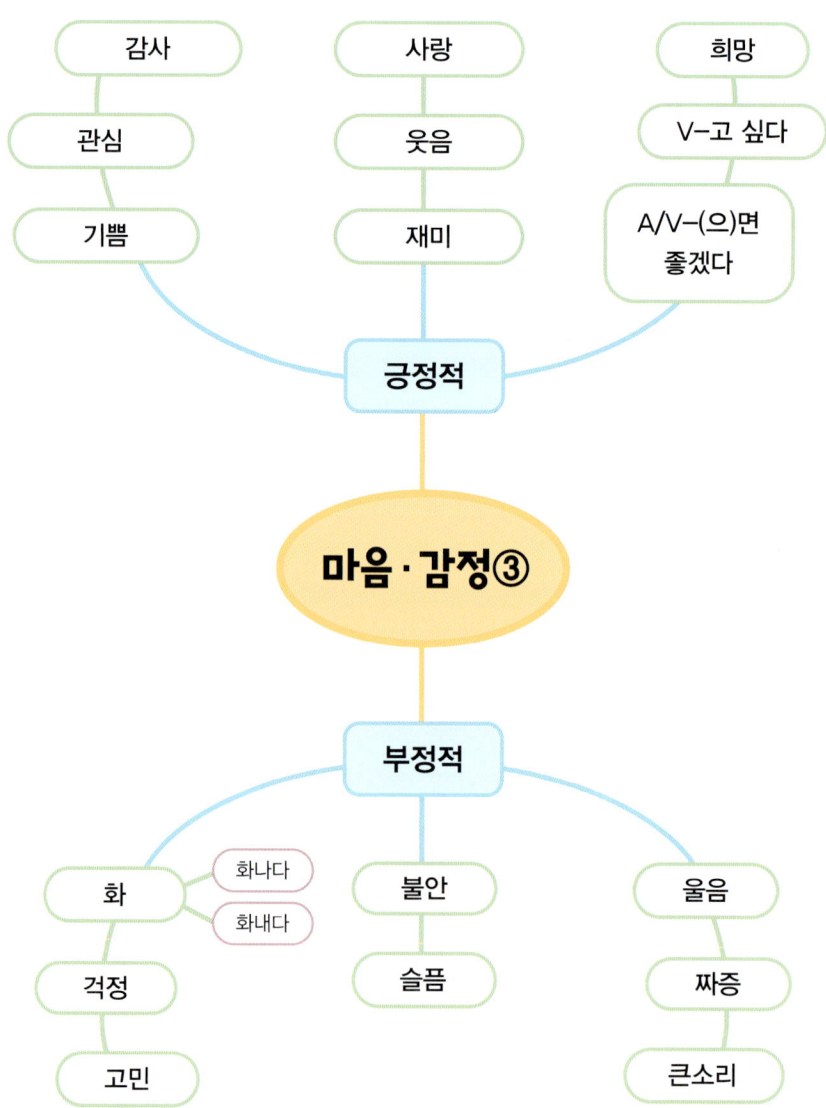

	영어	일본어	중국어	베트남어
긍정적				
감사	thanks, gratitude	感謝	感谢	biết ơn
관심	interest	関心	兴趣	quan tâm
관심이 많다	to be very interested	関心が高い	有很大的兴趣	rất quan tâm
기쁨	joy	喜び	喜悦	sự thích thú
기쁨을 나누다	to share joy	喜びを分かち合う	分享喜悦	chia sẻ niềm vui
사랑	love	愛	爱	tình yêu
웃음	laughter	笑い	笑容/笑声	nụ cười
웃음이 나오다	to burst into laughter	思わず笑う	笑出来	nở nụ cười
재미	fun	面白さ	乐趣	sự thú vị
재미를 느끼다	to find (something) fun	面白さを感じる	感受到乐趣	cảm thấy thú vị
희망	hope	希望	希望	hy vọng
희망이 있다	to have hope	希望がある	有希望	có hy vọng
V-고 싶다	to want to V	Vたい	想要V	muốn V
A/V-(으)면 좋겠다	it would be nice if ……	A/Vたらいいなと思う	如果A/V就好了	hy vọng được V/A
부정적				
화	anger	怒り	火/气	sự tức giận
화나다	to be angry	怒る、腹が立つ	生气了	tức giận
화내다	to express anger	怒る、腹を立てる	发火	nổi giận
걱정	worry	心配	担心	sự lo lắng
고민	concern, hard choice	悩み	苦恼/烦恼	phân vân
불안	anxiety	不安	不安	bất an
슬픔	sadness	悲しみ	悲伤	nỗi buồn
울음	crying	泣くこと、涙	哭声	khóc lóc
짜증	annoyance	苛立ち	烦躁	sự cáu kỉnh
짜증이 나다	to get annoyed	イライラする	很烦	cảm thấy bực mình
큰소리	raised voice (scolding)	大きい声、大声	大声	tiếng động lớn
큰소리가 들리다	to hear raised voice	大声が聞こえる	听到了很大的声音	nghe thấy một tiếng động lớn
큰소리를 내다	to raise one's voice (at someone)	大声を出す	发出大声	gây ra tiếng động lớn

Day 25 연습 문제

1. ( )에 들어갈 말로 가장 알맞은 것을 고르십시오.

1) 옆집에서 ( )이/가 들립니다. 싸우는 것 같습니다.
① 고민　　　　　② 슬픔　　　　　③ 웃음　　　　　④ 큰소리

2) 곧 크리스마스입니다. 크리스마스에 눈이 많이 ( ).
① 오고 싶습니다　② 온 것 같습니다　③ 왔으면 좋겠습니다　④ 와도 됩니다

3) 요리에 ( )이 생겨서 서점에 가서 요리책을 한 권 샀습니다.
① 관심　　　　　② 슬픔　　　　　③ 짜증　　　　　④ 희망

4) 비행기에서 아기 ( ) 소리 때문에 시끄러워서 잠을 못 잤습니다.
① 걱정　　　　　② 사랑　　　　　③ 울음　　　　　④ 재미

5) 내일 오빠가 결혼합니다. 저도 ( ) 사람을 빨리 만나고 싶습니다.
① 불안한　　　　② 걱정이 되는　　③ 웃음이 나는　　④ 사랑하는

6) 결혼식에서 신랑과 신부가 손님들에게 ( ) 인사를 드렸습니다.
① 감사　　　　　② 고민　　　　　③ 기쁨　　　　　④ 희망

7) 내일 토픽(TOPIK) 시험 결과가 나옵니다. 시험이 어려웠기 때문에 조금 ( ).
① 화납니다　　　② 재미를 느낍니다　③ 희망이 생깁니다　④ 불안합니다

8) 언니가 요즘 ( )을 자주 냅니다. 시험 때문에 스트레스가 많은 것 같습니다.
① 걱정　　　　　② 관심　　　　　③ 울음　　　　　④ 짜증

9) 언니가 빌려준 가방을 지하철에서 잃어버렸습니다. 언니가 ( ) 않았으면 좋겠습니다.
① 화내지　　　　② 웃음을 참지　　③ 희망을 주지　　④ 고민하지

10) 가: (버스에서 자리에서 일어나면서) 여기 앉으세요.
　　나: ( ).
① 감사합니다　　② 그렇습니다　　③ 반갑습니다　　④ 사랑합니다

2. 다음을 읽고 내용이 같은 것을 고르십시오.

47회 읽기 44번

> 오후부터 비가 왔습니다. 저는 우산이 없어서 **걱정**을 했습니다. 그런데 언니가 우산을 가지고 학교 앞에서 기다리고 있었습니다.

① 아침에 비가 내렸습니다.　　　　② 저는 언니를 기다렸습니다.

③ 학교 앞에 언니가 있었습니다.　　④ 저는 학교에 우산을 가지고 왔습니다.

3. 다음을 읽고 물음에 답하십시오.

47회 읽기 59, 60번

> 우리 할머니는 '한글 공부방'에 다니십니다. (㉠) '한글 공부방'은 한글을 모르는 노인들이 다니는 곳입니다. (㉡) 할머니는 이곳에서 3달 동안 한글을 배우셨습니다. (㉢) 할머니는 내일 선생님께 **감사**의 편지를 드리려고 합니다. (㉣) 그래서 오늘 열심히 편지를 쓰셨습니다.

1) 다음 문장이 들어갈 곳으로 가장 알맞은 것을 고르십시오.

내일은 공부방의 졸업식이 있는 날입니다.

① ㉠　　　　② ㉡　　　　③ ㉢　　　　④ ㉣

2) 윗글의 내용과 같은 것을 고르십시오.

　① 할머니는 이제 한글을 쓸 줄 아십니다.

　② 할머니는 감사의 편지를 받으셨습니다.

　③ 할머니는 '한글 공부방' 선생님이십니다.

　④ 할머니는 졸업식 날 편지를 읽으셨습니다.

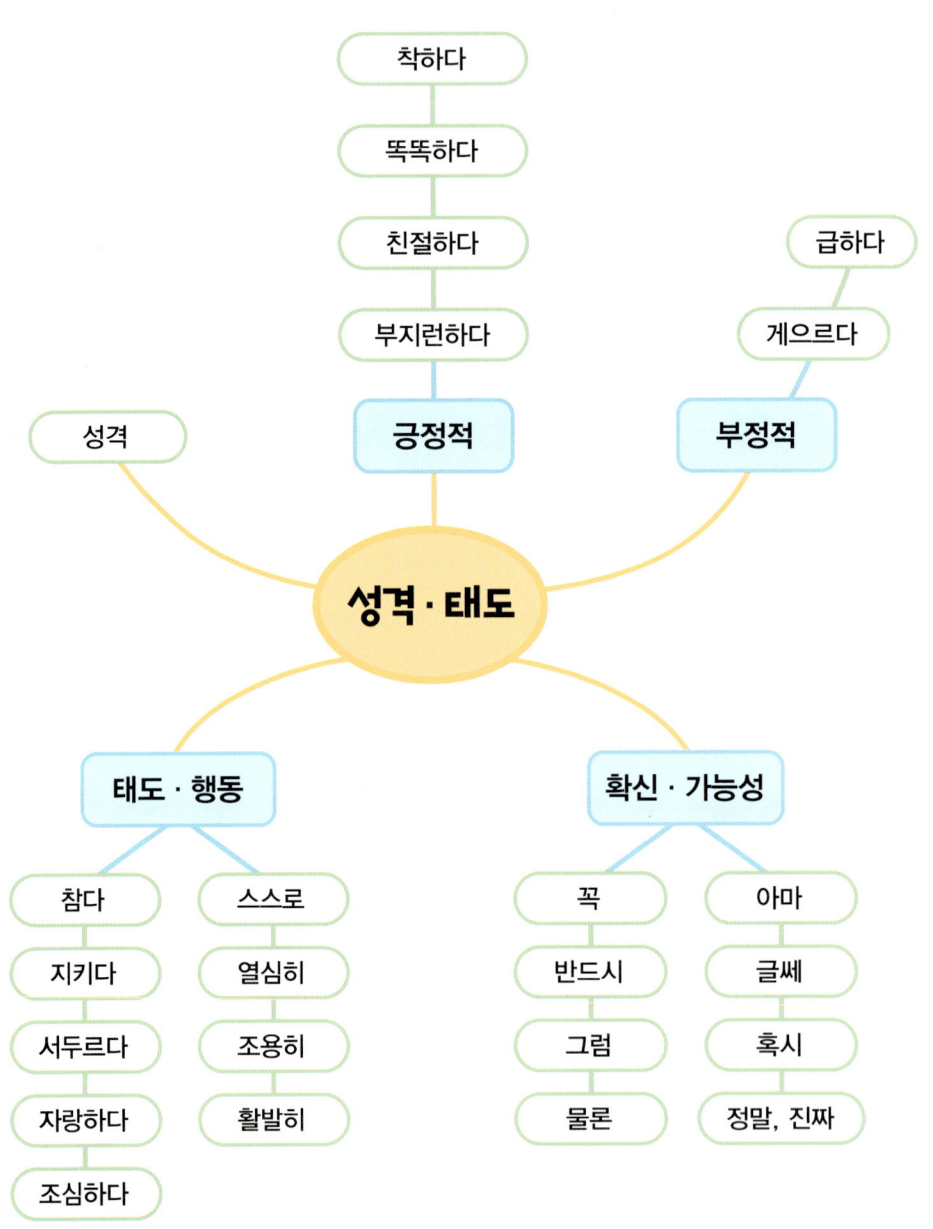

착하다
똑똑하다
친절하다
부지런하다
긍정적

급하다
게으르다
부정적

성격

성격·태도

태도·행동
참다
지키다
서두르다
자랑하다
조심하다
스스로
열심히
조용히
활발히

확신·가능성
꼭
반드시
그럼
물론
아마
글쎄
혹시
정말, 진짜

	영어	일본어	중국어	베트남어
성격	personality	性格	性格	tính cách

긍정적

	영어	일본어	중국어	베트남어
착하다	to be kind	優しい	善良	hiền lành
똑똑하다	to be smart	賢い	聪明	thông minh
친절하다	to be kind	親切だ	亲切	thân thiện
부지런하다	to be diligent	真面目だ、勤勉だ	勤奋	cần cù

부정적

	영어	일본어	중국어	베트남어
급하다	to be urgent, to be quick-tempered	急だ	急	gấp gáp
급하게 먹다	to eat quickly	急いで食べる	吃得急	ăn vội vàng
게으르다	to be lazy	怠ける	懒惰	lười

태도 · 행동

	영어	일본어	중국어	베트남어
태도	attitude	態度	态度	thái độ
친절한 태도	kind attitude	親切な態度	亲切的态度	thái độ thân thiện
참다	to tolerate, to endure	我慢する	忍耐	kìm nén
지키다	to keep, to follow	守る	遵守, 守护	bảo vệ, giữ
서두르다	to hurry	急ぐ	赶紧/匆忙	sự gấp gáp
자랑	pride, boasting	自慢	炫耀/自豪	tự hào
조심	caution, care	注意	小心	thận trọng
스스로	on one's own	自分で、自ら	自己	tự mình
스스로 결정하다	to decide for oneself	自分で決める	自己决定	tự quyết định
열심히	diligently	一生懸命に	努力地	một cách chăm chỉ
조용히	quietly	静かに	安静地	một cách yên tĩnh
활발히	actively	活発に	活泼地	một cách hoạt bát
정신없이	frantically	夢中で、慌ただしく	忙乱地	tối mày tối mặt
정신없이 바쁘다	to be extremely busy	忙しくて余裕がない	忙得不可开交	bận tối mày tối mặt

확신 · 가능성

	영어	일본어	중국어	베트남어
꼭	definitely	必ず、きっと	一定	nhất định
꼭 필요하다	to be necessary	必ず必要だ	一定需要	nhất định cần thiết
반드시	definitely, without fail	必ず、絶対に	务必/一定	nhất định
반드시 성공하다	to definitely succeed	必ず成功する	一定成功	nhất định sẽ thành công
그럼	sure, of course	それでは	那么	vậy thì
물론	of course	もちろん	当然	tất nhiên
글쎄	well...	さあ、うーん	这个嘛……	cũng không hẳn là thế...
아마	probably	多分、おそらく	可能	có lẽ
혹시	by any chance	もしかして、ひょっとして	或许/万一	có khi nào
정말, 진짜	really, truly	本当	真的	thật sự

1. ( )에 들어갈 말로 가장 알맞은 것을 고르십시오.

1) 지앙 씨는 ( ). 매일 일찍 일어나고 공부나 숙제도 미루지 않습니다.

① 급합니다   ② 착합니다   ③ 부지런합니다   ④ 친절합니다

2) 저는 ( ) 필요한 것만 사려고 마트에 가기 전에 사야 할 것을 메모합니다.

① 꼭   ② 잘   ③ 참   ④ 푹

3) 이번에 열리는 한국어 말하기 대회의 주제는 ( ) 싶은 우리 고향입니다.

① 떠나고   ② 변하고   ③ 도착하고   ④ 자랑하고

4) 눈이 갑자기 많이 오는 날에는 사고가 나기 쉬우니까 천천히 ( ) 운전해야 합니다.

① 노력해서   ② 서둘러서   ③ 조심해서   ④ 부지런하게

5) 저는 고민이나 문제가 있을 때 다른 사람에게 말하지 않고 ( ) 생각하고 결정합니다.

① 스스로   ② 열심히   ③ 갑자기   ④ 정신없이

6) 다른 사람의 이야기를 들을 때 휴대폰을 하거나 끝까지 듣지 않고 말하는 ( ) 은/는 좋지 않습니다.

① 성격   ② 방법   ③ 속도   ④ 태도

7) 가: 편의점에서도 쓰레기 봉투를 살 수 있어요?

나: ( )…… 잘 모르겠는데요. 저는 우리 동네 마트에서만 사 봤어요.

① 물론   ② 혹시   ③ 그럼요   ④ 글쎄요

8) 가: 영화가 세 시에 시작하는데 지금 삼십 분 전이에요.

나: ( ) 않으면 늦겠어요. 조금 더 **빨리** 가요.

① 참지   ② 지키지   ③ 서두르지   ④ 자랑하지

9) 가: 목이 너무 아파서 병원에 가고 싶은데 지금 문을 열었을까요? .

나: 오늘 토요일이고 지금 오후 네 시가 넘었으니까 ( ) 닫았을 것 같아요.

① 아마   ② 정말   ③ 반드시   ④ 조용히

2. 다음을 듣고 대화 내용과 같은 것을 고르십시오.

Track 25 | 60회 듣기 21번

> 여자: 오랜만에 미술관에 오니까 좋네요. 같이 와 줘서 고마워요.
> 남자: 아니에요. 저도 오고 싶었어요.
> 여자: 그런데 **혹시** 그림을 배운 적이 있어요? 그림을 잘 아는 것 같아서요.
> 남자: 아니요. 그림을 좋아해서 평소에 많이 봐요.

① 남자는 그림을 배우고 있습니다.　　② 여자는 요즘 미술관에 자주 갑니다.

③ 남자는 그림 보는 것을 좋아합니다.　　④ 여자는 지금 미술관에 가고 있습니다.

3. 다음을 듣고 물음에 답하십시오.

Track 26 | 35회 듣기 29, 30번

> 여자: 민수 씨, 이번 주말에 '사랑나누기' 모임이 있는데 같이 가실래요?
> 남자: '사랑나누기'요? 그게 뭐예요?
> 여자: 혼자 사시는 할머니들을 도와 드리는 모임이에요.
> 남자: 아, 그래요? 근데 무슨 일을 도와 드려요?
> 여자: 청소를 하거나 음식을 만들어 드려요. 이번 주말엔 김치를 담가서 드릴 거예요.
> 남자: 좋은 일을 하시네요. 저도 이번 모임에 가 보고 싶어요. 김치를 담가 본 적은 없지만 **열심히** 해 볼게요.

1) 두 사람은 왜 김치를 만듭니까?

① 할머니들께 드리고 싶어서　　② 할머니들과 같이 먹고 싶어서

③ 김치를 한번 담가 보고 싶어서　　④ 김치를 혼자 담그기가 힘들어서

2) 들은 내용과 같은 것을 고르십시오.

① 남자는 이 모임에 간 적이 있습니다.
② 남자는 이번 주말에 모임에 갈 겁니다.
③ 이 모임에서는 할머니들이 음식을 만듭니다.
④ 이 모임에서는 이번 주말에 청소를 할 겁니다.

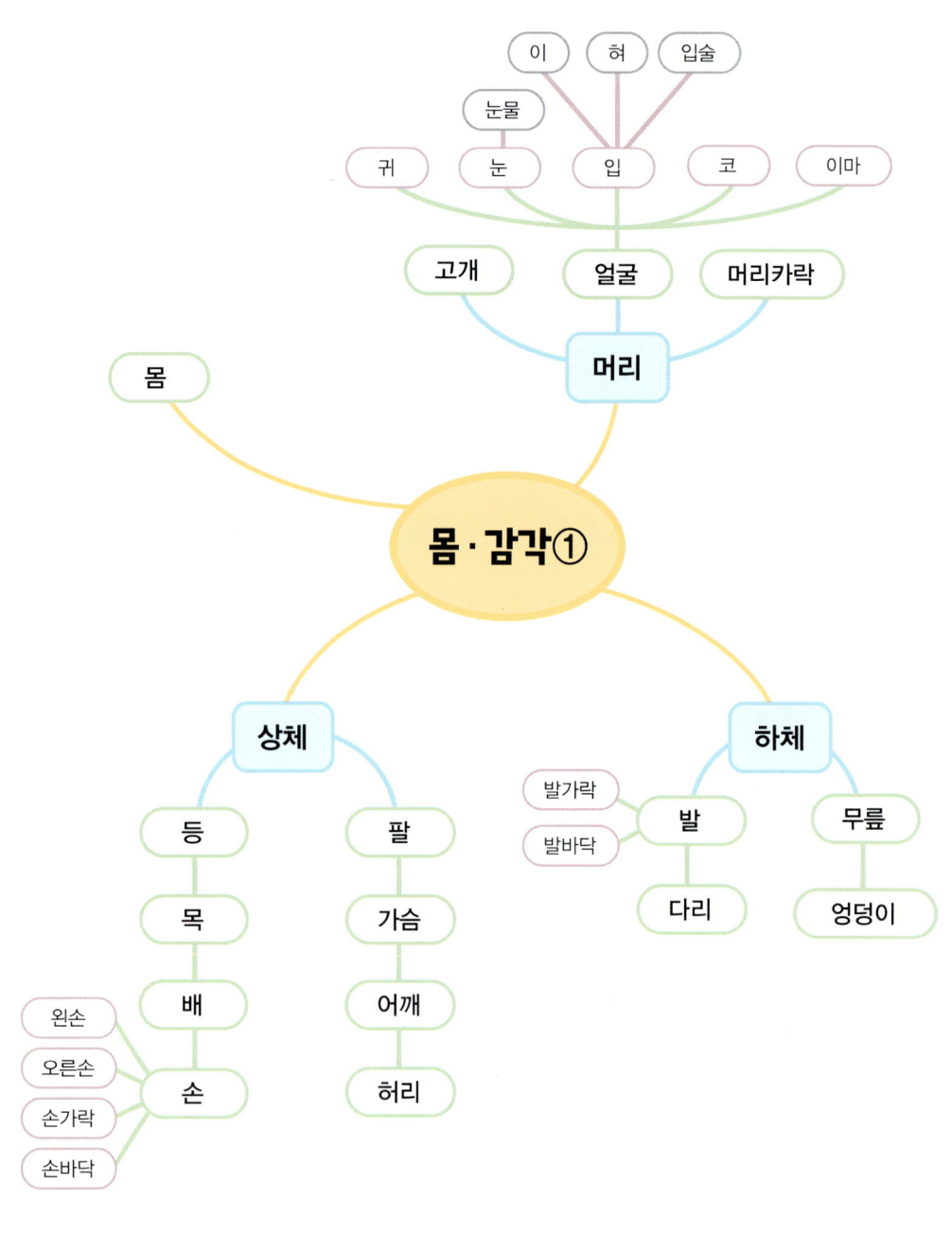

	영어	일본어	중국어	베트남어
몸	body	体	身体	cơ thể
머리				
머리	head	頭	头	đầu
머리를 감다	to wash one's hair	髪を洗う	洗头	gội đầu
고개	head (for nodding / turning)	首、頭	头(脖子)	đầu cổ
고개를 돌리다	to turn one's head	首を回す	转头	quay đầu lại
고개를 숙이다	to bow one's head	頭を下げる	低头	cúi đầu xuống
얼굴	face	顔	脸	khuôn mặt
귀	ear	耳	耳朵	tai
눈	eye	目	眼睛	mắt
눈을 감다	to close one's eyes	目を閉じる	闭眼	nhắm mắt
눈을 뜨다	to open one's eyes	目を開ける	睁眼	mở mắt
눈물	tears	涙	眼泪	nước mắt
눈물이 나다	to shed tears	涙が出る	流眼泪	rơi nước mắt
입	mouth	口	嘴	miệng
이	tooth, teeth	歯	牙齿	răng
혀	tongue	舌	舌头	lưỡi
입술	lip	唇	嘴唇	môi
코	nose	鼻	鼻子	mũi
이마	forehead	おでこ	额头	trán
머리카락	hair	髪の毛	头发	tóc
상체				
등	back	背中	背	lưng
목	neck	首、喉	脖子	cổ
배	stomach, belly	お腹	肚子	bụng
손	hand	手	手	tay
왼손	left hand	左手	左手	tay trái
오른손	right hand	右手	右手	tay phải
손가락	finger	(手の)指	手指	ngón tay
손바닥	palm	手のひら	手掌	lòng bàn tay
팔	arm	腕	胳膊	cánh tay
가슴	chest	胸	胸	lồng ngực
어깨	shoulder	肩	肩膀	vai
허리	waist	腰	腰	thắt lưng
하체				
발	foot	足	脚	bàn chân
발가락	toe	(足の)指	脚趾	ngón chân
발바닥	sole of foot	足の裏	脚掌	lòng bàn chân
다리	leg	脚	腿	cẳng chân
무릎	knee	ひざ	膝盖	đầu gối
엉덩이	buttocks	お尻	屁股	mông

1. 그림을 보고 알맞은 단어를 골라 쓰십시오.

눈 목 이 입 코
입술 머리카락

발 배 팔 가슴
다리 어깨 발가락

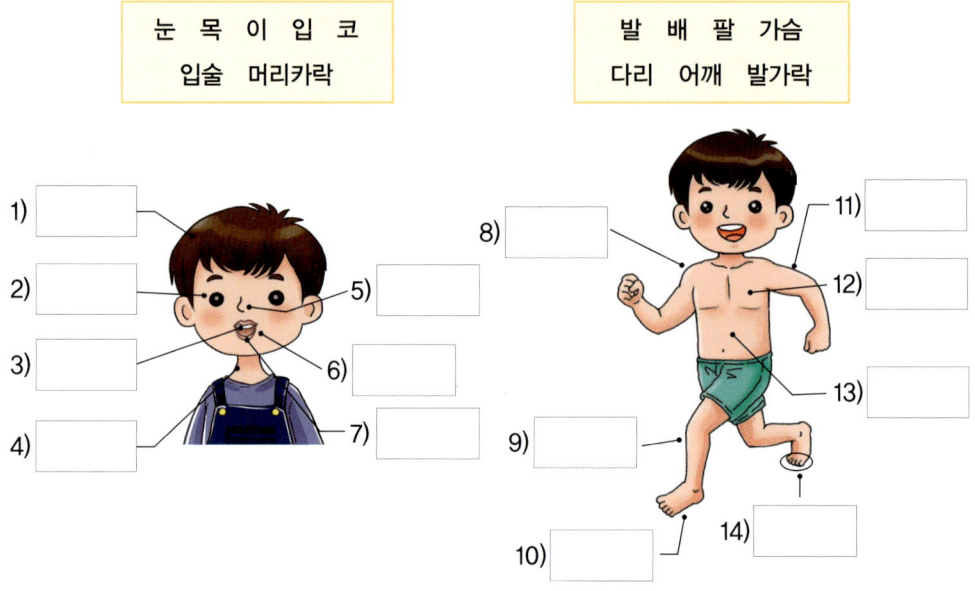

1)

2)

3)

4)

5)

6)

7)

8)

9)

10)

11)

12)

13)

14)

2. ( )에 들어갈 말로 가장 알맞은 것을 고르십시오.

1) ( ) 손가락을 다쳐서 글씨를 쓸 수 없습니다. 밥도 왼손으로 먹어야 해서 불편합니다.

① 발바닥   ② 손바닥   ③ 엉덩이   ④ 오른손

2) 한국에서는 나이가 많은 사람과 술을 마실 때 ( )을/를 옆으로 돌리고 마셔야 합니다.

① 고개   ② 눈물   ③ 이마   ④ 허리

3) 매일 아침 달리기 운동을 하고 있습니다. 그래서 요즘 ( )이/가 가볍고 기분도 좋습니다.

① 귀   ② 등   ③ 몸   ④ 혀

4) 저는 아버지와 ( )이/가 닮았습니다. 아버지의 어렸을 때 사진을 보면 저와 거의 똑같이 생겼습니다.

① 머리   ② 무릎   ③ 얼굴   ④ 왼손

3. 다음을 읽고 중심 내용을 고르십시오.

1)

52회 읽기 46번

> 제 친구 마리 씨가 오늘 고향으로 돌아갔습니다. 우리는 공항에서 인사를 했습니다. 저는 마리 씨와 헤어져서 **눈물**이 났습니다.

① 저는 고향에 가려고 했습니다.
② 저는 마리 씨가 떠나서 슬펐습니다.
③ 저는 마리 씨의 고향에 가고 싶었습니다.
④ 저는 공항에서 친구를 만나고 싶었습니다.

2)

36회 읽기 47번

> 친구가 **다리**가 아파서 수업에 못 왔습니다. 저는 오후에 친구에게 숙제를 말해 줄 겁니다. 내일은 친구 집에 가서 함께 학교에 가려고 합니다.

① 저는 친구를 도와줄 겁니다.   ② 저는 친구와 살고 싶습니다.
③ 저는 친구 집에서 숙제를 할 겁니다.   ④ 저는 보통 친구와 같이 학교에 갑니다.

3)

37회 읽기 48번

> 민수 씨는 **발**이 아주 큽니다. 보통 신발 가게에는 민수 씨 **발**에 맞는 신발이 없습니다. 그래서 민수 씨는 신발을 사는 것이 힘듭니다.

① 민수 씨는 조금 큰 신발을 좋아합니다.
② 민수 씨는 신발이 작아서 걷기 힘듭니다.
③ 민수 씨는 가게에 신발을 사러 갈 겁니다.
④ 민수 씨는 발이 커서 신발 사기가 어렵습니다.

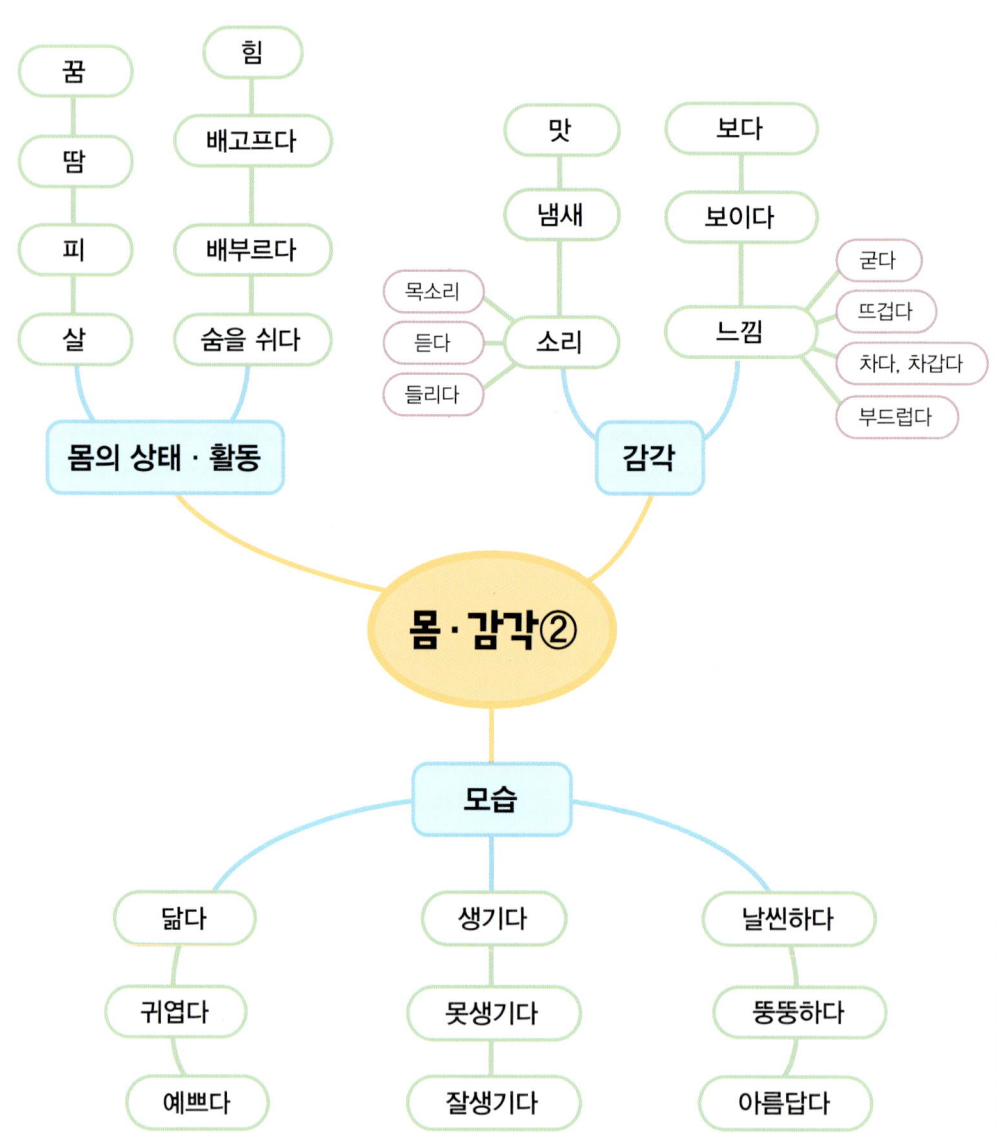

	영어	일본어	중국어	베트남어
몸의 상태 · 활동				
꿈	dream	夢	梦	giấc mơ
꿈을 꾸다	to have a dream	夢を見る	做梦	nằm mơ
땀	sweat	汗	汗	mồ hôi
땀이 나다	to sweat	汗をかく	出汗	đổ mồ hôi
피	blood	血	血	máu
살	flesh	(体の)肉	肉	thịt
살이 찌다	to gain weight	太る	长胖	tăng cân
힘	strength	力	力量	sức mạnh
힘이 세다	to be strong	力が強い	力气大	mạnh
배고프다	to be hungry	お腹が空く	饿	đói bụng
배부르다	to be full	お腹がいっぱいだ	饱	đầy
숨을 쉬다	to breathe	息をする	呼吸	thở
감각				
맛	taste	味	味道	vị
냄새	smell	におい	气味	mùi
냄새가 나다	to smell	においがする	有气味	có mùi
소리	sound	音	声音	âm thanh
목소리	voice	声	嗓音	tiếng nói
듣다	to hear, listen	聞く	听	nghe
들리다	to be heard	聞こえる	听见	nghe được
보다	to see	見る	看	nhìn
보이다	to be seen	見える	看得见	nhìn thấy
굳다	to harden	固い	硬	cứng
뜨겁다	to be hot	熱い	热	nóng
차다, 차갑다	to be cold (to the touch)	冷たい	凉	lạnh
부드럽다	to be soft	柔らかい	软	mềm
모습				
모습	appearance	姿、様子	样子	hình dáng
닮다	to look like, to resemble	似ている	像	giống
귀엽다	to be cute	かわいい	可爱	dễ thương
예쁘다	to be pretty	きれいだ	漂亮	xinh đẹp
생기다	to look (like)	〜のように見える	长得	dáng vẻ trông ...
귀엽게 생기다	to look cute	かわいらしく見える	长得可爱	dáng vẻ trông dễ thương
못생기다	to be ugly	醜い、不細工だ	长得不好看	xấu xí
잘생기다	to be handsome	かっこいい	长得帅	đẹp trai
날씬하다	to be slim	ほっそりしている	苗条	mảnh khảnh
뚱뚱하다	to be fat	太っている	胖	mập
아름답다	to be beautiful	美しい	美丽	đẹp

Day 28 연습 문제

1. ( )에 들어갈 말로 가장 알맞은 것을 고르십시오.

1) 제 남자 친구는 키도 크고 얼굴도 ( ).

① 보입니다   ② 뜨겁습니다   ③ 어울립니다   ④ 잘생겼습니다

2) 할머니는 이가 약해서 ( ) 만든 음식을 드십니다.

① 간단하게   ② 배부르게   ③ 부드럽게   ④ 아름답게

3) 수영을 처음 배울 때 물 안에서 ( ) 않는 것이 힘들었습니다.

① 꿈을 꾸지   ② 땀이 나지   ③ 살을 빼지   ④ 숨을 쉬지

4) 어젯밤에 무서운 ( )을/를 꿔서 소리를 지르면서 잠에서 깼습니다.

① 꿈   ② 땀   ③ 살   ④ 피

5) 떡을 냉장고에 넣고 며칠 후에 꺼냈는데 떡이 ( ) 먹을 수 없었습니다.

① 굳어서   ② 두꺼워서   ③ 뚱뚱해서   ④ 뜨거워서

6) 다음달에 여행을 가서 호텔을 찾고 있습니다. 바다가 ( ) 방을 예약할 겁니다.

① 깨끗한   ② 날씬한   ③ 들리는   ④ 보이는

7) 저는 찬 음식을 별로 좋아하지 않습니다. 그래서 여름에도 ( ) 커피를 마십니다.

① 귀여운   ② 뜨거운   ③ 신선한   ④ 차가운

8) 몸이 아파서 며칠 동안 식사를 잘 못했는데 오늘 삼계탕을 먹으니까 ( )이/가 납니다.

① 맛   ② 힘   ③ 냄새   ④ 소리

9) 우리 형은 아버지를 ( ) 못 하는 운동이 없습니다.

① 도와서   ② 생겨서   ③ 닮아서   ④ 배워서

10) 오랜만에 초등학교 친구를 만났는데 하나도 변하지 않고 어렸을 때 ( )와/과 똑같아서 어제 만난 것 같은 느낌이 들었습니다.

① 모습   ② 모양   ③ 버릇   ④ 소리

2. 다음을 듣고 여자의 중심 생각을 고르십시오.

Track 27 52회 듣기 22번

> 남자: 아침밥을 못 먹고 와서 **배가 고프네요**.
> 여자: 이제 곧 수업 시작하는데……그럼 이 우유 마실래요?
> 남자: 고마워요. 저는 늦게 일어나서 아침을 못 먹을 때가 많아요.
> 여자: 아침밥을 먹는 게 건강에 좋아요. 그리고 공부도 잘할 수 있고요.

① 아침밥을 먹는 게 좋습니다.
② 아침에 일찍 일어나야 합니다.
③ 아침에 우유를 마시면 좋습니다.
④ 아침밥은 집에서 먹어야 합니다.

3. 다음을 읽고 물음에 답하십시오.

41회 읽기 53, 54번

> 저는 **목소리**가 아주 큽니다. 작게 말하려고 하지만 제 **목소리**는 다른 사람보다 큽니다. 그래서 많은 사람들이 제 **목소리**를 싫어합니다. 그러나 우리 할머니는 제 **목소리**를 아주 좋아하십니다. 할머니가 (㉠) 때문입니다. 그래서 저는 시간이 날 때마다 할머니 댁에 가서 책과 신문을 읽어 드립니다.

1) ㉠에 들어갈 말로 가장 알맞은 것을 고르십시오.

　① 말씀을 잘 안 하시기　　　　③ 듣는 것을 좋아하시기
　③ 말씀하는 것을 좋아하시기　　④ 작은 소리를 잘 못 들으시기

2) 윗글의 내용과 같은 것을 고르십시오.

　① 저는 할머니와 같이 살고 있습니다.
　② 제 목소리를 좋아하는 사람들이 많습니다.
　③ 우리 할머니는 큰 목소리를 좋아하십니다.
　④ 사람들은 보통 제 목소리를 잘 못 듣습니다.

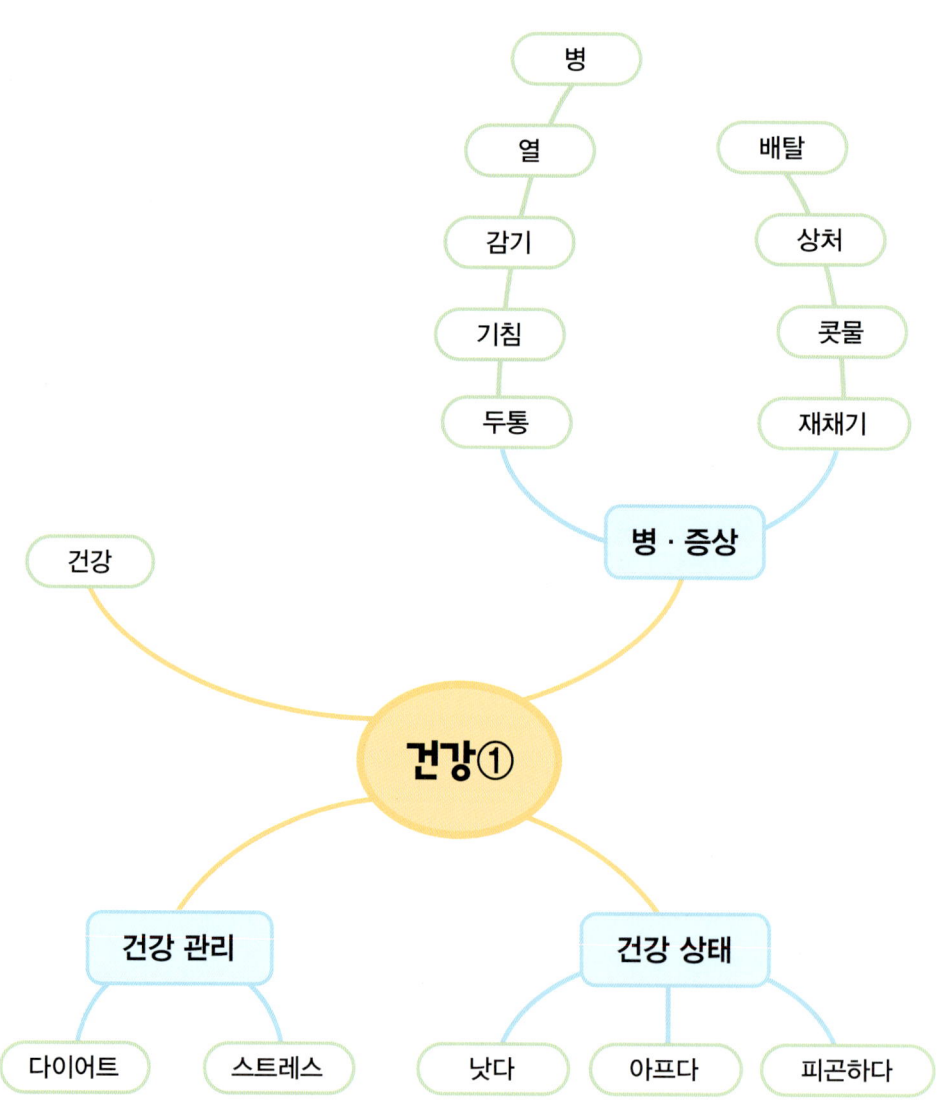

병

배탈

열

상처

감기

콧물

기침

재채기

두통

병·증상

건강

건강①

건강 관리

건강 상태

다이어트 스트레스

낫다 아프다 피곤하다

	영어	일본어	중국어	베트남어
건강	health	健康	健康	sức khỏe

병 · 증상

	영어	일본어	중국어	베트남어
병	illness, disease	病気	病	bệnh
병에 걸리다	to get sick	病気にかかる	得病	bị bệnh
열	fever	熱	热	nhiệt
열이 나다	to have a fever	熱が出る	发烧了	bị sốt
감기	cold (illness)	風邪	感冒	cảm lạnh
감기에 걸리다	to catch a cold	風邪をひく	得了感冒	bị cảm
기침	cough	咳	咳嗽	ho
두통	headache	頭痛	头疼	đau đầu
배탈	stomach upset	腹痛	腹泻	đau bụng
배탈이 나다	to have an upset stomach	腹痛が起こる	拉肚子	bị đau bụng
상처	wound	傷	伤口	vết thương
상처가 나다	to get injured, to get a wound	傷ができる	受伤	bị thương
콧물	runny nose	鼻水	鼻涕	nước mũi
콧물이 나다	to have a runny nose	鼻水が出る	流鼻涕	bị sổ mũi
재채기	sneeze	くしゃみ	打喷嚏	hắt hơi

건강 관리

	영어	일본어	중국어	베트남어
다이어트	diet	ダイエット	减肥	ăn kiêng
스트레스	stress	ストレス	压力	căng thẳng đầu óc
스트레스를 받다	to be stressed	ストレスを受ける	有压力	bị căng thẳng đầu óc
스트레스를 풀다	to relieve stress	ストレスを解消する	释放压力	giảm căng thẳng đầu óc

건강 상태

	영어	일본어	중국어	베트남어
낫다	to get better	治る	痊愈	đỡ (bệnh), hết bệnh
아프다	to be sick, to hurt	痛い	疼/生病	đau ốm
피곤하다	to be tired	疲れている	累	mệt mỏi

1. ( )에 들어갈 말로 가장 알맞은 것을 고르십시오.

   1) 요즘 ( ) 있어서 저녁을 먹지 않습니다.

      ① 병에 걸리고 　② 상처가 나고 　③ 다이어트를 하고 　④ 재채기하고

   2) 높은 구두를 신고 오랫동안 걸어서 발이 ( ).

      ① 낫습니다 　② 아픕니다 　③ 오릅니다 　④ 떨어집니다

   3) 감기가 심해서 ( )이 39℃까지 올랐습니다.

      ① 병 　② 열 　③ 두통 　④ 콧물

   4) 저는 조금만 ( ) 눈이 빨개지고 눈물이 납니다.

      ① 걸리면 　② 건강하면 　③ 편찮으면 　④ 피곤하면

   5) 우리 선생님이 감기에 걸리셨는데 빨리 ( ) 좋겠습니다.

      ① 나셨으면 　② 푸셨으면 　③ 나으셨으면 　④ 오르셨으면

   6) 요즘 자주 ( ). 밤에도 머리가 아파서 잠을 잘 수 없습니다.

      ① 상처가 납니다 　② 다이어트합니다 　③ 두통이 있습니다 　④ 건강합니다

   7) 아이스크림을 너무 많이 먹어서 ( )이/가 났습니다. 배가 아픕니다.

      ① 감기 　② 두통 　③ 배탈 　④ 재채기

   8) 어렸을 때 넘어져서 이마를 다쳤는데 아직도 이마에 ( )이/가 있습니다.

      ① 열 　② 기침 　③ 상처 　④ 콧물

   9) 며칠 전부터 코에서 ( )이 멈추지 않아서 오늘 병원에 가려고 합니다.

      ① 기침 　② 두통 　③ 배탈 　④ 콧물

   10) 저는 농구를 하면 기분이 좋아집니다. 그래서 ( )을/를 풀고 싶을 때 혼자 농구를 합니다.

      ① 건강 　② 재채기 　③ 다이어트 　④ 스트레스

2. 다음을 듣고 대화 내용과 같은 것을 고르십시오.

Track 28 **52회 듣기 19번**

> 남자: 미영 씨, 왜 그래요? 어디 안 좋아요?
> 여자: 아침부터 머리가 너무 **아파요**. 지금은 **열**도 나고요.
> 남자: 그럼 일찍 가서 좀 쉬는 게 어때요?
> 여자: 감사합니다, 과장님. 이 일만 끝내고 가겠습니다.

① 남자는 쉬고 싶어 합니다.　　　　② 여자는 일을 다 끝냈습니다.

③ 남자는 집에 가려고 합니다.　　　④ 여자는 몸이 좋지 않습니다.

3. 다음을 읽고 물음에 답하십시오.

41회 읽기 51, 52번

> 　눈은 한 번 나빠지면 다시 좋아지기 힘듭니다. 그래서 눈이 나빠지기 전에 눈 **건강**을 지켜야 합니다. 눈에 좋은 음식을 (㉠) 눈 운동을 하면 눈 **건강**에 좋습니다. 그리고 멀리 있는 산이나 나무를 보는 것도 좋습니다. 하지만 눈이 **피곤할** 때는 눈을 감고 쉬는 것이 제일 좋습니다.

1) ㉠에 들어갈 말로 가장 알맞은 것을 고르십시오.

　　① 먹지만　　　　② 먹거나　　　　③ 먹는데　　　　④ 먹으면

2) 무엇에 대한 내용인지 맞는 것을 고르십시오.

　　① 눈에 좋은 음식　　　　② 눈이 나빠지는 이유

　　③ 눈 운동을 하는 시간　　④ 눈 건강을 지키는 방법

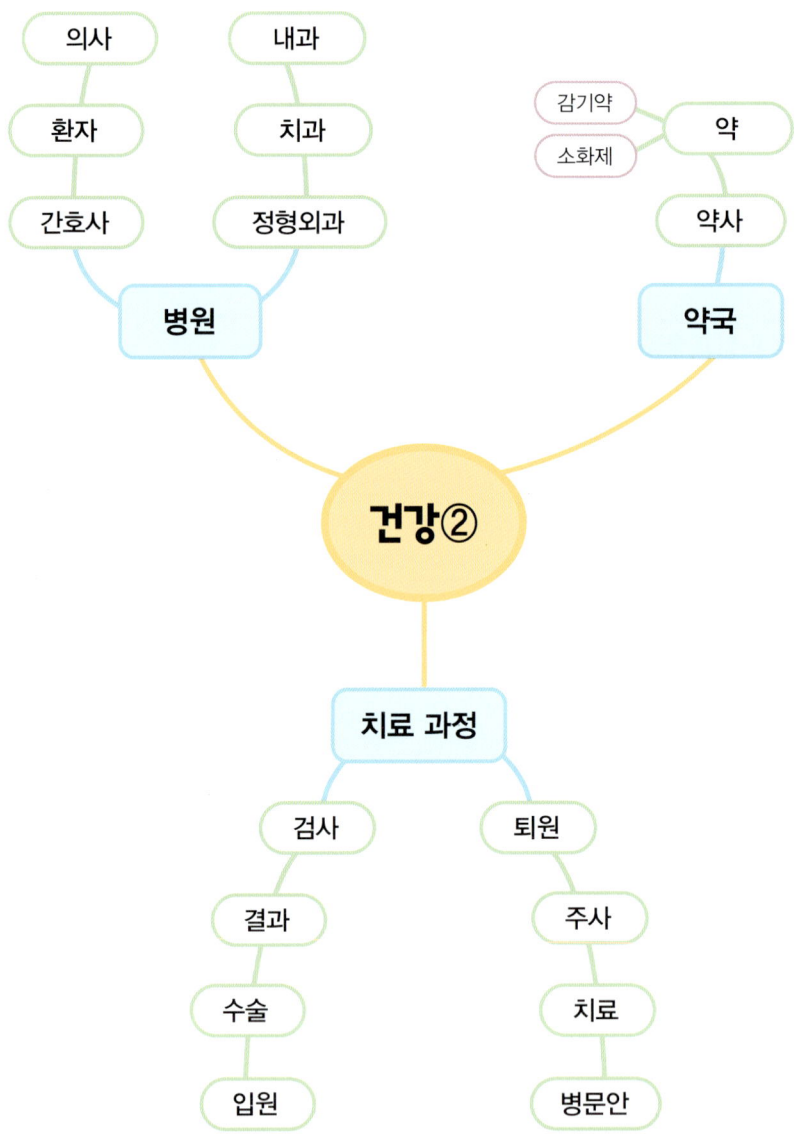

	영어	일본어	중국어	베트남어
병원				
병원	hospital	病院	医院	bệnh viện
의사	doctor	医者	医生	bác sĩ
환자	patient	患者	患者	bênh nhân
간호사	nurse	看護師	护士	y tá
내과	internal medicine	内科	内科	bệnh viện nội khoa
치과	dental clinic	歯科	外科	nha khoa
정형외과	orthopedics	整形外科	整形外科	bệnh viện chấn thương chinh hình
약국				
약국	pharmacy	薬局	药店	nhà thuốc
약	medicine	薬	药	thuốc
감기약	cold medicine	風邪薬	感冒药	thuốc cảm
소화제	digestive medicine	消化剤	消化药	thuốc tiêu hóa
약사	pharmacist	薬剤師	药剂师	dược sĩ
치료 과정				
검사	test	検査	检查	kiểm tra, xét nghiệm
검사를 받다	to get tested, to have a test	検査を受ける	做检查	làm kiểm tra, làm xét nghiệm
결과	result	結果	结果	kết quả
검사 결과	test result	検査結果	检查结果	kết quả kiểm tra
결과가 나오다	results come out	結果が出る	结果出来了	có kết quả
수술	surgery	手術	手术	phẫu thuật
입원	hospitalization	入院	住院	nhập viện
퇴원	discharge	退院	出院	xuất viện
주사	injection	注射	打针/注射	tiêm
주사를 놓다	to give an injection	注射を打つ	打针	tiêm, chích thuốc
주사를 맞다	to get an injection	注射を打つ	打针（被动）	được tiêm thuốc
치료	treatment	治療	治疗	điều trị
치료를 받다	to get treatment	治療を受ける	接受治疗	tiếp nhận điều trị
병문안	visiting a patient	見舞い	探病	thăm bệnh
병문안을 가다	to visit a patient	見舞いに行く	去探病	đi thăm bệnh

1. ( )에 들어갈 말로 가장 알맞은 것을 고르십시오.

1) 이가 아파서 치과에 가서 ( )을/를 받았습니다.

① 결과   ② 주사   ③ 치료   ④ 감기약

2) 요즘 감기가 유행이라서 병원에 ( )가 많습니다.

① 약사   ② 의사   ③ 환자   ④ 간호사

3) 친구가 입원해서 오늘 수업 후에 ( )을/를 가려고 합니다.

① 검사   ② 수술   ③ 퇴원   ④ 병문안

4) 수술하기 전에 병원에서 여러 가지 ( )을/를 받아야 합니다.

① 검사   ② 결과   ③ 입원   ④ 주사

5) 감기에 걸리면 집 근처 ( )에 가는데 의사 선생님이 아주 친절합니다.

① 내과   ② 약국   ③ 치과   ④ 정형외과

6) 기침을 하고 머리도 아파서 오늘은 ( )을 먹고 일찍 자려고 합니다.

① 병   ② 약   ③ 열   ④ 잎

7) 다리를 다쳐서 일주일 동안 병원에 있었습니다. 드디어 내일 ( ) 집에 갑니다.

① 입원하고   ② 퇴원해서   ③ 병문안을 가고   ④ 주사를 놓고

8) 어렸을 때 교통사고가 나서 여덟 시간이나 걸리는 큰 ( )을/를 받은 적이 있습니다.

① 결과   ② 수술   ③ 입원   ④ 병문안

9) 저는 간호사인데 처음에는 환자들에게 ( )이 무섭고 힘들었지만 지금은 괜찮습니다.

① 검사 받는 것   ② 주사 놓는 것   ③ 입원하는 것   ④ 퇴원하는 것

10) 배가 좀 아픈데 저녁을 너무 많이 먹어서 그런 것 같습니다. 그래서 ( )을/를 사러 가려고 합니다.

① 약국   ② 주사   ③ 감기약   ④ 소화제

2. ( )에 들어갈 말로 가장 알맞은 것을 고르십시오.

60회 읽기 36번

> 저는 **의사**입니다. 수진 씨( ) **의사**입니다.

① 만   ② 에   ③ 를   ④ 도

3. 다음을 읽고 맞지 <u>않는</u> 것을 고르십시오.

37회 읽기 42번

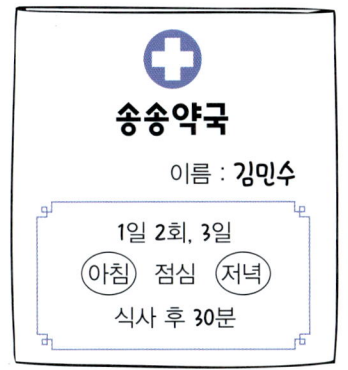

① 점심에 약을 먹습니다.   ② 밥을 먹고 약을 먹습니다.

③ 삼 일 동안 약을 먹습니다.   ④ 김민수 씨가 약을 먹습니다.

4. 다음을 읽고 물음에 답하십시오.

60회 읽기 49, 50번

> 저는 작년 한국 여행 때 비행기를 처음 탔습니다. 그런데 비행기 안에서 귀가 (㉠). 귀가 계속 아파서 여행이 즐겁지 않았습니다. 그래서 이번 베트남 여행 때는 **약**을 먹고 비행기를 탔습니다. 이번에는 귀가 아프지 않아서 정말 좋았습니다.

1) ㉠에 들어갈 말로 가장 알맞은 것을 고르십시오.

    ① 아플 수 있습니다   ② 아프면 안 됩니다

    ③ 아프지 않았습니다   ④ 아프기 시작했습니다

2) 윗글의 내용과 같은 것을 고르십시오.

    ① 저는 한국 여행이 즐거웠습니다.   ② 저는 베트남에서 귀가 아팠습니다.

    ③ 저는 작년에 비행기를 처음 탔습니다.   ④ 저는 비행기 안에서 약을 먹었습니다.

✎ 어휘력 쑥쑥

심 心	마음, 생각	heart, thought / 心 / 心, 心情 / tấm lòng
	결심	resolution / 決心 / 决心 / quyết tâm
	관심	interest / 関心 / 兴趣 / quan tâm
	조심	caution, care / 注意 / 小心 / thận trọng
	열심히	diligently / 一生懸命に / 努力地 / một cách chăm chỉ

수 手	손	hand / 手 / 手 / tay
	수건	towel / タオル / 毛巾 / cái khăn lau
	수술	surgery / 手術 / 手术 / phẫu thuật
	수첩	notepad / 手帳 / 记事本 / sổ tay
	박수	applause / 拍手 / 掌声 / sự vỗ tay
	세수	face washing / 洗顔 / 洗脸 / rửa mặt

안 安	편안	comfort, ease / 安らかさ / 舒适 / thoải mái
	안녕	hello(hi), goodbye / こんにちは、さようなら / 你好, 再见 / xin chào
	안심	relief / 安心 / 安心 / sự an tâm
	미안하다	to be sorry / すまない、申し訳ない / 对不起 / xin lỗi
	불안	anxiety / 不安 / 不安 / bất an
	병문안	visiting a patient / 見舞い / 探病 / thăm bệnh

● **한국 사람들의 건강 지키기!**

1) 한국 사람들이 많이 하는 운동이에요.

등산

걷기와 러닝

헬스

요가와 필라테스

자전거 타기

2) 건강을 위해서 약이나 음식을 먹기도 해요.

홍삼

한약

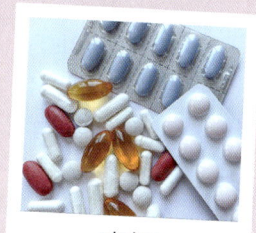

영양제

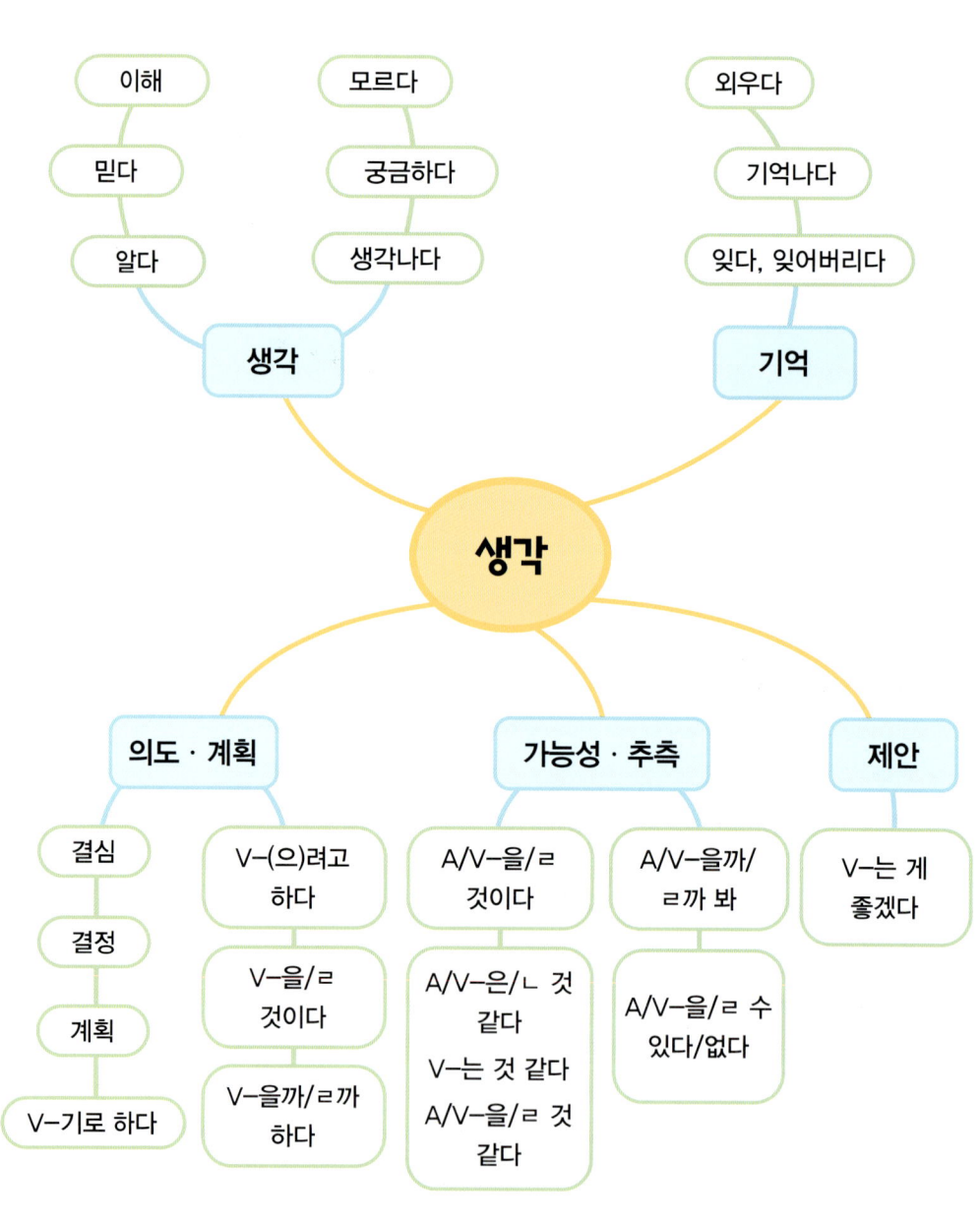

	영어	일본어	중국어	베트남어
생각				
생각	thought, idea	考え	想法	suy nghĩ
이해	understanding	理解	理解	hiểu
믿다	to believe	信じる	相信	tin tưởng
알다	to know	知る	知道	biết
모르다	to not know	知らない	不知道	không biết
궁금하다	to be curious	気になる	好奇	tò mò
생각나다	to come to mind	思い出す	想起来	nghĩ đến
기억				
기억	memory	記憶	记忆	ký ức
기억에 남다	to stay in one's memory	記憶に残る	留在记忆中	được nhớ đến
외우다	to memorize	覚える、暗記する	背	học thuộc
기억나다	to remember, to come to mind	思い出す	记起来	nhớ lại
잊다, 잊어버리다	to forget	忘れる	忘记	quên
의도 · 계획				
결심	resolution	決心	决心	quyết tâm
결정	decision	決定	决定	quyết định
계획	plan	計画	计划	kế hoạch
계획을 세우다	to make a plan	計画を立てる	制定计划	lập kế hoạch
계획을 지키다	to follow the plan	計画を守る	遵守计划	tuân thủ kế hoạch
V-기로 하다	to decide to V	Vすることにする	决定做V	quyết định làm V
V-(으)려고 하다	to intend to V	Vすることにする	决定做V	định làm V
V-을/ㄹ 것이다	will V, be going to V (plan)	Vするつもりだ	将要V	sẽ làm V
V-을까/ㄹ까 하다	to consider V-ing	Vしようか考える	打算V	phân vân có nên làm hay không làm V
가능성 · 추측				
A/V-을/ㄹ 것이다	probably A/V (likely)	A/Vだろう	会A/V	sẽ V/A
A/V-은/ㄴ 것 같다	it seems / looks (like)... (current state, past)	A(な)/Vするようだ	好像A/V	có vẻ như là V
V-는 것 같다	it seems that... (present)	Vするようだ	看起来A/V	có vẻ như là A/V
A/V-을/ㄹ 것 같다	it seems / looks like... (likely)	A(な)/Vするようだ	可能会A/V	có vẻ như là sẽ V
A/V-을까/ㄹ까 봐	be worried / afraid (that) S might V (reason)	A/Vするか心配で	担心A/V	sợ là sẽ V
A/V-을/ㄹ 수 있다/없다	might / might not V (possibility)	A/Vできる／できない	能/不能A/V	có thể, không thể V
제안				
V-는 게 좋겠다	it would be better to V	Vたほうが良い	最好V	nên làm V

1. (   )에 들어갈 말로 가장 알맞은 것을 고르십시오.

1) 오늘 늦게 일어나서 버스를 (   ) 버스 정류장까지 뛰어갔습니다.

   ① 못 타면　　　　② 못 타서　　　　③ 못 탔지만　　　④ 못 탈까 봐

2) 한국어로 이야기할 때 단어가 (   ) 않아서 답답할 때가 많습니다.

   ① 잊지　　　　　② 궁금하지　　　　③ 생각나지　　　④ 어울리지

3) 타블로 씨는 성실하고 약속도 잘 지켜서 (   ) 수 있는 사람입니다.

   ① 기를　　　　　② 믿을　　　　　　③ 부를　　　　　④ 잊을

4) 단어를 공부할 때 소리를 내면서 하면 단어를 더 잘 (   ) 수 있습니다.

   ① 외울　　　　　② 결심할　　　　　③ 궁금할　　　　④ 계획할

5) 기타를 배우고 싶어서 퇴근 후에 회사 근처에 있는 음악 학원에 (   ).

   ① 다닐까 합니다　　　　　　　　③ 다닐 수 있습니다
   ③ 다니는 것 같습니다　　　　　　④ 다닌 적이 있습니다

6) 한국어를 배운 지 얼마 안 되어서 아직 한국 뉴스를 (   ) 수 없습니다.

   ① 모를　　　　　② 잊을　　　　　　③ 기억날　　　　④ 이해할

7) 지금 살고 있는 집이 회사에서 멀어서 내년에는 회사에서 가까운 곳으로 (   ).

   ① 이사할까 합니다　　　　　　　③ 이사해 주었습니다
   ③ 이사한 것 같습니다　　　　　　④ 이사한 적이 있습니다

8) 저는 (   ) 것을 잘 못 참습니다. 알고 싶은 것이 생기면 바로 인터넷에서 찾아봅니다.

   ① 믿는　　　　　② 결정한　　　　　③ 궁금한　　　　④ 생각나는

9) 요즘 눈이 자주 피곤합니다. 오늘부터 자기 전에 휴대폰으로 SNS를 하지 않기로 (   ).

   ① 결심했습니다　　② 계획했습니다　　③ 예약했습니다　　④ 알았습니다

10) 가: 이렇게 비가 많이 오는데 우리 내일 등산을 갈 수 있을까요?
    나: 위험할 것 같아요. 다음에 (   ).

    ① 갈 거예요　　　② 가기로 했어요　　③ 가는 게 좋겠어요 ④ 가려고 해요

2. 다음을 읽고 물음에 답하십시오.

41회 읽기 65, 66번

> 저는 (㉠) 오랫동안 **생각**만 하고 빨리 결정하지 못합니다. **결정**하는 것이 어려워서 혼자서는 필요한 물건을 잘 고르지 못합니다. 그래서 저는 친구가 옆에 있으면 친구가 하는 것을 따라 합니다. 그렇게 하면 제가 **결정**하지 않아도 돼서 마음이 편합니다. 하지만 지금부터는 제가 작은 일부터 하나씩 **결정**해 **보려고 합니다.**

1) ㉠에 들어갈 말로 가장 알맞은 것을 고르십시오.

① 마음이 편할 때   ② 힘든 일을 할 때

③ 친구가 생각날 때   ④ 어떤 것을 선택할 때

2) 윗글의 내용과 같은 것을 고르십시오.

① 제 친구는 내 결정을 따라 합니다.
② 저는 오래 생각하지 않고 결정합니다.
③ 저는 앞으로 친구와 함께 결정할 겁니다.
④ 저는 혼자 물건을 고르는 것이 어렵습니다.

3. 다음을 읽고 물음에 답하십시오.

47회 읽기 65, 66번

> 어렸을 때 우리 어머니는 저에게 노래를 자주 불러 주셨습니다. 제가 울 때는 재미있고 신나는 노래를 불러 주셨습니다. 그리고 잘 때는 제 침대에 같이 누워서 조용한 노래를 불러 주셨습니다. 저는 어머니의 노래를 (㉠) 잠이 더 잘 왔습니다. 저는 아직도 어머니가 불러 준 노래들을 **기억**합니다. 그리고 지금은 그 노래들을 제 아이한테 불러 줍니다.

1) ㉠에 들어갈 말로 가장 알맞은 것을 고르십시오.

① 듣지만   ② 듣거나   ③ 들으면   ④ 들으려고

2) 윗글의 내용과 같은 것을 고르십시오.

① 저는 어머니가 불러 준 노래를 잊어버렸습니다.
② 잠잘 때 저는 어머니와 함께 노래를 불렀습니다.
③ 어머니는 제가 울면 조용한 노래를 불러 주셨습니다.
④ 저는 우리 어머니처럼 제 아이에게 노래를 불러 줍니다.

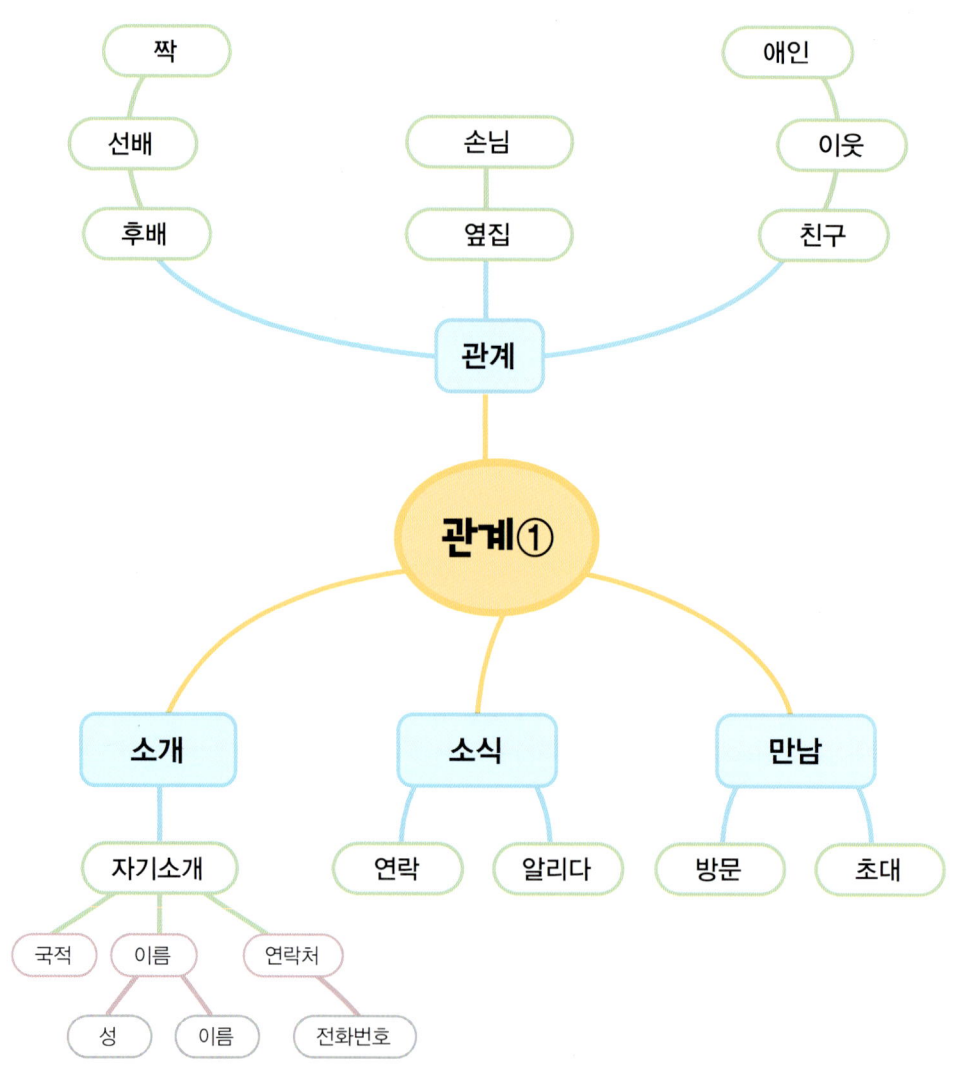

	영어	일본어	중국어	베트남어
관계				
관계	relationship	関係	关系	mối quan hệ
선후배 관계	senior-junior relationship	先輩・後輩の関係	前后辈关系	mối quan hệ tiền bối và hậu bối
관계가 없다	to be unrelated	関係がない	没有关系	không liên quan
짝	partner, seatmate	パートナー	搭档	một đôi
선배	senior	先輩	前辈	tiền bối
후배	junior	後輩	后辈	hậu bối
손님	guest	お客さま	客人	khách hàng
손님이 오다	to have a guest	お客さまが来る	客人来了	có khách hàng đến
옆집	next-door neighbor	隣の家	邻居家	nhà bên cạnh
옆집 아저씨	neighboring man	隣の家のおじさん	邻居大叔	ông chú nhà kế bên
애인	boyfriend or girl friend	恋人	恋人	người yêu
이웃	neighbor	隣、隣近所	邻居	hàng xóm
이웃 아주머니	neighboring woman	隣のおばさん	邻居大妈	bà cô hàng xóm
이웃 나라	neighboring country	隣の国	邻国	các nước láng giềng
친구	friend	友だち	朋友	bạn bè
소개				
소개	introduction	紹介	介绍	giới thiệu
자기소개	self-introduction	自己紹介	自我介绍	giới thiệu bản thân
국적	nationality	国籍	国籍	quốc tịch
이름	name	名前	名字	tên
성	surname	姓、名字	姓	họ
이름	given name	名、名前	名	tên
연락처	contact information	連絡先	联系方式	thông tin liên hệ
전화번호	phone number	電話番号	电话号码	số điện thoại
소식				
소식	news	ニュース、便り、知らせ	消息	tin tức
소식이 없다	to have no news	便りがない	没有消息	không có tin tức
소식을 듣다	to hear the news	知らせを聞く	听到消息	nghe tin
연락	contact	連絡	联系	liên lạc
연락이 되다	to be able to get in touch	連絡がつく	联系上	liên lạc được
연락을 받다	to receive contact	連絡を受ける	接到联系	nhận được liên lạc
알리다	to inform	知らせる	告知	thông báo
소식을 알리다	to announce the news	ニュースを知らせる	通知消息	thông báo tin tức
만남				
방문	visit	訪問	拜访	thăm nom
초대	invitation	招待	邀请	mời
초대를 받다	to receive an invitation	招待を受ける	接受邀请	nhận được lời mời

1. ( )에 들어갈 말로 가장 알맞은 것을 고르십시오.

1) 대학교 시험에 붙고 부모님께 제일 먼저 소식을 ( ).

① 물었습니다   ② 기다렸습니다   ③ 소개했습니다   ④ 알렸습니다

2) 우리 언니는 ( )이 있습니다. 두 사람은 내년에 결혼할 겁니다.

① 소식   ② 손님   ③ 애인   ④ 이웃

3) 남산은 외국인들이 서울에서 가장 많이 ( ) 곳 중의 하나입니다.

① 도착하는   ② 방문하는   ③ 연락하는   ④ 초대하는

4) 김영수, 한유민, 임은영은 한국 이름입니다. '김', '한', '임'은 ( )입니다.

① 성   ② 관계   ③ 국적   ④ 이름

5) 한국 친구의 결혼식에 ( )을/를 받았습니다. 주말에 결혼식에 입고 갈 옷을 사러 갈 겁니다.

① 부탁   ② 소개   ③ 연락   ④ 초대

6) 후엔 씨는 저보다 10살 어린데 우리는 같은 고등학교를 졸업했습니다. 후엔 씨는 저의 고등학교 ( )입니다.

① 짝   ② 선배   ③ 친구   ④ 후배

2. 무엇에 대해 말하고 있습니까? 알맞은 것을 고르십시오.

1) 가: 저는 독일에서 왔어요.
    나: 저는 태국 사람이에요.

① 관계   ② 국적   ③ 옆집   ④ 이름

2) 가: 처음 뵙겠습니다. 토마라고 합니다.
    나: 안녕하세요? 저는 김선이에요. 만나서 반가워요.

① 국적   ② 연락처   ③ 자기소개   ④ 전화번호

3. 다음을 읽고 내용이 같은 것을 고르십시오.

36회 읽기 44번

> 오늘 저녁에 **손님**이 옵니다. 그래서 아침에 꽃도 사고 집도 청소했습니다. 회사가 끝나면 집에 일찍 가서 음식을 준비할 겁니다.

① 저녁에 청소를 할 겁니다.　　② 손님과 저녁을 먹을 겁니다.

③ 음식을 벌써 준비했습니다.　　④ 손님이 꽃을 사 올 겁니다.

4. 다음을 읽고 물음에 답하십시오.

64회 읽기 53, 54번

> 저는 초등학교 때 친하게 지낸 **친구**가 한 명 있었습니다. 항상 같이 다닌 좋은 **친구**였습니다. 그런데 초등학교를 (㉠) 그 **친구**는 부산으로 이사를 갔습니다. 서로 멀리 떨어져서 만나지 못했고 이제는 **연락**이 안 됩니다. 그 **친구**를 찾을 수 있으면 좋겠습니다.

1) ㉠에 들어갈 말로 가장 알맞은 것을 고르십시오.

① 졸업해도　　② 졸업하거나

③ 졸업하고 나서　　④ 졸업하게 되면

2) 윗글의 내용과 같은 것을 고르십시오.

① 저는 그 친구와 연락을 할 수 없습니다.

② 저는 초등학교 때부터 부산에 살았습니다.

③ 저는 초등학교에 다닐 때 이사를 갔습니다.

④ 저는 그 친구를 이제 만나고 싶지 않습니다.

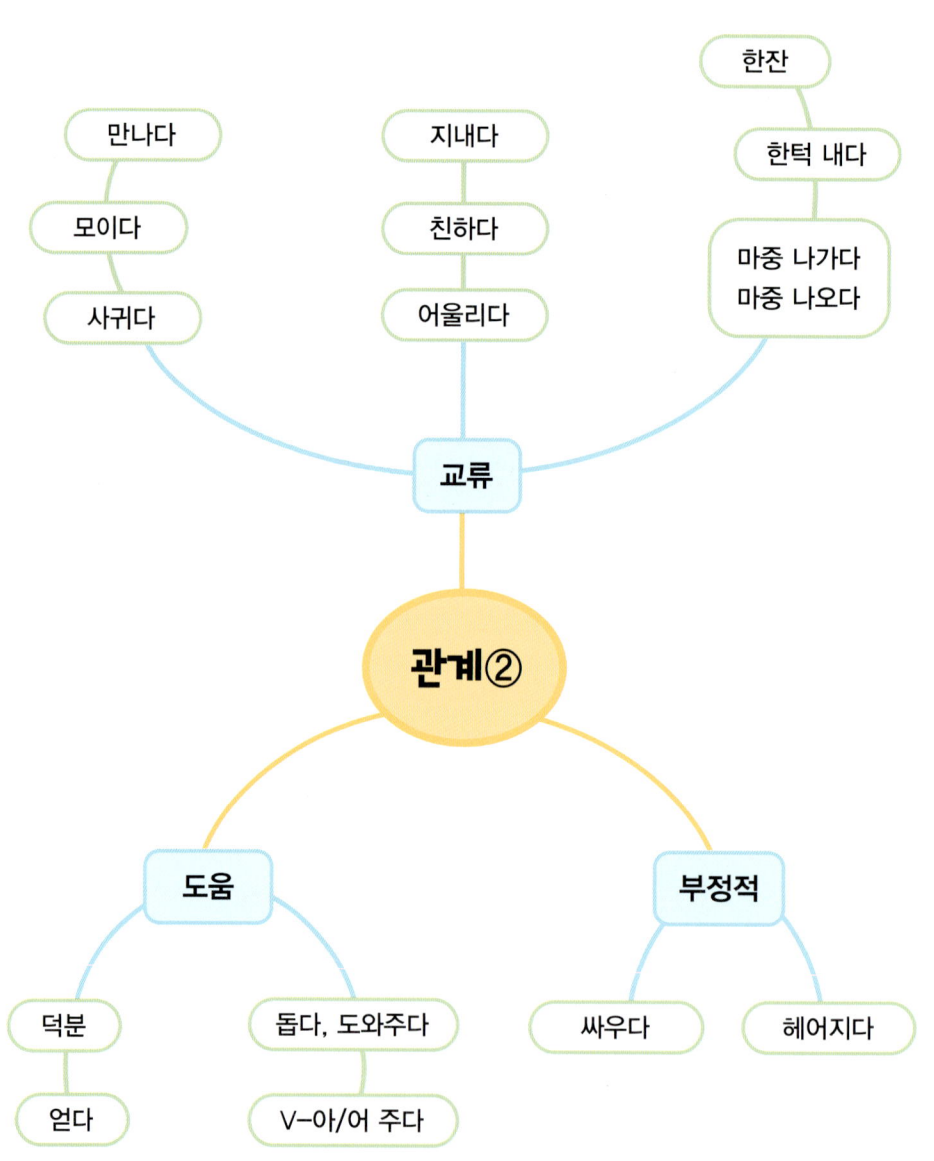

	영어	일본어	중국어	베트남어
교류				
만나다	to meet	会う	见面	gặp
모이다	to gather	集まる	聚集	hội tụ
사귀다	to date, to make friends	付き合う	交/交往	kết bạn, hẹn hò
남자 친구를 사귀다	to get a boyfriend	彼氏と付き合う	交男朋友	hẹn hò bạn trai
친구를 사귀다	to make friends	友達を作る	交朋友	kết bạn
지내다	to get along	過ごす	相处	trải qua, sống
친하게 지내다	to be close friends	仲良く過ごす	亲近地相处	trở nên thân thiết
가족처럼 지내다	to live like family	家族のように過ごす	相处得像家人一样	sống như gia đình
친하다	to be close	仲が良い	亲/亲密	thân thiết
어울리다	to get along	仲良くする、付き合う	合适	hoà hợp
쉽게 어울리다	to get along easily	すぐに仲良くなる	容易合群	dễ dàng hòa hợp
한잔	a drink	一杯	一杯	một ly
한잔 하다	to have a drink	一杯飲む	喝一杯	uống một ly
한턱 내다	to pay for a drink or meal	おごる	请客	khao, đãi
마중 나가다	to go to pick up	迎えに行く	出去迎接	đi đón
마중 나오다	to come to pick up	迎えに来る	出来迎接	đến đón
도움				
도움	help	助け	帮助	giúp đỡ
도움이 되다	to be helpful	役に立つ	有帮助	hữu ích
도움을 받다	to receive help	助けてもらう	得到帮助	nhận sự giúp đỡ
덕분	thanks to	おかげ	多亏	nhờ vào
N 덕분이다	It's thanks to N	Nのおかげだ	多亏了N	nhờ có V
N 덕분에	thanks to N	Nのおかげで	多亏了N的帮助	nhờ có V mà…
얻다	to obtain, to get	もらう、得る	得到	nhận được
공짜로 얻다	to get for free	タダでもらう	免费得到	nhận miễn phí
돕다, 도와주다	to help, to assist	手伝う、助ける	帮忙	giúp đỡ
V-아/어 주다	to V for someone (benefactive)	Vてあげる	给…… 做V	làm v cho
부정적				
싸우다	to fight, to quarrel	喧嘩する	吵架/打架	đánh nhau
헤어지다	to break up	別れる	分手/分别	chia tay

1. ( )에 들어갈 말로 가장 알맞은 것을 고르십시오.

1) 저는 우리 반에서 제미마 씨와 가장 ( ).

① 만납니다   ② 모입니다   ③ 친합니다   ④ 한잔 합니다

2) 오빠는 여자 친구와 ( ) 지 5년이 되었습니다. 내년에 결혼합니다.

① 사귄   ② 지낸   ③ 어울린   ④ 헤어진

3) 가구를 사야 했는데 고향으로 돌아가는 친구에게서 책상과 식탁을 ( ).

① 놓았습니다   ② 모였습니다   ③ 보냈습니다   ④ 얻었습니다

4) 한국에서 만난 친구들 ( )에 힘든 유학 생활을 잘 마칠 수 있었습니다.

① 덕분   ② 모습   ③ 부탁   ④ 생각

5) 친구가 이번 학기가 끝나면 고향으로 돌아갑니다. 친구와 ( ) 섭섭합니다.

① 만나서   ② 사귀어서   ③ 어울려서   ④ 헤어져서

6) 토픽(TOPIK) 2급을 받아서 기분이 좋습니다. 주말에 친구들에게 ( ) 합니다.

① 도와주려고   ② 잘 지내려고   ③ 마중 나가려고   ④ 한턱 내려고

7) 우리 반 히엔 씨는 저와 성격이 잘 맞습니다. 그래서 히엔 씨와 친하게 ( ).

① 모입니다   ② 싸웁니다   ③ 지냅니다   ④ 도와줍니다

8) 한국 영화나 드라마를 보는 것이 저의 한국어 공부에 큰 ( )이 되었습니다.

① 걱정   ② 관심   ③ 노력   ④ 도움

9) 우리 형제들은 모두 다른 도시에 살지만 매년 크리스마스에는 부모님 댁에 함께 ( ).

① 모입니다   ② 싸웁니다   ③ 얻습니다   ④ 도와줍니다

10) 다리를 다쳐서 병원에 가야 하는데 한국말을 잘 못합니다. 그래서 한국 친구가 병원에 같이 ( ).

① 가도 됩니다   ② 가 봤습니다   ③ 갈 줄 압니다   ④ 가 주었습니다

2. ( )에 들어갈 말로 가장 알맞은 것을 고르십시오.

1) 41회 읽기 37번

우리는 ( ) **만났습니다**. 인사를 했습니다.

① 아마　　　　　② 처음　　　　　③ 아직　　　　　④ 별로

2) 41회 읽기 38번

학교 앞에서 약속이 있습니다. 그래서 친구를 ( ).

① 기다립니다　　② 도와줍니다　　③ 좋아합니다　　④ 가르칩니다

3. 다음을 읽고 물음에 답하십시오.

91회 읽기 49, 50번

지영 씨는 제 **친한** 친구인데 지난달에 결혼했습니다. 저와 제 남편은 지영 씨의 결혼식에 갔습니다. 그래서 오늘 지영 씨 부부가 저와 남편을 집으로 초대했습니다. 우리는 지영 씨의 집을 (㉠) 지영 씨 부부가 만든 음식을 맛있게 먹었습니다. 그리고 결혼식 사진도 함께 봤습니다.

1) ㉠에 들어갈 말로 가장 알맞은 것을 고르십시오.

　　① 구경하고　　　　　　　② 구경하러
　　③ 구경하는　　　　　　　④ 구경해도

2) 윗글의 내용과 같은 것을 고르십시오.

　　① 저는 오늘 지영 씨를 집에 초대했습니다.
　　② 지영 씨는 오늘 제 남편을 못 만났습니다.
　　③ 저는 오늘 지영 씨의 결혼식 사진을 봤습니다.
　　④ 지영 씨는 오늘 저와 식당에서 밥을 먹었습니다.

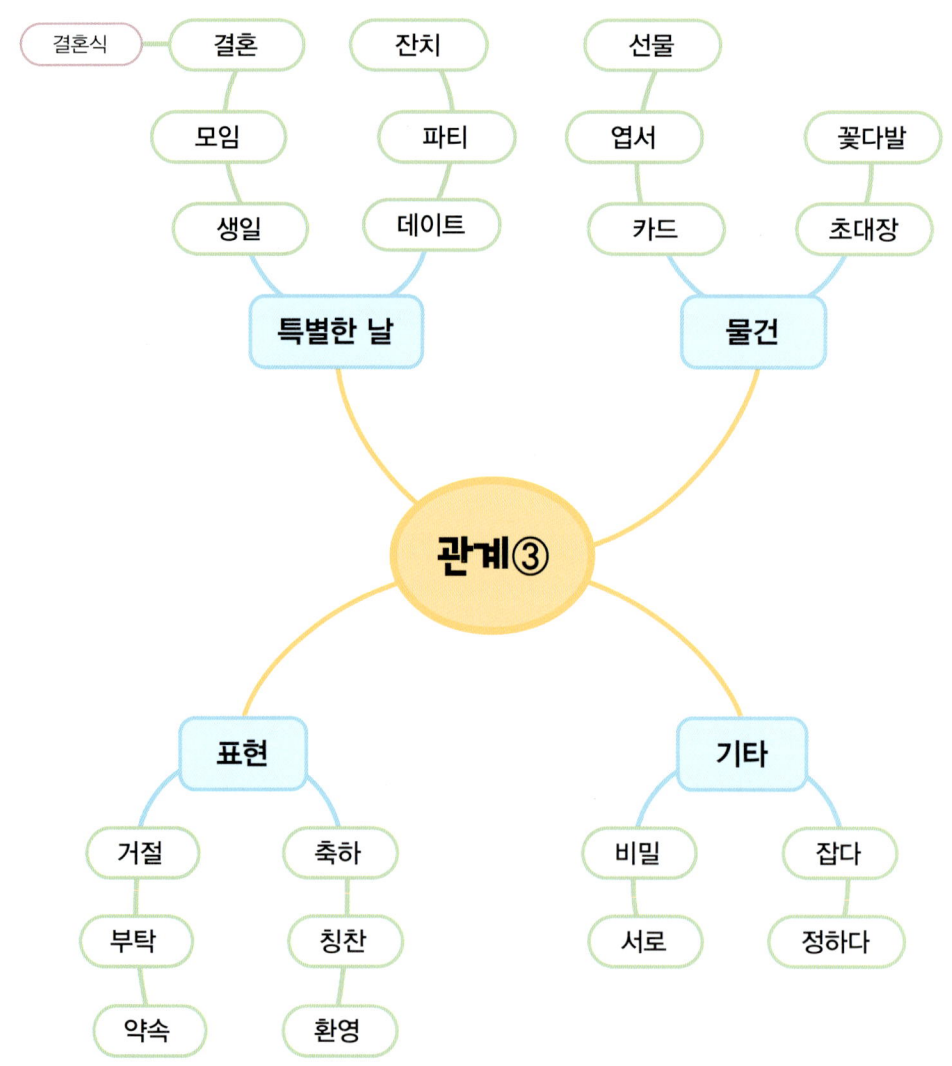

	영어	일본어	중국어	베트남어
특별한 날				
결혼	marriage, wedding	結婚	结婚	kết hôn
결혼식	wedding ceremony	結婚式	婚礼	lễ cưới
모임	gathering, meeting	集まり	聚会	buổi tụ họp
가족 모임	family gathering	家族の集まり	家庭聚会	cuộc họp mặt gia đình
모임에 나가다	to attend a meeting	集まりに参加する	去参加聚会	đi họp mặt
생일	birthday	誕生日	生日	sinh nhật
잔치	feast	祝い事、宴会	宴会	tiệc tùng
파티	party	パーティー	派对	buổi tiệc
데이트	date	デート	约会	hẹn hò
물건				
선물	gift, present	プレゼント、贈り物	礼物	quà
엽서	postcard	はがき	明信片	bưu thiếp
카드	card	カード	卡片	thẻ
꽃다발	bouquet	花束	花束	bó hoa
초대장	invitation card	招待状	请柬	thư mời
표현				
거절	rejection	断り	拒绝	sự từ chối
부탁	request	頼み、お願い	请求	sự nhờ vả
부탁을 받다	to receive a request	頼まれる	收到请求	nhận được lời nhờ vả
약속	appointment, promise	約束	约定	lời hứa, buổi hẹn
약속을 지키다	to keep one's promise / appointment	約束を守る	遵守约定	giữ lời hứa
약속을 취소하다	to cancel an appointment	約束をキャンセルする、取り消す	取消约定	hủy cuộc hẹn
축하	congratulations	お祝い	祝贺	chúc mừng
축하를 받다	to receive congratulations	お祝いを受ける	接受祝贺	nhận lời chúc mừng
칭찬	compliment	褒め言葉、称賛	称赞	lời khen
칭찬을 받다	to receive compliments	褒められる	受到称赞	nhận được lời khen ngợi
환영	welcome	歓迎	欢迎	hoan nghênh
기타				
비밀	secret	秘密	秘密	bí mật
서로	each other	お互い	互相	lẫn nhau
서로 돕다	to help each other	助け合う	互相帮助	giúp đỡ lẫn nhau
잡다	to hold, to catch, to set	つかむ、決める	抓住	nắm, giữ
날짜를 잡다	to set a date	日にちを決める	定日期	hẹn ngày
정하다	to decide	決める	确定	quyết định
시간을 정하다	to set a time	時間を決める	定时间	quyết định thời gian
장소를 정하다	to decide on a place	場所を決める	定地点	quyết định địa điểm

1. ( )에 들어갈 말로 가장 알맞은 것을 고르십시오.

1) 내일은 어머니 생신입니다. 오늘 어머니께 생일 ( )을/를 쓰려고 합니다.

① 모임   ② 선물   ③ 잔치   ④ 카드

2) 친구와 같이 중국으로 여행을 가기로 했는데 아직 날짜를 ( ) 않았습니다.

① 잊지   ② 세지   ③ 잡지   ④ 알리지

3) 내일은 제 생일입니다. 그래서 집에서 우리 반 친구들과 ( )을/를 할 겁니다.

① 약속   ② 파티   ③ 결혼식   ④ 데이트

4) 이번 주말에 고등학교 친구들과 ( )이 있습니다. 친구들을 빨리 만나고 싶습니다.

① 결혼   ② 모임   ③ 선물   ④ 환영

5) 저는 다른 사람의 부탁을 쉽게 ( )하지 못하는 성격이라서 가끔 힘들 때가 있습니다.

① 거절   ② 약속   ③ 축하   ④ 환영

6) 연말 모임에 15명이 모이기 때문에 모임 장소를 큰 방이 따로 있는 식당으로 ( ).

① 방문했습니다   ② 찾아왔습니다   ③ 빌려주었습니다   ④ 정했습니다

7) 가족들이 제 졸업식에 왔습니다. 가족들에게서 장미 ( )을/를 받았는데 장미가 아주 예쁘고 냄새가 좋았습니다.

① 도움   ② 엽서   ③ 꽃다발   ④ 초대장

8) 딜런 씨와 레베카 씨는 ( ) 좋아합니다. 딜런 씨도 레베카 씨를 좋아하고 레베카씨도 딜런 씨를 좋아합니다.

① 각각   ② 모두   ③ 서로   ④ 전혀

9) 주말에 친구와 만나기로 했는데 갑자기 출장을 가게 되었습니다. 그래서 친구와 영화를 보러 가기로 한 ( )을 취소해야 합니다.

① 부탁   ② 비밀   ③ 약속   ④ 칭찬

2. 무엇에 대해 말하고 있습니까? 알맞은 것을 고르십시오.

1)

> 남자: 서류 상자가 무거워 보여요. 제가 도와 드릴까요?
> 여자: 아, 감사합니다. 그럼 이 상자 좀 들어주시겠어요?

① 방문   ② 부탁   ③ 거절   ④ 축하

2)

> 남자: 이번 주말에 제 생일 파티에 올 수 있어요?
> 여자: 벤 씨 생일이에요? 그럼요. 몇 시까지 가면 돼요?

① 초대   ② 마중   ③ 환영   ④ 칭찬

3. 다음을 읽고 물음에 답하십시오.

41회 읽기 67, 68번

> 사람들은 **결혼**할 때 보통 많은 사람들을 초대합니다. 다른 사람들에게 **결혼**하는 모습을 보여 주고 싶기 때문입니다. 그런데 요즘에는 가족과 가까운 친구들만 (㉠) '작은 **결혼식**'을 하는 사람들이 생겼습니다. 이런 **결혼식**을 하는 사람들은 적은 돈으로 **결혼**을 준비합니다. 이렇게 하면서 가까운 사람들과 함께 **결혼**의 기쁨을 나눕니다.

1) ㉠에 들어갈 말로 가장 알맞은 것을 고르십시오.

① 초대해서   ② 초대해도   ③ 초대하거나   ④ 초대하려면

2) 윗글의 내용과 같은 것을 고르십시오.

① 이 결혼식은 돈이 많이 들지 않습니다.
② 이 결혼식을 하는 사람이 많아졌습니다.
③ 이 결혼식에 사람들을 많이 초대합니다.
④ 이 결혼식은 보여 주는 것이 중요합니다.

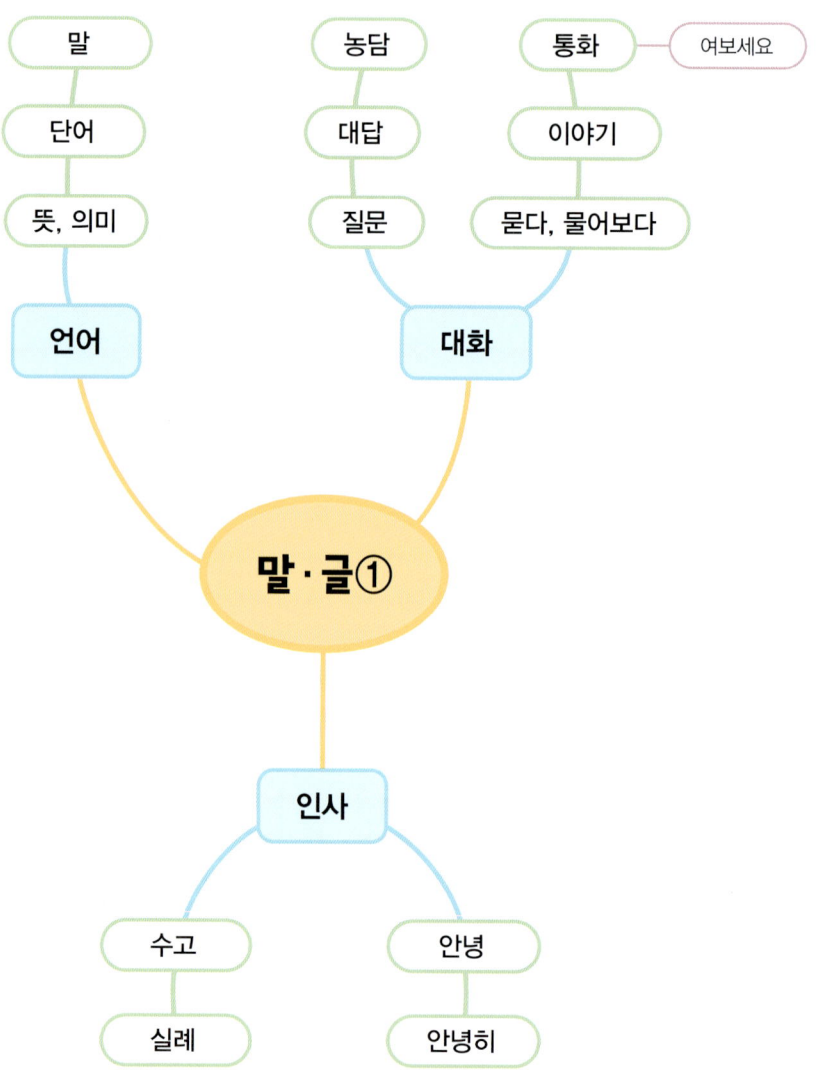

	영어	일본어	중국어	베트남어
언어				
언어	language	言語	语言	ngôn ngữ
말	words	言葉	话	lời nói
말을 걸다	to start a conversation	話しかける	搭话	bắt chuyện
단어	word	単語	词语	từ
뜻, 의미	meaning, definition	意味	意思	ý nghĩa
대화				
대화	conversation	会話	对话	cuộc hội thoại
농담	joke	冗談	玩笑	câu nói đùa
대답	answer, reply	答え、返事	回答	trả lời
질문	question	質問	问题	câu hỏi
통화	phone call	通話	通话	cuộc gọi
통화 중이다	to be on the phone	通話中だ	正在通话	đang nghe điện thoại
여보세요	hello	もしもし	喂	a lô
이야기	talk	話	故事/谈话	câu chuyện
묻다, 물어보다	to ask, to inquire	聞く、尋ねる	问	hỏi
이름을 묻다	to ask for a name	名前を聞く	问名字	hỏi tên
이유를 물어보다	to ask the reason	理由を聞く	问原因	thử hỏi lý do
인사				
인사	greeting	あいさつ	打招呼/问候	lời chào
수고	effort, hard work	苦労	辛苦	cố gắng
수고하셨습니다	thank you for your effort	お疲れ様でした	您辛苦了	cảm ơn vì nỗ lực của bạn
실례	discourtesy, bad manners	失礼	失礼	thất lễ
실례지만	excuse me, but	失礼ですが	不好意思，……	xin lỗi nhưng mà…
안녕	hello(hi), goodbye	こんにちは／さようなら	你好/再见	xin chào
안녕히	farewell	安らかに、無事に (丁寧な別れの言葉)	平安地	bình an
안녕히 가세요	goodbye (to someone leaving)	(去る人に)さようなら	再见(走好)	hãy đi bình an nhé
안녕히 계세요	goodbye (to someone staying)	(残る人に)さようなら	再见(请留步)	ở lại bình an nhé

Day 35 연습 문제

1. ( )에 들어갈 말로 가장 알맞은 것을 고르십시오.

1) 문택 씨는 처음 만난 사람에게도 쉽게 ( )을 겁니다.

① 뜻 ② 말 ③ 질문 ④ 대답

2) 호성 씨가 심한 ( )을/를 해서 엘빈 씨가 화가 났습니다.

① 농담 ② 인사 ③ 언어 ④ 대화

3) 저는 한국어를 열심히 공부합니다. 매일 한국어 ( )을/를 30개 외웁니다.

① 단어 ② 의미 ③ 인사 ④ 언어

4) '배', '개', '눈'처럼 소리는 같지만 여러 가지 ( )을 가지는 단어들이 있습니다.

① 말 ② 맛 ③ 색 ④ 뜻

5) 피터 씨는 네 개의 ( )를 할 수 있는데 요즘 독일어 공부를 또 새로 시작했습니다.

① 언어 ② 단어 ③ 얘기 ④ 대화

6) 가: ( ).
나: 안녕히 가세요.

① 여보세요 ② 실례합니다 ③ 안녕히 계세요 ④ 안녕하세요

7) 가: 여기에 화장실이 어디에 있는지 모르겠어요.
나: 저기 안내하는 곳이 있네요. 저기에 가서 ( ).

① 대화합시다 ② 대답합시다 ③ 물어봅시다 ④ 통화합시다

8) 가: 부장님, 먼저 퇴근하겠습니다. 내일 뵙겠습니다.
나: 네, 김철수 씨. 오늘도 ( ).

① 물어봤어요 ② 수고했어요 ③ 이야기했어요 ④ 질문했어요

9) 가: 여보세요. 저는 학생인데요, 지금 김 선생님 계세요?
나: 네, 그런데 지금 ( )하고 계세요. 조금 후에 다시 전화하세요.

① 실례 ② 통화 ③ 농담 ④ 수고

2. 여기는 어디입니까? 알맞은 것을 고르십시오.

Track 29 | 35회 듣기 8번

> 여자: 오늘 수업은 여기까지입니다.
> 남자: 저, **질문**이 있습니다.

① 공항   ② 시장   ③ 빵집   ④ 교실

3. 다음을 듣고 대화 내용과 같은 것을 고르십시오.

Track 30 | 41회 듣기 19번

> 여자: **실례**합니다. 혹시 김치박물관이 어디 있는지 아세요?
> 남자: 잘 모르겠는데요. 길 건너에 관광 안내소가 있으니까 가서 한번 **물어보세요**.
> 여자: 아, 네. 감사합니다. 이쪽으로 가면 되나요?
> 남자: 네. 길 건너 은행 옆에 있어요. 거기에서 안내도 해 주고 지도도 줘요.

① 여자는 은행을 찾고 있습니다.
② 여자는 지금 김치박물관에 있습니다.
③ 남자는 여자에게 지도를 주었습니다.
④ 남자는 관광 안내소의 위치를 알려 줬습니다.

4. 다음을 읽고 중심 내용을 고르십시오.

60회 읽기 47번

> 저는 오늘 친구를 만났습니다. 친구를 일 년 동안 못 만나서 보고 싶었습니다. 우리는 밤늦게까지 **이야기**했습니다.

① 저는 친구를 만나서 좋았습니다.
② 저는 집에 일찍 가고 싶었습니다.
③ 저는 친구를 많이 사귀고 싶습니다.
④ 저는 친구가 저를 좋아하면 좋겠습니다.

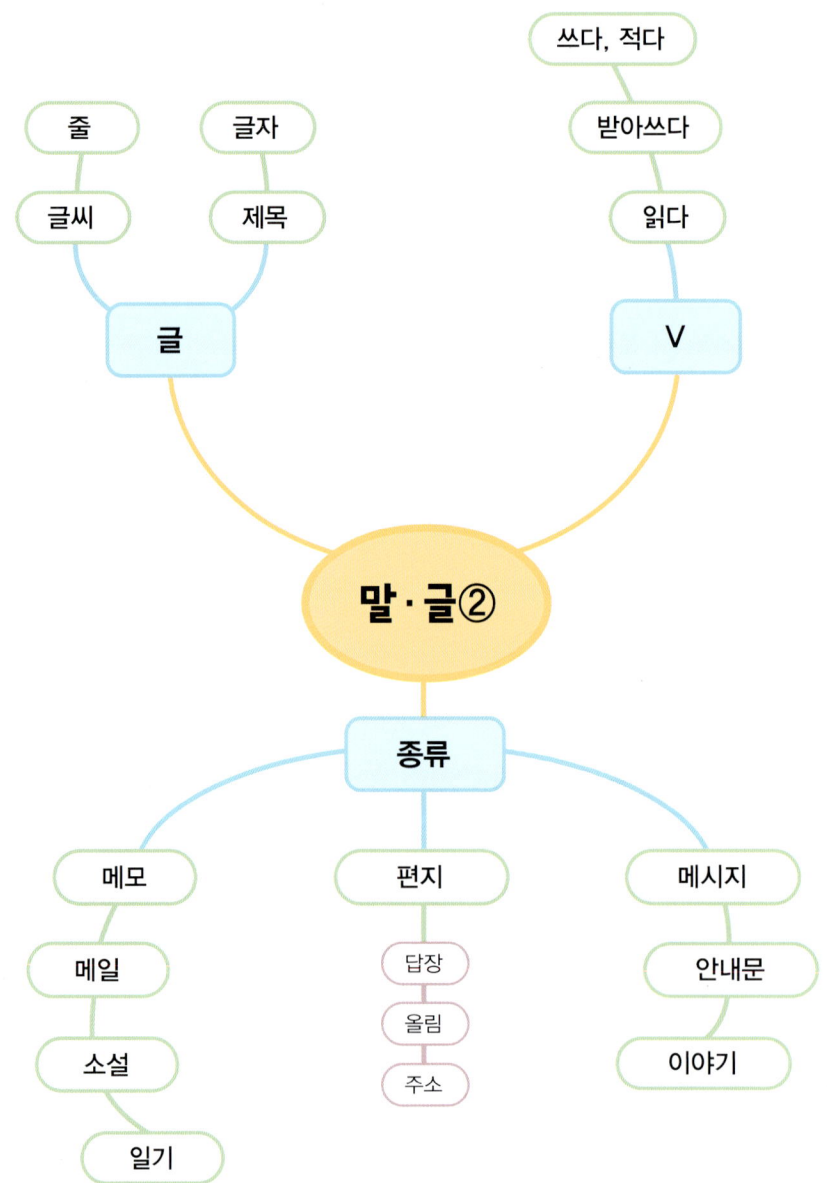

	영어	일본어	중국어	베트남어
글				
글	writing, text	文章	文章	bài viết, bài văn
줄	line	行	行	đường kẻ
첫 번째 줄	first line	最初の行	第一行	dòng đầu tiên
글씨	handwriting	字	字迹	chữ viết
글씨가 예쁘다	to have neat / pretty handwriting	字がきれいですね	字写得很漂亮	Chữ viết đẹp quá
작은 글씨	small handwriting	小さい字	小字	chữ viết nhỏ
글자	letter	文字	文字	chữ cái
글자를 배우다	to learn letters	文字を習う	学习文字	học chữ
글자를 읽다	to read letters	文字を読む	识字	đọc chữ
제목	title, subject	題名、タイトル	标题	tiêu đề
V				
쓰다, 적다	to write	書く	写	viết, ghi lại
받아쓰다	to write from dictation	書き取る	听写	đọc viết
읽다	to read	読む	读	đọc
종류				
메모	memo	メモ	便签	bản ghi nhớ
메일	e-mail	メール	邮件	thư điện tử
소설	novel	小説	小说	tiểu thuyết
일기	diary	日記	日记	nhật ký
편지	letter	手紙	信	thư
답장	a reply (to a letter / message)	返事、返信	回信	hồi đáp
올림	respectfully (letter closing)	より	敬上	gởi từ...
주소	address	住所	地址	địa chỉ
메시지	message	メッセージ	信息	tin nhắn
문자 메시지	text message	携帯メッセージ、SMS	短信	tin nhắn văn bản
메시지를 보내다	to send a message	メッセージを送る	发信息	gửi tin nhắn
안내문	notice, information sheet	案内文	公告	hướng dẫn
이야기	story	話	故事/谈话	câu chuyện

1. ( )에 들어갈 말로 가장 알맞은 것을 고르십시오.

1) 초등학교 방학 때 일기 쓰기가 숙제였는데 매일 열 ( ) 이상 써야 했습니다.

① 줄   ② 글   ③ 명   ④ 잔

2) 할머니께 휴대폰으로 ( )를 보낼 때 말로 쓰는 방법을 가르쳐 드렸습니다.

① 통화   ② 언어   ③ 메시지   ④ 이야기

3) 내 동생은 세 살 때부터 스스로 ( )을/를 알아서 그림책을 읽기 시작했습니다.

① 글자   ② 제목   ③ 답장   ④ 소설

4) 이 ( )이/가 아주 재미있어서 자리에서 일어나지 않고 한 권을 끝까지 읽었습니다.

① 편지   ② 안내   ③ 소설   ④ 주소

5) 한글을 처음 배울 때 받아쓰기를 자주 했습니다. 선생님이 단어를 말하면 학생들은 그 단어를 공책에 ( ).

① 외웠습니다   ② 그렸습니다   ③ 적었습니다   ④ 읽었습니다

6)

받는 사람	daehan@hankuk.com; minkuk@hankuk.com; sarang@hankuk.com …
제 목	직원 여러분, 안녕하십니까?

김수민 교수님께
안녕하세요, 교수님. 저는 교수님의 '한국 역사와 문화' 수업을 듣고 있는 한국학과 레베카입니다. 제가 다음 주 수업에 결석합니다. 미국에 있는 저희 언니의 결혼식이 있어서 미국에 가게 되었습니다. 그 다음 주 수업 때 뵙겠습니다. 주말 잘 보내세요!

한국학과 3학년 레베카 ( )

① 보냄   ② 적음   ③ 올림   ④ 부침

2. 다음을 순서에 맞게 배열한 것을 고르십시오.

52회 읽기 57번

> (가) 저는 오른손으로 **글씨**를 **썼습니다**.
> (나) 그때부터 왼손으로 **글씨**를 **쓰기** 시작했습니다.
> (다) 처음에는 불편했지만 지금은 왼손으로 **쓰는** 것이 익숙합니다.
> (라) 그런데 운동을 할 때 다쳐서 오른손으로 **글씨**를 **쓸** 수 없었습니다.

① (가)-(다)-(라)-(나)　　　　② (가)-(라)-(나)-(다)

③ (다)-(라)-(나)-(가)　　　　④ (다)-(나)-(가)-(라)

3. 다음을 읽고 물음에 답하십시오.

37회 읽기 65, 66번

> 　저는 자기 전에 하루를 정리하면서 **메모**를 합니다. 먼저 오늘 일어난 일 중에서 잘 한 일 세 가지를 **씁니다**. 그렇게 하면 힘든 하루를 조금 잊을 수 있습니다. 그다음에는 내일 할 일을 (㉠). 그러면 중요한 일을 잊어버리지 않아서 좋습니다. 이렇게 **메모**를 하면 생각만 할 때보다 하루하루를 훨씬 더 잘 정리할 수 있습니다.

1) ㉠에 들어갈 말로 가장 알맞은 것을 고르십시오.

　① 적어 봅니다　　　　② 적게 됩니다

　③ 적을까 합니다　　　　④ 적을 것 같습니다

2) 윗글의 내용과 같은 것을 고르십시오.

　① 하루의 잘못한 일을 써서 정리합니다.
　② 아침에 일어나서 오늘 할 일을 씁니다.
　③ 잊어버린 일들은 자기 전에 메모합니다.
　④ 메모를 하면서 하루의 일을 생각합니다.

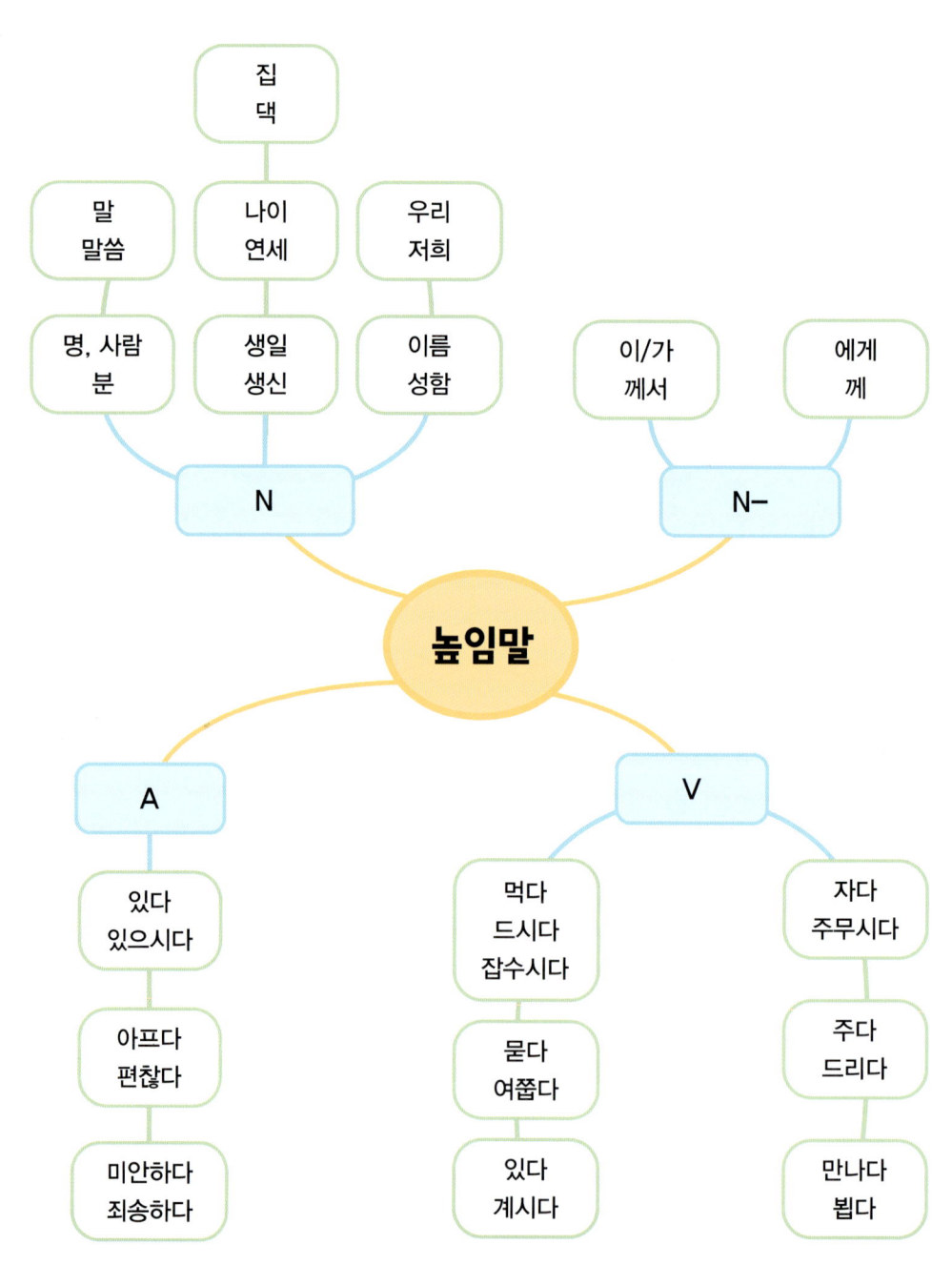

		영어	일본어	중국어	베트남어
N					
말, 말씀		words, speech	言葉・話／お言葉・お話	话/言语	lời nói, bài phát biểu
명, 사람, 분		person	人、方	位	người, vị
집, 댁		house, home	家、お宅	家/府上	nhà
나이, 연세		age	年・年齢、お年・ご年齢	年龄/年纪	tuổi, tuổi thọ
생일, 생신		birthday	誕生日、お誕生日	生日/寿辰	sinh nhật
우리, 저희		we	私たち、私ども	我们	chúng ta
이름, 성함		name	名前、お名前	名字/尊姓大名	tên
N−					
이/가, 께서		subject marker	〜が／〜が（尊敬語）	主格助词	từ… (ai đó)
에게, 께		to N (recipient)	〜に／〜に（尊敬語）	给	đến… (ai đó)
A					
있다, 있으시다		to be, to have (existence, possession)	ある／あおりになる	有/在	có
아프다, 편찮다		to be sick, to be ill	具合（調子）が悪い	生病/身体不适	đau, ốm
미안하다, 죄송하다		to be sorry	すまない、申し訳ない	对不起/抱歉	xin lỗi
V					
먹다, 드시다, 잡수시다		to eat	食べる／召し上がる	吃/用	ăn, dùng
묻다, 여쭙다		to ask	尋ねる／お尋ねする	问/请教	hỏi, tìm hiểu
있다, 계시다		to be, to stay (location)	いる／いらっしゃる	在	có ở (đâu đó)
자다, 주무시다		to sleep	寝る／お休みになる	睡觉/就寝	ngủ
주다, 드리다		to give	あげる／差し上げる	给/敬上	cho, biếu
만나다, 뵙다		to meet	会う／お目にかかる	见面/拜见	gặp

1. ( )에 들어갈 말로 가장 알맞은 것을 고르십시오.

1) 우리 할아버지는 올해 ( )이/가 90세이십니다.
   ① 말씀　　　　② 생신　　　　③ 연세　　　　④ 성함

2) 이 시계는 아버지( ) 저에게 대학교 입학 선물로 주신 겁니다.
   ① 께　　　　② 도　　　　③ 하고　　　　④ 께서

3) 날씨가 덥고 비도 많이 오는데 약속 시간에 늦어서 친구에게 ( ).
   ① 미안했습니다　② 물었습니다　③ 죄송했습니다　④ 만났습니다

4) 내일 우리 집에 손님 일곱 ( )이 오십니다. 그래서 오늘 청소해야 합니다.
   ① 잔　　　　② 댁　　　　③ 권　　　　④ 분

5) 내가 처음 만든 불고기 비빔밥을 어머니가 맛있게 ( ) 기분이 좋았습니다.
   ① 물어서　　② 주셔서　　③ 드려서　　④ 드셔서

6) 곧 아버지 생신입니다. 그래서 오늘 아버지( ) 드릴 선물을 사러 갈 겁니다.
   ① 께　　　　② 에　　　　③ 가　　　　④ 께서

7) 케이팝(K-pop) 수업이 5월에 시작합니다. 관심이 ( ) 분은 인터넷으로 신청하면 됩니다.
   ① 계신　　② 있으신　　③ 드리신　　④ 잡수신

8) ( ) 가족을 소개하겠습니다. 가족은 모두 다섯 명입니다. 부모님과 언니 두 명, 그리고 저입니다.
   ① 저　　　　② 그　　　　③ 자기　　　　④ 저희

9) 가: 네, 세종한국어학원입니다.
   나: 여보세요, 저는 3급 학생인데요. 지금 김 선생님 ( )?
   ① 계세요　　② 주세요　　③ 드세요　　④ 있어요

10) 가: 실례지만 길 좀 ( ). 지하철역이 어디에 있습니까?
    나: 이쪽으로 조금 걸어가시면 지하철역이 보여요.
    ① 여쭙겠습니다　② 말씀하겠습니다　③ 편찮으시겠습니다　④ 뵙겠습니다

2. 다음을 듣고 이어지는 말을 고르십시오.

Track 31　47회 듣기 5번

여자: 처음 **뵙겠습니다.**
남자: _____

① 잘 먹겠습니다.　　　　　　② 잘 지냈습니다.

③ 정말 오랜만입니다.　　　　④ 만나서 반갑습니다.

3. 여기는 어디입니까? 알맞은 것을 고르십시오.

1)

Track 32　37회 듣기 7번

남자: 며칠 동안 **주무실** 거예요?
여자: 11월 5일부터 7일까지요.

① 공원　　　　　② 호텔　　　　　③ 도서관　　　　④ 기차역

2)

Track 33　47회 듣기 9번

남자: 사장님 안에 **계세요?**
여자: 지금 회의실에 **계세요.**

① 병원　　　　　② 회사　　　　　③ 도서관　　　　④ 우체국

4. 다음을 듣고 가장 알맞은 그림을 고르십시오.

Track 34　60회 듣기 15번

여자: 이 수박 얼마예요?
남자: 만 원이에요. 하나 **드릴까요?**

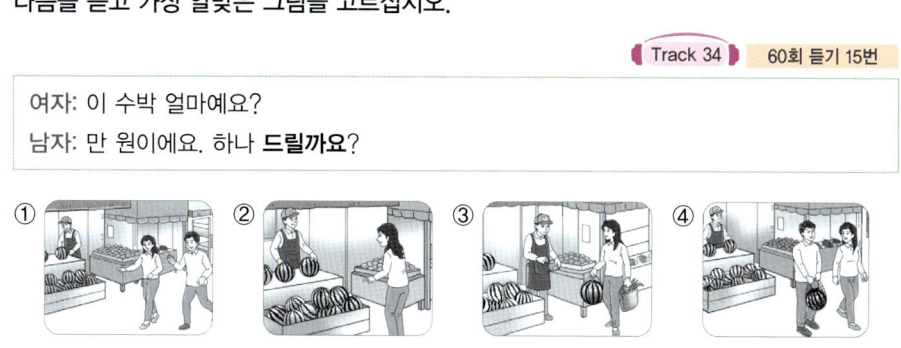

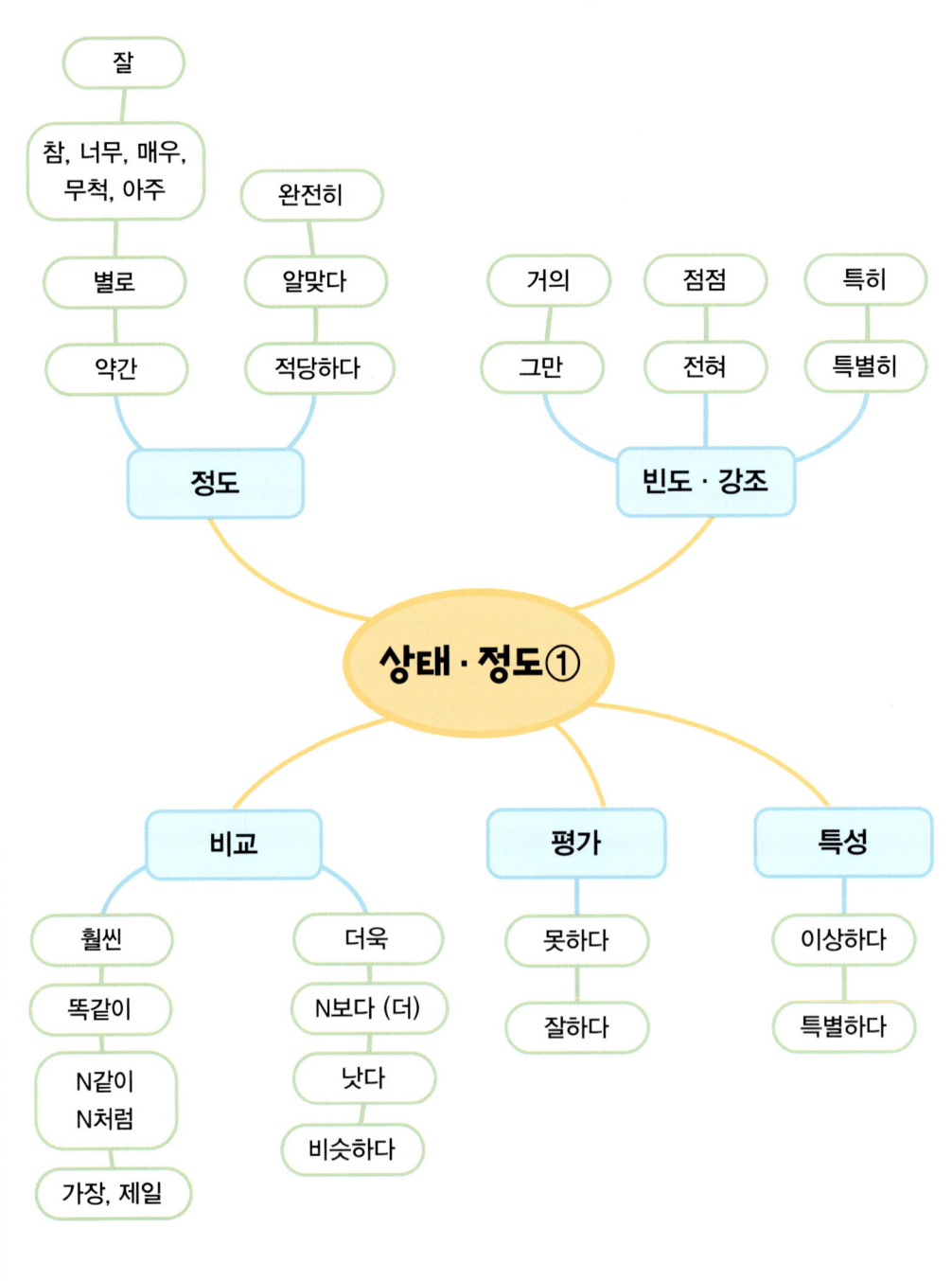

	영어	일본어	중국어	베트남어
정도				
잘	well	よく	好	tốt
잘 지내다	to be doing well	元気に過ごす	过得好	bảo trọng
노래를 잘 부르다	to sing well	歌が上手だ	歌唱得好	hát hay
참, 너무, 매우, 무척, 아주	really, so, very	本当に、とても	非常	quá, rất
별로	not really	別に、あまり（〜ない）	不太	không …lắm
약간	a little	少し	稍微	một chút
완전히	completely	完全に	完全	hoàn toàn
알맞다	to be appropriate	適当だ、適している	合适	phù hợp, đúng
알맞은 단어	appropriate word	適当な単語	合适的词	từ phù hợp
적당하다	to be suitable	適当だ、ほどよい	适当	vừa phải
가격이 적당하다	the price is reasonable	値段が手ごろだ	价格适中	giá cả hợp lý
빈도 · 강조				
거의	almost	ほとんど	几乎	hầu hết
그만	stop, enough	やめる	到此	dừng lại
그만 먹다	to stop eating	食べるのをやめる	不要再吃了	ngừng ăn
점점	gradually	だんだん	渐渐	dần dần
전혀	not at all	全然（〜ない）	一点儿也不	hoàn toàn không
특히	especially, particularly	特に	特别	đặc biệt
특히 중요하다	to be especially important	特に重要だ	特别重要	đặc biệt quan trọng
특별히	specially, in a special way	特別に	特别地	một cách đặc biệt
특별히 준비하다	to prepare specially	特別に準備する	特别地准备	chuẩn bị một cách đặc biệt
비교				
훨씬	much, far	ずっと、はるかに	更…… 得多	hơn hẳn
똑같이	the same, equally	同じように	一模一样	giống nhau
N같이, N처럼	like N, as N	Nのように、Nみたいに	像N一样	giống như n
가장, 제일	(the) most	最も、一番	最	nhất
더욱	even more	もっと	更加	hơn nữa
더욱 노력하다	to try harder	もっと努力する	更加努力	cố gắng hơn nữa
N보다 (더)	more than N	Nより（もっと）	比N更……	(nhiều) hơn so với n
낫다	to be better	ましだ	更好	đỡ hơn, tốt hơn
비슷하다	to be similar	似ている	相似	tương tự
평가				
못하다	to be bad at, to not do well	下手だ	不如	không thể
잘하다	to be good at	上手だ	做得好	làm tốt
특성				
이상하다	to be strange	変だ	奇怪	kỳ quặc
특별하다	to be special	特別だ	特别	đặc biệt

1. ( )에 들어갈 말로 가장 알맞은 것을 고르십시오.

1) 피터 씨는 한국어를 한국 사람( ) 잘하고 발음도 좋습니다.

① 에게   ② 밖에   ③ 처럼   ④ 하고

2) 한국의 겨울도 아주 춥지만 우리 고향은 한국보다 ( ) 더 춥습니다.

① 별로   ② 특히   ③ 훨씬   ④ 너무

3) 어제부터 기침이 ( ) 심해져서 오늘 학교에 가지 않고 병원에 갔습니다.

① 점점   ② 제일   ③ 전혀   ④ 똑같이

4) 우리 회사에서 수빈 씨는 성격이 좋고 사람들과 ( ) 어울려서 모두 좋아합니다.

① 안   ② 더   ③ 꼭   ④ 잘

5) 바나나를 샀는데 아직 다 익지 않았습니다. 며칠 후에 ( ) 익으면 먹을 겁니다.

① 그만   ② 전혀   ③ 특별히   ④ 완전히

6) 저는 매운 것을 잘 못 먹는데 이 식당 떡볶이는 ( ) 맵지 않아서 자주 사 먹습니다.

① 별로   ② 더욱   ③ 가장   ④ 점점

7) 어제 마시고 남은 우유를 냉장고에 안 넣었는데 우유 맛이 ( ). 버리는 게 좋겠습니다.

① 알맞습니다   ② 이상합니다   ③ 특별합니다   ④ 비슷합니다

8) 가: 요코 씨, 그 원피스는 어때요? 마음에 들어요?

나: 네. 방금 입어 본 것보다 색깔도 디자인도 이게 더 ( ) 것 같아요. 이걸로 살래요.

① 나은   ② 못한   ③ 비슷한   ④ 잘하는

9) 가: 손님들이 많이 오는데 음식 양이 이 정도면 충분할까요?

나: 네. 많지도 않고 부족하지도 않고 ( ) 것 같은데요.

① 이상한   ② 적당한   ③ 비슷한   ④ 특별한

10) 가: 벌써 11시예요. 너무 늦었으니까 이제 ( ) 일어납시다

나: 그래요. 더 늦게 일어나면 집에 가는 지하철을 못 탈 수 있어요.

① 아주   ② 약간   ③ 더욱   ④ 그만

2. ( )에 들어갈 말로 가장 알맞은 것을 고르십시오.

60회 읽기 37번

> 우리 형은 농구 선수입니다. 키가 ( ) 큽니다.

① 아주 　　　　② 아직 　　　　③ 가끔 　　　　④ 먼저

3. 다음을 읽고 내용이 같은 것을 고르십시오.

64회 읽기 43번

> 우리 집에서는 제가 요리를 합니다. 한국 음식도 **잘하고** 다른 나라의 음식도 **잘** 만듭니다. 매일 음식을 해서 가족들과 같이 먹습니다.

① 가족들은 매일 요리를 합니다. 　　② 저는 한국 음식을 잘 만듭니다.

③ 가족들은 한국 음식을 안 먹습니다. 　　④ 저는 다른 나라 음식을 잘 못 만듭니다.

4. 다음을 읽고 중심 내용을 고르십시오.

83회 읽기 46번

> 제 동생은 빵을 **잘** 만듭니다. 동생이 만든 빵은 **아주** 맛있습니다. 저도 빵 만드는 방법을 배우고 싶습니다.

① 저는 빵집에서 일하고 싶습니다. 　　② 저는 맛있는 빵을 사고 싶습니다.

③ 저는 동생에게 빵을 주고 싶습니다. 　　④ 저는 맛있는 빵을 만들고 싶습니다.

5. 다음을 듣고 대화 내용과 같은 것을 고르십시오.

Track 35 41회 듣기 17번

> 여자: 이사 도와줘서 고마워요. 비도 오는데 많이 힘들었죠?
> 남자: 뭘요. 짐이 많지 않아서 괜찮았어요. 집이 좋네요.
> 여자: 네. 지난번 집**보다** 넓어서 좋아요. 지하철역도 바로 앞에 있고요.

① 여자의 집은 지하철역에서 멉니다.

② 여자는 더 넓은 집으로 이사했습니다.

③ 남자는 여자의 짐이 많아서 힘들었습니다.

④ 남자는 비가 와서 이사를 도와주지 못했습니다.

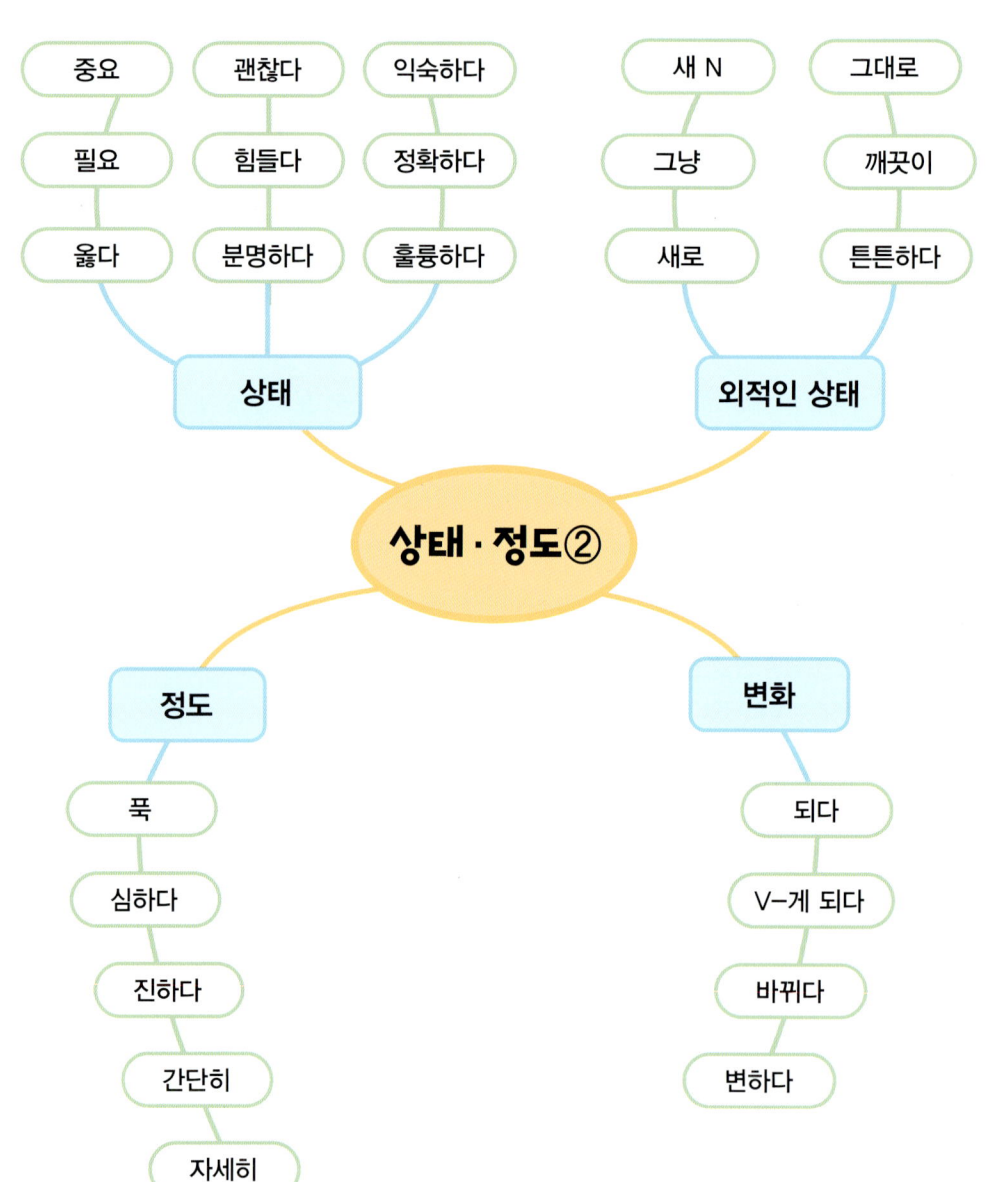

상태

- 중요
- 필요
- 옳다
- 괜찮다
- 힘들다
- 분명하다
- 익숙하다
- 정확하다
- 훌륭하다

외적인 상태

- 새 N
- 그냥
- 새로
- 그대로
- 깨끗이
- 튼튼하다

상태 · 정도②

정도

- 푹
- 심하다
- 진하다
- 간단히
- 자세히

변화

- 되다
- V-게 되다
- 바뀌다
- 변하다

	영어	일본어	중국어	베트남어
상태				
중요	importance	重要	重要	quan trọng
필요	need, necessity	必要	必要	cần thiết
옳다	to be right	正しい	正确	đúng
그 말이 옳다	that is right	その言葉は正しい	那话是对的	lời nói đúng
괜찮다	to be okay, to be fine	大丈夫だ	没关系	không sao
힘들다	to be difficult	大変だ、つらい	辛苦	vất vả
분명하다	to be clear, to be obvious	はっきり、明らかだ	明确	rõ ràng
분명하게 기억하다	to remember clearly	はっきり覚えている	清楚地记得	nhớ rõ ràng
익숙하다	to be familiar	慣れている	熟悉	quen với
정확하다	to be accurate	正確だ	准确	chính xác
훌륭하다	to be excellent, to be admirable	素晴らしい、立派だ	优秀	tuyệt vời
훌륭한 사람	admirable person	立派な人	优秀的人	người xuất sắc
외적인 상태				
새 N	new N	新しい N	新的N	N mới
그냥	just	ただ、そのまま、何となく	就……	cứ, chỉ
그냥 먹다	just to eat	そのまま食べる	就随便吃	chỉ ăn thôi, cứ ăn thôi
그냥 싫다	just to dislike	何となく嫌だ	就是不喜欢	chỉ là không thích thôi
새로	newly	新たに	重新	mới
그대로	as it is	そのまま	照旧	y chang vậy
깨끗이	clean, neatly	きれいに	干净地	sạch sẽ
튼튼하다	to be sturdy, to be healthy	丈夫だ	结实	vững chắc
정도				
푹	fully	たっぷり、ゆっくり、ぐっすり	好好儿	ngon lành, trọn vẹn
푹 쉬다	to rest well	ゆっくり休む	好好儿休息	nghỉ ngơi ngon lành
푹 익다	to be fully ripe, to be well-cooked	よく熟す	熟透了	chín kĩ
심하다	to be severe	ひどい	严重	nghiêm trọng
감기가 심하다	have a bad cold	風邪がひどい	感冒严重	bị cảm nặng
심한 농담	an inappropriate joke	きつい冗談	开过头的玩笑	lời đùa quá đáng
진하다	to be strong, to be deep	濃い	浓	đậm
색깔이 진하다	the color is dark	色が濃い	颜色深	màu sắc đậm
간단히	simply, briefly	簡単に	简单地	đơn giản
자세히	in detail	詳しく	详细地	chi tiết
변화				
되다	to become	なる	成为	trở thành, trở nên
V-게 되다	to come to V, to end up V-ing	Vするようになる	变得……	trở nên V
바뀌다	to change	変わる	被改变	đổi
계절이 바뀌다	the season changes	季節が変わる	季节变了	đổi mùa
변하다	to change	変わる、変化する	变化	biến đổi
맛이 변하다	the taste changes	味が変わる	味道变了	hương vị đã biến đổi

Day 39 연습 문제

1. ( )에 들어갈 말로 가장 알맞은 것을 고르십시오.

1) 비자 종류를 바꾸려고 하는데 ( ) 서류가 너무 많습니다.
   ① 옳은 　　　　② 익숙한 　　　　③ 필요한 　　　　④ 분명한

2) 타오 씨가 교통사고가 났는데 ( ) 다쳐서 병원에 입원했습니다.
   ① 심하게 　　　　② 진하게 　　　　③ 간단히 　　　　④ 활발히

3) 저는 아침에는 ( ) 먹습니다. 보통 삶은 계란이나 감자를 먹습니다.
   ① 그대로 　　　　② 깨끗이 　　　　③ 자세히 　　　　④ 간단히

4) 전에는 매운 음식을 못 먹었는데 한국에 살면서 매운 음식을 잘 ( ).
   ① 먹고 싶습니다 　　② 먹어 봤습니다 　　③ 먹지 않습니다 　　④ 먹게 되었습니다

5) 자전거를 샀는데 가볍지만 ( ) 디자인도 예뻐서 아주 마음에 듭니다.
   ① 힘들고 　　　　② 튼튼하고 　　　　③ 정확하고 　　　　④ 익숙하고

6) 내일 출근하는 첫날입니다. 아버지께서 사 주신 ( ) 양복을 입고 갈 겁니다.
   ① 몇 　　　　② 옛 　　　　③ 전 　　　　④ 새

7) 우리 동네는 10년 동안 많이 ( ). 높은 건물도 많아지고 큰 공원도 생겼습니다.
   ① 되었습니다 　　② 바뀌었습니다 　　③ 나타났습니다 　　④ 고쳤습니다

8) 여행을 갔을 때 ( ) 물건은 호텔에 두지 않고 항상 가지고 다니는 게 좋습니다.
   ① 괜찮은 　　　　② 변하는 　　　　③ 중요한 　　　　④ 훌륭한

9) 힘이 없고 머리에 열도 좀 있습니다. 주말에는 외출하지 않고 집에서 ( ) 쉴 겁니다.
   ① 푹 　　　　② 참 　　　　③ 거의 　　　　④ 새로

10) 요즘 과일 가격이 너무 비쌉니다. 오늘 수박을 사러 갔는데 너무 비싸서 ( ) 나왔습니다.
   ① 그냥 　　　　② 계속 　　　　③ 따로 　　　　④ 먼저

2. 다음을 듣고 대화 내용과 같은 것을 고르십시오.

Track 36 35회 듣기 24번

> 남자: 여행 가방 하나 사려고 하는데요.
> 여자: 이 가방은 어떠세요? 가볍고 **튼튼해서** 사람들이 많이 사요.
> 남자: 주머니도 많아서 편하겠네요. 근데 이거 말고 다른 색깔은 없어요?
> 여자: 있어요. 여기 여러 가지 색깔이 있으니까 구경하세요.

① 이 가방은 인기가 있습니다.　　② 이 가방은 주머니가 없습니다.

③ 이 가방은 색깔이 한 가지입니다.　　④ 이 가방은 튼튼하지만 무겁습니다.

3. 다음을 듣고 물음에 답하십시오.

Track 37 60회 듣기 27, 28번

> 남자: 나도 운동 좀 해야 하는데…… 수미 씨는 요즘 무슨 운동 하세요?
> 여자: 저는 인터넷으로 요가 수업을 듣고 있는데, 생각보다 **괜찮아요**.
> 남자: 아, 인터넷으로 운동을 하면 집에서 할 수 있으니까 좋겠네요.
> 여자: 네. 그리고 어려우면 화면을 멈추고 **자세히** 볼 수 있어서 좋아요.
> 남자: 필요하면 다시 봐도 되고요.
> 여자: 맞아요. 또 시간이 없으면 밤늦게 하거나 아침 일찍 해도 돼요.

1) 두 사람이 무엇에 대해 이야기를 하고 있는지 고르십시오.

　① 인기 있는 운동　　② 운동을 하는 이유

　③ 인터넷 수업의 좋은 점　　④ 인터넷으로 많이 하는 일

2) 들은 내용과 같은 것을 고르십시오.

　① 여자는 요가를 배우고 있습니다.
　② 남자는 운동을 열심히 하고 있습니다.
　③ 여자는 남자와 같이 운동을 할 겁니다.
　④ 남자는 여자에게 운동을 소개했습니다.

Day 40 상태 · 정도③

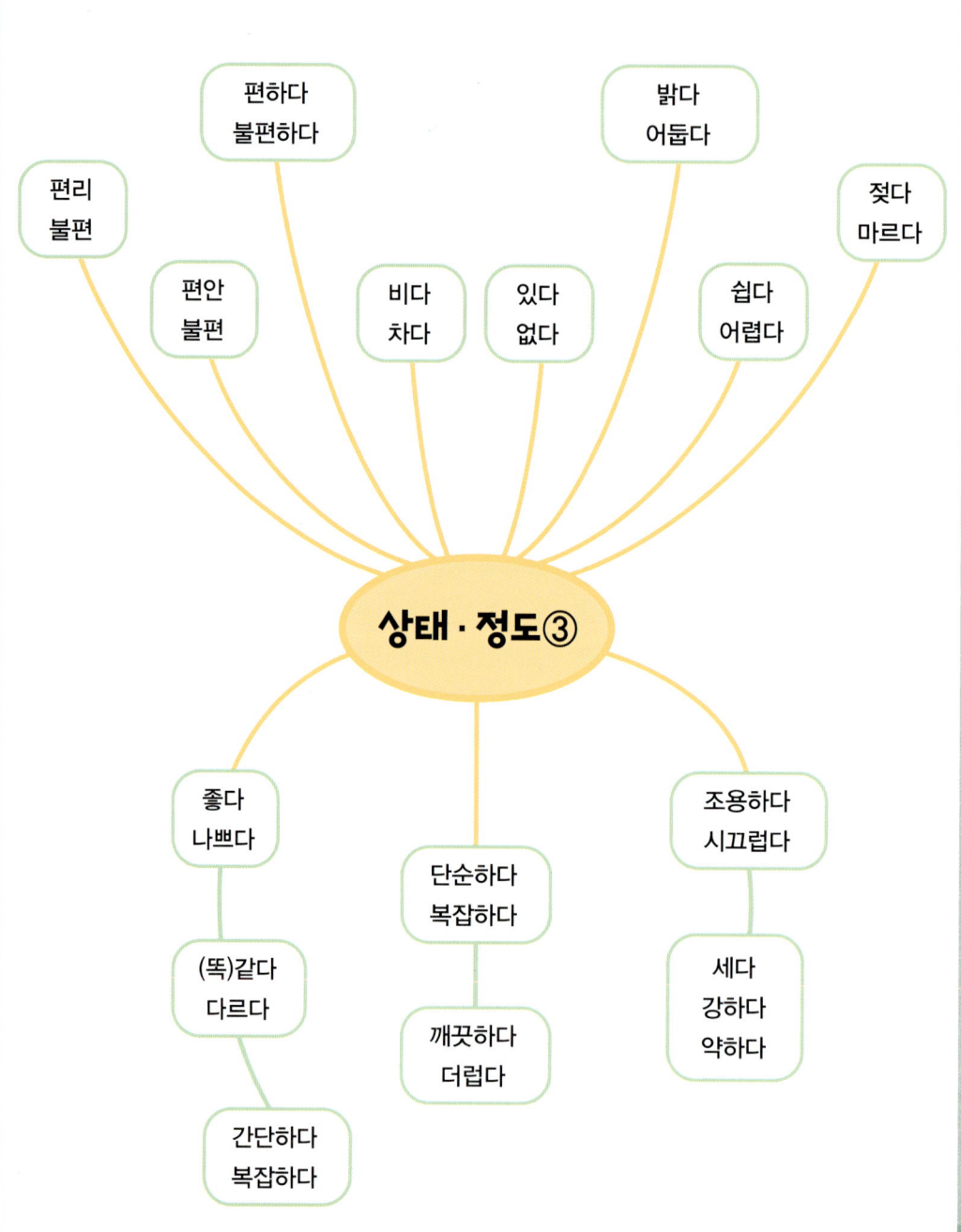

		영어	일본어	중국어	베트남어
편리		convenience	便利	便利	thuận tiện
불편		inconvenience, discomfort	不便	不便	sự bất tiện
편안		comfort, ease	安らかさ	舒适	thoải mái
마음이 편안하다		to feel at ease	心が安らぐ、落ち着く	心情舒适	trong lòng thấy thoải mái
편하다		to be comfortable, to be easy	楽だ	舒服	thoải mái
신발이 편하다		shoes are comfortable	靴が楽だ	鞋子舒服	đôi giày mang rất thoải mái
비다		to be empty	空いている	空	trống rỗng
차다		to be full	満ちている	满	lạnh lẽo
있다		to exist, to be	ある、いる	有	có, ở
없다		to not exist	ない、いない	没有	không có, không ở
밝다		to be bright	明るい	明亮	sáng sủa
어둡다		to be dark	暗い	暗	tối tăm
쉽다		to be easy	簡単だ、易しい	简单	dễ dàng
어렵다		to be difficult	難しい	难	khó
젖다		to get wet	濡れる	湿	bị ướt
마르다		to dry	乾く	干	khô
좋다		to be good	良い	好	tốt
나쁘다		to be bad	悪い	坏	xấu
(똑)같다		to be the same	(まったく)同じだ	一样	giống nhau
다르다		to be different	違う	不一样	khác nhau
간단하다		to be simple	簡単だ	简单	đơn giản
간단하게 먹다		to have a simple meal	軽く食べる	简单地吃	ăn đơn giản
복잡하다		to be complicated	複雑だ	复杂	phức tạp
복잡한 문제		a complicated problem	複雑な問題	复杂的问题	vấn đề phức tạp
단순하다		to be simple	単純だ	单纯	đơn giản
디자인이 단순하다		the design is simple	デザインがシンプルだ	设计简洁	thiết kế đơn giản
깨끗하다		to be clean	きれいだ	干净地	sạch sẽ
더럽다		to be dirty	汚い	脏	bẩn thỉu
조용하다		to be quiet	静かだ	安静	yên lặng
시끄럽다		to be noisy	うるさい	吵闹	ồn ào
세다, 강하다		to be strong	強い	强	mạnh mẽ
약하다		to be weak	弱い	弱	yếu

1. ( )에 들어갈 말로 가장 알맞은 것을 고르십시오.

1) 요즘 매일 비가 와서 빨래가 잘 ( ) 않습니다.

① 마르지　　　② 편하지　　　③ 간단하지　　　④ 깨끗하지

2) 이 카페는 분위기가 ( ) 조용해서 자주 옵니다.

① 밝고　　　② 맑고　　　③ 세고　　　④ 크고

3) 책장이 책으로 다 ( ) 새 책장을 하나 더 사려고 합니다.

① 차서　　　② 같아서　　　③ 젖어서　　　④ 비어서

4) 우리 반 마이클 씨는 말이 없고 ( ) 성격의 친구입니다.

① 깨끗한　　　② 조용한　　　③ 불편한　　　④ 어려운

5) 오늘 날씨가 좋지 않습니다. 비가 많이 오고 바람도 ( ) 붑니다.

① 밝게　　　② 세게　　　③ 다르게　　　④ 힘들게

6) 출퇴근 시간에는 지하철이 아주 ( ) 집에서 조금 일찍 나옵니다.

① 없어서　　　② 복잡해서　　　③ 단순해서　　　④ 어두워서

7) 신발이 너무 ( ) 빨았습니다. 깨끗한 신발을 보니까 기분이 좋습니다.

① 작아서　　　② 어두워서　　　③ 더러워서　　　④ 불편해서

8) 기차에서 옆에 앉은 두 사람이 ( ) 이야기를 해서 잠을 잘 수 없었습니다.

① 강하게　　　② 어렵게　　　③ 간단하게　　　④ 시끄럽게

9) 저는 친구들과 약속 장소를 정할 때 지하철역처럼 찾기 ( ) 곳으로 정합니다.

① 쉬운　　　② 같은　　　③ 조용한　　　④ 단순한

10) 제가 사용하고 있는 교통 카드는 아주 ( ). 버스와 지하철과 택시를 탈 수 있고 편의점에서도 카드로 살 수 있습니다.

① 약합니다　　　② 단순합니다　　　③ 편안합니다　　　④ 편리합니다

2. 다음을 읽고 물음에 답하십시오.

52회 읽기 53, 54번

> 우리 아이는 피부가 좀 **약합니다**. 가게에서 파는 비누를 쓰면 피부가 안 **좋아집니다**. 그래서 저는 인터넷을 보고 아이에게 맞는 비누를 (㉠). 방법이 별로 **어렵지** 않았습니다. 이 비누는 쌀이나 과일 같은 자연 재료로 만들어서 **좋습니다**. 제가 만든 비누를 사용하고 아이의 피부가 **좋아졌습니다**.

1) ㉠에 들어갈 말로 가장 알맞은 것을 고르십시오.

① 금방 골랐습니다　　　　　　② 다시 보냈습니다

③ 계속 기다렸습니다　　　　　　④ 직접 만들었습니다

2) 윗글의 내용과 같은 것을 고르십시오.

① 제 아이는 비누 만드는 방법을 배웁니다.

② 저는 비누를 만드는 것이 어렵습니다.

③ 제가 만든 비누는 아이의 피부에 좋습니다.

④ 저는 인터넷으로 쌀이나 과일을 삽니다.

3. 다음을 듣고 물음에 답하십시오.

Track 38　37회 듣기 25, 26번

> 여자: 여러분, 이쪽으로 오세요. 지금 보시는 이것은 옛날 신발인데요. 옛날 사람들은 비가 올 때 이 신발을 신었습니다. 신발의 앞과 뒤가 바닥보다 높아서 비가 올 때도 발이 물에 **젖지** 않고요. 또 가벼운 나무로 만들었기 때문에 신었을 때 **불편하지** 않습니다. 남자 신발과 여자 신발은 모양이 좀 **다른데요**. 여자 신발은 꽃 그림을 그려서 예쁘게 만들었습니다. 다 보셨으면 옆으로 가실까요?

1) 여자는 지금 무엇을 하고 있습니까?

① 인사　　　　　② 설명　　　　　③ 주문　　　　　④ 부탁

2) 들은 내용과 같은 것을 고르십시오.

① 남자 신발에는 그림이 있습니다.

② 물에 들어갈 때 이 신발을 신습니다.

③ 이 신발은 앞과 뒤를 높게 만들었습니다.

④ 이 신발은 나무로 만들어서 불편합니다.

	모이다	to gather, to assemble / 集まる / 聚集 / hội tụ
회 會	회사	company / 会社 / 公司 / công ty
	회원	member / 会員 / 会员 / thành viên
	회의	meeting / 会議 / 会议 / cuộc họp
	교회	church / 教会 / 教会 / nhà thờ
	대회	competition / 大会 / 比赛 / cuộc thi

	친하다	to be close / 仲が良い / 亲, 亲密 / thân thiết
친 親	친구	friend / 友だち / 朋友 / bạn bè
	친절	kindness / 親切 / 亲切 / sự tử tế
	친척	relatives / 親戚 / 亲戚 / họ hàng

	글, 글씨, 글자	writing, handwriting, letter / 文字 / 文字 / chữ cái
서 書	서점	bookstore / 書店 / 书店 / hiệu sách
	독서	reading / 読書 / 阅读 / đọc sách
	엽서	postcard / はがき / 明信片 / bưu thiếp
	도서관	library / 図書館 / 图书馆 / thư viện

한국 문화 코너

● **한국 사람들의 모임**

생신

특별한 생일(60세, 70세, 80세, 90세)에
가족들이나 친척들이 함께 모여요.

김장

겨울에는 1년 동안 먹을 김치를
함께 만들기도 해요.

● **친구들이나 회사 동료들이 모이는 날도 있어요.**

집들이

새 집으로 이사하면 손님들을 초대해요.

동창회

같은 학교를 졸업한 사람들이 만나요.

결혼식

두 사람이 부부가 되는 것을
알리고 축하해요.

장례식

돌아가신 분을 기억하면서
마지막으로 보내는 시간이에요.

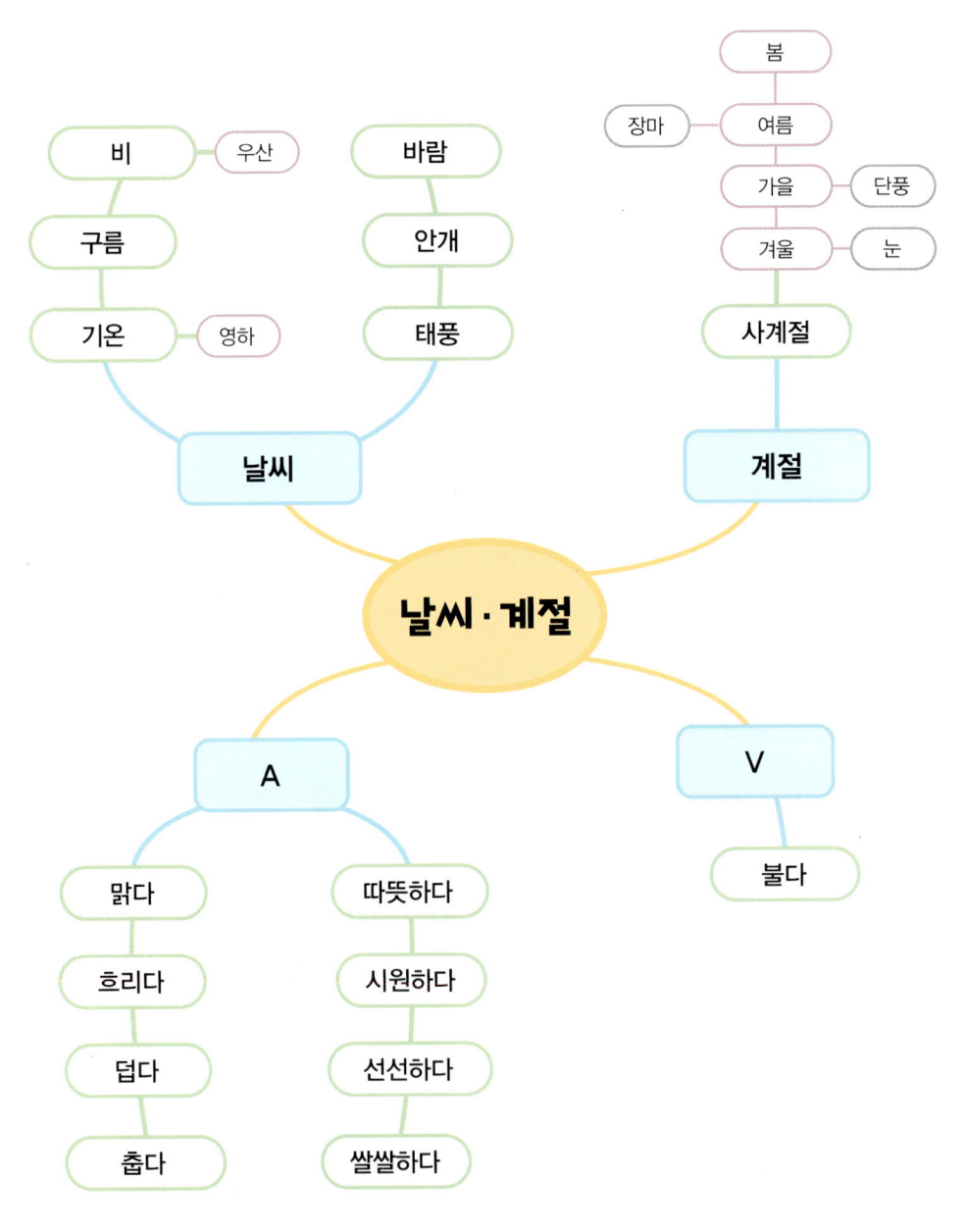

	영어	일본어	중국어	베트남어
날씨				
날씨	weather	天気	天气	thời tiết
비	rain	雨	雨	mưa
비가 오다	to rain	雨が降る	下雨	trời đổ mưa
우산	umbrella	傘	雨伞	chiếc ô
우산을 쓰다	to use an umbrella	傘をさす	打伞	che ô
구름	cloud	雲	云	đám mây
기온	temperature	気温	气温	nhiệt độ
영하	below zero	氷点下	零下	âm độ
영하 10도	minus ten degrees	氷点下10度	零下10度	-10 độ c
바람	wind	風	风	gió
안개	fog	霧	雾	sương mù
태풍	typhoon	台風	台风	bão
태풍이 오다	a typhoon is coming	台風が来る	台风来了	bão đến
계절				
계절	season	季節	季节	mùa
사계절	four seasons	四季	四季	bốn mùa
봄	spring	春	春天	mùa xuân
여름	summer	夏	夏天	mùa hè
장마	rainy season	梅雨	梅雨	mùa mưa
가을	fall (autumn)	秋	秋天	mùa thu
단풍	autumn leaves	紅葉	枫叶	lá vàng mùa thu
단풍이 들다	leaves change color	紅葉する	枫叶红了	lá mùa thu đang đổi màu
겨울	winter	冬	冬天	mùa đông
눈	snow	雪	雪	tuyết
눈이 오다	to snow	雪が降る	下雪	tuyết rơi
A				
맑다	to be sunny, to be clear	晴れている	晴	trong xanh
흐리다	to be cloudy	曇っている	阴	âm u
덥다	to be hot	暑い	热	nóng nực
춥다	to be cold	寒い	冷	lạnh
따뜻하다	to be warm	暖かい	暖和	ấm áp
시원하다	to be cool	涼しい	凉快	mát mẻ
선선하다	to be pleasantly cool (after summer)	涼しい	凉爽	mát rượi
쌀쌀하다	to be chilly	肌寒い	凉飕飕	se lạnh
V				
불다	to blow	吹く	吹	thổi
바람이 불다	the wind blows	風が吹く	刮风	gió thổi

1. 그림을 보고 알맞은 단어를 골라 쓰십시오.

눈이 오다　　비가 오다　　구름이 많다　　바람이 불다

1) _____　2) _____　3) _____　4) _____

2. (　)에 들어갈 말로 가장 알맞은 것을 고르십시오.

1) 한국에는 봄, 여름, 가을, 겨울, (　　)이/가 있습니다.

① 역사　　　　② 명절　　　　③ 사계절　　　④ 사거리

2) 오늘도 날씨가 춥습니다. 최고 기온이 (　　) 5도입니다.

① 이상　　　　② 지하　　　　③ 영하　　　　④ 벌써

3) 여름이 거의 끝난 것 같습니다. 낮에는 덥지만 저녁에는 (　　).

① 흐립니다　　② 따뜻합니다　　③ 선선합니다　　④ 신선합니다

4) 가을은 아름다운 계절입니다. 노란색, 빨간색 (　　)이 아주 예쁩니다.

① 구름　　　　② 단풍　　　　③ 우산　　　　④ 태풍

5) 요즘 아침에는 (　　) 따뜻하게 입어야 하지만 낮에는 기온이 올라가서 덥습니다.

① 식어서　　　② 맑아서　　　③ 떨어져서　　　④ 쌀쌀해서

6) 여름밤에 친구와 한강에서 (　　) 맥주를 마시면서 이야기하는 것을 좋아합니다.

① 맑은　　　　② 선선한　　　③ 시원한　　　④ 쌀쌀한

7) 한 달 동안 비가 오지 않은 날이 거의 없습니다. (　　)이/가 빨리 끝나면 좋겠습니다.

① 바람　　　　② 안개　　　　③ 장마　　　　④ 계절

3. 다음을 읽고 물음에 답하십시오.

64회 읽기 67, 68번

> **태풍**은 보통 7월부터 9월까지 많이 생깁니다. 이런 **태풍**들도 이름이 있는데 그 중에는 한국어로 된 이름도 있습니다. **태풍**의 이름은 **태풍**이 지나가는 곳에 있는 열네 개 나라에서 만들고 있습니다. 한국도 2000년부터 **태풍**의 이름을 (㉠). 한국어로 이름을 만들 때는 다른 나라 사람들도 발음하기 쉬운 단어를 고릅니다.

1) ㉠에 들어갈 말로 가장 알맞은 것을 고르십시오.

① 부르려고 합니다   ② 원하고 있습니다

③ 바꾸기로 했습니다   ④ 만들기 시작했습니다

2) 윗글의 내용과 같은 것을 고르십시오.

① 태풍은 보통 겨울과 봄에 생깁니다.

② 한국에는 태풍이 거의 불지 않습니다.

③ 태풍의 이름은 열네 개 나라에서 만듭니다.

④ 태풍의 한국어 이름은 발음이 쉽지 않습니다.

4. 다음을 읽고 물음에 답하십시오.

60회 읽기 69, 70번

> 저는 일 때문에 외국에서 삽니다. 여기는 언제나 **여름**입니다. 저와 아이들은 한국의 (㉠). 특히 예쁜 꽃이 피는 **봄**과 **단풍**을 볼 수 있는 **가을**이 그립습니다. 그런데 오늘 한국에 계시는 아버지에게서 소포가 왔습니다. 아버지가 그리신 고향의 **사계절** 그림이었습니다. 저는 고향의 **사계절**을 선물해 주신 아버지가 고마웠습니다.

1) ㉠에 들어갈 말로 가장 알맞은 것을 고르십시오.

① 일을 걱정했습니다   ② 생활을 잊었습니다

③ 친구와 자주 만납니다   ④ 사계절을 많이 생각합니다

2) 윗글의 내용으로 알 수 있는 것을 고르십시오.

① 아버지는 자주 계절 그림을 보내 줍니다.

② 제가 사는 곳의 꽃과 단풍이 아름답습니다.

③ 저는 아버지와 이곳에서 함께 살고 있습니다.

④ 저는 소포를 받고 아버지의 사랑을 느꼈습니다.

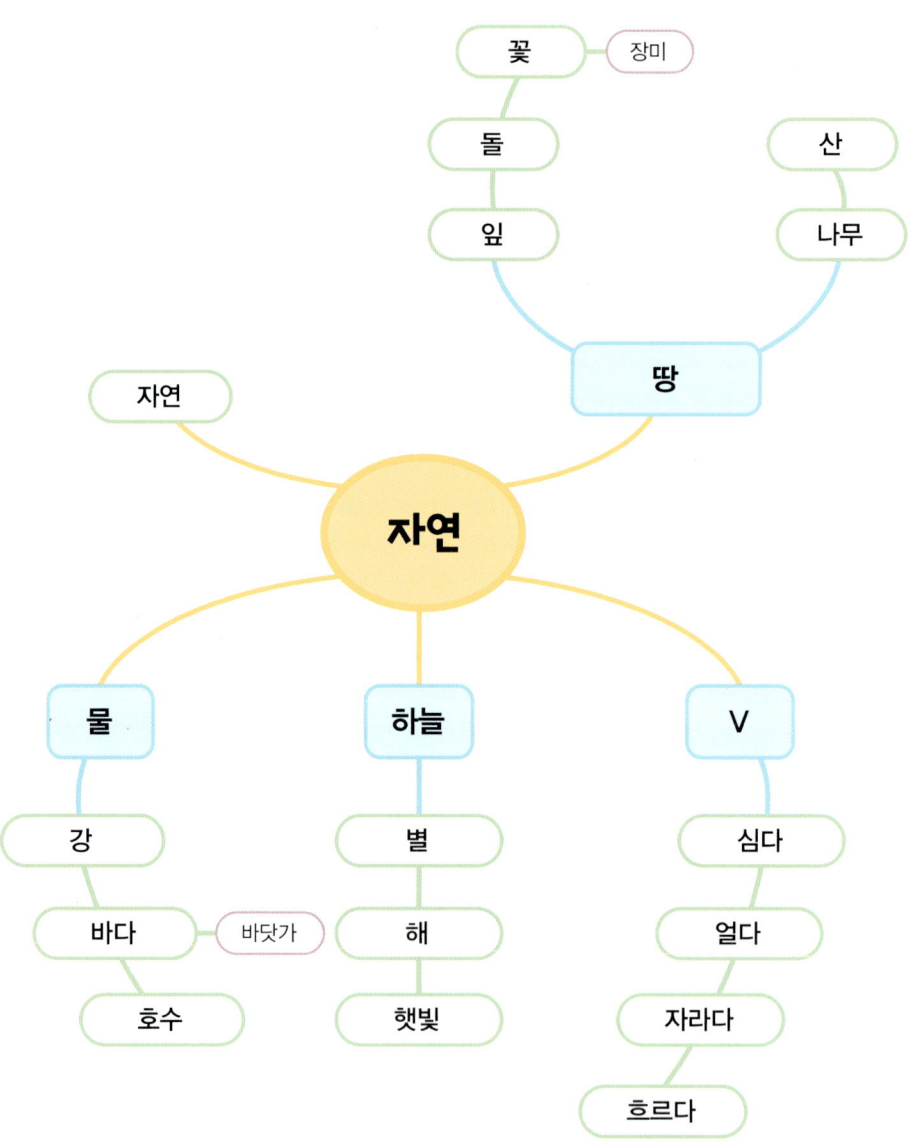

	영어	일본어	중국어	베트남어
자연	nature	自然	自然	tự nhiên, thiên nhiên
땅				
땅	land	土地	土地	mặt đất
꽃	flower	花	花	hoa
꽃이 피다	to bloom	花が咲く	开花	hoa nở
장미	rose	バラ	玫瑰	hoa hồng
돌	stone	石	石头	đá
잎	leaf	葉	叶子	lá cây
산	mountain	山	山	núi
나무	tree	木	树	cây cối
물				
강	river	川	江/河	dòng sông
바다	sea	海	海	biển
바닷가	seaside	海辺	海边	bãi biển
호수	lake	湖	湖	hồ
하늘				
하늘	sky	空	天空	bầu trời
별	star	星	星星	ngôi sao
해	sun	太陽	太阳	mặt trời
햇빛	sunlight	日光	阳光	ánh sáng mặt trời
햇빛이 따뜻하다	the sunlight is warm	日光が暖かい	阳光温暖	ánh sáng mặt trời ấm áp
햇빛에 타다	to get sunburned	日に焼ける	被晒伤	cháy nắng
V				
심다	to plant	植える	种植	trồng
꽃을 심다	to plant a flower	花を植える	种花	trồng hoa
얼다	to freeze	凍る	结冰	đông cứng
강이 얼다	the river freezes	川が凍る	河流结冰	dòng sông đã đóng băng
자라다	to grow	育つ	生长	lớn lên
나무가 자라다	a tree grows	木が育つ	树长大了	cây lớn lên
흐르다	to flow	流れる	流动	chảy
강물이 흐르다	the river flows	川の水が流れる	河水流动	nước sông chảy

1. 그림을 보고 알맞은 단어를 골라 쓰십시오.

꽃 돌 별 잎 산 해 강 하늘

1) _____ 2) _____ 3) _____ 4) _____

5) _____ 6) _____ 7) _____ 8) _____

2. ( )에 들어갈 말로 가장 알맞은 것을 고르십시오.

1) 토끼, 호랑이, 코끼리는 모두 ( )에 사는 동물입니다.

① 강   ② 땅   ③ 바다   ④ 하늘

2) 어릴 때 심은 나무가 많이 ( ) 지금은 제 키와 비슷합니다.

① 자라서   ② 얼어서   ③ 생겨서   ④ 흘러서

3) 방학이 되면 아버지와 집 근처에 있는 ( )에 가서 낚시를 했습니다.

① 정원   ② 호수   ③ 하늘   ④ 교회

4) 우리 집은 ( ) 근처에 있습니다. 그래서 더운 여름에 자주 수영을 하러 갑니다.

① 산   ② 해   ③ 하늘   ④ 바닷가

5) 어제 등산을 갔는데 산에 큰 ( )이/가 많아서 오래 걸으니까 발바닥이 아팠습니다.

① 잎   ② 돌   ③ 자연   ④ 햇빛

3. 여기는 어디입니까? 알맞은 것을 고르십시오.

Track 39 | 64회 듣기 7번

> 여자: 뭘 드릴까요?
> 남자: **장미**가 예쁘네요. **장미** 주세요.

① 꽃집　　　　　② 식당　　　　　③ 교실　　　　　④ 약국

4. 다음을 읽고 물음에 답하십시오.

37회 읽기 67, 68번

> **꽃**이나 **나무**가 오래 살려면 물과 공기, **햇빛**이 중요합니다. (㉠) 막으려면 화분을 한곳에 모아 놓아야 합니다. 물에 젖은 수건을 화분 아래에 놓는 것도 좋은 방법입니다. 또 집안에서 공기가 잘 통할 수 있게 방문을 열어 놓으면 좋습니다. 마지막으로, 여행을 오래 할 때는 **햇빛**이 잘 들어오지 않는 곳에 화분을 놓는 것이 좋습니다.

1) ㉠에 들어갈 말로 가장 알맞은 것을 고르십시오.

① 햇빛을 보는 것을　　　　　② 공기가 들어오는 것을

③ 화분에 꽃이 피는 것을　　　　　④ 물이 빨리 없어지는 것을

2) 윗글의 내용과 같은 것을 고르십시오.

① 수건을 화분 안에 넣어 놓아야 합니다.

② 화분을 여러 방에 나누어 놓아야 합니다.

③ 방문을 열어서 공기가 통하게 해야 합니다.

④ 여행 전에는 화분을 햇빛에 놓고 가야 합니다.

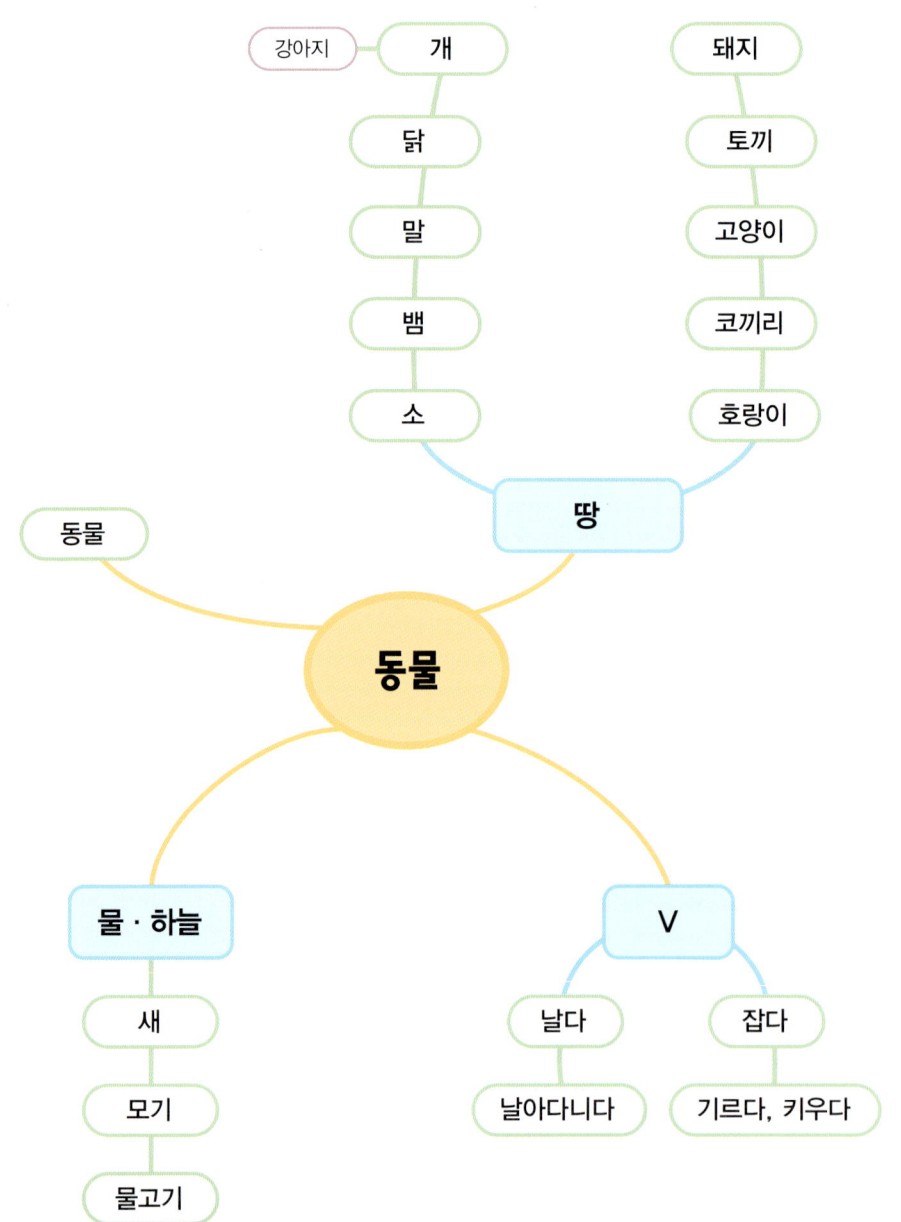

	영어	일본어	중국어	베트남어
동물	animal	動物	动物	động vật
땅				
개	dog	犬	狗	con chó
강아지	puppy	子犬	小狗	con chó con
닭	chicken	鶏	鸡	con gà
말	horse	馬	马	con ngựa
뱀	snake	蛇	蛇	con rắn
소	cow	牛	牛	con bò
돼지	pig	豚	猪	con lợn
토끼	rabbit	うさぎ	兔子	con thỏ
고양이	cat	猫	猫	con mèo
코끼리	elephant	象	大象	con voi
호랑이	tiger	虎	老虎	con hổ
물 · 하늘				
새	bird	鳥	鸟	con chim
모기	mosquito	蚊	蚊子	con muỗi
물고기	fish	魚	鱼	con cá
V				
날다	to fly	飛ぶ	飞	bay
날아다니다	to fly around	飛び回る	飞来飞去	bay lượn
잡다	to catch	捕まえる、捕る	抓	bắt
모기를 잡다	to catch a mosquito	蚊を捕まえる	抓蚊子	bắt muỗi
물고기를 잡다	to catch a fish	魚を捕る	抓鱼	bắt cá
기르다, 키우다	to raise, to grow	飼う、育てる	养	nuôi dưỡng, nuôi nấng
새를 기르다	to raise a bird	鳥を飼う	养鸟	nuôi chim
꽃을 키우다	to grow a flower	花を育てる	养花	trồng hoa

1. 그림을 보고 알맞은 단어를 골라 쓰십시오.

| 닭 소 말 돼지 강아지 고양이 코끼리 호랑이 |

1) _____ 2) _____ 3) _____ 4) _____

5) _____ 6) _____ 7) _____ 8) _____

2. (   )에 들어갈 말로 가장 알맞은 것을 고르십시오.

1) 저는 어렸을 때 새처럼 하늘을 (   ) 싶었습니다.

① 날고   ② 심고   ③ 키우고   ④ 흐르고

2) 작년에 몽골에 여행 갔을 때 (   )을/를 처음 타 봤습니다.

① 말   ② 뱀   ③ 새   ④ 닭

3) 우리 가족은 고양이를 좋아합니다. 그래서 집에서 고양이를 세 마리 (   ).

① 자랍니다   ② 잡습니다   ③ 날아다닙니다   ④ 기릅니다

4) 어제 (   ) 때문에 잠을 잘 수 없었습니다. 그래서 일어나서 세 마리나 잡았습니다.

① 돼지   ② 모기   ③ 토끼   ④ 동물

5) 우리 할머니는 시골에 사시는데 집에서 (   )을/를 키우십니다. 그래서 할머니 댁에 가면 신선한 계란을 자주 먹을 수 있습니다.

① 개   ② 소   ③ 닭   ④ 돼지

3. 다음을 읽고 물음에 답하십시오.

60회 읽기 55, 56번

이제 낚시를 하기 위해서 멀리 가지 않아도 됩니다. 도시에서 (㉠) 수 있는 '낚시 카페'가 있습니다. 이곳에서는 낚시에 필요한 물건을 빌려주고 낚시하는 방법을 가르쳐 줍니다. **물고기를 잡아서** 바로 먹을 수 없지만 집으로 가지고 갈 수 있습니다.

1) ㉠에 들어갈 말로 가장 알맞은 것을 고르십시오.

① 물고기를 팔   ② 물고기를 먹을

③ 낚시 재료를 살   ④ 편하게 낚시를 할

2) 윗글의 내용과 같은 것을 고르십시오.

① 낚시 카페는 도시에서 먼 곳에 있습니다.
② 낚시 카페에서는 낚시하는 방법을 알려 줍니다.
③ 낚시에 필요한 물건은 직접 가지고 가야 합니다.
④ 낚시 카페에서 잡은 물고기는 가져갈 수 없습니다.

4. 다음을 읽고 물음에 답하십시오..

52회 읽기 59, 60번

우리 동네 산에는 **동물**들이 많이 살고 있습니다. (㉠) 그런데 겨울에는 산에 **동물**들이 먹을 것이 별로 없습니다. (㉡) 그래서 저와 동네 사람들은 겨울이 되면 산에 가서 먹을 것을 놓고 옵니다. (㉢) **토끼**나 **산새**들이 다 먹은 것입니다. (㉣) 추운 겨울에 먹을 것을 가지고 산에 올라가는 것이 힘들지만 우리는 매년 기분 좋게 이 일을 합니다.

1) 다음 문장이 들어갈 곳으로 가장 알맞은 것을 고르십시오.

며칠 후에 다시 가 보면 우리가 놓고 온 것이 하나도 없습니다.

① ㉠   ② ㉡   ③ ㉢   ④ ㉣

2) 윗글의 내용과 같은 것을 고르십시오.

① 우리 동네 산에는 토끼가 살지 않습니다.
② 동물들은 우리가 산에 놓고 온 것을 먹습니다.
③ 저는 힘들어서 산에 올라가는 것을 싫어합니다.
④ 동물들은 먹을 것을 찾으려고 산에서 내려옵니다.

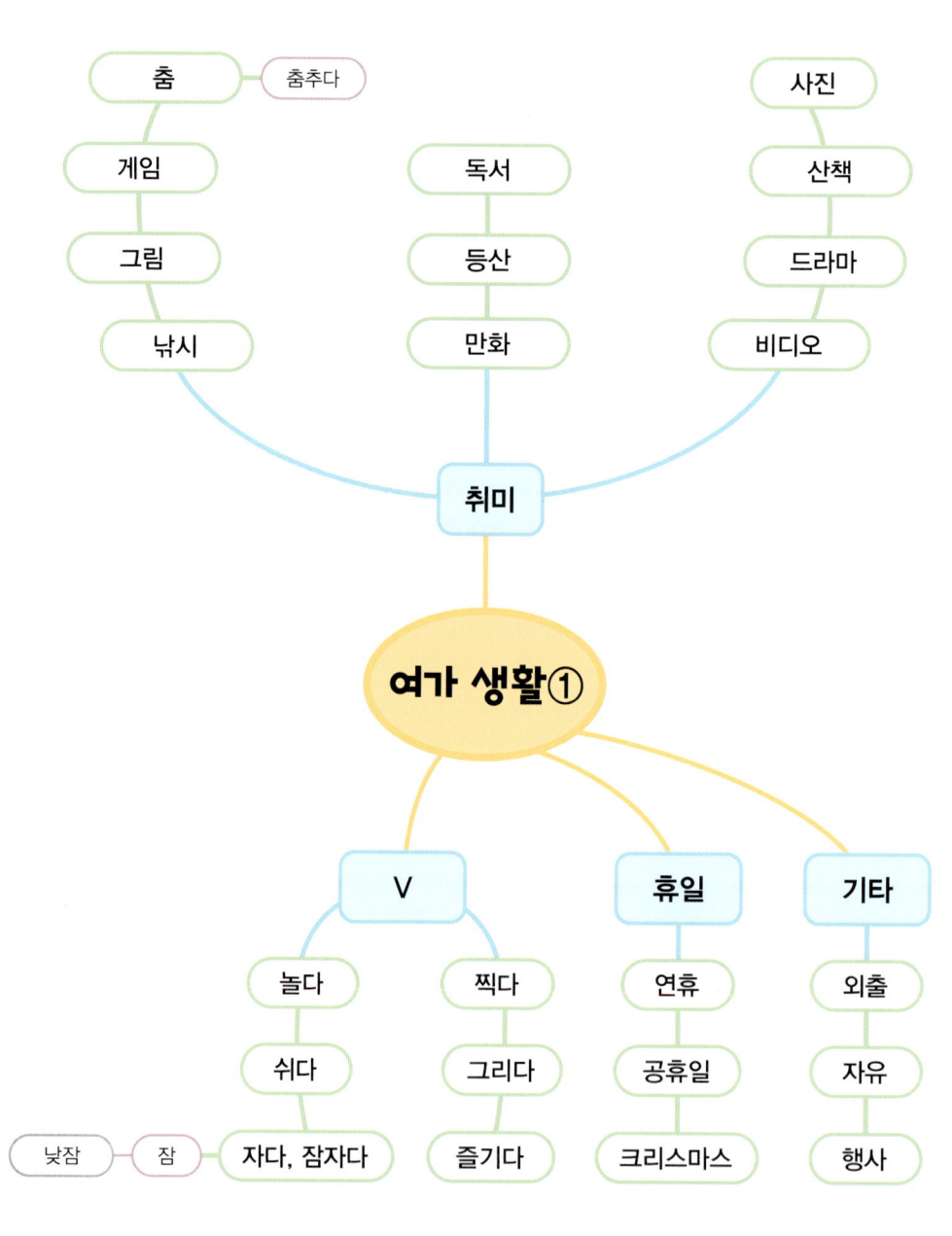

	영어	일본어	중국어	베트남어
취미				
취미	hobby	趣味	爱好	sở thích
춤	dance	踊り、ダンス	舞蹈	điệu nhảy
춤추다	to dance	踊る	跳舞	nhảy nhót
게임	game	ゲーム	游戏	trò chơi
그림	drawing, art	絵	画儿	bức tranh
낚시	fishing	釣り	钓鱼	câu cá
독서	reading	読書	阅读	đọc sách
등산	hiking	登山	爬山	leo núi
만화	comics	漫画	漫画	truyện tranh
사진	photo, picture	写真	照片	hình ảnh
산책	a walk	散歩	散步	đi dạo bộ
드라마	TV drama	ドラマ	电视剧	phim truyền hình
비디오	video	ビデオ	录像/视频	băng hình
V				
놀다	to play, to hang out	遊ぶ	玩儿	chơi
쉬다	to rest	休む	休息	nghỉ ngơi
자다, 잠자다	to sleep	寝る	睡觉	ngủ
잠	sleep	眠り	睡眠	giấc ngủ
잠이 오다	to feel sleepy	眠くなる	困意来了	buồn ngủ
낮잠	a nap	昼寝	午觉	giấc ngủ trưa
낮잠을 자다	to take a nap	昼寝をする	睡午觉	ngủ trưa
찍다	to take	撮る	拍	chụp, quay
사진을 찍다	to take a photo	写真を撮る	拍照片	chụp ảnh
영화를 찍다	to film a movie	映画を撮る	拍电影	quay phim
그리다	to draw	描く	画	vẽ
그림을 그리다	to draw a picture	絵を描く	画画儿	vẽ tranh
즐기다	to enjoy	楽しむ	享受	tận hưởng
휴가를 즐기다	to enjoy a vacation	休暇を楽しむ	享受假期	tận hưởng kì nghỉ lễ
휴일				
휴일	holiday	休日	假日	ngày nghỉ
연휴	long weekend	連休	连休	kì nghỉ lễ
공휴일	public holiday	祝日	公休日	ngày nghỉ công
크리스마스	Christmas	クリスマス	圣诞节	giáng sinh
기타				
외출	going out	外出	外出	đi ra ngoài
자유	freedom	自由	自由	tự do
자유 시간	free time	自由時間	自由时间	thời gian rảnh rỗi
행사	event	行事	活动	sự kiện
행사가 열리다	an event is held	行事が開かれる	举办活动	sự kiện được tổ chức

1. 그림을 보고 알맞은 단어를 골라 쓰십시오.

| 잠을 자다   춤을 추다   만화를 그리다   비디오 게임을 하다 |

1) _____ 2) _____ 3) _____ 4) _____

2. (   )에 들어갈 말로 가장 알맞은 것을 고르십시오.

1) 제 동생은 (   )을/를 좋아합니다. 매일 책을 읽습니다.
   ① 산책   ② 독서   ③ 낮잠   ④ 게임

2) 아버지는 주말마다 가까운 산으로 (   )을/를 가십니다.
   ① 그림   ② 낚시   ③ 등산   ④ 사진

3) 한국에서 크리스마스는 (   )입니다. 회사나 학교에 가지 않습니다.
   ① 놀이   ② 자유   ③ 평일   ④ 공휴일

4) 주말에 쇼핑을 하려고 했는데 비가 와서 (   ) 않고 집에 있었습니다.
   ① 쉬지   ② 그리지   ③ 즐기지   ④ 외출하지

5) 서울공원에는 예쁜 장소가 많아서 여기저기 사진을 (   ) 사람들이 많습니다.
   ① 노는   ② 찍는   ③ 만드는   ④ 그리는

6) 한국 음식 문화 축제에 여러 가지 한국 음식을 만들어 보는 (   )이/가 있었습니다.
   ① 행사   ② 취미   ③ 게임   ④ 연휴

7) 저는 역사 (   ) 보는 것을 좋아합니다. 요즘 '미스터 샤인'을 보고 있는데 제가 좋아하는 배우도 나오고 한국 역사도 알 수 있어서 아주 재미있습니다.
   ① 광고   ② 수업   ③ 소설   ④ 드라마

3. 여기는 어디입니까? 알맞은 것을 고르십시오.

Track 40   37회 듣기 8번

> 여자: 한국의 옛날 **그림**은 몇 층에 있어요?
> 남자: 2층에서 보실 수 있습니다.

① 박물관   ② 사진관   ③ 영화관   ④ 문구점

4. 다음을 읽고 중심 내용을 고르십시오.

37회 읽기 46번

> 저는 **휴일**에 친구 집에 가려고 합니다. 친구와 같이 **드라마**를 보려고 합니다. 이야기도 많이 할 겁니다.

① 저는 집에서 드라마를 보고 싶습니다.
② 저는 친구에게 이야기를 하러 갈 겁니다.
③ 저는 친구와 드라마 이야기를 할 겁니다.
④ 저는 친구와 함께 휴일을 지내고 싶습니다.

5. 다음을 읽고 물음에 답하십시오.

83회 읽기 55, 56번

> 얼마 전 **만화** 박물관이 문을 열었습니다. 이 박물관에는 1960년부터 지금까지 나온 여러 가지 **만화책**이 있습니다. 유명한 **만화** 영화도 **즐길** 수 있어서 특히 아이들이 좋아합니다. 그리고 이 **만화** 박물관에는 (㉠) **만화책**을 오랜만에 다시 읽으러 오는 어른들도 많습니다.

1) ㉠에 들어갈 말로 가장 알맞은 것을 고르십시오.

① 요즘에 나온   ② 어릴 때 읽은
③ 아이들이 만든   ④ 박물관에서 빌려 온

2) 윗글의 내용과 같은 것을 고르십시오.

① 이 박물관에는 어른들도 많이 옵니다.
② 이 박물관에는 만화 영화가 없습니다.
③ 이 박물관은 1960년에 문을 열었습니다.
④ 이 박물관은 어린이 만화 박물관입니다.

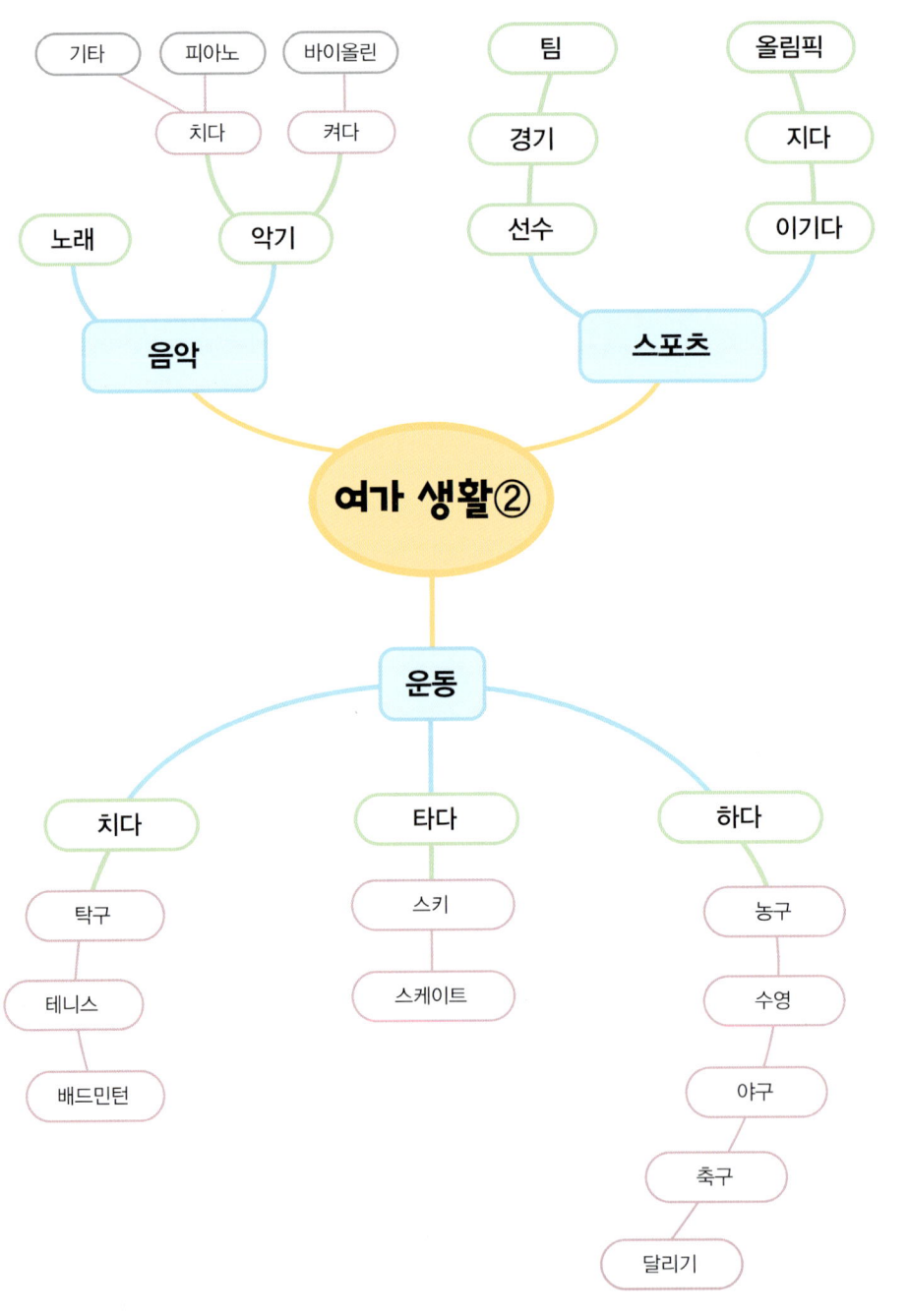

	영어	일본어	중국어	베트남어
음악				
음악	music	音楽	音乐	âm nhạc
노래	song, singing	歌	歌曲	bài hát
악기	instrument	楽器	乐器	nhạc cụ
치다	to play, to hit	(楽器を)弾く、叩く	弹奏	đánh
기타	guitar	ギター	吉他	đàn ghi-ta
피아노	piano	ピアノ	钢琴	đàn piano
켜다	to play	(楽器を)弾く、演奏する	拉	kéo (đàn)
바이올린	violin	バイオリン	小提琴	đàn vĩ cầm
스포츠				
스포츠	sports	スポーツ	体育	thể thao
팀	team	チーム	队	đội
경기	game, match	試合	比赛	trận đấu
경기 방법	rules of the game	試合のルール	比赛方式	luật chơi
경기가 열리다	a game is held	試合が開かれる	举办比赛	trận đấu được mở
경기에 나가다	to enter a competition	試合に出る	参加比赛	tham gia trận đấu
선수	player, athlete	選手	运动员	tuyển thủ, cầu thủ
축구 선수	soccer player	サッカー選手	足球运动员	cầu thủ bóng đá
올림픽	Olympics	オリンピック	奥运会	thế vận hội Olympic
올림픽이 열리다	The Olympics are held	オリンピックが開かれる	举办奥运会	thế vận hội Olympic được tổ chức
지다	to lose	負ける	输	thua
이기다	to win	勝つ	赢	thắng
운동				
운동	exercise	運動	运动	tập luyện, vận động
치다	to play, to hit	(スポーツを)する	打	đánh
탁구	table tennis	卓球	乒乓球	bóng bàn
테니스	tennis	テニス	网球	quần vợt
베드민턴	badminton	バドミントン	羽毛球	cầu lông
타다	to ride	乗る	骑/滑	lái
스키	skiing	スキー	滑雪	trượt tuyết
스케이트	(ice) skating	スケート	滑冰	trượt ván
하다	to do, to play	する	做	làm
농구	basketball	バスケットボール	篮球	bóng rổ
수영	swimming	水泳	游泳	bơi lội
야구	baseball	野球	棒球	bóng chày
축구	soccer	サッカー	足球	bóng đá
달리기	running	走ること、ランニング	跑步	chạy bộ

1. 그림을 보고 알맞은 단어를 골라 쓰십시오.

> 수영   야구   축구   스케이트

1) _____ 2) _____ 3) _____ 4) _____

2. (   )에 들어갈 말로 가장 알맞은 것을 고르십시오.

1) 저는 (   )을/를 켤 줄 압니다.

① 기타   ② 피아노   ③ 바이올린   ④ 배드민턴

2) 저는 겨울에 자주 (   )을/를 타러 갑니다.

① 스키   ② 수영   ③ 탁구   ④ 테니스

3) 어제 야구 경기에서 우리 (   )이/가 이겼습니다.

① 땅   ② 팀   ③ 짝   ④ 말

4) (   )은/는 4년마다 하는데 2024년에는 프랑스 파리에서 열렸습니다.

① 모임   ② 회의   ③ 올림픽   ④ 달리기

5) 저는 농구나 축구처럼 여러 명이 같이 하는 (   )을/를 좋아합니다.

① 게임   ② 대회   ③ 행사   ④ 스포츠

6) 제 동생은 저보다 농구를 잘합니다. 저와 농구해서 (   ) 적이 한 번도 없습니다.

① 탄   ② 한   ③ 친   ④ 진

7) 종로에 가면 (   )을/를 파는 가게가 많이 있습니다. 기타 가게도 있고 피아노 가게도 있습니다.

① 음악   ② 선수   ③ 악기   ④ 노래

3. 다음을 읽고 내용이 같은 것을 고르십시오.

60회 읽기 43번

> 저는 화요일 저녁에 K-POP 수업에 갑니다. 거기에서 한국 **노래**를 부르고 춤을 배웁니다. 잘 못하지만 재미있습니다.

① 저는 수업이 재미있습니다.   ② 저는 한국 춤을 잘 춥니다.

③ 저는 오전에 수업에 갑니다.   ④ 저는 한국 노래를 가르칩니다.

4. 다음을 읽고 물음에 답하십시오.

35회 읽기 63, 64번

받는 사람	sarang@parang.com; koreal@empan.com; minsubola.com;
	ok1213@maver.com; tree@maver.com
제　　목	유학생 **농구** 대회
보낸 사람	yumi@parang.com

농구 대회에 참가 신청을 해 주셔서 감사합니다.
이번 주 토요일 오전 10시에 운동장에서 대회가 시작됩니다.
경기에 참가하는 **선수**들은 9시까지 와 주시기 바랍니다.
비가 오면 학생회관 옆에 있는 체육관에서 **경기**를 하겠습니다.
그럼, 토요일에 뵙겠습니다.

　　　　　　　　　　　　　　　　　　　　　　　학생회장 김유미 올림

1) 왜 윗글을 썼는지 맞는 것을 고르십시오.

     ① 대회 날짜를 바꾸려고   ② 대회 참가 신청을 받으려고

     ③ 대회 참가 신청을 취소하려고   ④ 대회 시간과 장소를 알려 주려고

2) 윗글의 내용과 같은 것을 고르십시오.

     ① 체육관은 운동장 옆에 있습니다.

     ② 비가 오면 농구 대회를 하지 않습니다.

     ③ 농구 대회 참가자는 10시까지 와야 합니다.

     ④ 날씨가 좋으면 운동장에서 농구 대회를 할 겁니다.

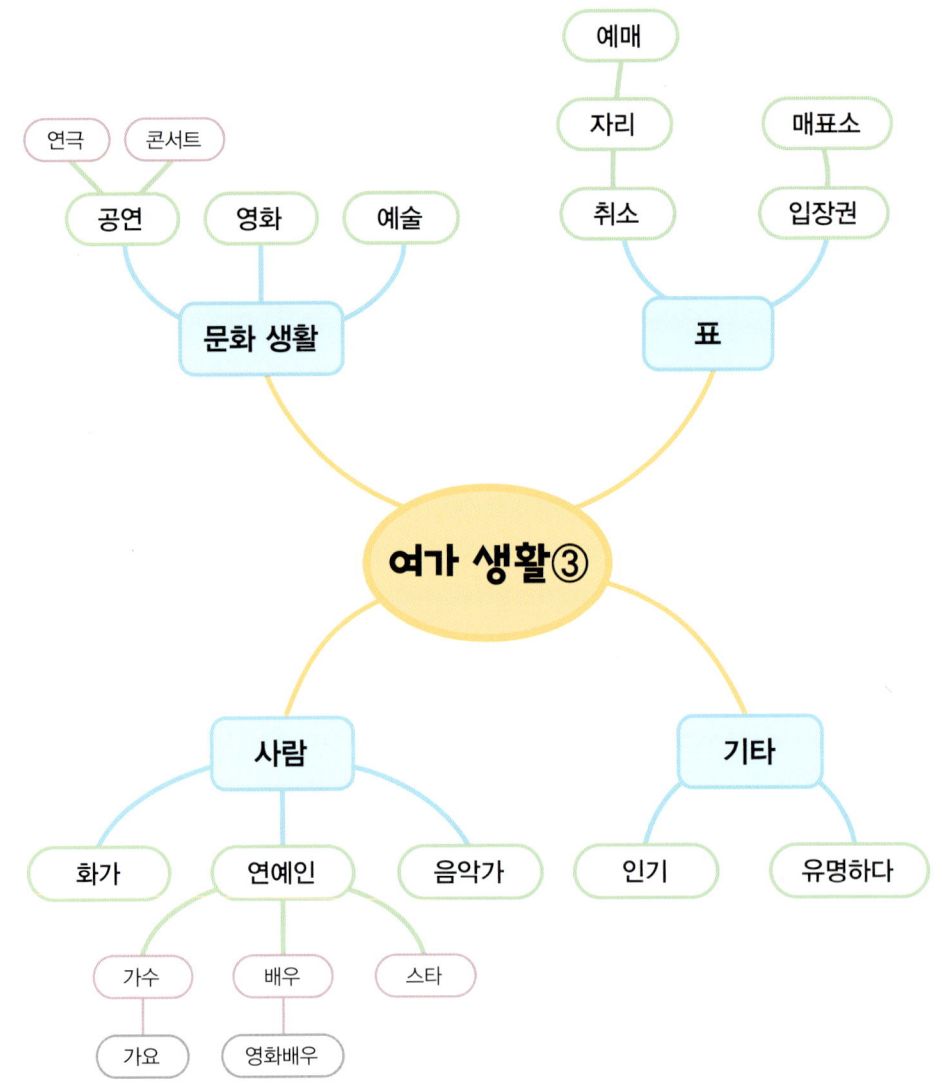

	영어	일본어	중국어	베트남어
문화 생활				
공연	performance	公演	演出	buổi công diễn
연극	stage play	演劇	戏剧	diễn kịch
콘서트	concert	コンサート	音乐会	buổi hòa nhạc
영화	movie, film	映画	电影	phim chiếu rạp
예술	art	芸術	艺术	nghệ thuật
표				
표	ticket	チケット	票	phiếu, vé
예매	advance ticket purchase	予約、前売り	预订	đặt vé
자리	seat	席	位置	chỗ ngồi
빈자리	empty seat	空席	空位	chỗ trống
자리를 바꾸다	to change seats	席を変える	换位置	đổi chỗ ngồi
취소	cancellation	キャンセル	取消	hủy bỏ
매표소	ticket booth	チケット売り場	售票处	phòng vé
입장권	admission ticket	入場券	入场券	vé vào cửa
사람				
화가	painter	画家	画家	hoạ sĩ
연예인	celebrity	芸能人	艺人, 明星	người nổi tiếng
가수	singer	歌手	歌手	ca sĩ
가요	K-pop	K-POPの歌	歌曲	bài hát được yêu thích
배우	actor	俳優	演员	diễn viên
영화배우	movie actor	映画俳優	电影演员	diễn viên điện ảnh
스타	star	スター	明星	ngôi sao
음악가	musician	音楽家	音乐家	nhạc sĩ
기타				
인기	popularity	人気	人气	nổi tiếng, phổ biến
인기 드라마	a popular drama	人気ドラマ	热门电视剧	phim truyền hình nổi tiếng
인기를 얻다	to gain popularity	人気を得る	变得受欢迎	đạt được sự nổi tiếng
인기가 떨어지다	to lose popularity	人気が落ちる	人气下降	độ nổi tiếng bị giảm sút
유명하다	to be famous	有名だ	有名	nổi tiếng

1. ( )에 들어갈 말로 가장 알맞은 것을 고르십시오.

1) 저는 영화관에서 영화를 볼 때 앞쪽 ( )에 앉습니다.
① 차례   ② 자리   ③ 거리   ④ 안내

2) 주말에 제주도에 가려면 보통 일주일 전에 표를 ( ) 합니다.
① 약속해야   ② 예습해야   ③ 계획해야   ④ 예매해야

3) 갑자기 비가 너무 많이 와서 가수 송여진 씨의 콘서트가 ( ).
① 바뀌었습니다   ② 예약되었습니다   ③ 취소되었습니다   ④ 쉬었습니다

4) 영화배우 배용진은 드라마 '겨울여행'으로 인기 ( )이/가 되었습니다.
① 뉴스   ② 군인   ③ 가수   ④ 스타

5) 프랑스 여행 때 박물관에 갔는데 미술책에서 본 ( ) 그림들이 많았습니다.
① 정확한   ② 간단한   ③ 신선한   ④ 유명한

6) 저는 그림 그리는 것을 좋아합니다. 그래서 나중에 ( )이/가 되고 싶습니다.
① 주부   ② 화가   ③ 배우   ④ 가수

7) 2024년 서울꽃축제 ( )을/를 인터넷으로 미리 사면 5% 할인을 받을 수 있습니다.
① 매표소   ② 시간표   ③ 콘서트   ④ 입장권

8) '지미'는 제가 제일 좋아하는 ( )입니다. 그래서 지미가 나오는 영화를 다 봤습니다.
① 화가   ② 배우   ③ 선배   ④ 공연

9) 저는 어렸을 때 가수나 배우 같은 ( )이/가 되어서 텔레비전에 나오고 싶었습니다.
① 연예인   ② 공무원   ③ 음악가   ④ 운동선수

10) 가족들과 노래방에 갔는데 아버지가 요즘 유행하는 ( )을/를 많이 부르셔서 놀랐습니다.
① 가요   ② 연극   ③ 경기   ④ 악기

2. 다음을 읽고 물음에 답하십시오.

64회 읽기 49, 50번

> 저는 음악 **공연** 보는 것을 좋아합니다. 하지만 요즘에는 바빠서 **공연**을 거의 보지 못했습니다. 오늘은 일이 빨리 끝나서 오랜만에 친구와 같이 **공연**을 (㉠). **공연**은 정말 신나고 좋았습니다. **공연**을 보고 나올 때 행복했습니다.

1) ㉠에 들어갈 말로 가장 알맞은 것을 고르십시오.

① 보러 갔습니다   ② 봐야 했습니다

③ 보지 않았습니다   ④ 볼 수 없었습니다

2) 윗글의 내용과 같은 것을 고르십시오.

① 저는 요즘 시간이 많습니다.   ② 저는 오늘 일을 쉬었습니다.

③ 저는 친구와 공연을 자주 봅니다.   ④ 저는 공연을 봐서 기분이 좋았습니다.

3. 다음을 듣고 <u>남자</u>의 중심 생각을 고르십시오.

Track 41 36회 듣기 23번

> 여자: 오늘 **영화** 정말 재미있었지요?
> 남자: 네. 근데 너무 앞자리라서 목이 좀 아팠어요. 영화관도 불편한 **자리**는 값을 좀 깎아
>   줘야 되는 거 아니에요?
> 여자: 맞아요. **앞자리**나 **뒷자리**는 영화 볼 때 좀 불편하죠.
> 남자: 사실 **연극**이나 뮤지컬은 **자리**마다 값이 좀 다르잖아요.

① 불편한 자리는 가격을 싸게 해야 합니다.

② 연극도 영화처럼 값이 싸면 좋겠습니다.

③ 영화는 앞자리에서 보면 더 재미있습니다.

④ 영화관은 모든 자리를 편하게 해야 합니다.

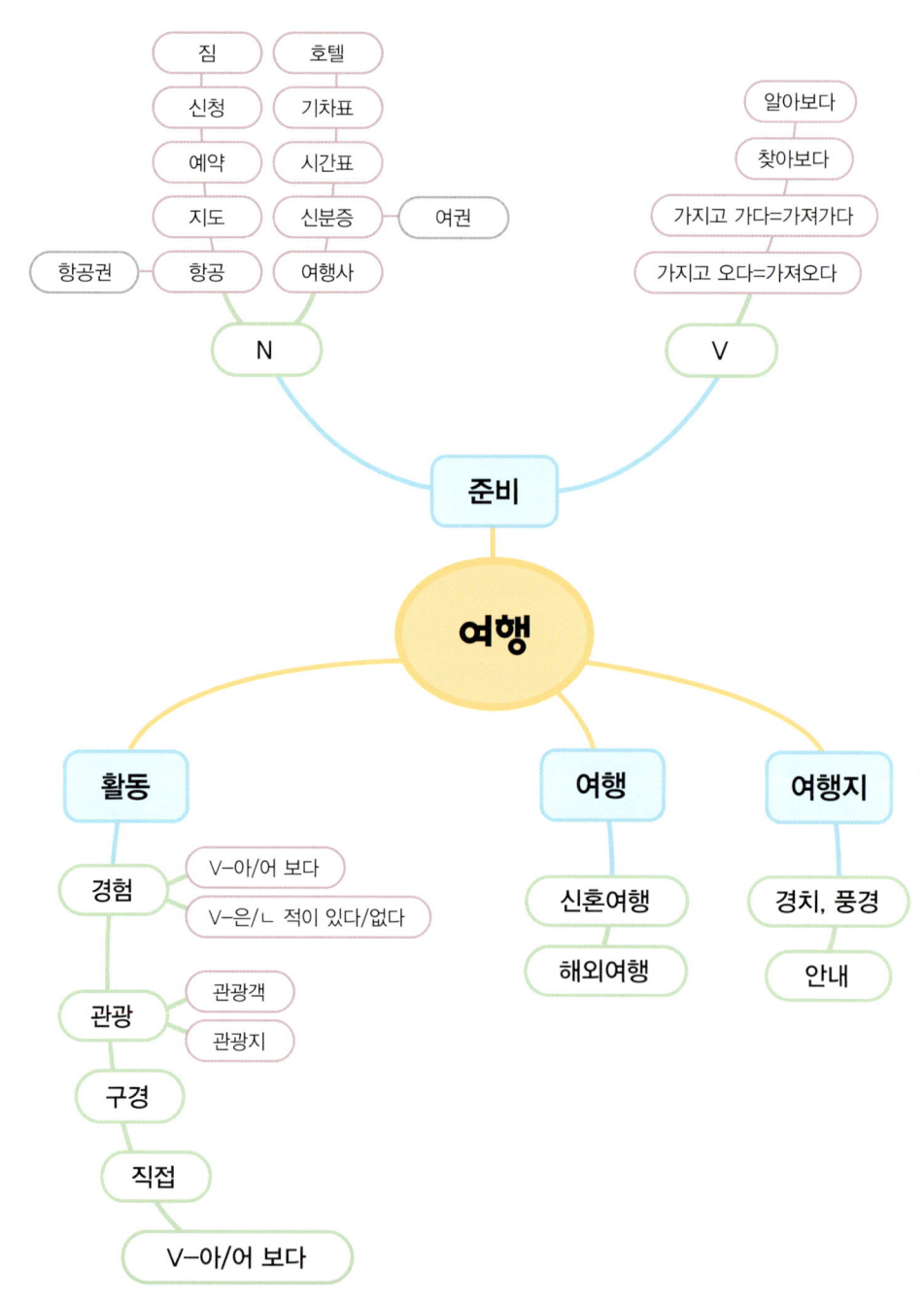

	영어	일본어	중국어	베트남어
여행	travel, trip	旅行	旅行	du lịch

준비

	영어	일본어	중국어	베트남어
준비	preparation	準備	准备	sự chuẩn bị
짐	baggage	荷物	行李	hành lý
신청	application	申請、申し込み	申请	đăng ký
예약	booking, reservation	予約	预约	việc đặt chỗ
지도	map	地図	地图	bản đồ
항공	airline	航空	航空	hàng không
항공 회사	airline company	航空会社	航空公司	hãng hàng không
항공권	airplane ticket	航空券	机票	vé máy bay
호텔	hotel	ホテル	酒店	khách sạn
기차표	train ticket	列車の切符	火车票	vé tàu
시간표	timetable	時刻表	时刻表	thời gian biểu
신분증	ID card	身分証	身份证	chứng minh thư
여권	passport	パスポート	护照	hộ chiếu
여행사	travel agency	旅行会社	旅行社	công ty du lịch
알아보다	to look into, to find out	調べる	了解	tìm hiểu, nhận ra
찾아보다	to search for	探してみる	查找	tìm kiếm
가지고 가다=가져가다	to take	持っていく	带去	mang đi
가지고 오다=가져오다	to bring	持ってくる	带来	mang đến

활동

	영어	일본어	중국어	베트남어
경험	experience	経験	经验	kinh nghiệm
V-아/어 보다	to have tried V-ing (before) (experience), to try V-ing (attempt)	Vてみる	试着做某事	thử làm V
V-은/ㄴ 적이 있다	to have V-ed before	Vたことがある	曾经做过	đã từng làm V
V-은/ㄴ 적이 없다	to have never V-ed before	Vたことがない	从没做过	chưa từng làm V
관광	sightseeing	観光	观光	tham quan
관광객	tourist	観光客	游客	du khách
관광지	tourist attraction	観光地	旅游景点	điểm tham quan du lịch
구경	a look around	見物	观赏	thăm thú, ngắm nghía
직접	in person	直接	直接	trực tiếp
직접 보다	to see in person	直接見る	亲自看	nhìn trực tiếp

여행

	영어	일본어	중국어	베트남어
신혼여행	honeymoon trip	新婚旅行	蜜月旅行	tuần trăng mật
해외여행	overseas trip	海外旅行	海外旅行	du lịch nước ngoài

여행지

	영어	일본어	중국어	베트남어
여행지	travel destination	旅行先	旅行地	điểm đến du lịch
경치, 풍경	scenery, view	景色	风景	phong cảnh, cảnh quan
안내	guide	案内	向导	hướng dẫn

1. ( )에 들어갈 말로 가장 알맞은 것을 고르십시오.

1) 서류가 다 준비돼서 내일 비자를 ( ).

　① 알아볼 겁니다　② 신청할 겁니다　③ 구경할 겁니다　④ 쌀 겁니다

2) 제주도는 외국인들에게 인기 있는 ( )입니다.

　① 여행지　　　② 관광객　　　③ 여행사　　　④ 항공권

3) 비행기를 타려고 공항에 갈 때는 꼭 신분증을 ( ) 합니다.

　① 경험해야　　② 찾아봐야　　③ 가져가야　　④ 관광해야

4) 여행 준비가 거의 끝났습니다. 이제 호텔만 ( )하면 됩니다.

　① 구경　　　　② 예약　　　　③ 안내　　　　④ 경험

5) 한국에 여행을 가면 드라마에서 본 한국 음식들을 모두 ( ).

　① 먹고 있습니다　② 먹은 적 있습니다　③ 먹어 볼 겁니다　④ 먹은 것 같습니다

6) 어제 남산에 갔습니다. 단풍이 들어서 ( )이/가 아주 좋았습니다.

　① 짐　　　　　② 경치　　　　③ 안내　　　　④ 호텔

7) '1,000원 마트'에서 작은 청소기를 5,000원에 사서 한번 ( ) 생각보다 좋습니다.

　① 사용해 봤는데　② 사용하면서　③ 사용했지만　④ 사용하고

8) 방학 때 여행을 가려고 비행기표를 예매했는데 ( )이/가 작년보다 많이 올랐습니다.

　① 신혼여행　　② 항공 요금　　③ 관광 회사　　④ 안내 방송

9) 요즘은 여권을 잃어버려서 다시 신청할 때 ( ) 가지 않고 인터넷으로 신청할 수 있습니다.

　① 가득　　　　② 벌써　　　　③ 가끔　　　　④ 직접

10) 지금 고속버스 터미널에 있습니다. 버스가 몇 시에 출발하는지 ( )을/를 확인하고 표를 살 겁니다.

　① 지도　　　　② 풍경　　　　③ 시간표　　　　④ 기차표

2. 다음을 듣고 대화 내용과 같은 것을 고르십시오.

Track 42   35회 듣기 21번

> 여자: **여권**을 만들어야 하는데요. 회사 일이 늦게 끝나서 갈 시간이 없어요.
> 남자: 요즘은 주말에도 **여권**을 **신청**할 수 있는 곳이 있어요. 저도 주말에 거기 가서 **여권**을 만들었어요.
> 여자: 그래요? 어디로 가면 돼요?
> 남자: 만들어 주는 데가 여러 곳 있어요. 인터넷에서 **찾아보고** 가까운 곳으로 가세요.

① 여자는 회사 일이 일찍 끝납니다.
② 여자는 여권을 신청하고 싶어 합니다.
③ 남자는 인터넷으로 여권을 신청합니다.
④ 남자는 여권을 신청하는 곳을 모릅니다.

3. 다음을 듣고 여자의 중심 생각을 고르십시오.

Track 43   60회 듣기 24번

> 여자: 우리 **여행** 가서 뭐 할까요? 이제 계획을 세워야죠.
> 남자: 가서 정하는 게 어때요? 다 정하고 가면 재미가 없을 것 같아요.
> 여자: 그렇지만 미리 계획을 하고 가면 시간을 잘 쓸 수 있잖아요.
> 남자: 거기에 가서 **알아보면** 더 좋은 곳이 있을 수도 있어요.

① 혼자 여행을 가고 싶습니다.
② 여행 계획을 세우기 어렵습니다.
③ 오랫동안 여행을 하는 것이 좋습니다.
④ 계획을 세우고 여행을 가면 좋겠습니다.

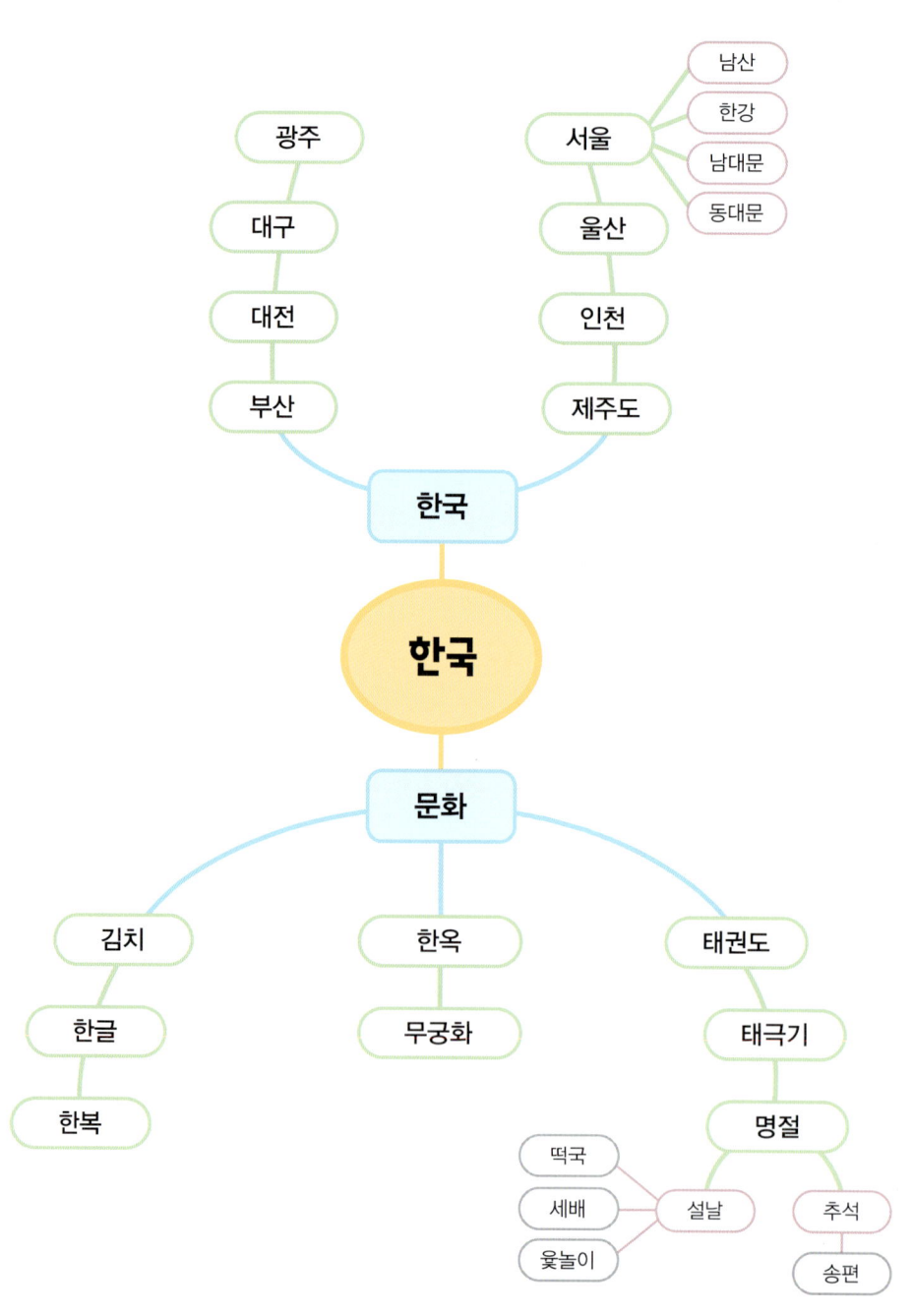

	영어	일본어	중국어	베트남어
한국				
광주	Gwangju	光州	光州	tỉnh gwang-ju
대구	Daegu	大邱	大邱	thành phố dea-gu
대전	Daejeon	大田	大田	thành phố dea-jeon
부산	Busan	釜山	釜山	thành phố busan
서울	Seoul	ソウル	首尔	thành phố seoul
남산	Mt. Namsan	南山	南山	núi nam-san
한강	Hangang, Han River	漢江	汉江	sông hán
남대문	Namdaemun Gate	南大門	南大门	cổng nam-dae-mun
동대문	Dongdaemun Gate	東大門	东大门	cổng dong-dae-mun
울산	Ulsan	蔚山	蔚山	thành phố ul-san
인천	Incheon	仁川	仁川	thành phố in-cheon
제주도	Jeju	済州島	济州岛	đảo jeju
문화				
문화	culture	文化	文化	văn hoá
김치	Kimchi	キムチ	辛奇	kimchi
한글	Hangul	ハングル	韩文	chữ han-gul
한복	Hanbok (traditional Korean clothing)	韓服(伝統衣装)	韩服	đồ han-bok
한옥	Hanok (traditional Korean house)	韓屋(伝統家屋)	韩屋	nhà truyền thống han-ok
무궁화	Mugunghwa (Rose of Sharon)	ムグンファ(ムクゲ)	木槿花	hoa dâm bụt, hoa mu-gung-hwa
태권도	Taekwondo	テコンドー	跆拳道	võ tae-kwon-do
태극기	Taegeukgi (Korean flag)	太極旗(韓国の国旗)	太极旗	cờ thái cực
명절	traditional holiday	名節(韓国の伝統的な祝日)	节日	ngày lễ truyền thống
설날	Seollal (Lunar New Year)	ソルラル(旧正月)	春节	tết nguyên đán
떡국	Tteokguk (rice-cake soup)	トックッ(餅入りスープ)	年糕汤	canh tteo-guk
세배	Sebae (New Year's bow)	セベ(新年の挨拶のお辞儀)	春节拜年	cúng năm mới
윷놀이	Yutnori (traditional board game)	ユンノリ(伝統的なすごろく遊び)	韩国传统掷栖游戏	trò chơi yut-no-ri
추석	Chuseok (Korean harvest festival)	秋夕(韓国のお盆)	中秋节	tết trung thu
송편	Songpyeon (half-moon rice cake)	ソンピョン(半月型の餅)	松糕	bánh song-pyeon

1. 그림을 보고 알맞은 단어를 골라 쓰십시오.

| 김치 떡국 세배 송편 남대문 무궁화 윷놀이 태극기 |

1) _____   2) _____   3) _____   4) _____

5) _____   6) _____   7) _____   8) _____

2. ( )에 들어갈 말로 가장 알맞은 것을 고르십시오.

1) 설날과 추석은 한국의 (   )입니다.

① 음식   ② 명절   ③ 도시   ④ 계절

2) 서울에 있는 (   )에는 다리가 서른두 개 있습니다.

① 한옥   ② 한강   ③ 한글   ④ 한복

3) 집 근처에 있는 작은 공원에는 여름이 되면 (   )이/가 핍니다.

① 무궁화   ② 태극기   ③ 윷놀이   ④ 태권도

4) 한국 사람들은 설날에 떡국을 먹고 어른들께 (   )을/를 합니다.

① 세수   ② 세배   ③ 세탁   ④ 배달

5) 처음 (   )을 배울 때 'ㅅ', 'ㅈ', 'ㅊ'처럼 비슷한 글자를 읽는 것이 어려웠습니다.

① 한식   ② 한글   ③ 한옥   ④ 한복

3. 다음을 듣고 대화 내용과 같은 것을 고르십시오.　Track 44　47회 듣기 21번

> 여자: 지난 주말에 **한옥**마을에 처음 가 봤는데 정말 좋았어요.
> 남자: 저도 작년에 가 봤어요. **한옥**에서 차를 마시고 잠도 잤어요.
> 여자: 그랬어요? 저는 시간이 없어서 그렇게 못했어요.
> 남자: 그럼 다음에 한 번 더 가 보세요.

① 남자는 여자와 함께 한옥마을에 갔습니다.　② 여자는 한옥마을을 자주 구경합니다.
③ 여자는 한옥마을에서 자 본 적이 없습니다.　④ 남자는 한옥마을에서 살고 있습니다.

4. 다음을 읽고 물음에 답하십시오.　41회 읽기 63, 64번

> ＿ ↗ ✕
>
> 받는 사람　liming@hankuk.edu; michael@hankuk.edu; sara@hankuk.edu;....
> 보낸 사람　Korea@hankuk.edu
> 제 　목　학생 여러분, 안녕하십니까?
>
> 　학생 여러분, '전통 **문화** 함께하기'를 신청해 주셔서 감사합니다.
> 　'전통 **문화** 함께하기'는 이번 주 금요일 오전 10시부터 12시까지 합니다. **태권도**를 신청한 학생은 운동화를 신고 체육관으로 오시기 바랍니다. 전통 차 만들기를 신청한 학생은 학생회관으로 오십시오. 모든 신청자는 30분 전에 와서 준비해 주시기 바랍니다.
> 　그럼 금요일에 뵙겠습니다.
>
> 　　　　　　　　　　　　　　　　　　　　　　　　　　한국대학교 학생회

1) 왜 윗글을 썼는지 맞는 것을 고르십시오.

　① 전통 문화 함께하기를 소개하려고
　② 전통 문화 함께하기 신청자를 확인하려고
　③ 전통 문화 함께하기 신청 방법을 알려 주려고
　④ 전통 문화 함께하기 시간과 장소를 안내하려고

2) 윗글의 내용과 같은 것을 고르십시오.

　① 신청자는 모두 운동화를 신어야 합니다.
　② 신청자는 아홉 시 반까지 모여야 합니다.
　③ 신청자는 금요일까지 전통 차를 준비해야 합니다.
　④ 신청자는 체육관에 모인 후에 학생회관으로 갈 겁니다.

Day 49 돈

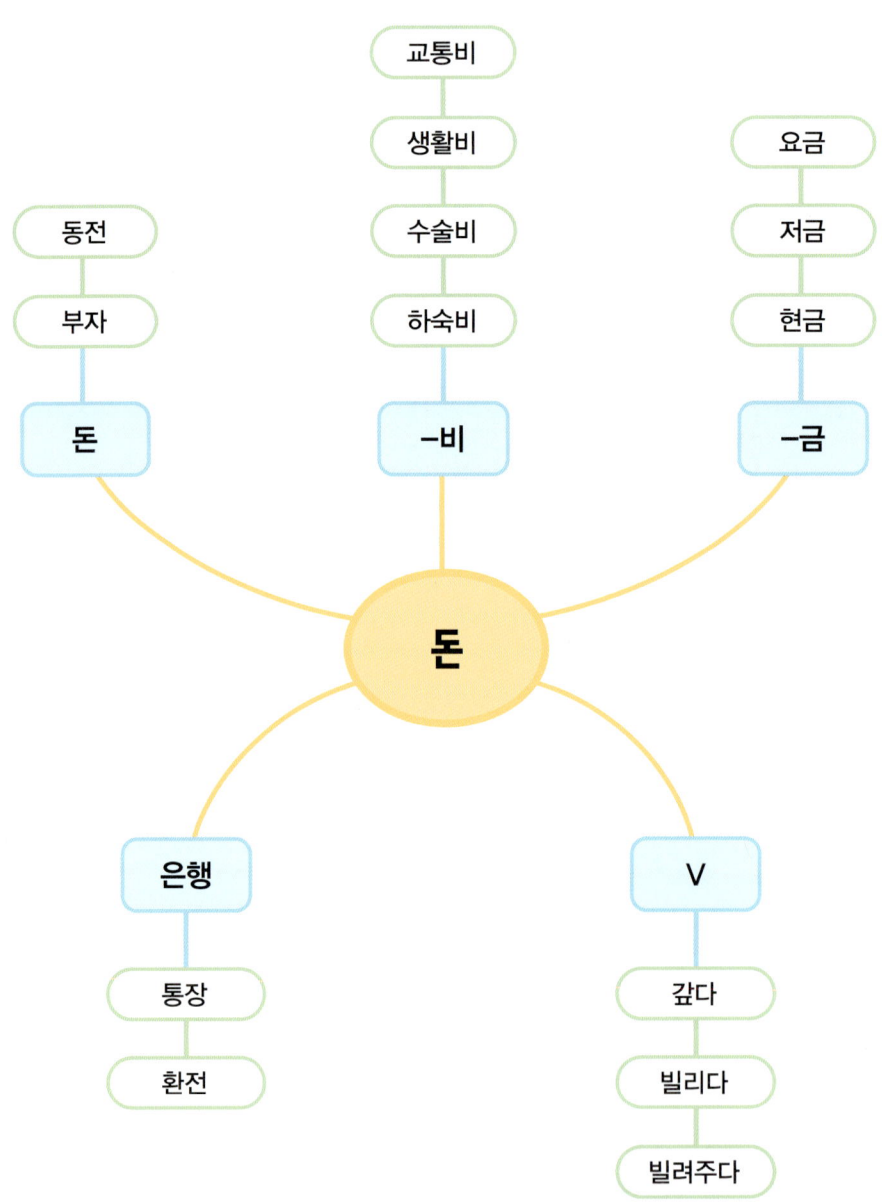

교통비

생활비

수술비

하숙비

동전

부자

돈

요금

저금

현금

-비

-금

돈

은행

V

통장

환전

갚다

빌리다

빌려주다

	영어	일본어	중국어	베트남어
돈				
돈	money	お金	钱	tiền
돈이 들다	to cost money	お金がかかる	花钱	tốn tiền
돈을 내다	to pay money	お金を払う	付钱	trả tiền
돈을 벌다	to earn money	お金を稼ぐ	赚钱	kiếm tiền
돈을 찾다	to withdraw money	お金を引き出す	取钱	rút tiền
동전	coin	硬貨	硬币	đồng xu
부자	rich person	お金持ち	富人	người giàu
―비				
교통비	transportation cost / fare	交通費	交通费	chi phí giao thông
생활비	living expenses	生活費	生活费	chi phí sinh hoạt
수술비	surgery cost	手術費	手术费	chi phí phẫu thuật
하숙비	boarding fee	下宿費	寄宿费	phí nhà trọ
―금				
요금	fare, fee, charge	料金	费用	cước phí
버스 요금	bus fare	バス料金	公交车费	cước phí xe buýt
전화 요금	phone bill	電話料金	电话费	cước phí điện thoại
전기 요금	electricity bill	電気料金	电费	cước phí tiền điện
저금	savings	貯金	存钱	tiết kiệm
현금	cash	現金	现金	tiền mặt
현금으로 계산하다	to pay in cash	現金で支払う	用现金结账	thanh toán bằng tiền mặt
은행				
은행	bank	銀行	银行	ngân hàng
통장	passbook	通帳	存折	sổ ngân hàng
통장을 만들다	to open a bank account	通帳を作る	开存折	mở sổ ngân hàng
환전	currency exchange	両替	兑换外币	đổi tiền
V				
갚다	to pay back	返す	还钱	trả
빌리다	to borrow	借りる	借	vay mượn
빌려주다	to lend	貸す	借给……	cho vay

1. ( )에 들어갈 말로 가장 알맞은 것을 고르십시오.

1) 지난달에 이사하고 새 가구도 사서 돈을 많이 ( ).

① 썼습니다　　　② 벌었습니다　　　③ 들었습니다　　　④ 갚았습니다

2) 방학에 한 달 동안 외국 여행을 가고 싶어서 매달 은행에 ( ) 있습니다.

① 빌리고　　　② 빌려주고　　　③ 환전하고　　　④ 저금하고

3) 오늘 지갑을 집에 두고 와서 돈이 없었습니다. 그래서 친구에게서 돈을 ( ).

① 냈습니다　　　② 빌렸습니다　　　③ 빌려줬습니다　　　④ 찾았습니다

4) 한국 돈 중에서 10원, 50원, 500원은 ( )입니다. 나머지는 종이로 만든 돈입니다.

① 사전　　　② 동전　　　③ 환전　　　④ 운전

5) 얼마 전에 이사했는데 집주인 아주머니도 친절하시고 ( )도 비싸지 않아서 좋습니다.

① 하숙비　　　② 생활비　　　③ 교통비　　　④ 수술비

6) 첫 월급을 받았을 때 이 세상에서 가장 큰 ( )이/가 된 것처럼 기분이 좋았습니다.

① 기자　　　② 환자　　　③ 부자　　　④ 부장

7) 한강공원은 ( )이 무료입니다. 그래서 한강공원에 갈 때 버스나 지하철을 타지 않고 제 차로 갑니다.

① 주차 요금　　　② 전화 요금　　　③ 버스 요금　　　④ 전기 요금

8) 가: 무엇을 도와 드릴까요?
　　나: 100만 원을 달러로 ( ) 주세요.

① 빌려　　　② 갚아　　　③ 저금해　　　④ 환전해

9) 가: 손님, 모두 3만 원입니다. 카드로 계산하시겠어요?
　　나: 아니요. ( )(으)로 할게요. 여기 3만 원요.

① 저금　　　② 통장　　　③ 현금　　　④ 동전

2. 여기는 어디입니까? 알맞은 것을 고르십시오.

Track 45 47회 듣기 8번

> 여자: 어떻게 오셨어요?
> 남자: **통장**을 만들고 싶어요.

① 시장　　　　　② 은행　　　　　③ 기차역　　　　　④ 운동장

3. 다음을 듣고 대화 내용과 같은 것을 고르십시오.

Track 46 35회 듣기 17번

> 여자: **돈**을 찾으려고 하는데 근처에 **은행**이 있어요?
> 남자: 네. 이쪽으로 쭉 가면 있어요.

① 여자는 돈을 찾았습니다.　　　　② 남자는 지금 은행에 있습니다.

③ 여자는 은행에 가려고 합니다.　　④ 남자는 은행에 가는 길을 모릅니다.

4. 다음을 읽고 물음에 답하십시오.

35회 읽기 61, 62번

> 　　지금은 **동전**과 지폐를 모두 사용합니다. 하지만 전에는 **동전**만 사용했습니다. 종이로 만든 지폐는 쉽게 찢어지고 더러워져서 (㉠) 못합니다. 그리고 가짜 **돈**을 만들기도 쉽습니다. 그래서 **동전**보다 지폐를 늦게 사용한 것입니다.

1) ㉠에 들어갈 말로 가장 알맞은 것을 고르십시오.

　　① 계속 나오지　　② 자주 만들지　　③ 가끔 내지　　④ 오래 쓰지

2) 윗글의 내용과 같은 것을 고르십시오.

　　① 지폐는 잘 더러워집니다.　　　② 옛날에도 지폐를 사용했습니다.

　　③ 지폐가 동전보다 먼저 나왔습니다.　　④ 동전은 가짜 돈을 만들기 쉽습니다.

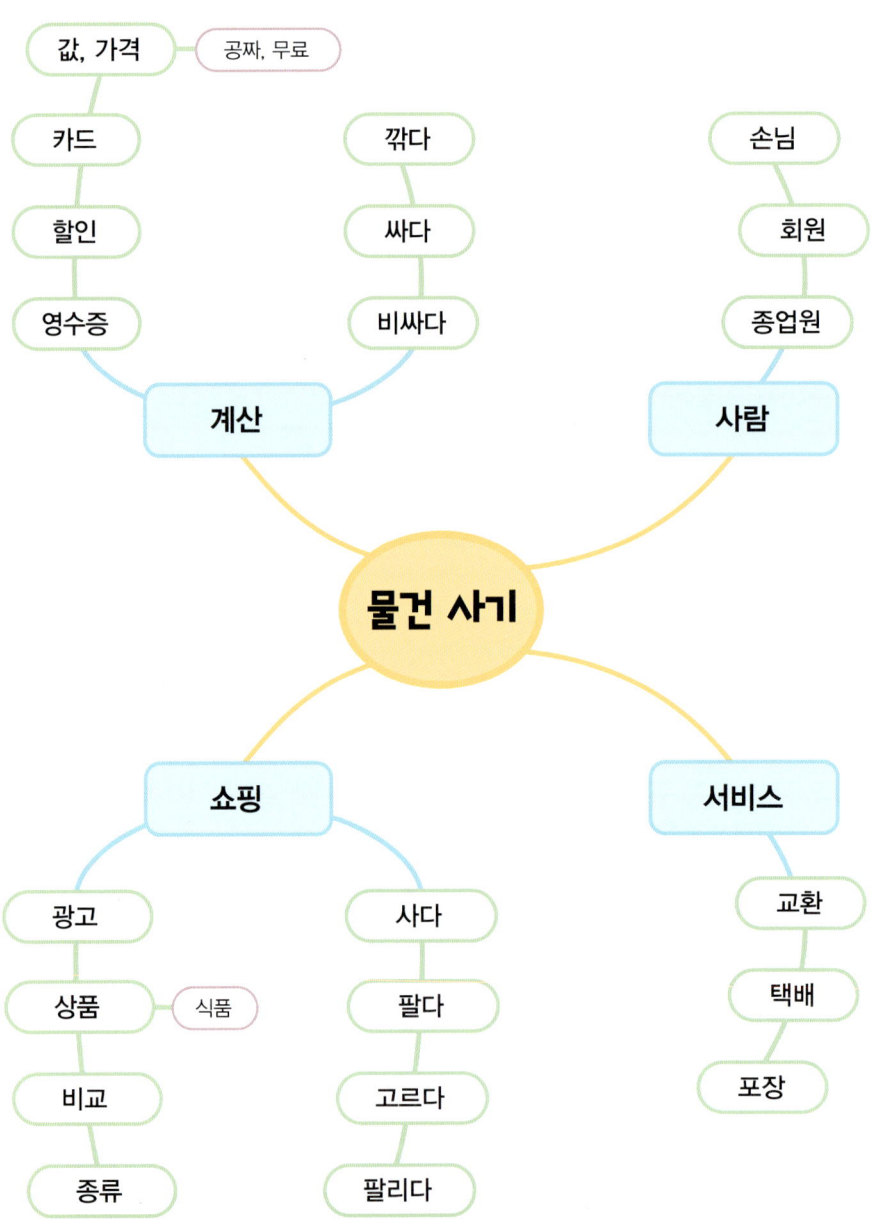

값, 가격 — 공짜, 무료
카드
할인
영수증
계산

깎다
싸다
비싸다

손님
회원
종업원
사람

물건 사기

쇼핑
광고
상품 — 식품
비교
종류

사다
팔다
고르다
팔리다

서비스
교환
택배
포장

	영어	일본어	중국어	베트남어
계산				
계산	payment	お会計	结账	tính toán, thanh toán
값, 가격	price	値段	价格	giá cả
공짜, 무료	free	ただ、無料	免费	miễn phí
공짜 표	free ticket	無料チケット	免费票	vé miễn phí
카드	card	カード	卡	thẻ
카드로 계산하다	to pay by card	カードで支払う	用卡结账	thanh toán bằng thẻ
할인	discount	割引	打折	giảm giá
영수증	receipt	レシート	收据, 发票	biên lai, hoá đơn
깎다	to ask for a discount	値引きする	砍价	bớt giá
싸다	to be cheap	安い	便宜	rẻ
비싸다	to be expensive	高い	贵	đắt
사람				
손님	customer	客、お客様	客人	khách hàng
회원	member	会員	会员	thành viên
회원 카드	membership card	会員カード	会员卡	thẻ thành viên
종업원	store clerk, staff	従業員、店員	服务员	công nhân viên
쇼핑				
쇼핑	shopping	買い物	购物	mua sắm
광고	advertisement	広告	广告	quảng cáo
상품	product	商品	商品	hàng hóa, sản phẩm
인기 상품	popular product	人気商品	人气商品	hàng hoá phổ biến
식품	food products, groceries	食品	食品	thực phẩm
비교	comparison	比較	比较	so sánh
종류	type, kind	種類	种类	kiểu, loại
종류가 다양하다	to have various types	種類が多い、豊富だ	种类多样	đa dạng chủng loại
사다	to buy	買う	买	mua
팔다	to sell	売る	卖	bán
고르다	to choose	選ぶ	挑选	lựa chọn
팔리다	to be sold	売れる	被卖	được bán
서비스				
교환	exchange	交換	交换	sự thay đổi
택배	parcel (delivery) service	宅配	按户送	sự giao tận nơi
포장	wrapping	包装	包装	đóng gói

1. ( )에 들어갈 말로 가장 알맞은 것을 고르십시오.

1) 과일이나 야채를 시장에서 사면 값을 ( ) 수 있어서 좋습니다.

① 받을   ② 깎을   ③ 내릴   ④ 부를

2) 서울백화점은 10만 원 이상 사면 주차 요금이 1시간 ( )입니다.

① 배달   ② 무료   ③ 계산   ④ 선택

3) 이 신발 가게에 마음에 드는 신발이 너무 많아서 ( ) 어렵습니다.

① 고르기가   ② 바꾸기가   ③ 시키기가   ④ 팔리기가

4) 인터넷으로 산 티셔츠가 마음에 드는데 사이즈가 조금 커서 ( ) 합니다.

① 교환하려고   ② 포장하려고   ③ 비교하려고   ④ 쇼핑하려고

5) 이 영화관 안에 있는 카페는 영화표를 보여 주면 음료를 10% ( ) 줍니다.

① 팔아   ② 빌려   ③ 골라   ④ 할인해

6) 우리 회사 앞에 있는 햄버거 가게는 손님이 많아서 보통 오후 두 시 전에 다 ( ).

① 쌉니다   ② 팔립니다   ③ 깎습니다   ④ 계산합니다

7) 요즘 텔레비전이나 신문보다 SNS ( )을/를 보고 물건을 사는 사람들이 많아졌습니다.

① 계산   ② 광고   ③ 종류   ④ 가격

8) 우리 언니는 ( ) 회사에 다니는데 언니 회사에서 만드는 것 중에서 제일 유명한 것이 김과 두부입니다.

① 상품   ② 식품   ③ 카드   ④ 택배

9) 가: 혹시 이거 사고 나서 언제까지 교환할 수 있어요?
    나: 일주일 안에 가지고 오셔야 합니다. 그리고 ( )이/가 꼭 있으셔야 합니다.

① 메시지   ② 영수증   ③ 안내문   ④ 교과서

10) 가: 이번달 수영 수업 신청하려고 하는데 스포츠 센터 ( )이/가 되면 20% 할인을 받을 수 있네요?
    나: 네, 새로 생긴 수업이라서 이번 달까지 할인해 드립니다.

① 손님   ② 직원   ③ 회원   ④ 종업원

2. 다음을 듣고 대화 내용과 같은 것을 고르십시오.

Track 47 64회 듣기 18번

> 여자: 저, 식빵은 없어요?
> 남자: 네. 다 **팔려서** 지금 다시 만들고 있습니다.
> 여자: 그럼 언제쯤 오면 돼요?
> 남자: 세 시쯤 오시면 됩니다.

① 여자는 식빵을 못 샀습니다.　　② 남자는 여자에게 빵을 줬습니다.

③ 여자는 이 곳에 세 시에 왔습니다.　　④ 남자는 지금 빵집에 다녀올 겁니다.

3. 다음을 읽고 물음에 답하십시오.

60회 읽기 63, 64번

받는 사람	goodshoes@hankuk.com
보낸 사람	ksj@daehan.net
제 목	'좋은 구두' 쇼핑몰 담당자께

　　안녕하세요? 여러 번 전화했는데 통화 중이라서 이메일을 보냅니다. 저는 지난주 수요일에 이 인터넷 쇼핑몰에서 구두를 주문했습니다. 오늘 구두를 받아서 신어 봤는데 너무 불편합니다. 사이즈를 240으로 **교환**할 수 있을까요? 답장 기다리겠습니다.

김수진 드림

1) 왜 윗글을 썼는지 맞는 것을 고르십시오.

　　① 주문 방법을 물어보려고　　② 구두를 더 주문하고 싶어서

　　③ 구두 사이즈를 바꾸고 싶어서　　④ 구두를 산 날짜를 확인하려고

2) 윗글의 내용과 같은 것을 고르십시오.

　　① 지난주에 구두를 받았습니다　　② 인터넷으로 구두를 샀습니다

　　③ 240 사이즈의 구두를 샀습니다　　④ 쇼핑몰에 이메일을 여러 번 보냈습니다.

	쉬다	to rest / 休む / 休息 / nghỉ ngơi
휴 **休**	**휴**가	vacation / 休暇 / 假期 / kì nghỉ
	휴일	holiday / 休日 / 假日 / ngày nghỉ
	휴지	tissue paper / ティッシュ、トイレットペーパー / 卫生纸 / giấy vệ sinh
	휴게실	lounge / 休憩室 / 休息室 / phòng tạm nghỉ
	연**휴**	long weekend / 連休 / 连休 / kì nghỉ lễ

	땅, 장소	land, place / 土地 / 土地 / mặt đất
지 **地**	**지**도	map / 地図 / 地图 / bản đồ
	지방	region, non-capital regions / 地方 / 地方 / địa phương
	지하	basement / 地下 / 地下 / dưới mặt đất
	관광**지**	tourist attraction / 観光地 / 旅游景点 / điểm tham quan du lịch
	여행**지**	travel destination / 旅行先 / 旅行地 / điểm đến du lịch

	공기, 기운	air, atmosphere / 雰囲気 / 气氛 / bầu không kh
기 **氣**	**기**분	feeling, mood / 気分 / 心情 / tâm trạng
	기온	temperature / 気温 / 气温 / nhiệt độ
	감**기**	cold (illness) / 風邪 / 感冒 / cảm lạnh
	전**기**	electricity / 電気 / 电 / điện

● 한국 여행

- **서울**(경복궁, 남산타워)
- **인천광역시**(차이나타운)
- **충청도**: 예산(수덕사), 공주(무령왕릉)
- **경상도**: 경주(불국사, 석굴암), 독도
- **제주도**(올레길, 한라산)

- **경기도**: 수원(수원화성), 파주(임진각)
- **강원도**: 양양(설악산), 춘천(남이섬)
- **전라도**: 전주(한옥마을), 여수(돌산도), 담양(죽녹원)
- **부산광역시**(해운대 해수욕장)

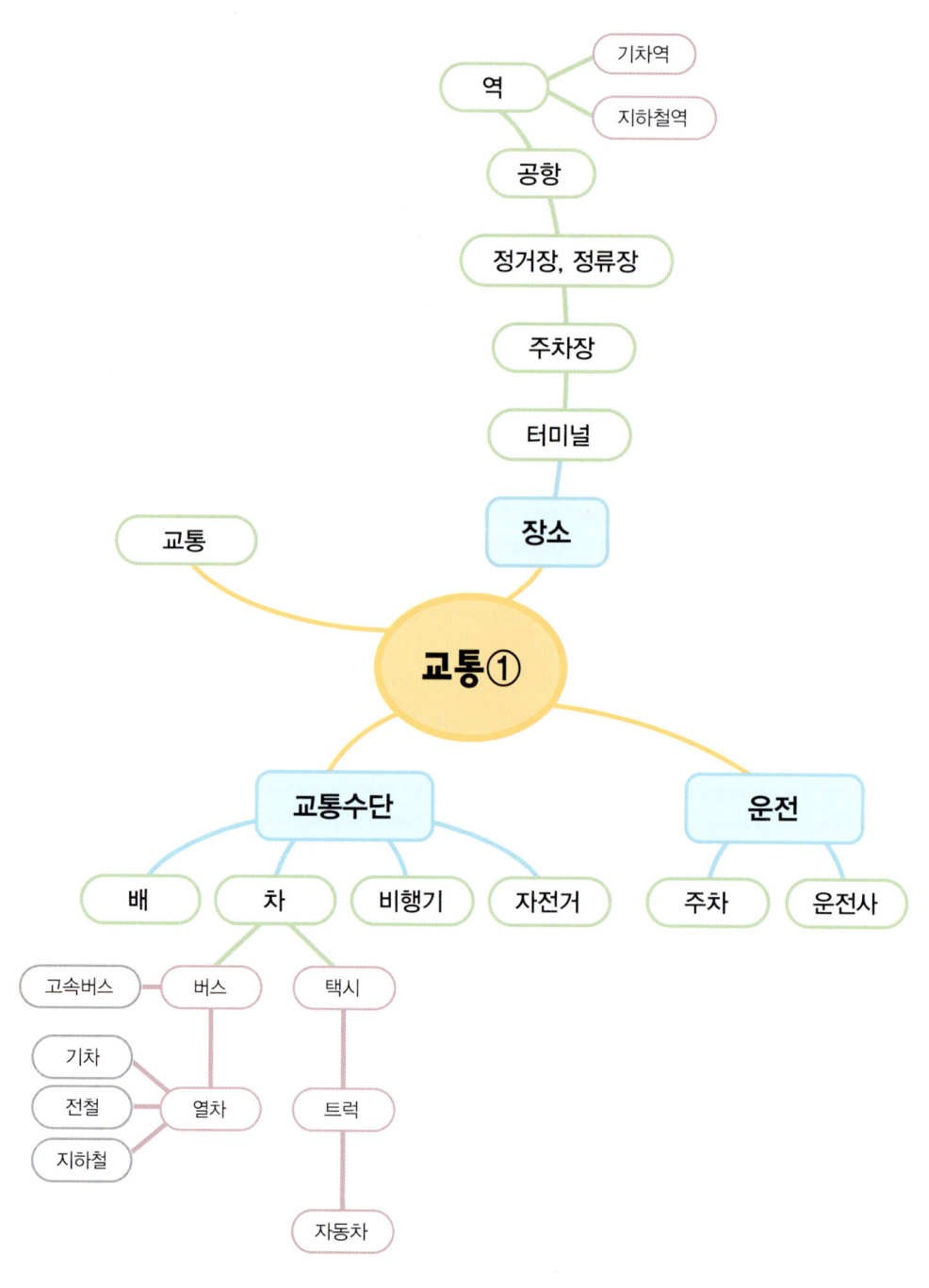

	영어	일본어	중국어	베트남어
교통	transportation	交通	交通	giao thông
교통 카드	transportation card	交通カード	交通卡	thẻ giao thông
교통이 편리하다	public transportation is convenient	交通が便利だ	交通方便	giao thông thuận tiện

장소

	영어	일본어	중국어	베트남어
역	station	駅	车站	ga tàu
기차역	train station	列車の駅	火车站	nhà ga xe lửa
지하철역	metro station	地下鉄の駅	地铁站	ga tàu điện ngầm
공항	airport	空港	机场	sân bay
정거장, 정류장	stop	停留所	站点	trạm dừng, bến xe
주차장	parking lot	駐車場	停车场	bãi đậu xe
터미널	terminal	ターミナル	客运站	nhà ga, bến xe
고속버스 터미널	express bus terminal	高速バスターミナル	高速巴士站	bến xe buýt tốc hành

교통수단

	영어	일본어	중국어	베트남어
배	ship, boat	船	船	tàu thủy
차	car	車	车	xe hơi
버스	bus	バス	公交车	xe buýt
고속버스	express bus	高速バス	高速巴士	xe buýt tốc hành
열차	train (subway train)	列車	列车	tàu hoả
기차	train	汽車	火车	tàu lửa
전철	metro	電車	电车	tàu điện
지하철	subway	地下鉄	地铁	tàu điện ngầm
택시	taxi	タクシー	出租车	taxi
트럭	truck	トラック	卡车	xe tải
자동차	automobile	自動車	汽车	ô tô
비행기	airplane	飛行機	飞机	máy bay
자전거	bicycle	自転車	自行车	xe đạp

운전

	영어	일본어	중국어	베트남어
운전	driving	運転	开车	lái xe
주차	parking	駐車	停车	đậu xe
주차 요금	parking fee	駐車料金	停车费	phí đỗ xe
운전사	driver	運転手	司机	tài xế

1. 그림을 보고 알맞은 단어를 골라 쓰십시오.

| 배 | 공항 | 버스 | 택시 | 트럭 | 기차역 | 비행기 | 지하철 |

1) _____ 2) _____ 3) _____ 4) _____

5) _____ 6) _____ 7) _____ 8) _____

2. (   )에 들어갈 말로 가장 알맞은 것을 고르십시오.

1) 저는 버스로 학교에 갑니다. 집에서 학교까지 다섯 (   )입니다.

① 주차장   ② 운전사   ③ 터미널   ④ 정거장

2) 저는 운전할 수 있습니다. 그래서 회사에서 집까지 보통 (   )(으)로 갑니다.

① 역   ② 차   ③ 고속버스   ④ 전철

3) 새로 이사한 집에서 지하철역과 버스정류장까지 가깝습니다. (   )이/가 편리
합니다.

① 열차   ② 교통   ③ 주차   ④ 운전

4) 주말에 친구와 한강 공원에서 (   )도 타고 산책도 했습니다.

① 비행기   ② 자전거   ③ 지하철   ④ 고속버스

5) 다음 주에 이사를 하는데 짐이 많아서 큰 (   )이/가 두 대 필요합니다.

① 공항   ② 기차   ③ 전철   ④ 트럭

3. 다음을 읽고 물음에 답하십시오.

35회 읽기 51, 52번

> 몇 십 년 후에는 **자동차**가 하늘로 다닐 것입니다. 그러면 그 **자동차**를 만드는 사람이 필요합니다. 그리고 하늘에 **자동차**가 있으면 하늘에서 일하는 **교통**경찰도 있어야 합니다. 지금은 이런 사람들을 (㉠) 없습니다. 하지만 앞으로는 이런 사람들을 자주 볼 수 있을 것입니다.

1) ㉠에 들어갈 말로 가장 알맞은 것을 고르십시오.

① 만날 수   ② 보낼 수   ③ 가르칠 수   ④ 기다릴 수

2) 무엇에 대한 내용인지 맞는 것을 고르십시오.

① 미래의 집   ② 미래의 직업

③ 내가 만든 자동차   ④ 내가 좋아하는 자동차

4. 다음을 읽고 물음에 답하십시오..

83회 읽기 59, 60번

> 저는 요즘 **자전거**를 타고 학교에 갑니다. (㉠) 전에는 **지하철**을 타고 다녔습니다. (㉡) 그때는 학교까지 삼십 분이 걸렸지만 지금은 한 시간쯤 걸립니다. (㉢) 아침에 일찍 일어나는 것은 싫지만 운동을 할 수 있어서 좋습니다. (㉣)

1) 다음 문장이 들어갈 곳으로 가장 알맞은 것을 고르십시오.

> 그래서 지하철을 탈 때보다 집에서 일찍 나와야 합니다.

① ㉠   ② ㉡   ③ ㉢   ④ ㉣

2) 윗글의 내용과 같은 것을 고르십시오.

① 저는 운동하는 것을 싫어합니다.
② 저는 요즘 아침에 늦게 일어납니다.
③ 저는 자전거를 타고 학교에 다닙니다.
④ 저는 매일 한 시간 동안 지하철을 탑니다.

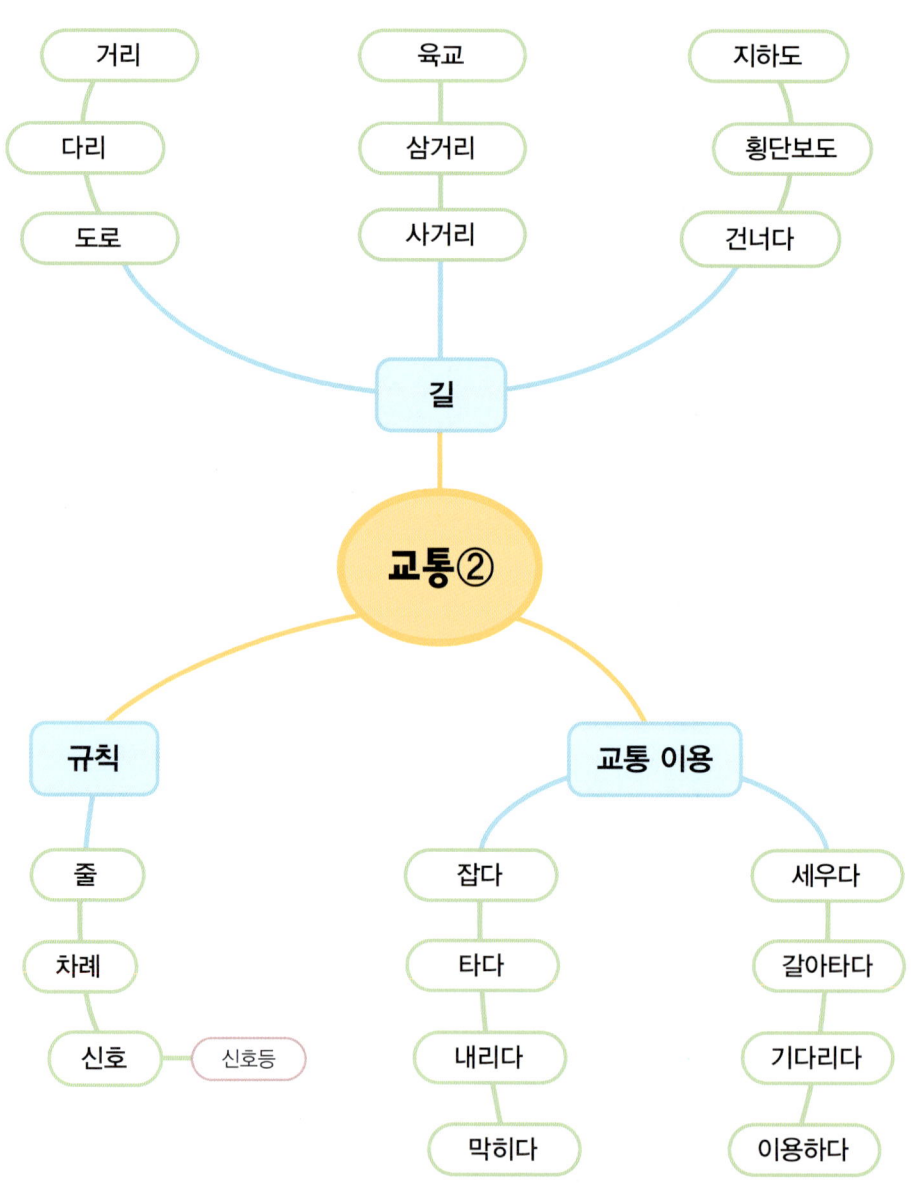

	영어	일본어	중국어	베트남어
길				
길	road	道	路	đường
길을 묻다	to ask for directions	道を尋ねる	问路	hỏi đường
길을 잃다	to get lost	道に迷う	迷路	bị lạc đường
거리	street	通り	街道	góc phố
길거리 음식	street food	屋台料理、ストリートフード	街头小吃	đồ ăn đường phố
거리를 걷다	to walk on the street	通りを歩く	在街上走	đi bộ trên đường phố
다리	bridge	橋	桥	cây cầu
도로	road	道路	公路	đường lộ
육교	pedestrian overpass	歩道橋	天桥	cầu vượt
삼거리	three-way intersection	丁字路、交差点	三岔路口	ngã ba
사거리	four-way intersection	十字路、交差点	十字路口	ngã tư
지하도	underpass	地下道	地下通道	đường hầm
횡단보도	crosswalk	横断歩道	人行横道	vạch qua đường
건너다	to cross	渡る	穿过	băng qua, đi qua
길을 건너다	to cross the road	道を渡る	过马路	băng qua đường
규칙				
줄	line	列	队	hàng lối
줄을 서다	to stand in line	列に並ぶ	排队	đứng xếp hàng
차례	turn	順番	顺序	lượt
차례를 지키다	to wait one's turn	順番を守る	遵守顺序	tuân thủ đúng lượt
신호	signal	信号	信号	tín hiệu
신호가 바뀌다	the (traffic) light changes	信号が変わる	信号变了	tín hiệu thay đổi
신호를 지키다	to obey the traffic signal	信号を守る	遵守交通信号	tuân thủ tín hiệu
신호등	traffic light	信号機	红绿灯	đèn tín hiệu
교통 이용				
잡다	to catch, to grab	つかまえる	抓, 拦	bắt
택시를 잡다	to get a taxi	タクシーをつかまえる	打车	bắt taxi
타다	to get on	乗る	乘, 坐	lên, đi
내리다	to get off	降りる	下	xuống
막히다	to be blocked	詰まる、滞る	堵塞	bị kẹt, bị tắc
길이 막히다	there is heavy traffic	道が混む	堵车	bị tắc đường
세우다	to stop	停める	停	dừng (xe)
차를 세우다	to stop the car	車を停める	停车	dừng xe lại
갈아타다	to transfer	乗り換える	换乘	đổi chuyến
기다리다	to wait	待つ	等, 等待	chờ đợi
이용하다	to use	利用する	利用, 使用	sử dụng

1. 그림을 보고 알맞은 단어를 골라 쓰십시오.

| 육교 신호등 삼거리 횡단보도 |

1) _____ 2) _____ 3) _____ 4) _____

2. ( )에 들어갈 말로 가장 알맞은 것을 고르십시오.

1) 오늘 버스가 안 와서 30분이나 ( ). 그래서 학교에 늦었어요.
   ① 잡았어요   ② 세웠어요   ③ 건너갔어요   ④ 기다렸어요

2) 길을 건너는 중에 ( )가 초록색에서 빨간색으로 바뀌어서 뛰었습니다.
   ① 순서   ② 신호   ③ 도로   ④ 다리

3) 사람들이 비행기를 타려고 줄을 섰습니다. ( )을/를 지켜서 들어갑니다.
   ① 차례   ② 약속   ③ 계획   ④ 신호

4) 우리 학교 앞에는 횡단보도나 육교가 없어서 ( )(으)로 길을 건너야 합니다.
   ① 차례   ② 주차장   ③ 신호등   ④ 지하도

5) 학교에 가려면 지하철 2호선을 타고 시청역에 내려서 1호선으로 ( ) 합니다.
   ① 건너야   ② 세워야   ③ 갈아타야   ④ 이용해야

6) 출퇴근 시간에는 차가 너무 막혀서 저는 버스나 택시를 타지 않고 지하철을 ( ).
   ① 잡습니다   ② 건넙니다   ③ 갈아탑니다   ④ 이용합니다

7) 서울역 앞이 너무 복잡해서 지나가는 사람에게 ( )을/를 물었는데 친절하게
   가르쳐 주었습니다.
   ① 길   ② 답   ③ 거리   ④ 도로

3. 다음을 듣고 대화 내용과 같은 것을 고르십시오.

Track 48 64회 듣기 19번

> 남자: 수미 씨, 미영 씨 결혼식이 일곱 시지요? 이제 가야겠어요.
> 여자: 네, 그런데 우리 어떻게 갈까요? 차를 가지고 갈까요?
> 남자: 거기 너무 복잡하니까 지하철로 가는 게 어때요?
> 여자: 그래요. **길**이 **막힐** 수도 있으니까 지하철로 가요.

① 남자는 혼자 결혼식에 갑니다.

② 여자는 일곱 시에 남자를 만날 겁니다.

③ 여자는 지하철로 결혼식장에 갈 겁니다.

④ 남자는 결혼식에 차를 가지고 갈 겁니다.

4. 다음을 읽고 물음에 답하십시오.

36회 읽기 61, 62번

> 인주시청 앞 **도로**는 주말에 차가 다닐 수 없습니다. 복잡한 **길**을 걷기 편한 **거리**로 (㉠) 인주시가 이곳을 '차 없는 **거리**'로 만든 것입니다. 사람들은 주말마다 이곳에서 자기가 안 쓰는 물건이나 직접 만든 물건을 사고팝니다. 배가 고프면 **길**에서 김밥이나 아이스크림을 사 먹을 수도 있습니다. 자유롭고 밝은 분위기 때문에 젊은 사람들이 이곳을 많이 찾고 있습니다.

1) ㉠에 들어갈 말로 가장 알맞은 것을 고르십시오.

① 바꾸면   ② 바꿔도   ③ 바꾸려고   ④ 바꾸지만

2) 윗글의 내용과 같은 것을 고르십시오.

① 평일에는 이 도로에 차가 다닐 수 없습니다.

② 배가 고프면 이곳에서 음식을 직접 만듭니다.

③ 사람들이 많아지면서 거리가 더 복잡해졌습니다.

④ 이 도로는 젊은 사람들이 좋아하는 곳이 되었습니다.

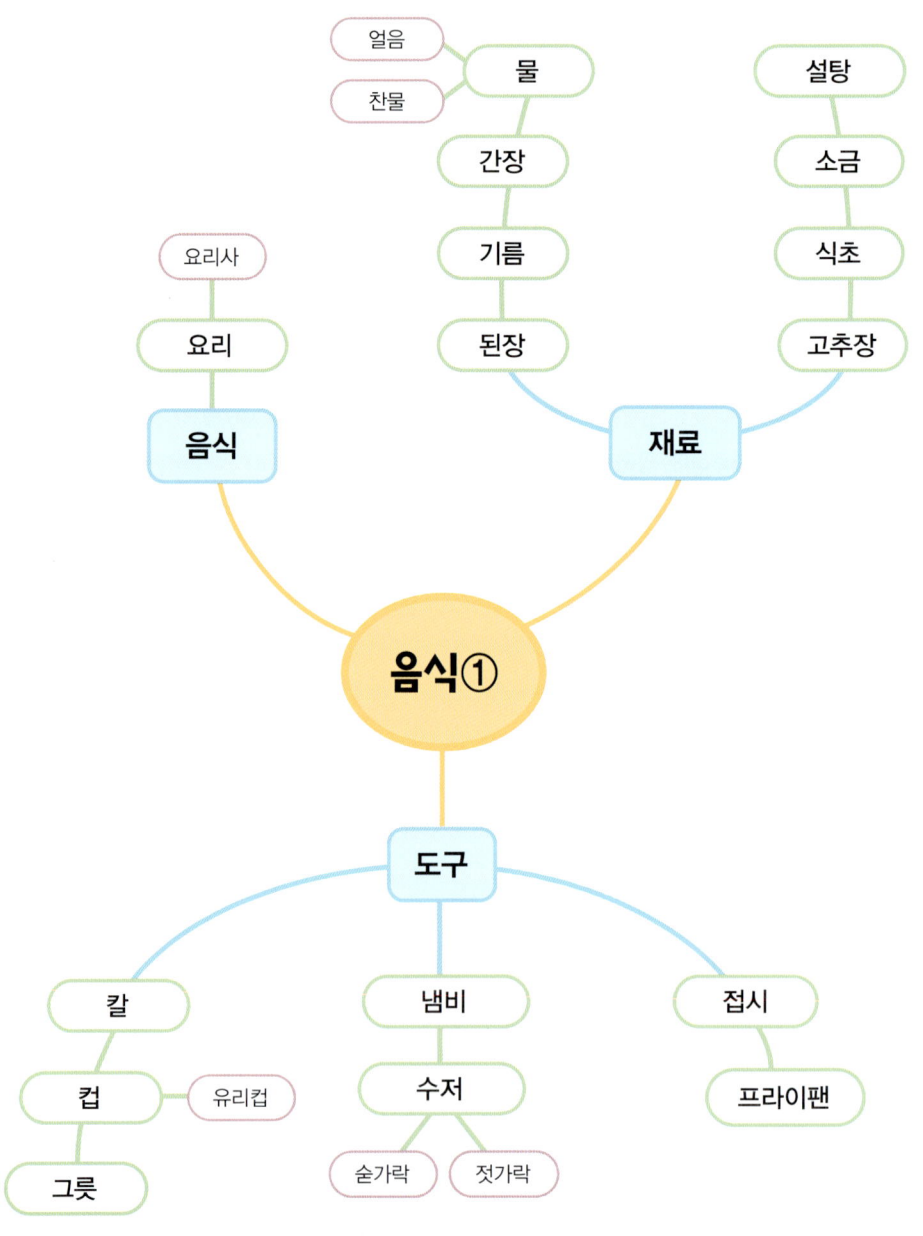

	영어	일본어	중국어	베트남어
음식				
음식	food	食べ物	食物	đồ ăn
요리	cooking	料理	烹饪	nấu ăn
요리사	chef	調理師、シェフ	厨师	đầu bếp
재료				
재료	ingredient	材料	材料	nguyên liệu
물	water	水	水	nước
얼음	ice	氷	冰块	đá
찬물	cold water	冷たい水	冷水	nước lạnh
간장	soy sauce	醤油	酱油	nước tương
기름	oil	油	油	dầu
된장	Doenjang (fermented soybean paste)	テンジャン(味噌の一種)	大酱	tương đậu
설탕	sugar	砂糖	糖	đường
소금	salt	塩	盐	muối
식초	vinegar	酢	醋	giấm
고추장	Gochujang (red chili paste)	コチュジャン(唐辛子味噌)	辣椒酱	tương ớt
도구				
칼	knife	包丁	刀	dao
컵	cup	コップ	杯子	cái ly, cốc
유리컵	glass	ガラス	玻璃	thủy tinh
그릇	bowl, dish	器	碗	cái bát
냄비	pot	鍋	锅	cái nồi
수저	spoon and chopsticks	匙と箸 / 羹匙和	筷子	Muỗng và đũa
숟가락	spoon	スプーン	勺子	cái thìa
젓가락	chopsticks	箸	筷子	cái đũa
접시	plate	皿	盘子	cái đĩa
프라이팬	frying pan	フライパン	平底锅	cái chảo rán

1. 그림을 보고 알맞은 단어를 골라 쓰십시오.

| 칼   물   접시   수저   냄비   얼음   유리컵   요리사 |

1) _____ 2) _____ 3) _____ 4) _____

5) _____ 6) _____ 7) _____ 8) _____

2. ( )에 들어갈 말로 가장 알맞은 것을 고르십시오.

1) 한국 음식을 먹을 때 (　　　)을 사용하는 것이 아직 익숙하지 않습니다.

① 찬물 　　　　② 그릇 　　　　③ 젓가락 　　　　④ 프라이팬

2) 비빔밥을 먹을 때 (　　　)을/를 넣어서 먹으면 조금 맵지만 더 맛있습니다.

① 식초 　　　　② 소금 　　　　③ 설탕 　　　　④ 고추장

3) 불고기를 만들 때 필요한 (　　　)은/는 소고기, 버섯, 당근, 양파, 파입니다.

① 간장 　　　　② 재료 　　　　③ 된장 　　　　④ 요리

4) 우리 언니는 (　　　)인데 유명한 식당에서 일합니다. 언니가 만든 음식은 다 맛
있습니다.

① 간호사 　　　　② 유학생 　　　　③ 요리사 　　　　④ 음악가

5) 저는 (　　　)에 튀긴 음식을 좋아합니다. 지난 주말에는 집에서 새우 튀김과 오징
어 튀김을 해서 먹었습니다.

① 간장 　　　　② 기름 　　　　③ 얼음 　　　　④ 설탕

3. 다음을 읽고 물음에 답하십시오.

60회 읽기 65, 66번

> **설탕**은 단 맛을 낼 때 사용합니다. **음식**을 오래 먹고 싶을 때 사용하기도 합니다. 그런데 **설탕**은 **음식**을 할 때만 쓰는 것은 아닙니다. 꽃병에 물과 함께 **설탕**으로 넣으면 꽃을 오래 볼 수 있습니다. 옷을 빨 때 **설탕**을 넣으면 하얀색 옷이 더 깨끗해지고 **설탕**과 레몬을 같이 넣으면 옷이 부드러워집니다. **요리**한 후에 손을 (㉠) **컵**을 닦을 때 사용할 수도 있습니다.

1) ㉠에 들어갈 말로 가장 알맞은 것을 고르십시오.

① 씻어서　　　② 씻지만　　　③ 씻거나　　　④ 씻는데

2) 윗글의 내용과 같은 것을 고르십시오.

① 설탕을 넣은 음식은 빨리 먹어야 합니다.
② 꽃병에 설탕을 넣으면 꽃이 오래 삽니다.
③ 하얀 옷을 빨 때 설탕을 넣으면 좋지 않습니다.
④ 빨래할 때 레몬과 설탕을 함께 쓰면 안 됩니다.

4. 다음을 읽고 물음에 답하십시오.

64회 읽기 65, 66번

> **얼음** 음료는 여름철 인기 메뉴입니다. 그런데 **얼음**이 녹아서 **물**이 되면 음료의 맛이 없어집니다. 그래서 **얼음** 음료를 만들 때는 천천히 녹는 **얼음**을 넣으면 좋습니다. 큰 **얼음**은 작은 **얼음**보다 천천히 녹고, 오래 얼린 **얼음**도 잠깐 얼린 **얼음**보다 천천히 녹습니다. 이런 **얼음**을 넣으면 (㉠) 처음 음료의 맛을 오래 즐길 수 있습니다.

1) ㉠에 들어갈 말로 가장 알맞은 것을 고르십시오.

① 마시지만　　　② 마시려고　　　③ 마시기 때문에　　　④ 마시는 동안

2) 윗글의 내용과 같은 것을 고르십시오.

① 오래 얼린 얼음이 더 빨리 녹습니다.
② 작은 얼음은 큰 얼음보다 빨리 녹습니다.
③ 큰 얼음을 음료에 넣으면 맛이 금방 달라집니다.
④ 음료 맛은 작은 얼음을 넣을 때 천천히 변합니다.

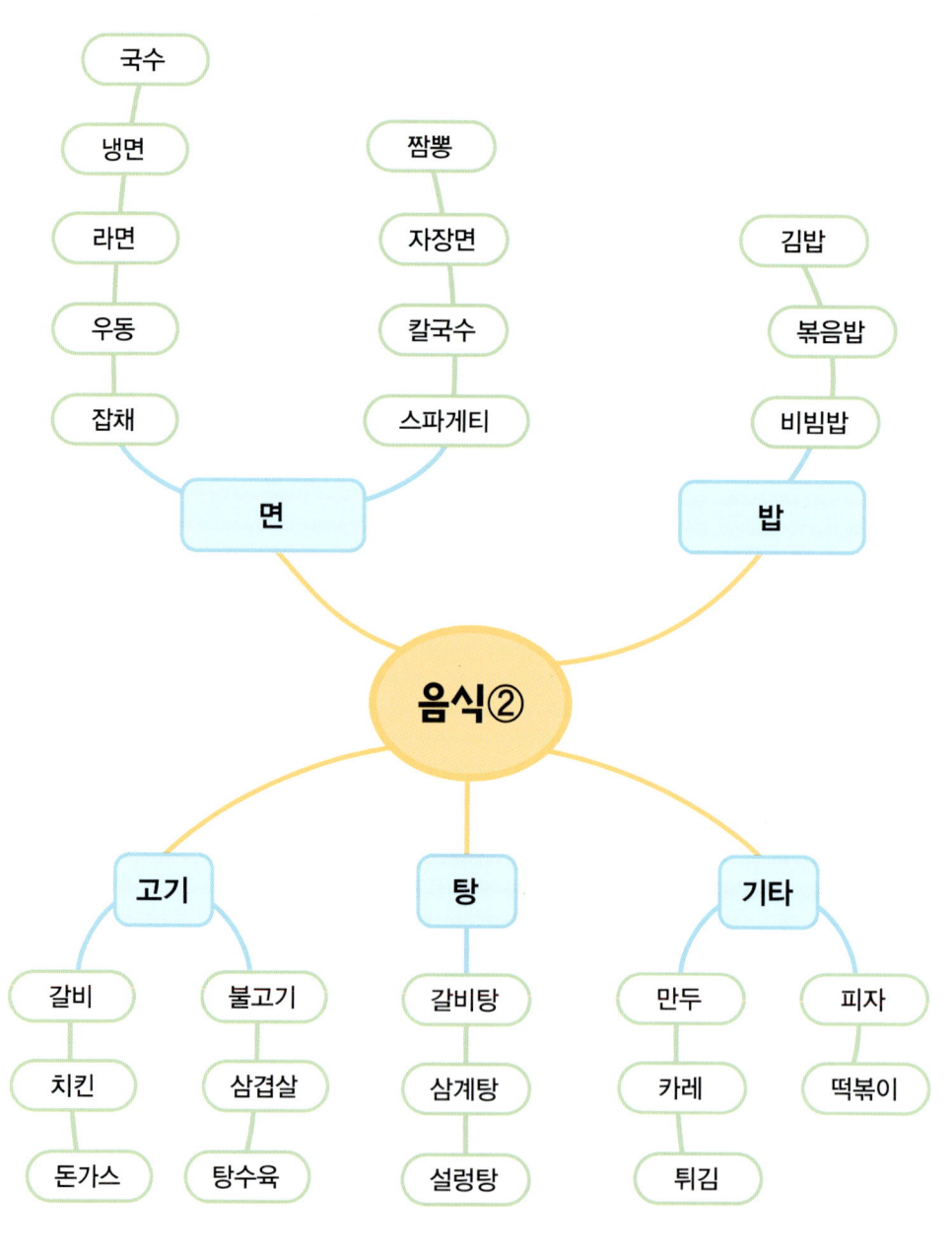

	영어	일본어	중국어	베트남어
면				
국수	noodles	麺(麺類の総称)	面条	mì
냉면	Naengmyeon (cold buckwheat noodles)	冷麺	冷面	mì lạnh
라면	Ramyeon (instant noodles)	ラーメン(インスタント麺)	拉面	mì ăn liền
우동	Udon	うどん	乌冬面	mì u-đon
잡채	Japchae (stir-fried glass noodle)	チャプチェ(春雨炒め)	什锦菜	món mì Jap-Chae
짬뽕	Jjamppong (spicy seafood noodle soup)	チャンポン(辛い海鮮ラーメン)	辣海鲜面	món mì Jjam-Ppong
자장면	Jjajangmyeon (black bean noodles)	ジャジャン麺(黒味噌麺)	炸酱面	món mì tương đen Ja-Jang-Myeon
칼국수	Kalguksu (Korean knife-cut noodles)	カルグクス(手打ちうどん)	手擀面	mòn mì Kal-Kuk-Su
스파게티	spaghetti	スパゲッティ	意大利面	mì Ý
밥				
김밥	Gimbap (rice roll wrapped in seaweed)	キンパ(韓国風のり巻き)	紫菜包饭	món cơm cuộn
볶음밥	fried rice	チャーハン(炒めご飯)	炒饭	cơm chiên
비빔밥	Bibimbap (mixed rice with vegetables)	ビビンバ(混ぜご飯)	拌饭	cơm trộn Bi-Bim-Pap
고기				
갈비	Galbi (ribs)	カルビ	排骨	sườn
치킨	fried chicken	チキン	炸鸡	thịt gà
돈가스	pork cutlet	トンカツ	炸猪排	thịt chiên giòn Ton-Kat-Su
불고기	Bulgogi (marinated beef)	プルコギ(味付け焼き肉)	烤牛肉	thịt Bul-Go-Gi
삼겹살	Samgyeopsal (pork belly)	サムギョプサル	五花肉	thịt ba chi lợn
탕수육	Tangsuyuk (sweet-and-sour pork)	酢豚	锅包肉	thịt lợn chua ngọt
탕				
갈비탕	Galbi-tang (beef rib soup)	カルビタン(牛カルビスープ)	排骨汤	canh sườn Gal-Bi-Tang
삼계탕	Samgye-tang (ginseng chicken soup)	サムゲタン(高麗人参鶏スープ)	参鸡汤	gà hầm sâm Sam-Gye-Tang
설렁탕	Seolleong-tang (ox bone soup)	ソルロンタン(牛骨スープ)	牛骨汤	món canh Seo-Lleong-Tang
기타				
만두	dumplings	マンドゥ(餃子)	饺子	bánh bao
카레	Korean style curry	カレー	咖喱	cà ri
튀김	fried food	揚げ物	油炸类	chiên rán
피자	pizza	ピザ	比萨饼	bánh Pizza
떡볶이	Tteokbokki (spicy rice cakes)	トッポッキ(辛い餅料理)	辣炒年糕	bánh gạo Tteok-Bok-Ki

1. ( )에 들어갈 말로 가장 알맞은 것을 고르십시오.

1)  친구들과 한강 공원에 소풍을 가기로 했습니다. 저는 여러 가지 야채와 고기를 넣어서 ( )을/를 만들어 가려고 합니다.

① 김밥   ② 잡채   ③ 비빔밥   ④ 볶음밥

2)  제가 제일 좋아하는 한국 음식은 ( )입니다. 맵지만 맛있고 비싸지 않습니다. 집에서 만들기도 어렵지 않아서 자주 먹습니다.

① 돈가스   ② 자장면   ③ 설렁탕   ④ 떡볶이

3)  한국에서는 결혼식 때 ( )을/를 먹습니다. ( )은/는 신랑과 신부가 오랫동안 행복하게 살기 바라는 의미가 있습니다.

① 국수   ② 갈비   ③ 튀김   ④ 스파게티

4) 우리 가족은 배달 음식 중에서 ( )을/를 자주 먹습니다. 간장 맛, 매운 맛, 마늘 맛, 여러 가지 맛이 있어서 골라 먹는 재미가 있습니다.

① 만두   ② 치킨   ③ 피자   ④ 카레

5)  한국 사람들은 여름에 ( )을/를 먹습니다. 여름에 날씨가 더워서 땀을 많이 흘리고 건강이 약해질 수 있는데 이때 뜨거운 음식을 먹으면 건강에 도움이 됩니다.

① 삼계탕   ② 탕수육   ③ 불고기   ④ 삼겹살

2. 다음을 읽고 물음에 답하십시오.

36회 읽기 55, 56번

> **떡볶이**는 종류가 많습니다. 보통 우리가 먹는 **떡볶이**는 맵지만 전통 **떡볶이**는 맵지 않습니다. 고추장을 넣지 않고 간장으로 만들기 때문입니다. (㉠) 매운 것을 못 먹는 아이들이나 외국인도 먹을 수 있습니다. 또 소고기와 여러 가지 채소가 들어 있기 때문에 맛도 좋고 건강에도 좋습니다.

1) ㉠에 들어갈 말로 가장 알맞은 것을 고르십시오.

① 그래서   ② 그리고   ③ 하지만   ④ 그런데

2) 윗글의 내용과 같은 것을 고르십시오.

① 떡볶이는 맛이 모두 같습니다.
② 전통 떡볶이에는 소고기를 넣습니다.
③ 전통 떡볶이는 맵지만 건강에 좋습니다.
④ 전통 떡볶이는 외국인이 먹기 어렵습니다.

3. 다음을 읽고 물음에 답하십시오.

35회 읽기 59, 60번

> **라면**은 맛있지만 소금이 많이 들어 있어서 건강에 나쁩니다. (㉠) **라면**의 소금은 보통 국물을 만드는 스프에 있습니다. (㉡) 그래도 국물을 먹고 싶으면 스프를 조금만 넣습니다. (㉢) 그리고 **라면**을 끓일 때 스프를 늦게 넣는 것도 소금을 덜 먹는 또 하나의 방법입니다. (㉣)

1) 다음 문장이 들어갈 곳으로 가장 알맞은 것을 고르십시오.

> 그래서 소금을 적게 먹으려면 라면 국물을 먹지 않는 게 좋습니다.

① ㉠   ② ㉡   ③ ㉢   ④ ㉣

2) 윗글의 내용과 같은 것을 고르십시오.

① 라면은 건강에 좋은 음식입니다.
② 스프를 많이 넣으면 건강에 좋습니다.
③ 스프를 먼저 넣으면 소금을 많이 먹게 됩니다.
④ 라면의 소금을 적게 먹는 방법은 한 가지입니다.

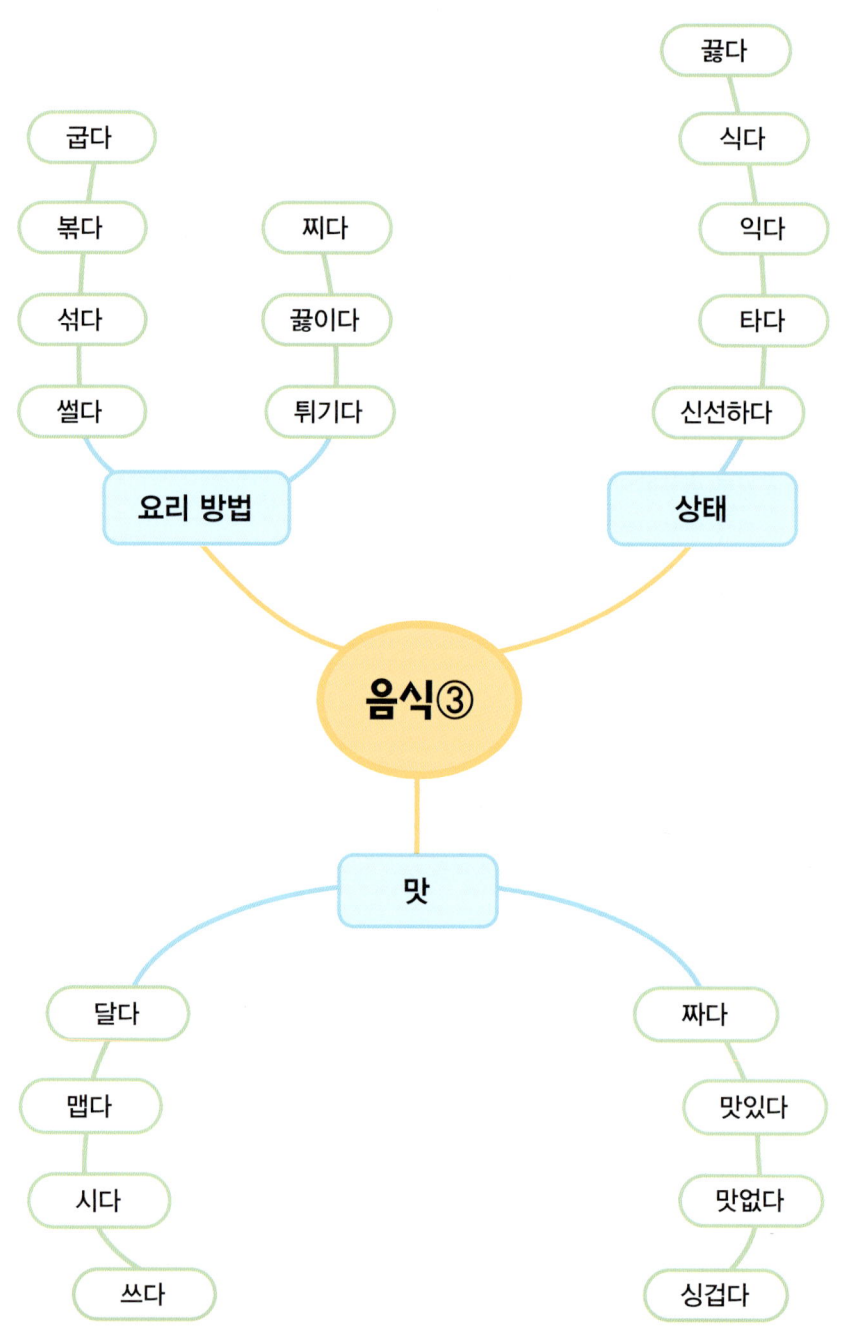

굽다
볶다
섞다
썰다
찌다
끓이다
튀기다
요리 방법

끓다
식다
익다
타다
신선하다
상태

음식③

맛

달다
맵다
시다
쓰다

짜다
맛있다
맛없다
싱겁다

	영어	일본어	중국어	베트남어
요리 방법				
굽다	to grill, to bake	焼く	炒	nướng
볶다	to stir-fry	炒める	混合	xào
섞다	to mix	混ぜる	切	trộn
썰다	to slice	切る、スライスする	蒸	cắt
찌다	to steam-cook	蒸す	煮	hấp
끓이다	to boil	沸かす、煮る	炸	đun sôi
튀기다	to deep-fry	揚げる	煮	chiên giòn
상태				
끓다	to boil	沸く	熟	sôi sùng sục
식다	to cool down, to get cold	冷める	烧焦	nguội
익다	to be cooked, to ripen	火が通る、煮える	冷却	chín
타다	to get burned	焦げる	新鲜	cháy
신선하다	to be fresh	新鮮だ	甜	tươi sống
맛				
달다	to be sweet	甘い	辣	ngọt
맵다	to be spicy, to be hot	辛い	酸	cay
시다	to be sour	酸っぱい	苦	chua
쓰다	to be bitter	苦い	咸	đắng
짜다	to be salty	塩辛い、しょっぱい	好吃	mặn
맛있다	to be delicious	おいしい	难吃	ngon
맛없다	to taste bad	おいしくない	淡	không ngon
싱겁다	to be bland	味が薄い	打针/注射	nhạt, nhạt nhẽo

1. 그림을 보고 알맞은 단어를 골라 쓰십시오.

| 찌다 굽다 끓이다 볶다 썰다 튀기다 |

1) _____ 2) _____ 3) _____

4) _____ 5) _____ 6) _____

2. ( )에 들어갈 말로 가장 알맞은 것을 고르십시오.

1) 생선을 너무 오래 구워서 겉이 까맣게 ( ).

① 끓었습니다   ② 남았습니다   ③ 식었습니다   ④ 탔습니다.

2) 국이 조금 ( ) 소금을 더 넣어서 먹었습니다.

① 짜서   ② 시어서   ③ 맛있어서   ④ 싱거워서

3) 아침 일찍 시장에 가면 ( ) 생선을 살 수 있습니다.

① 매운   ② 썩은   ③ 맛없는   ④ 신선한

4) 삼계탕이 너무 뜨거워서 조금 ( ) 후에 먹을 겁니다.

① 익은   ② 식은   ③ 썩은   ④ 끓은

5) 어렸을 때는 약이 ( ) 약을 먹은 후에 바로 사탕을 먹었습니다.

① 써서   ② 달아서   ③ 싱거워서   ④ 맛있어서

3. 다음을 순서에 맞게 배열한 것을 고르십시오.

52회 읽기 58번

> (가) 그렇지만 물 위에 있으면 오래된 달걀입니다.
> (나) 소금물이 있는 그릇에 달걀을 넣어 보면 됩니다.
> (다) 오래된 달걀과 **신선한** 달걀을 알 수 있는 방법이 있습니다.
> (라) 소금물에 넣었을 때 달걀이 그릇 바닥에 있으면 **신선한** 것입니다.

① (나)-(라)-(다)-(가)　　　　② (나)-(다)-(가)-(라)

③ (다)-(가)-(나)-(라)　　　　④ (다)-(나)-(라)-(가)

4. 다음을 읽고 물음에 답하십시오.

41회 읽기 69, 70번

> 　아버지는 요리에 관심이 없어서 거의 요리를 하지 않으셨습니다. 그런데 지난달에 어머니가 다리를 다쳐서 요리를 못 하게 되었습니다. 그때부터 아버지는 요리를 (㉠). 아버지의 요리는 **맛있을** 때도 있고 **맛없을** 때도 있었습니다. 그런데 음식의 맛과 관계없이 어머니는 항상 **맛있게** 드셨습니다. 그 후로 아버지는 요리하는 것을 좋아하게 되셨습니다.

1) ㉠에 들어갈 말로 가장 알맞은 것을 고르십시오.

　　① 하실 수 없었습니다　　　　② 하실 것 같았습니다

　　③ 하시기 시작했습니다　　　　④ 해 주신 적이 없었습니다

2) 윗글의 내용으로 알 수 있는 것을 고르십시오.

　　① 아버지는 요즘 요리에 관심을 갖게 되었습니다.
　　② 아버지는 오래 전부터 요리 학원에 다니셨습니다.
　　③ 어머니는 아버지가 요리하는 것을 도와주셨습니다.
　　④ 아버지가 만든 음식의 맛이 점점 좋아지고 있습니다.

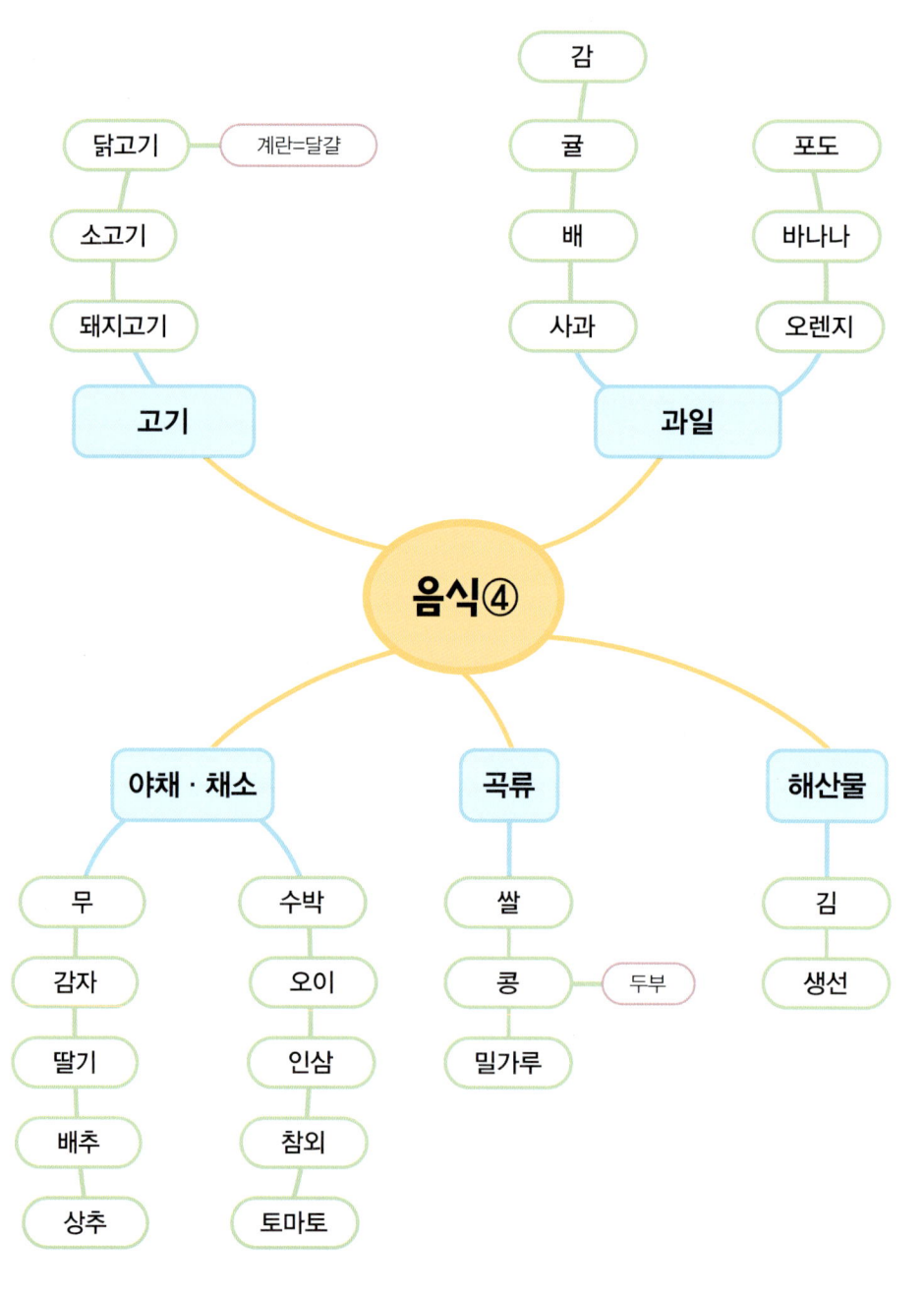

	영어	일본어	중국어	베트남어
고기				
고기	meat	肉	肉	thịt
닭고기	chicken	鶏肉	鸡肉	thịt gà
계란=달걀	egg	卵	鸡蛋	trứng gà
소고기	beef	牛肉	牛肉	thịt bò
돼지고기	pork	豚肉	猪肉	thịt lợn
과일				
과일	fruit	果物	水果	trái cây
감	persimmon	柿	柿子	quả hồng
귤	tangerine, mandarin	みかん	橘子	quả quýt
배	pear	梨	梨	quả lê
사과	apple	りんご	苹果	quả táo
포도	grape	ぶどう	葡萄	quả nho
바나나	banana	バナナ	香蕉	quả chuối
오렌지	orange	オレンジ	橙子	quả cam
야채 · 채소				
야채, 채소	vegetables	野菜	蔬菜	rau củ
무	radish	大根	白萝卜	củ cải trắng
감자	potato	じゃがいも	土豆	khoai tây
딸기	strawberry	いちご	草莓	quả dâu
배추	napa cabbage	白菜	大白菜	bắp cải
상추	lettuce	サンチュ	生菜	rau xà lách
수박	watermelon	すいか	西瓜	dưa hấu
오이	cucumber	きゅうり	黄瓜	quả dưa chuột
인삼	ginseng	高麗人参	人参	nhân sâm
참외	oriental melon	チャメ、マクワウリ	香瓜	dưa lê vàng
토마토	tomato	トマト	西红柿	cà chua
곡류				
쌀	rice (uncooked)	米	大米	gạo
콩	beans	豆	豆	đậu
두부	tofu	豆腐	豆腐	đậu phụ
밀가루	flour	小麦粉	面粉	bột mì
해산물				
김	Gim (dried seaweed sheets)	海苔	海苔	rong biển
생선	fish	魚	海鱼	cá

1. 그림을 보고 알맞은 단어를 골라 쓰십시오.

| 귤 | 김 | 무 | 참외 | 딸기 | 수박 | 닭고기 | 돼지고기 |

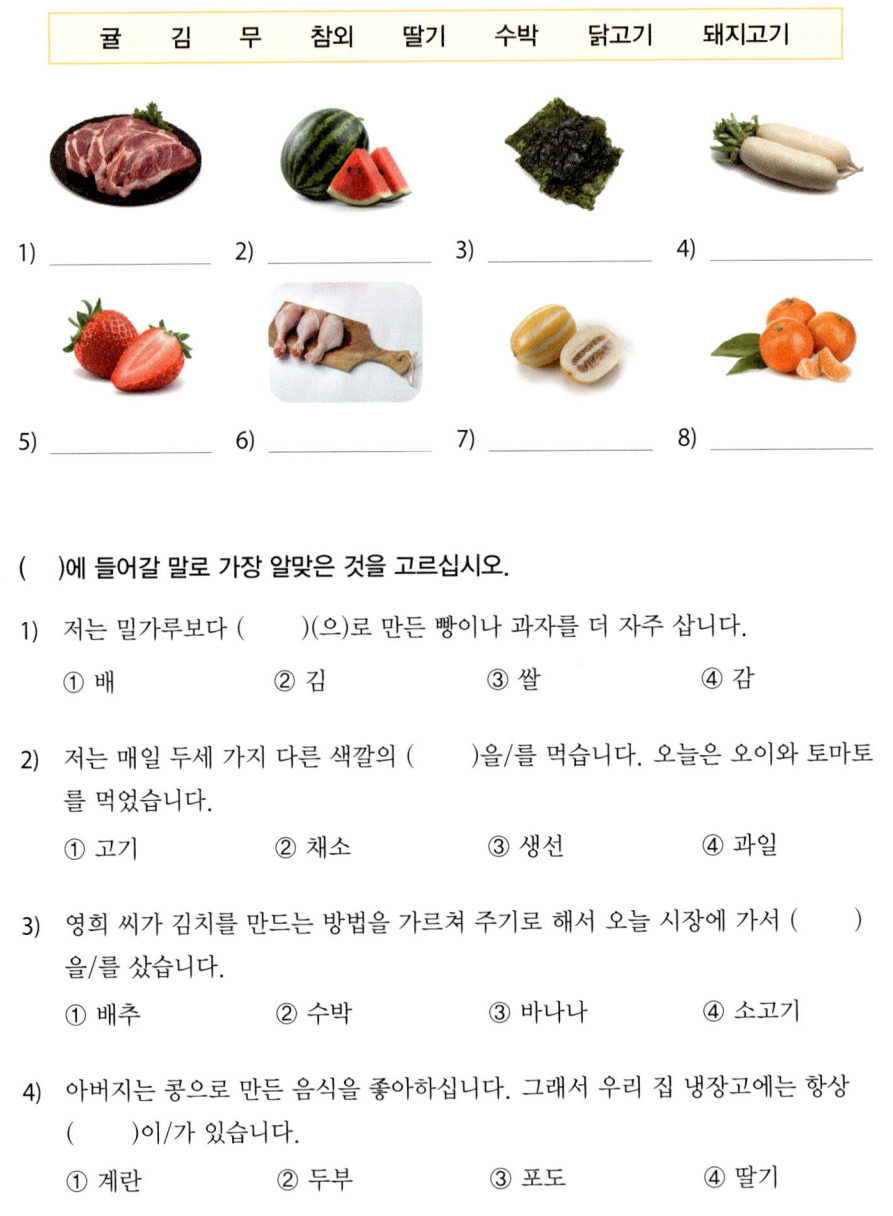

1) _____ 2) _____ 3) _____ 4) _____

5) _____ 6) _____ 7) _____ 8) _____

2. ( )에 들어갈 말로 가장 알맞은 것을 고르십시오.

1) 저는 밀가루보다 ( )(으)로 만든 빵이나 과자를 더 자주 삽니다.

　① 배　　　　　② 김　　　　　③ 쌀　　　　　④ 감

2) 저는 매일 두세 가지 다른 색깔의 ( )을/를 먹습니다. 오늘은 오이와 토마토를 먹었습니다.

　① 고기　　　　② 채소　　　　③ 생선　　　　④ 과일

3) 영희 씨가 김치를 만드는 방법을 가르쳐 주기로 해서 오늘 시장에 가서 ( ) 을/를 샀습니다.

　① 배추　　　　② 수박　　　　③ 바나나　　　　④ 소고기

4) 아버지는 콩으로 만든 음식을 좋아하십니다. 그래서 우리 집 냉장고에는 항상 ( )이/가 있습니다.

　① 계란　　　　② 두부　　　　③ 포도　　　　④ 딸기

5) 한국 사람들은 고기를 야채와 같이 먹습니다. 저도 한국 사람처럼 삼겹살이나 갈비를 ( )에 싸서 먹는데 더 맛있습니다.

　① 상추　　　　② 인삼　　　　③ 감자　　　　④ 사과

3. 다음은 무엇에 대해 말하고 있습니까? 알맞은 것을 고르십시오.

Track 49　41회 듣기 12번

> 여자: **수박**을 좋아하세요?
> 남자: 네, **수박**도 좋아하지만 **포도**가 더 좋아요.

① 채소　　　　② 과일　　　　③ 과자　　　　④ 고기

4. 다음을 읽고 물음에 답하십시오.

52회 읽기 51, 52번

> 　**밀가루**는 음식 재료입니다. 그런데 **밀가루**는 다양한 곳에 사용할 수 있습니다. **포도**나 **딸기**를 씻을 때 **밀가루**로 씻으면 좋습니다. (㉠) 냄새가 나는 그릇에 **밀가루**를 넣고 하루가 지나면 냄새가 나지 않습니다. **밀가루**를 사용하면 프라이팬에 남은 기름도 쉽게 닦을 수 있습니다.

1) ㉠에 들어갈 말로 가장 알맞은 것을 고르십시오.

① 그래서　　　② 그러면　　　③ 그리고　　　④ 그러나

2) 무엇에 대한 내용인지 맞는 것을 고르십시오.

① 밀가루로 할 수 있는 일　　　② 밀가루로 그릇을 닦는 순서
③ 밀가루로 과일을 씻는 방법　　④ 밀가루로 만들 수 있는 음식

5. 다음을 순서에 맞게 배열한 것을 고르십시오.

83회 읽기 57번

> (가) **채소**가 싸고 좋아서 많이 샀습니다.
> (나) 지난 주말에 **채소**를 사러 시장에 갔습니다.
> (다) 아주머니가 주신 **토마토** 때문에 기분이 좋았습니다.
> (라) **채소** 가게 아주머니가 **토마토**를 하나 더 주셨습니다.

① (가)-(나)-(라)-(다)　　　② (가)-(다)-(나)-(라)
③ (나)-(가)-(라)-(다)　　　④ (나)-(다)-(라)-(가)

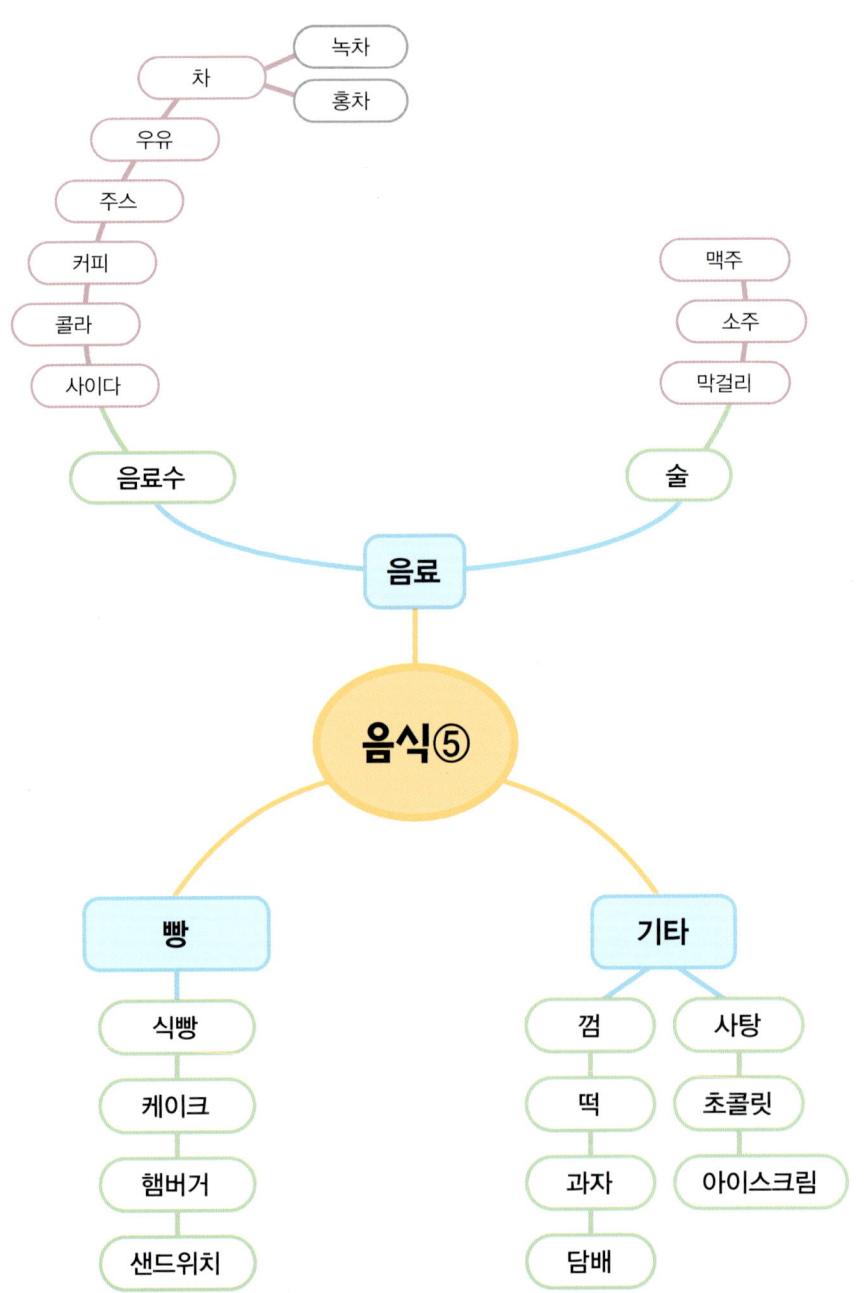

	영어	일본어	중국어	베트남어
음료				
음료	drink	飲み物	饮料	đồ uống
음료수	soft drink	ソフトドリンク、清涼飲料水	饮料	nước giải khát
차	tea	お茶	茶	trà
녹차	green tea	緑茶	绿茶	trà xanh
홍차	black tea	紅茶	红茶	trà đen
우유	milk	牛乳	牛奶	sữa
주스	juice	ジュース	果汁	nước ép
커피	coffee	コーヒー	咖啡	cà phê
콜라	cola	コーラ	可乐	nước ngọt coca-cola
사이다	lemon-lime soda (sprite / 7up type)	サイダー	雪碧	nước ngọt soda
술	alcohol	お酒	酒	rượu bia
맥주	beer	ビール	啤酒	bia
소주	Soju (Korean distilled spirits)	ソジュ(韓国の焼酎)	烧酒	rượu Soju
막걸리	Makgeolli (Korean rice wine)	マッコリ	米酒	rượu gạo Mak-Geo-Li
빵				
빵	bread	パン	面包	bánh mỳ
식빵	plain bread	食パン	吐司	bánh mì gối
케이크	cake	ケーキ	蛋糕	bánh kem
햄버거	hamburger	ハンバーガー	汉堡包	bánh mì ham-bơ-gơ
샌드위치	sandwich	サンドイッチ	三明治	bánh mì kẹp
기타				
껌	gum	ガム	口香糖	kẹo cao su
떡	Tteok (rice cake)	トック （韓国の餅）	年糕	bánh gạo
과자	snack	お菓子	零食/饼干	đồ ăn vặt
담배	cigarette	タバコ	香烟	thuốc lá
사탕	candy	飴	糖果	kẹo
초콜릿	chocolate	チョコレート	巧克力	sôcôla
아이스크림	ice cream	アイスクリーム	冰淇淋	kem

1. 그림을 보고 알맞은 단어를 골라 쓰십시오.

떡   콜라   식빵   커피   초콜릿   케이크   샌드위치   아이스크림

1) _____   2) _____   3) _____   4) _____

5) _____   6) _____   7) _____   8) _____

2. (   )에 들어갈 말로 가장 알맞은 것을 고르십시오.

1) (   )는 한국 술인데 쌀로 만듭니다.

　① 홍차　　　　② 우유　　　　③ 사이다　　　　④ 막걸리

2) 운전 중에 잠이 올 때 (   )을/를 씹으면 도움이 됩니다.

　① 껌　　　　② 차　　　　③ 술　　　　④ 빵

3) 어제 친구와 시원한 (   )을/를 마시면서 축구 경기를 봤습니다.

　① 맥주　　　　② 초콜릿　　　　③ 샌드위치　　　　④ 아이스크림

4) 친구들과 크리스마스 파티를 하기로 했습니다. 저는 마실 (   )을/를 사 갈 겁니다.

　① 사탕　　　　② 담배　　　　③ 음료수　　　　④ 햄버거

5) 가: 손님, (   )는 무엇으로 하시겠어요?
　나: 녹차로 주세요.

　① 소주　　　　② 과자　　　　③ 음료　　　　④ 주스

3. 다음을 읽고 물음에 답하십시오.

35회 읽기 65, 66번

> 식혜는 한국의 전통 **음료수**입니다. 보통 모임이나 잔치에서 (㉠) 식혜를 마십니다. 이것은 식혜가 소화를 도와주기 때문입니다. 식혜는 달고 맛있어서 많은 사람들이 좋아합니다. 시원하게 마시면 더 좋습니다. 식혜를 만드는 방법이 간단해서 자주 만들어 먹습니다. 하지만 만드는 데 시간이 오래 걸립니다.

1) ㉠에 들어갈 말로 가장 알맞은 것을 고르십시오.

① 운동을 한 후에　　② 음식을 먹은 후에
③ 모임에 가기 전에　　④ 음료수를 마시기 전에

2) 윗글의 내용과 같은 것을 고르십시오.

① 식혜는 빨리 만들 수 있습니다.
② 식혜는 달아서 사람들이 싫어합니다.
③ 식혜는 차갑게 마시면 더 맛있습니다.
④ 모임이나 잔치에 가면 식혜를 만듭니다.

4. 다음을 읽고 물음에 답하십시오.

83회 읽기 65, 66번

> **초콜릿**은 달아서 사람의 기분을 좋게 합니다. 그래서 사람들이 **초콜릿**을 자주 먹습니다. 그런데 말을 많이 할 때나 발표를 해야 할 때는 **초콜릿**을 먹지 않는 것이 좋습니다. **초콜릿**을 먹으면 목이 마르게 되어서 목소리가 잘 안 (㉠). 그래서 가수들도 공연 전에는 **초콜릿**을 먹지 않습니다.

1) ㉠에 들어갈 말로 가장 알맞은 것을 고르십시오.

① 나와도 됩니다　　② 나와야 합니다
③ 나오기로 합니다　　④ 나오기 때문입니다

2) 윗글의 내용과 같은 것을 고르십시오.

① 초콜릿을 먹으면 기분이 좋아집니다.
② 목이 마를 때 초콜릿을 먹는 것이 좋습니다.
③ 가수들은 보통 공연 전에 초콜릿을 먹습니다.
④ 말을 많이 해야 할 때 초콜릿을 먹으면 좋습니다.

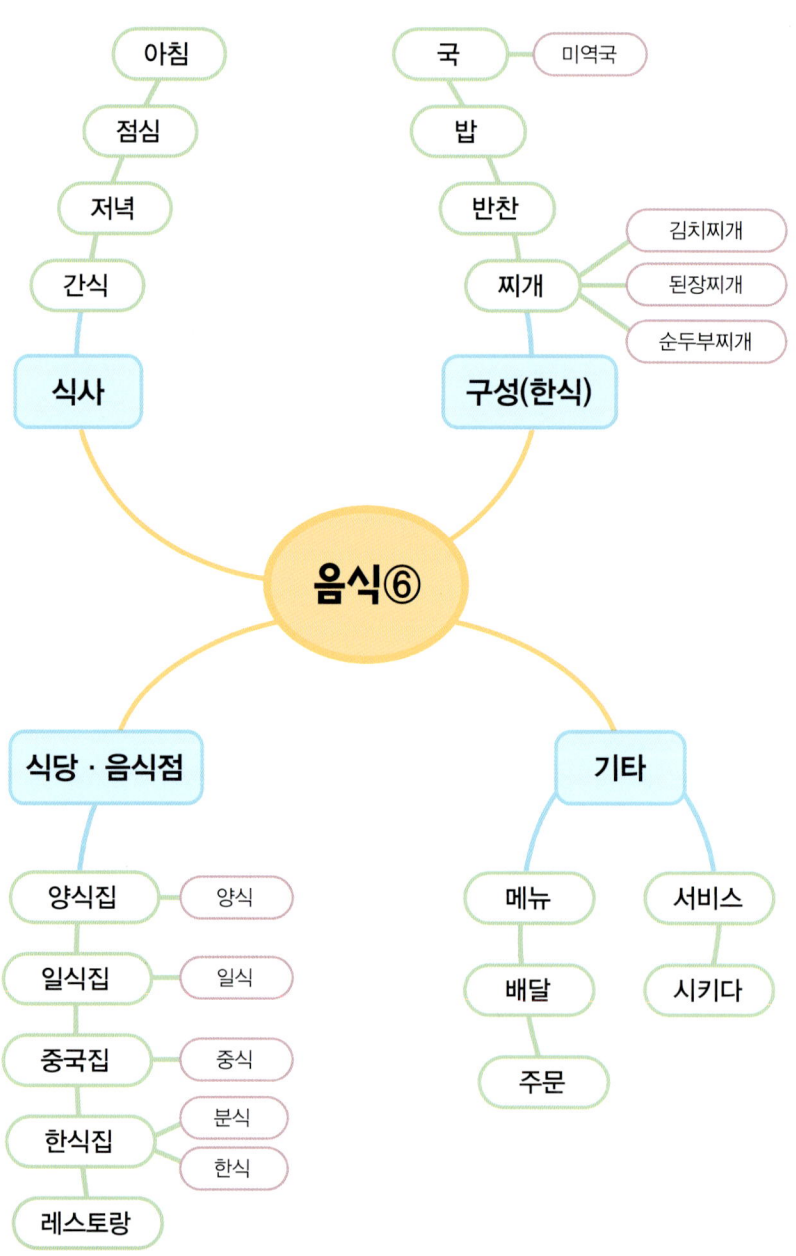

	영어	일본어	중국어	베트남어
식사				
식사	meal	食事	餐	bữa ăn
아침	breakfast	朝ごはん	早餐	bữa sáng
점심	lunch	昼ごはん	午餐	bữa trưa
저녁	dinner	晩ごはん	晚餐	bữa tối
간식	snack (between meals)	おやつ、間食	零食/小吃	đồ ăn vặt
구성(한식)				
국	Guk (Korean soup)	スープ	汤	canh
미역국	Miyeok-guk (seaweed soup)	わかめスープ	海带汤	canh rong biển
밥	cooked rice	ご飯	米饭	cơm
반찬	side dishes	おかず	小菜	món ăn kèm
찌개	Jjigae (stew)	チゲ	酱汤	canh hầm
김치찌개	Kimchijjigae (Kimchi stew)	キムチチゲ	泡菜汤	canh kimchi hầm
된장찌개	Doenjangjjigae (soybean paste stew)	テンジャン(味噌)チゲ	大酱汤	canh tương đậu hầm
순두부찌개	Sundubu jjigae (soft tofu stew)	スンドゥブ (おぼろ豆腐)チゲ	嫩豆腐汤	canh đậu phụ hầm
식당 · 음식점				
식당, 음식점	restaurant	食堂、飲食店	饭店/餐馆	nhà hàng, quán ăn
양식집	Western-style restaurant	洋食レストラン	西餐厅	nhà hàng kiểu Tây
양식	Western food	洋食	西餐	đồ ăn kiểu Tây
일식집	Japanese restaurant	日本料理店	日料店	nhà hàng Nhật Bản
일식	Japanese food	日本料理	日料	đồ ăn Nhật Bản
중국집	Chinese restaurant	中華料理店	中餐厅	nhà hàng Trung Quốc
중식	Chinese food	中華料理	中餐	đồ ăn Trung Quốc
한식집	Korean restaurant	韓国料理店	韩餐厅	nhà hàng Hàn Quốc
분식	flour-based food	粉食(小麦粉を主原料としたトッポッキ、キンパ、ラーメンなどの庶民的な軽食)	小吃店	đồ ăn nhẹ
한식	Korean food	韓国料理	韩餐	đồ ăn Hàn Quốc
레스토랑	restaurant	レストラン	餐厅	nhà hàng
기타				
메뉴	menu	メニュー	菜单	thực đơn
배달	delivery	出前、デリバリー	外卖	giao hàng tận nơi
주문	order	注文	点餐	đặt hàng
서비스	service, free item (on the house)	サービス	服务, 免费	dịch vụ miễn phí
시키다	to order	注文する	点餐	đặt (món)

1. ( )에 들어갈 말로 가장 알맞은 것을 고르십시오.

1) 저는 식당에서 김밥을 먹을 때 라면도 꼭 ( ) 같이 먹습니다.

① 끓여서   ② 끓여서   ③ 시켜서   ④ 식어서

2) 치킨 집에 갔는데 ( )이/가 많이 밀려서 30분이나 기다렸습니다.

① 식사   ② 재료   ③ 주문   ④ 약속

3) 오늘 늦게 일어나서 ( )을 못 먹고 출근해서 점심을 많이 먹었습니다.

① 저녁   ② 아침   ③ 양식   ④ 분식

4) 저는 보통 ( )을/를 회사 식당에서 먹는데 오늘 메뉴는 갈비탕이었습니다.

① 요리   ② 점심   ③ 간식   ④ 음료

5) 여자 친구와 첫 데이트 때 분위기가 좋고 조용한 ( )에서 저녁을 먹었습니다.

① 레스토랑   ② 슈퍼마켓   ③ 헬스클럽   ④ 횡단보도

6) 대학교 때 ( )에서 아르바이트를 한 적이 있는데 하루에 다섯 시간 설거지를 했습니다.

① 음식점   ② 박물관   ③ 동물원   ④ 경찰서

7) 우리 학교 앞에 있는 오래된 ( )은 자장면으로 아주 유명한데 항상 사람이 많습니다.

① 일식집   ② 중국집   ③ 한식집   ④ 양식집

8) 우리 동네 피자 가게는 피자를 두 개 주문하면 스파게티 한 접시가 ( )(으)로 나옵니다.

① 간식   ② 메뉴   ③ 반찬   ④ 서비스

9) 오늘은 피곤하고 식당에 가기도 귀찮아서 집에서 ( ) 음식을 시켜서 먹으려고 합니다.

① 파티   ② 배달   ③ 생일   ④ 집들이

10) 우리 할머니는 아침을 꼭 ( )(으)로 드십니다. 보통 밥, 국이나 찌개, 두세 가지 반찬을 드십니다.

① 분식   ② 일식   ③ 한식   ④ 양식

2. 여기는 어디입니까? 알맞은 것을 고르십시오.

Track 50 | 83회 듣기 8번

> 여자: 여기는 **비빔밥**이 맛있어요.
> 남자: 그럼, 우리 **비빔밥**을 먹어요.

① 은행　　　　　② 식당　　　　　③ 도서관　　　　　④ 문구점

3. 다음을 듣고 대화 내용과 같은 것을 고르십시오.

Track 51 | 60회 듣기 17번

> 여자: 민수 씨는 보통 **저녁**을 집에서 먹어요?
> 남자: 네. 요리하는 걸 좋아해서 만들어서 먹어요. 수미 씨는요?
> 여자: 저는 요리를 잘 못해요. 그래서 밖에서 자주 먹어요.

① 여자는 요리를 잘합니다.　　　　② 여자는 요리를 자주 합니다.

③ 남자는 요즘 밥을 잘 못 먹습니다.　④ 남자는 보통 집에서 저녁을 먹습니다.

4. 다음을 듣고 <u>여자의 중심 생각</u>을 고르십시오.

Track 52 | 91회 듣기 23번

> 여자: 저기요. 아까 냉면을 **주문**했는데 언제 나와요?
> 남자: 조금만 더 기다려 주세요. 오늘은 손님이 좀 많아서요.
> 여자: 시간이 없어서 그런데 빨리 좀 주실 수 있어요?
> 남자: 네. 죄송합니다. 바로 확인해 보겠습니다.

① 냉면을 만들어 먹고 싶습니다.　　② 음식을 바로 주문해야 합니다.

③ 냉면이 빨리 나오면 좋겠습니다.　④ 음식을 배달해서 먹는 것이 좋습니다.

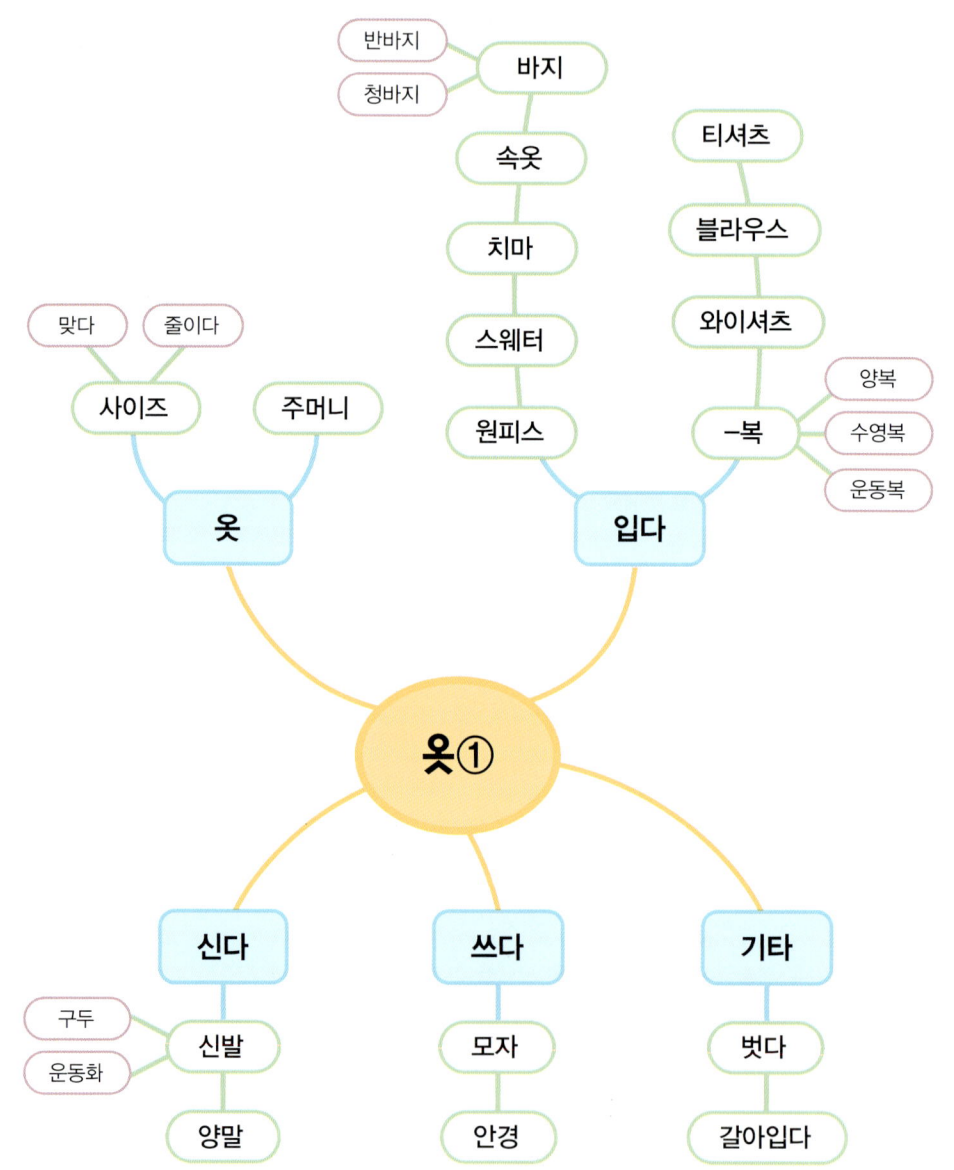

	영어	일본어	중국어	베트남어
옷				
옷	clothes	服	衣服	quần áo
사이즈	size	サイズ	尺码	kích cỡ
맞다	to fit	合う	合适	vừa, đúng
사이즈가 맞다	it fits	サイズが合う	尺码合适	kích thước phù hợp
줄이다	to shorten	詰める、減らす	缩小/减少	rút ngắn
길이를 줄이다	to shorten the length	丈を詰める	改短	rút ngắn chiều dài
허리를 줄이다	to shorten the waist	ウエストを詰める	缩小腰围	thu nhỏ vòng eo
주머니	pocket	ポケット	口袋	túi
입다				
입다	to wear	着る	穿	mặc
바지	pants	ズボン	裤子	quần
반바지	shorts	半ズボン	短裤	quần cộc
청바지	jeans	ジーンズ	牛仔裤	quần jean
속옷	underwear	下着	内衣	đồ lót
치마	skirt	スカート	裙子	váy
스웨터	sweater	セーター	毛衣	áo len
원피스	dress	ワンピース	连衣裙	váy liền thân
티셔츠	T-shirt	Tシャツ	T恤	áo phông
블라우스	blouse	ブラウス	女式衬衫	áo kiểu
와이셔츠	dress shirt	ワイシャツ	男式衬衫	áo sơ mi
양복	suit	スーツ	西装	âu phục
수영복	swimsuit	水着	泳衣	đồ bơi
운동복	sportswear	スポーツウェア	运动服	đồ thể thao
신다				
신다	to put on	履く	穿	mang (giày)
신발	shoes	靴	鞋子	đôi giày
구두	dress shoes	革靴	皮鞋	giày cao gót
운동화	sneakers	運動靴、スニーカー	运动鞋	giày thể thao
양말	socks	靴下	袜子	tất, vớ
쓰다				
쓰다	to wear	(帽子を)かぶる、(眼鏡を)かける	戴	mang, đội, đeo
모자	hat	帽子	帽子	mũ
안경	glasses	眼鏡	眼镜	mắt kính
기타				
벗다	to take off	脱ぐ	脱	cởi
갈아입다	to change clothes	着替える	换	thay quần áo

1. 그림을 보고 알맞은 단어를 골라 쓰십시오.

| 안경   치마   청바지   원피스   운동복   운동화   와이셔츠   블라우스 |

1) _____   2) _____   3) _____   4) _____

5) _____   6) _____   7) _____   8) _____

2. ( )에 들어갈 말로 가장 알맞은 것을 고르십시오.

1) 한국에서는 집에 들어갈 때 신발을 ( ) 들어갑니다.
   ① 입고   ② 벗고   ③ 쓰고   ④ 하고

2) 바지를 샀는데 허리 사이즈가 조금 커서 ( ) 입으려고 합니다.
   ① 신어서   ② 줄여서   ③ 벗어서   ④ 붙여서

3) 저는 다른 사람보다 발 사이즈가 커서 저에게 ( ) 신발을 찾기가 어렵습니다.
   ① 붙는   ② 남는   ③ 신는   ④ 맞는

4) 겨울에 입을 옷이 별로 없어서 백화점에서 따뜻한 ( )을/를 한 벌 샀습니다.
   ① 주머니   ② 반바지   ③ 스웨터   ④ 수영복

5) 캐나다로 여행을 갔는데 한국보다 날씨가 추워서 공항에서 따뜻한 옷으로 ( ).
   ① 줄였습니다   ② 찾아봤습니다   ③ 갈아입었습니다   ④ 시켰습니다

6) 저는 다음 달에 결혼합니다. 이번 주말에 결혼식에서 입을 ( )을/를 사러 갈 겁니다.
   ① 구두   ② 양복   ③ 양말   ④ 모자

3. 여기는 어디입니까? 알맞은 것을 고르십시오.

1)

Track 53 36회 듣기 7번

> 남자: 어서 오세요, 손님. 뭐 찾으세요?
> 여자: **운동화** 있어요?

① 교실　　　　　② 식당　　　　　③ 가게　　　　　④ 공원

2)

Track 54 83회 듣기 9번

> 남자: 이 **구두**를 **신어** 보고 싶어요.
> 여자: 네, 이쪽으로 오세요.

① 백화점　　　　② 여행사　　　　③ 우체국　　　　④ 박물관

4. 다음을 듣고 가장 알맞은 그림을 고르십시오.

Track 55 37회 듣기 16번

> 남자: **안경**을 **쓰고** 거울 한번 보세요. 어떠세요?
> 여자: 좋아요. 아주 마음에 들어요.

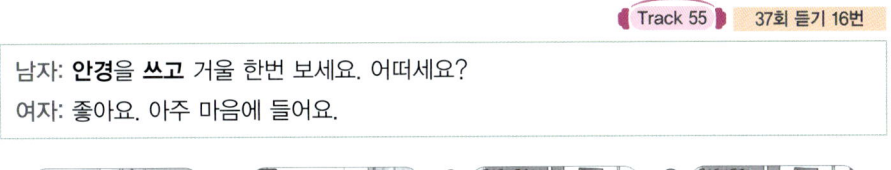

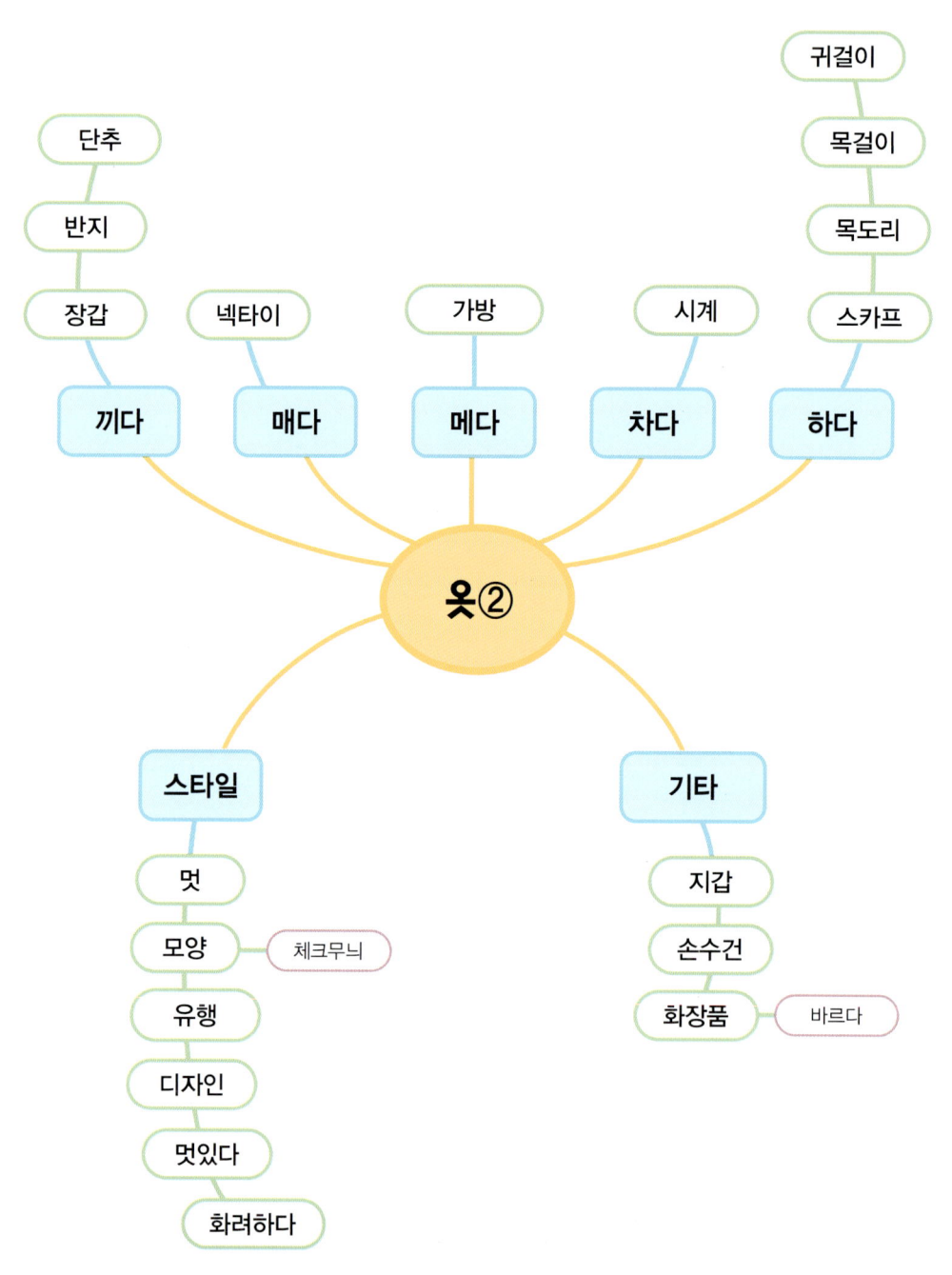

단추
반지
장갑
넥타이
가방
시계
귀걸이
목걸이
목도리
스카프

끼다
매다
메다
차다
하다

옷②

스타일
멋
모양 — 체크무늬
유행
디자인
멋있다
화려하다

기타
지갑
손수건
화장품 — 바르다

	영어	일본어	중국어	베트남어
끼다				
끼다	to wear	(指輪・手袋など)はめる、つける	戴	đeo
단추	button	ボタン	纽扣	cái nút áo
반지	ring	指輪	戒指	nhẫn
장갑	gloves	手袋	手套	găng tay
매다				
매다	to tie	結ぶ、締める	系	thắt, đeo
넥타이	necktie	ネクタイ	领带	cà vạt
메다				
메다	to carry	(カバンなどを)肩にかける、背負う	背	đeo, mang
가방	bag	カバン	包	cái túi
차다				
차다	to wear, to fasten	(時計・ベルトなどを)身につける	戴	đeo
시계	watch	時計	手表	cái đồng hồ
하다				
하다	to wear	(アクセサリーなどを)する、つける	戴	làm
귀걸이	earrings	イヤリング、ピアス	耳环	bông tai
목걸이	necklace	ネックレス	项链	vòng cổ
목도리	scarf (for warmth)	マフラー	围巾	khăn quàng cổ
스카프	scarf (for fashion or light warmth)	スカーフ	丝巾	khăn quàng cổ
스타일				
멋	style	おしゃれ	风格	kiểu cách
멋을 내다	to dress up	おしゃれする	打扮得时髦	sửa soạn, làm dáng
모양	shape	形、模様	形状	hình dáng
꽃 모양	flower shape	花の形	花纹	hình dáng hoa
머리 모양	hairstyle	髪型	发型	hình dáng đầu tóc
체크무늬	check pattern	チェック柄	条纹	hoa văn kẻ ca rô
유행	trend	流行	流行	thịnh hành
유행이다	to be trendy	流行っている	流行的	đang thịnh hành
유행이 바뀌다	the trend changes	流行が変わる	流行变了	xu hướng thịnh hành thay đổi
디자인	design	デザイン	设计	thiết kế
멋있다	to be cool	かっこいい	帅/酷	sành điệu
화려하다	to be fancy	華やかだ、派手だ	华丽	sặc sỡ
기타				
지갑	wallet	財布	钱包	cái ví
손수건	handkerchief	ハンカチ	手帕	khăn tay
화장품	cosmetics	化粧品	化妆品	mỹ phẩm
바르다	to apply, to put on	塗る	涂抹	thoa, bôi
약을 바르다	to apply medicine	薬を塗る	抹药	bôi thuốc
화장품을 바르다	to apply cosmetics	化粧品を塗る	抹化妆品	thoa mỹ phẩm

1. 그림을 보고 알맞은 단어를 골라 쓰십시오.

| 가방 반지 시계 체크무늬 귀걸이 넥타이 목걸이 스카프 |

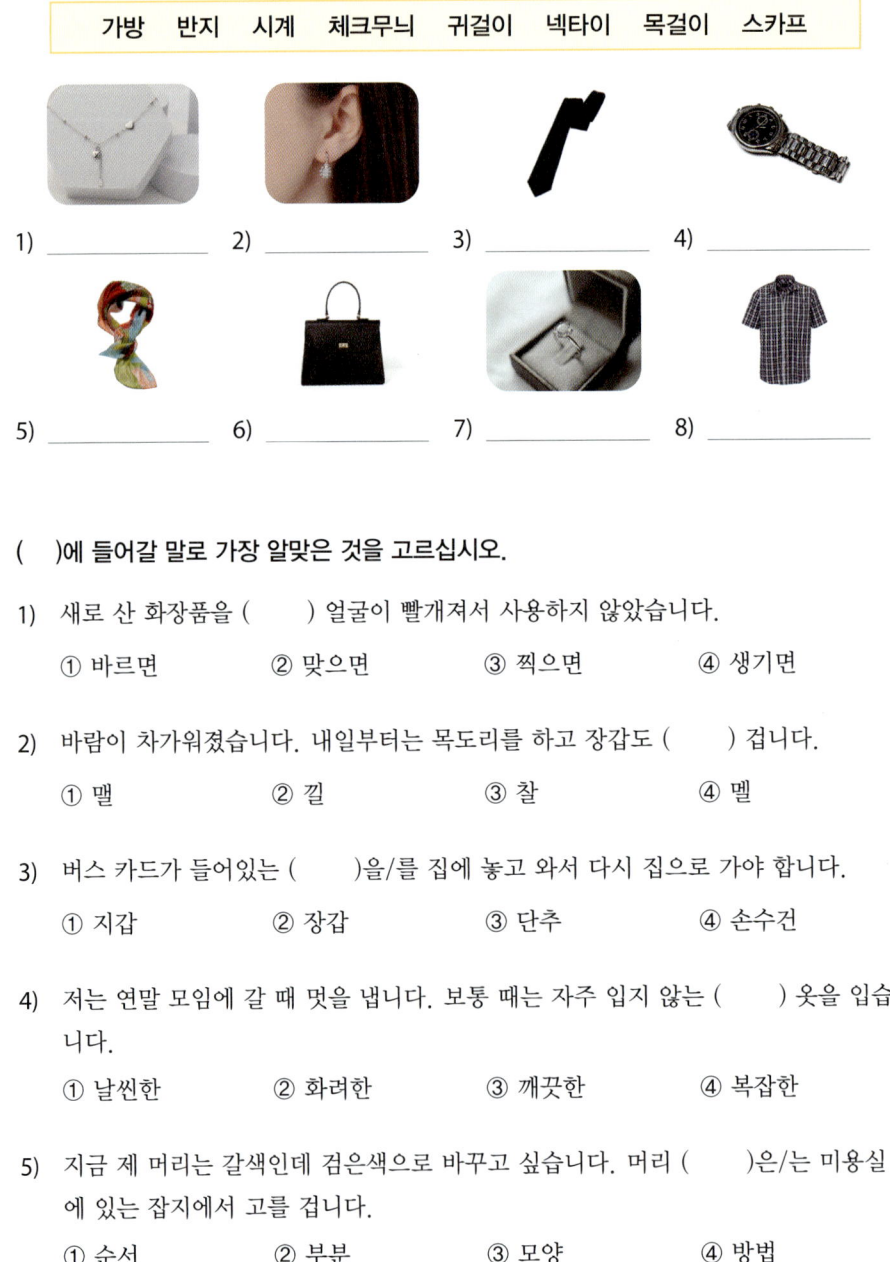

1) _____ 2) _____ 3) _____ 4) _____

5) _____ 6) _____ 7) _____ 8) _____

2. ( )에 들어갈 말로 가장 알맞은 것을 고르십시오.

1) 새로 산 화장품을 ( ) 얼굴이 빨개져서 사용하지 않았습니다.

   ① 바르면   ② 맞으면   ③ 찍으면   ④ 생기면

2) 바람이 차가워졌습니다. 내일부터는 목도리를 하고 장갑도 ( ) 겁니다.

   ① 맬   ② 낄   ③ 찰   ④ 멜

3) 버스 카드가 들어있는 ( )을/를 집에 놓고 와서 다시 집으로 가야 합니다.

   ① 지갑   ② 장갑   ③ 단추   ④ 손수건

4) 저는 연말 모임에 갈 때 멋을 냅니다. 보통 때는 자주 입지 않는 ( ) 옷을 입습
   니다.

   ① 날씬한   ② 화려한   ③ 깨끗한   ④ 복잡한

5) 지금 제 머리는 갈색인데 검은색으로 바꾸고 싶습니다. 머리 ( )은/는 미용실
   에 있는 잡지에서 고를 겁니다.

   ① 순서   ② 부분   ③ 모양   ④ 방법

3. 다음을 읽고 중심 내용을 고르십시오.

47회 읽기 47번

> 오늘 옷 가게에서 치마를 하나 샀습니다. 치마의 **디자인**이 정말 **멋있습니다**. 길이도 짧지 않아서 좋습니다.

① 요즘 짧은 치마가 유행입니다.
② 저는 그 옷 가게에 자주 갈 겁니다.
③ 저는 오늘 산 치마가 마음에 듭니다.
④ 치마의 디자인은 중요하지 않습니다.

4. 다음을 읽고 물음에 답하십시오.

35회 읽기 55, 56번

> 저는 안경이 여러 개 있습니다. 그래서 그때그때 다른 안경을 씁니다. 사람을 처음 만날 때는 부드러운 느낌의 안경을 씁니다. 운동을 할 때는 가벼운 안경을 씁니다. (㉠) **멋있게** 보이고 싶을 때는 **유행**하는 안경을 씁니다. 이렇게 안경을 바꿔서 쓰면 기분이 좋아집니다.

1) ㉠에 들어갈 말로 가장 알맞은 것을 고르십시오.

① 그러면   ② 그래서   ③ 그리고   ④ 그러니까

2) 윗글의 내용과 같은 것을 고르십시오.

① 저는 안경이 한 개 있습니다.
② 저는 유행하는 안경이 있습니다.
③ 저는 운동을 할 때 안경을 안 씁니다.
④ 저는 사람을 만날 때 안경을 벗습니다.

✎ 어휘력 쑥쑥

식 食	**밥, 먹다**	cooked rice, to eat / 食べる / 吃 / ăn
	식구	family / 家族 / 家人 / gia đình
	식탁	dining table / 食卓、ダイニングテーブル / 餐桌 / bàn ăn
	식품	food products, groceries / 食品 / 食品 / thực phẩm
	음식	food / 食べ物 / 食物 / đồ ăn
	한식	Korean food / 韓国料理 / 韩餐 / đồ ăn Hàn Quốc

복 服	**옷**	clothes / 服 / 衣服 / quần áo
	양복	suit / スーツ / 西装 / âu phục
	한복	Hanbok / 服(伝統衣装) / 韩服 / đồ han-bok
	수영복	swimsuit / 水着 / 泳衣 / đồ bơi
	운동복	sportswear / スポーツウェア / 运动服 / đồ thể thao

탕 湯	**끓이다, 목욕하다**	to boil, to take a bath / 沸かす、煮る / 煮 / đun sôi
	갈비탕	Galbi-tang / カルビタン / 排骨汤 / canh sườn
	삼계탕	Samgye-tang / サムゲタン / 参鸡汤 / gà hầm sâm
	설렁탕	Seolleong-tang / ソルロンタン / 牛骨汤 / món canh
	목욕탕	public bathhouse / 銭湯 / 澡堂 / phòng tắm hơi

한국 문화 코너

● **한국 음식, 이렇게 먹어요!**

식당에서 반찬과 물이 무료예요.

물이나 반찬을 직접 가지고 와서
먹어야 하는 식당도 있어요.

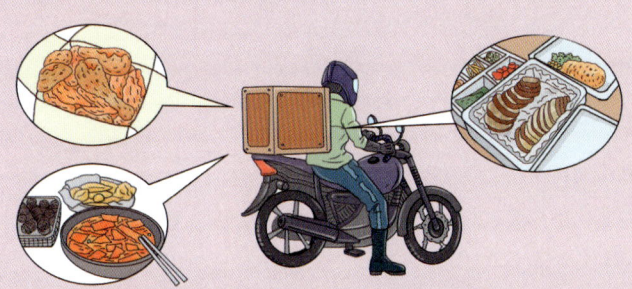

여러 가지 배달 음식이 있어요.

길거리 음식

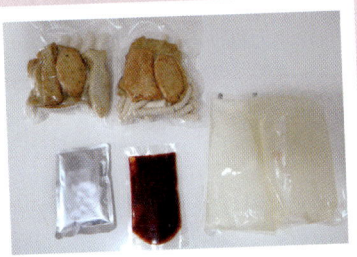

밀키트
재료와 요리 방법이 들어 있어서
집에서 빠르고 편하게 만들어서 먹어요.

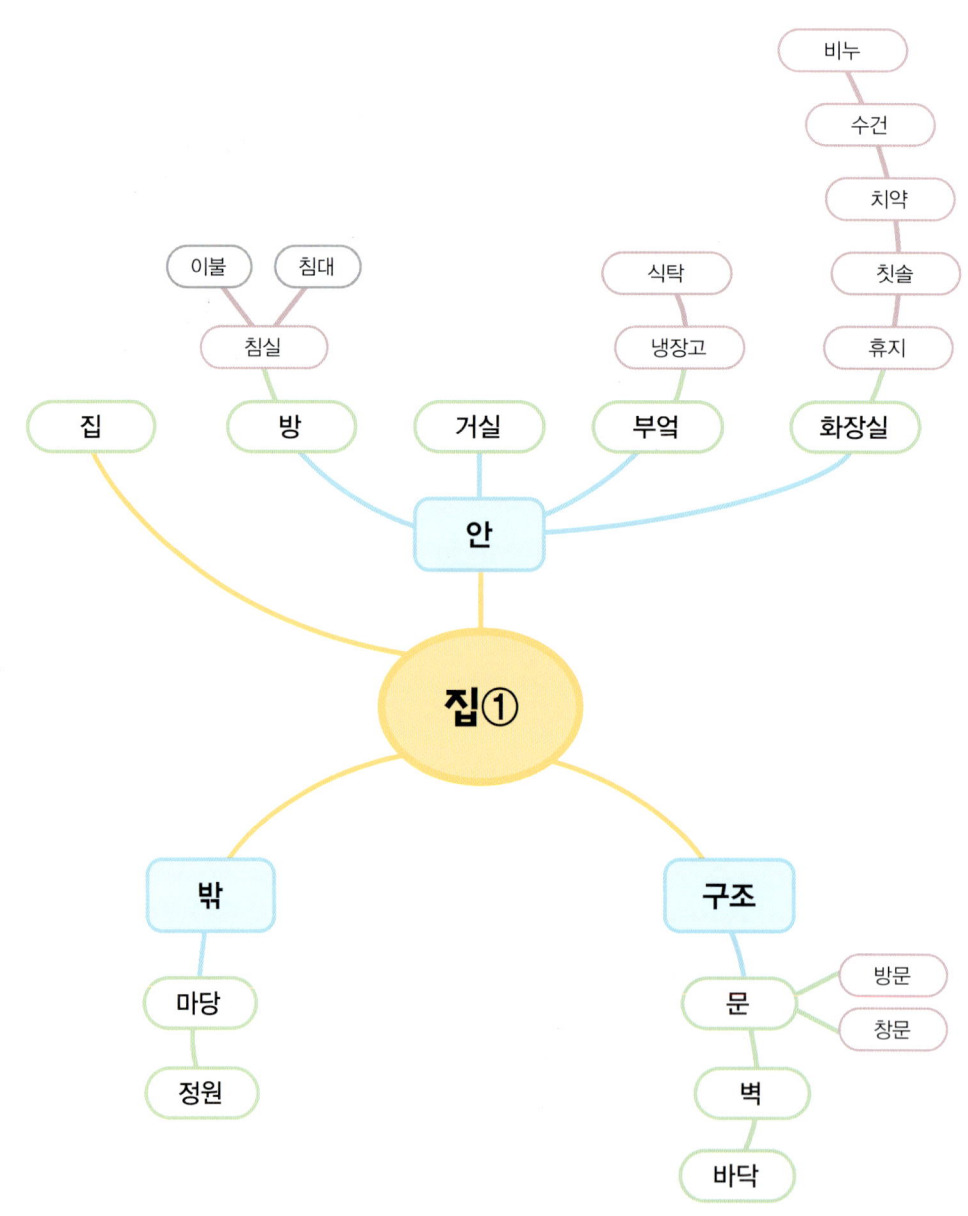

	영어	일본어	중국어	베트남어
집	house	家	家/房子	căn nhà
안				
방	room	部屋	房间	phòng
침실	bedroom	寝室	卧室	phòng ngủ
이불	blanket	布団	被子	cái mền
침대	bed	ベッド	床	cái giường
거실	living room	リビング	客厅	phòng khách
부엌	kitchen	台所、キッチン	厨房	phòng bếp
식탁	dining table	食卓、ダイニングテーブル	餐桌	bàn ăn
냉장고	refrigerator	冷蔵庫	冰箱	tủ lạnh
화장실	bathroom	トイレ、洗面所	卫生间	nhà vệ sinh
비누	soap	石けん	肥皂	xà phòng
수건	towel	タオル	毛巾	cái khăn lau
치약	toothpaste	歯みがき粉	牙膏	kem đánh răng
칫솔	toothbrush	歯ブラシ	牙刷	bàn chải đánh răng
휴지	tissue paper	ティッシュ、トイレットペーパー	卫生纸	giấy vệ sinh
밖				
마당	yard	庭	院子	sân
정원	garden	庭園	庭院	vườn
구조				
문	door	ドア	门	cửa
방문	room door	部屋のドア	房门	cửa phòng
창문	window	窓	窗户	cửa sổ
벽	wall	壁	墙	tường
바닥	floor	床	地板	sàn nhà

1. 그림을 보고 알맞은 단어를 골라 쓰십시오.

식탁 수건 비누 휴지 침대 이불 치약 칫솔

1) _____ 2) _____ 3) _____ 4) _____

5) _____ 6) _____ 7) _____ 8) _____

2. ( )에 들어갈 말로 가장 알맞은 것을 고르십시오.

1) 제 방 ( )에 가족 사진이 걸려 있습니다.

① 땅　　　　　② 벽　　　　　③ 길　　　　　④ 집

2) 저는 이를 닦을 때 조금 매운 맛이 나는 ( )을/를 사용합니다.

① 치약　　　　② 휴지　　　　③ 수건　　　　④ 비누

3) 친구가 ( )에서 저녁을 준비하고 있는데 맛있는 냄새가 납니다.

① 창문　　　　② 침실　　　　③ 바닥　　　　④ 부엌

4) 우리 할머니 방에는 침대가 없습니다. 할머니는 ( )에서 주무십니다.

① 방문　　　　② 바닥　　　　③ 정원　　　　④ 마당

5) 아이스크림을 좋아해서 우리 집 ( ) 안에는 아이스크림이 항상 있습니다.

① 이불　　　　② 거실　　　　③ 화장실　　　　④ 냉장고

3. 다음을 읽고 맞지 <u>않는</u> 것을 고르십시오.

83회 읽기 41번

① 방이 많습니다.　　　　　　② 부엌이 큽니다.

③ 화장실이 있습니다.　　　　④ 대학교에서 가깝습니다.

4. 다음을 듣고 물음에 답하십시오.

Track 56　36회 듣기 25, 26번

> 여자: 요즘 집안에 실내 **정원**을 만들고 싶어하는 분들 많으시죠? 하지만 꽃을 심고 **정원**을 가꾸는 게 보통 일은 아닙니다. 이럴 때 도움을 받을 수 있는 책이 한 권 있는데요. 이 책에는 꽃을 키우는 방법들이 사진과 함께 있어 배우기가 아주 쉽습니다. 또 봄, 여름, 가을, 겨울에 키울 수 있는 꽃의 종류도 알 수 있고요.

1) 여자는 지금 무엇을 하고 있습니까?

　　① 감사　　　　　② 부탁　　　　　③ 신청　　　　　④ 소개

2) 윗글의 내용과 같은 것을 고르십시오.

　　① 실내 정원은 가꾸기가 어렵지 않습니다.
　　② 이 책은 실내 정원을 만들 때 도움이 됩니다.
　　③ 이 책을 보면 정원의 종류를 알 수 있습니다.
　　④ 꽃을 키우는 방법은 책으로 배우기가 힘듭니다.

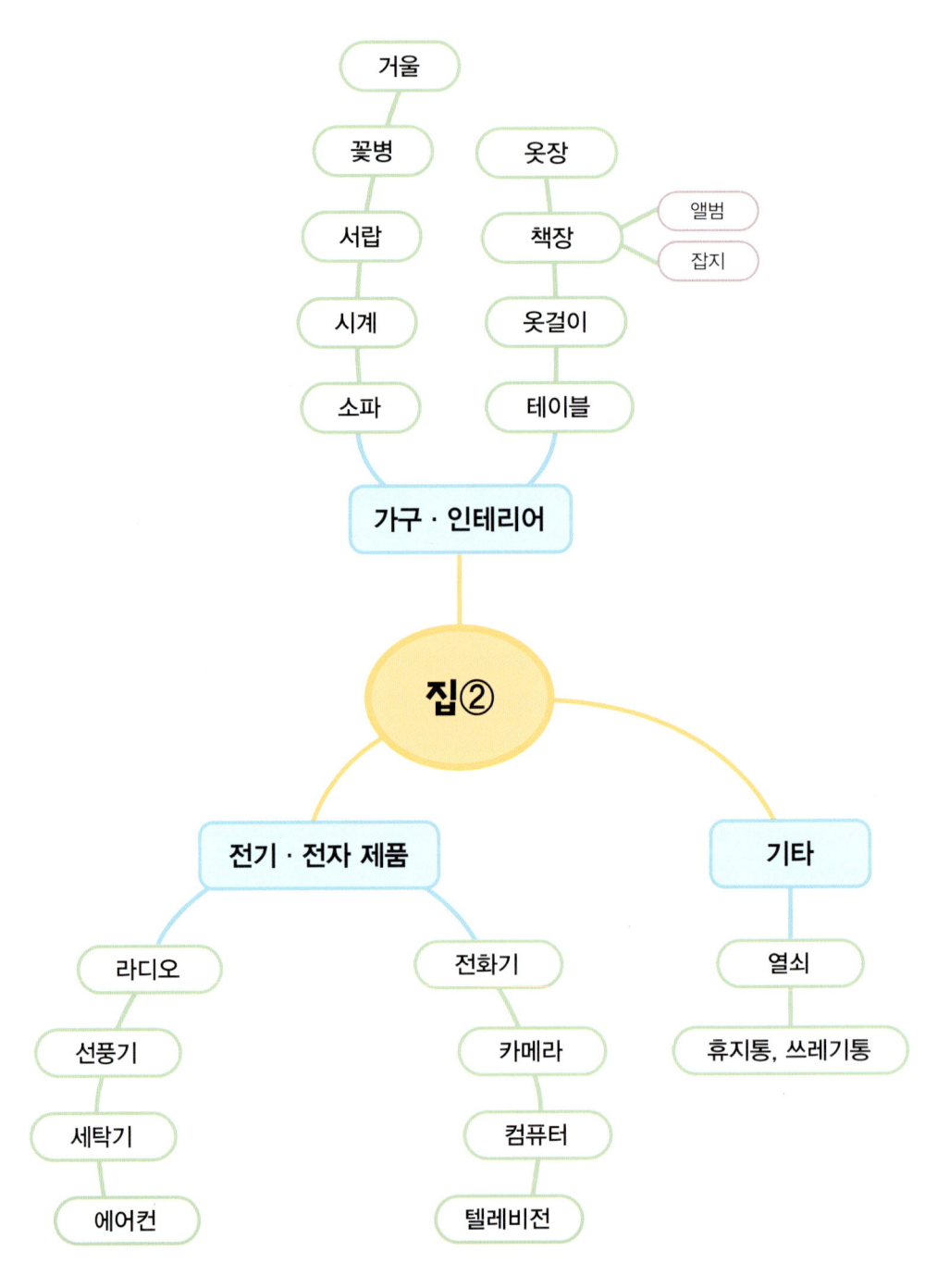

거울

꽃병 · 옷장

서랍 · 책장 — 앨범 / 잡지

시계 · 옷걸이

소파 · 테이블

가구 · 인테리어

집②

전기 · 전자 제품 · 기타

라디오 · 전화기 · 열쇠

선풍기 · 카메라 · 휴지통, 쓰레기통

세탁기 · 컴퓨터

에어컨 · 텔레비전

	영어	일본어	중국어	베트남어
가구 · 인테리어				
가구	furniture	家具	家具	nội thất
거울	mirror	鏡	镜子	cái gương
꽃병	vase	花瓶	花瓶	bình hoa
서랍	drawer	引き出し	抽屉	ngăn kéo
시계	clock	時計	时钟	cái đồng hồ
소파	sofa	ソファ	沙发	ghế sofa
옷장	closet	洋服タンス、クローゼット	衣柜	tủ quần áo
책장	bookshelf	本棚	书架	tủ sách
앨범	photo album	アルバム	相册	cuốn album
잡지	magazine	雑誌	杂志	tạp chí
옷걸이	hanger	ハンガー	衣架	móc treo quần áo
테이블	table	テーブル	桌子	cái bàn
전기 · 전자 제품				
라디오	radio	ラジオ	收音机	máy radio
선풍기	fan	扇風機	电风扇	quạt điện
세탁기	washing machine	洗濯機	洗衣机	máy giặt
에어컨	air conditioner	エアコン	空调	máy điều hoà không khí
전화기	telephone	電話機	电话	điện thoại
카메라	camera	カメラ	照相机	máy ảnh
컴퓨터	computer	コンピューター	电脑	máy tính
텔레비전	TV	テレビ	电视机	tivi
기타 ·				
열쇠	key	鍵	钥匙	chìa khóa
휴지통, 쓰레기통	trash can	ごみ箱	垃圾桶	thùng rác

1. 그림을 보고 알맞은 단어를 골라 쓰십시오.

거울   시계   선풍기   옷걸이   전화기   테이블   쓰레기통   텔레비전

1) _____ 2) _____ 3) _____ 4) _____

5) _____ 6) _____ 7) _____ 8) _____

2. ( )에 들어갈 말로 가장 알맞은 것을 고르십시오.

1) ( )을/를 잃어버려서 집에 들어갈 수 없습니다.
   ① 거울   ② 서랍   ③ 열쇠   ④ 꽃병

2) 이번에 새로 산 ( )은/는 빨래를 시작하는 시간을 예약할 수 있습니다.
   ① 세탁기   ② 테이블   ③ 휴지통   ④ 옷걸이

3) 우리 언니는 옷에 관심이 많아서 매달 여러 패션 ( )을/를 사서 봅니다.
   ① 앨범   ② 가구   ③ 잡지   ④ 책장

4) 퇴근 후에 저녁을 먹고 거실에 있는 ( )에 누워서 텔레비전 보는 것을 좋아합니다.
   ① 책장   ② 소파   ③ 앨범   ④ 옷장

5) 집에 선풍기만 있고 ( )이/가 없는데 올해 여름에 너무 더워서 하나 사려고 합니다.
   ① 에어컨   ② 라디오   ③ 카메라   ④ 컴퓨터

3. 다음을 읽고 중심 내용을 고르십시오.

83회 읽기 48번

> **옷장**에 옷이 너무 많습니다. 그래서 **옷장**에서 옷을 찾기가 힘듭니다. 내일은 **옷장**을 정리할 겁니다.

① 저는 옷장이 더 필요합니다.　　② 저는 옷을 많이 찾을 겁니다.

③ 저는 옷을 정리하려고 합니다.　　④ 저는 내일 옷을 사려고 합니다.

4. 다음을 듣고 물음에 답하십시오.

Track 57　37회 듣기 27, 28번

> 남자: 요즘 퇴근 후에 뭐 해요?
> 여자: 아, 집 근처 **가구** 만드는 곳에 가서 책상을 만들고 있어요.
> 남자: 책상요? 책상을 사지 않고 만들어요?
> 여자: 네. 좀 큰 책상을 갖고 싶어서 시작했는데 아주 재미있어요. 그래서 다음에는 식탁도 만들어 보려고요.
> 남자: 그런 걸 할 줄 알아요? 나는 작은 상자도 못 만드는데……
> 여자: **가구** 만드는 곳에 가면 다 가르쳐 줘요. 하고 싶으면 같이 가요.

1) 두 사람이 무엇에 대해 이야기를 하고 있는지 고르십시오.

　　① 가구를 사는 곳　　　　② 회사의 퇴근 시간

　　③ 퇴근 후에 하는 일　　　④ 가구를 고르는 방법

2) 들은 내용과 같은 것을 고르십시오.

　　① 여자는 집에서 책상을 만들고 있습니다.

　　② 남자는 책상 만드는 법을 알고 있습니다.

　　③ 여자는 퇴근 후에 가구 만드는 곳에 갑니다.

　　④ 남자는 여자에게 식탁을 만들어 주려고 합니다.

Day 63 집③

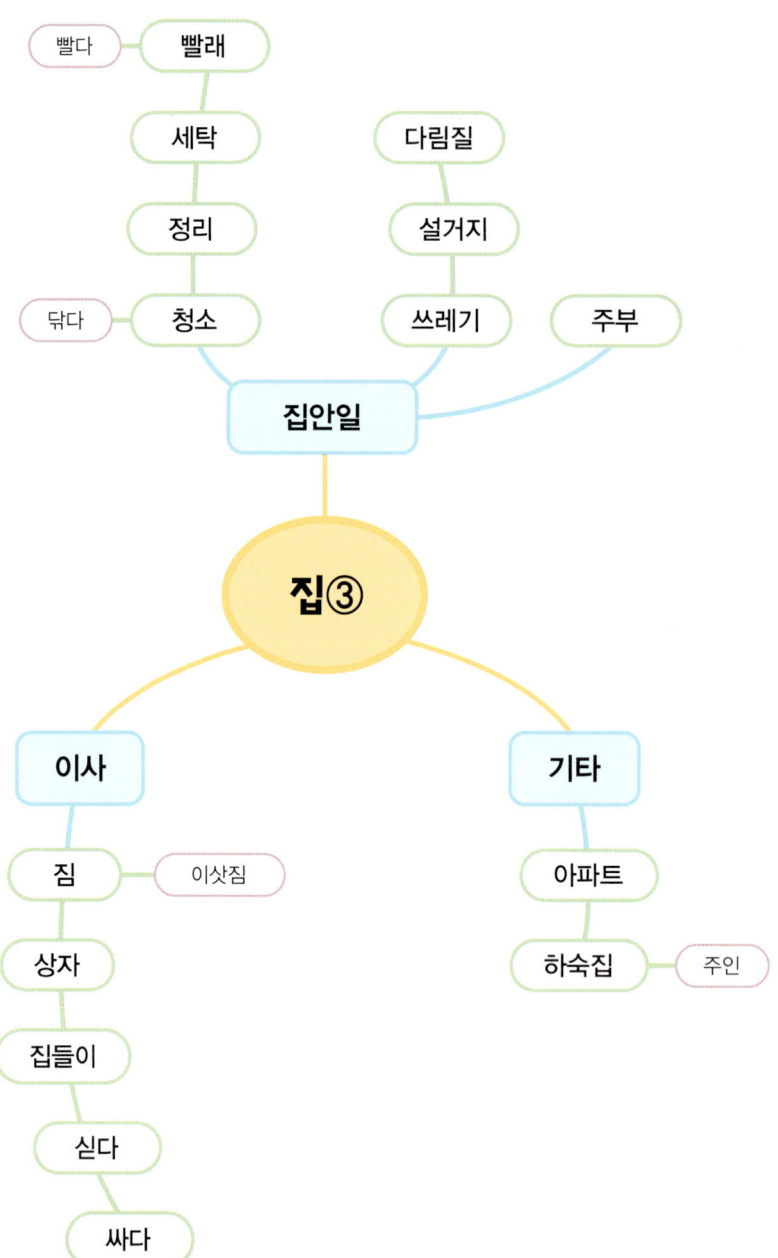

빨다 — 빨래

세탁

정리

닦다 — 청소

다림질

설거지

쓰레기

주부

집안일

집③

이사

짐 — 이삿짐

상자

집들이

싣다

싸다

기타

아파트

하숙집 — 주인

	영어	일본어	중국어	베트남어
집안일				
집안일	housework	家事	家务	việc nhà
빨래	laundry	洗濯	洗衣服	đồ giặt, quần áo bẩn
빨래 비누	laundry soap	洗濯石けん	洗衣皂	xà phòng giặt đồ
빨래가 마르다	the laundry dries	洗濯物が乾く	晾干衣服	quần áo đã khô
빨다	to wash clothes	洗濯する	洗	giặt
세탁	doing the laundry	洗濯、クリーニング	洗涤	giặt đồ
정리	tidying, organizing	整理	整理/收拾	sắp xếp, dọn dẹp
책상을 정리하다	to tidy up the desk	机を片づける、整理する	整理书桌	dọn dẹp bàn làm việc
청소	cleaning	掃除	打扫	dọn vệ sinh
닦다	to wipe	拭く	擦	lau
다림질	ironing	アイロンがけ	熨衣服	việc ủi đồ
설거지	doing the dishes	食器洗い	洗碗	việc rửa bát
쓰레기	trash	ごみ	垃圾	rác
주부	homemaker	主婦	主妇	bà nội trợ
이사				
이사	moving	引っ越し	搬家	chuyển nhà
이사를 가다	to move	引っ越す	搬走	dọn nhà đi nơi khác
짐	moving stuff, luggage	荷物	行李	hành lý
이삿짐	moving boxes	引っ越しの荷物	搬家行李	hành lý dọn nhà
상자	box	箱	箱子	thùng, hộp
집들이	housewarming party	引っ越し祝い	乔迁宴	tiệc tân gia
싣다	to load	載せる	装载	chất lên
짐을 싣다	to load the boxes	荷物を載せる	装载行李	chất hành lý lên
싸다	to pack	包む	打包	đóng gói
짐을 싸다	to pack the stuff / the luggage	荷造りをする	打包行李	đóng gói hành lý
기타				
아파트	apartment	マンション	公寓	căn hộ chung cư
하숙집	boarding house	下宿	寄宿家庭	nhà trọ
주인	owner	主人、大家	主人/房东	chủ nhà
주인 아주머니	landlady	大家のおばさん	房东阿姨	bà chủ nhà
하숙집 주인	boarding house owner	下宿の大家	寄宿家庭房东	chủ nhà trọ

1. 그림을 보고 알맞은 단어를 골라 쓰십시오.

짐을 싸다	설거지하다	다림질하다	이삿짐을 싣다

1) _____ 2) _____ 3) _____ 4) _____

2. ( )에 들어갈 말로 가장 알맞은 것을 고르십시오.

1) 요즘 매일 비가 옵니다. 그래서 ( )이/가 잘 마르지 않습니다.
   ① 빨래   ② 세탁   ③ 열쇠   ④ 비누

2) 이 공원에는 휴지통이 없어서 ( )을/를 집에 가져가야 합니다.
   ① 집안일   ② 설거지   ③ 이삿짐   ④ 쓰레기

3) 주말에 가족들이 모두 함께 청소했습니다. 저는 창문을, 동생은 가구를 ( ).
   ① 쌌습니다   ② 닦았습니다   ③ 빨았습니다   ④ 실었습니다

4) 지난주에 이사했습니다. 이번 주말에 친구들을 초대해서 ( )을/를 할 겁니다.
   ① 집들이   ② 집안일   ③ 다림질   ④ 설거지

5) 지금은 ( ) 20층에 살고 있는데 미래에는 마당이 있는 집에서 살고 싶습니다.
   ① 편의점   ② 박물관   ③ 동물원   ④ 아파트

6) 하숙집 ( ) 아주머니는 따뜻하고 친절합니다. 저를 가족처럼 생각해 주십니다.
   ① 선배   ② 주인   ③ 주부   ④ 직원

7) 새로 산 ( ) 비누가 아주 좋습니다. 이 비누로 옷을 빨면 아주 깨끗하게 빨 수 있습니다.
   ① 세탁   ② 정리   ③ 이사   ④ 상자

3. 다음을 듣고 가장 알맞은 그림을 고르십시오.

Track 58   91회 듣기 16번

여자: 책상 위에 물이 있네요.
남자: 그럼 이걸로 **닦으세요**.

①    ②    ③    ④

4. 다음을 읽고 내용이 같은 것을 고르십시오.

83회 읽기 44번

어제 친구가 한국에 왔습니다. 오늘 우리 집에 놀러 올 겁니다. 저는 집을 깨끗하게 **청소**했습니다.

① 저는 친구 집에 갈 겁니다.　　　② 저는 오늘 친구를 만납니다.

③ 친구가 오늘 한국에 왔습니다.　　④ 친구하고 집을 청소할 겁니다.

5. 다음을 읽고 물음에 답하십시오.

37회 읽기 49, 50번

저는 다음 주에 새 집으로 **이사**합니다. 그래서 오늘 제 물건을 **정리**했습니다. 먼저 필요 없는 물건들을 **상자** 안에 넣었습니다. 그런데 그중에는 한 번도 쓰지 않은 새 물건이 많았습니다. 앞으로는 (㉠) 물건만 사야겠습니다.

1) ㉠에 들어갈 말로 가장 알맞은 것을 고르십시오.

① 필요한　　　② 새로운　　　③ 정리한　　　④ 사용한

2) 윗글의 내용과 같은 것을 고르십시오.

① 집에 새 물건들이 많이 필요합니다.　② 저는 오늘 새집에 이사를 왔습니다.

③ 저는 필요 없는 물건을 정리했습니다.　④ 상자에 많이 쓰는 물건들이 있습니다.

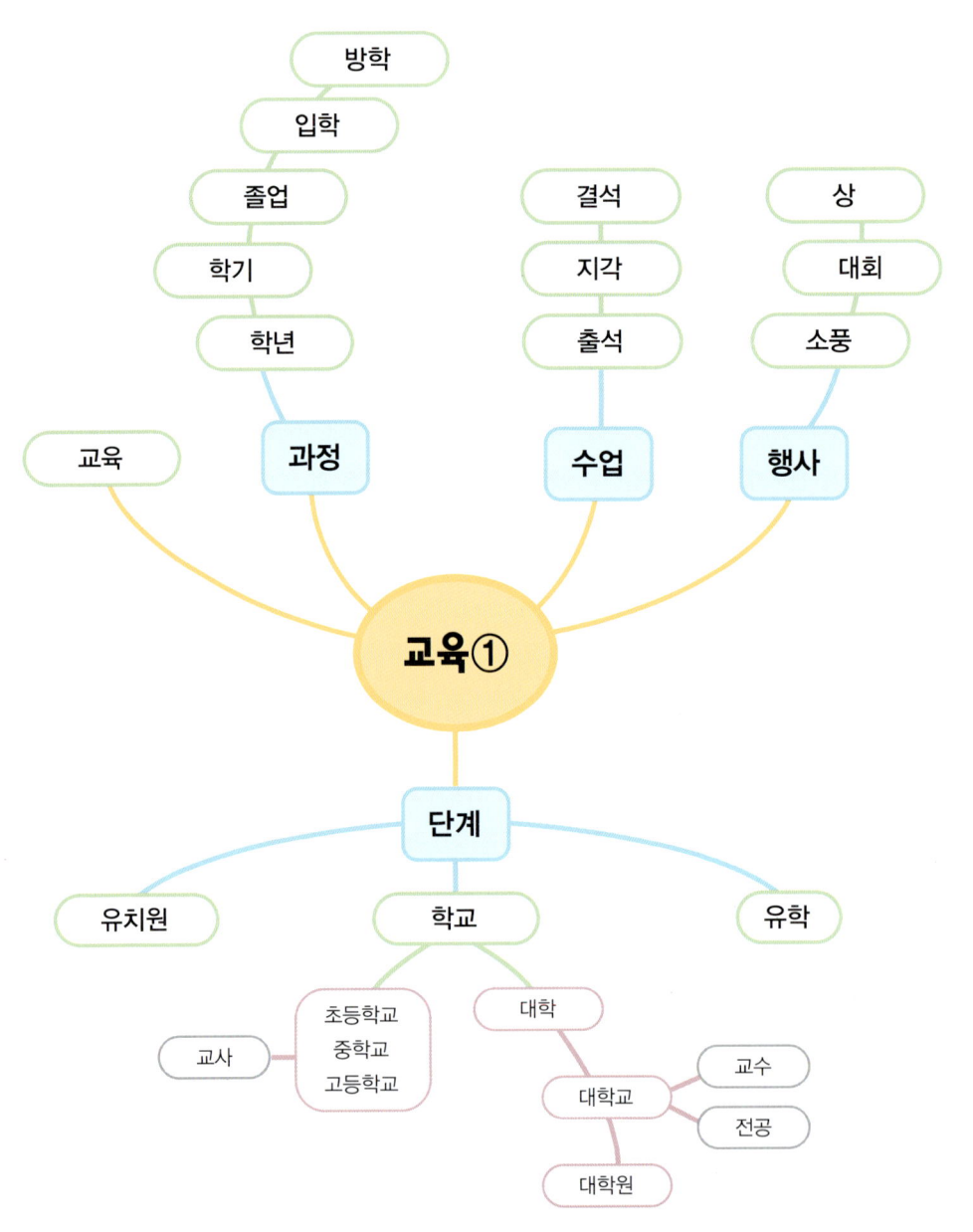

	영어	일본어	중국어	베트남어
교육	education	教育	教育	giáo dục
과정				
방학	vacation, school break	(学校の)休み	放假	kì nghỉ
입학	admission	入学	入学	nhập học
졸업	graduation	卒業	毕业	tốt nghiệp
학기	semester	学期	学期	học kì
1학기	first semester	1学期	第一学期	học kỳ 1
학년	grade / year	学年	年级	niên học, lớp
1학년	first grade / year	1年生	一年级	lớp 1
수업				
결석	absence	欠席	缺席	sự vắng mặt
지각	tardiness	遅刻	迟到	việc đến muộn
출석	attendance	出席	出席	sự tham dự
출석을 부르다	to take attendance	出席を取る	点名	gọi điểm danh
행사				
상	award	賞	奖	giải thưởng
상을 받다	to get an award	賞をもらう	获奖	nhận được giải thưởng
대회	competition	大会	比赛	cuộc thi
대회가 열리다	a competition is held	大会が開かれる	举办比赛	cuộc thi được tổ chức
대회에 나가다	to participate in a competition	大会に出る	参加比赛	tham gia cuộc thi
소풍	picnic	遠足	郊游	dã ngoại
소풍을 가다	to go on a picnic	遠足に行く	去郊游	đi dã ngoại
단계				
유치원	kindergarten	幼稚園	幼儿园	trường mẫu giáo
학교	school	学校	学校	trường học
학교에 다니다	to attend school	学校に通う	上学	đi học
초등학교	elementary school	小学校	小学	trường tiểu học
중학교	middle school	中学校	初中	trường trung học cơ sở
고등학교	high school	高校(高等学校)	高中	trường trung học phổ thông
교사	teacher	教師	教师	giáo viên
대학	university	大学	大学	đại học
대학 병원	university hospital	大学病院	大学医院	bệnh viện trực thuộc trường đại học
대학 생활	college life	大学生活	大学生活	cuộc sống đại học
대학교	university	大学	大学	trường đại học
교수	professor	教授	教授	giáo sư
전공	major	専攻	专业	chuyên ngành
대학원	graduate school	大学院	研究生院	sau đại học, cao học
유학	studying abroad	留学	留学	du học
유학을 가다	to go abroad to study	留学に行く	去留学	đi du học

1. (   )에 들어갈 말로 가장 알맞은 것을 고르십시오.

1) 조카가 초등학교를 졸업했습니다. 곧 (   ) 1학년이 됩니다.

① 유치원   ② 대학원   ③ 중학교   ④ 초등학교

2) 우리 선생님은 수업을 시작하기 전에 먼저 (   )을/를 부릅니다.

① 결석   ② 대답   ③ 친구   ④ 출석

3) 요코 씨가 감기에 걸려서 어제 (   ). 오늘도 학교에 안 왔습니다.

① 결석했습니다   ③ 전공했습니다
③ 소풍을 갔습니다   ④ 상을 받았습니다

4) 저는 대학생입니다. 제 (   )은/는 영어입니다. 졸업하고 영어 교사가 되고 싶습니다.

① 학기   ② 교육   ③ 전공   ④ 학년

5) 학교에서 한강 공원으로 (   )을/를 갑니다. 학생들은 음식과 음료를 준비해야 합니다.

① 소풍   ② 휴가   ③ 이사   ④ 유학

2. 무엇에 대한 내용입니까? 알맞은 것을 고르십시오.

1) 저는 고등학교 교사입니다. 남편은 대학 교수입니다.

① 직업   ② 이름   ③ 병원   ④ 부모

2) 갑자기 내린 눈 때문에 차가 많이 막혀서 수업에 늦었습니다.

① 결석   ② 지각   ③ 유학   ④ 졸업

4) 한국에서는 보통 1월과 2월, 7월과 8월에 학교에 가지 않습니다. 수업이 없습니다.

① 행사   ② 대회   ③ 방학   ④ 입학

3. 다음을 읽고 물음에 답하십시오.

83회 읽기 49, 50번

> 저는 **유치원** 선생님입니다. 저는 아이들을 좋아해서 **유치원** 선생님이 되었습니다. 우리 **유치원**에는 아이들이 많아서 일이 조금 힘듭니다. 또 집에 늦게 가는 날도 많습니다. (㉠) 아이들이 정말 귀엽고 예뻐서 저는 제 일을 좋아합니다.

1) ㉠에 들어갈 말로 가장 알맞은 것을 고르십시오.

① 그러면　　　　② 하지만　　　　③ 그래서　　　　④ 그리고

2) 윗글의 내용과 같은 것을 고르십시오.

① 저는 아이들이 좋습니다.　　　　② 저는 보통 일찍 집에 갑니다.

③ 유치원 일은 힘들지 않습니다.　　　　④ 유치원에는 아이들이 많지 않습니다.

4. 다음을 듣고 물음에 답하십시오.

Track 59　52회 듣기 29, 30번

> 남자: 이번 한국어 말하기 **대회**에서 1등을 하셨는데요. 기분이 어떠세요?
> 여자: 잘하는 학생들이 많았는데 제가 **상**을 받아서 정말 기뻐요.
> 남자: 그렇군요. 실수도 하지 않고 자연스럽게 잘하셔서 정말 놀랐어요.
> 여자: 사실 제가 사람들 앞에서 긴장을 많이 해요. 그래서 친구들 앞에서 매일 말하기 연습을 했어요. 또 한국어 선생님께서 발음 연습을 도와주셨어요. 그 덕분에 1등을 한 것 같아요.
> 남자: 네, 그런데 이번 **대회**에는 어떻게 참가하게 되셨어요?
> 여자: 이번이 한국에서 공부하는 마지막 **학기**라서 그동안 해 보지 못한 경험을 하고 싶었어요.

1) 여자가 대회에 참가한 이유를 고르십시오.

① 한국어 발음 연습을 할 수 있어서　　② 많은 외국인 학생을 만날 수 있어서

③ 사람들 앞에서 이야기하는 것을 좋아해서　④ 한국에서 특별한 경험을 하고 싶어서

2) 들은 내용과 같은 것을 고르십시오.

① 여자는 한국에서 계속 공부하려고 합니다.

② 여자는 긴장을 해서 실수를 많이 했습니다.

③ 여자는 사람들이 없는 곳에서 연습했습니다.

④ 여자는 한국어 선생님의 도움을 받았습니다.

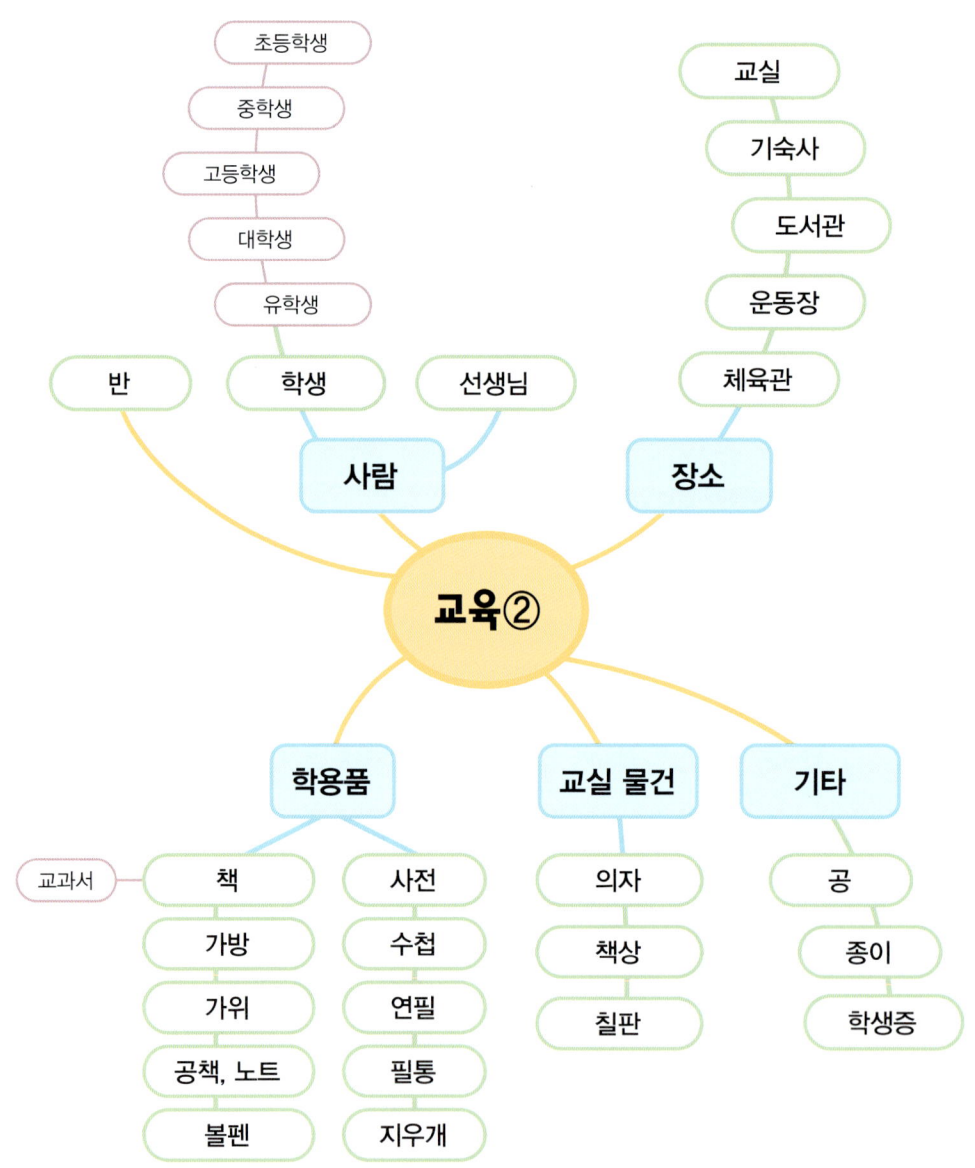

초등학생
중학생
고등학생
대학생
유학생

반
학생
선생님

교실
기숙사
도서관
운동장
체육관

사람
장소

교육②

학용품
교실 물건
기타

교과서
책
사전
가방
수첩
가위
연필
공책, 노트
필통
볼펜
지우개

의자
책상
칠판

공
종이
학생증

	영어	일본어	중국어	베트남어
반	class	クラス	班级	lớp
반 친구	classmate	クラスメート	同班同学	bạn cùng lớp
사람				
학생	student	学生	学生	học sinh
초등학생	elementary school student	小学生	小学生	học sinh tiểu học
중학생	middle school student	中学生	初中生	học sinh trung học cơ sở
고등학생	high school student	高校生	高中生	học sinh trung học phổ thông
대학생	college student	大学生	大学生	sinh viên đại học
유학생	international student	留学生	留学生	du học sinh
선생님	teacher	先生	老师	giáo viên
장소				
교실	classroom	教室	教室	lớp học
기숙사	dormitory	寮	宿舍	ký túc xá
도서관	library	図書館	图书馆	thư viện
운동장	playground	運動場	操场	sân vận động
체육관	gym	体育館	体育馆	phòng tập thể dục
학용품				
책	book	本	书	sách
교과서	textbook	教科書	课本	sách giáo khoa, giáo trình
가방	bag	カバン	书包	cặp sách, túi xách
가위	scissors	はさみ	剪刀	cái kéo
공책, 노트	notebook	ノート	笔记本	sổ tay
볼펜	pen	ボールペン	圆珠笔	bút bi
사전	dictionary	辞書	字典	từ điển
수첩	notepad	手帳	记事本	sổ tay
연필	pencil	鉛筆	铅笔	bút chì
필통	pencil case	筆筒	筆筒	ống đựng bút
지우개	eraser	消しゴム	橡皮	cục tẩy
교실 물건				
의자	chair	椅子	椅子	cái ghế
책상	desk	机	书桌	bàn học
칠판	blackboard	黒板	黑板	bảng đen
기타				
공	ball	ボール	球	quả bóng
종이	paper	紙	纸	giấy
학생증	student ID	学生証	学生证	thẻ sinh viên
학생증을 만들다	to get a student ID	学生証を作る	办学生证	làm thẻ sinh viên

1. 그림을 보고 알맞은 단어를 골라 쓰십시오.

| 가위 볼펜 책상 칠판 |

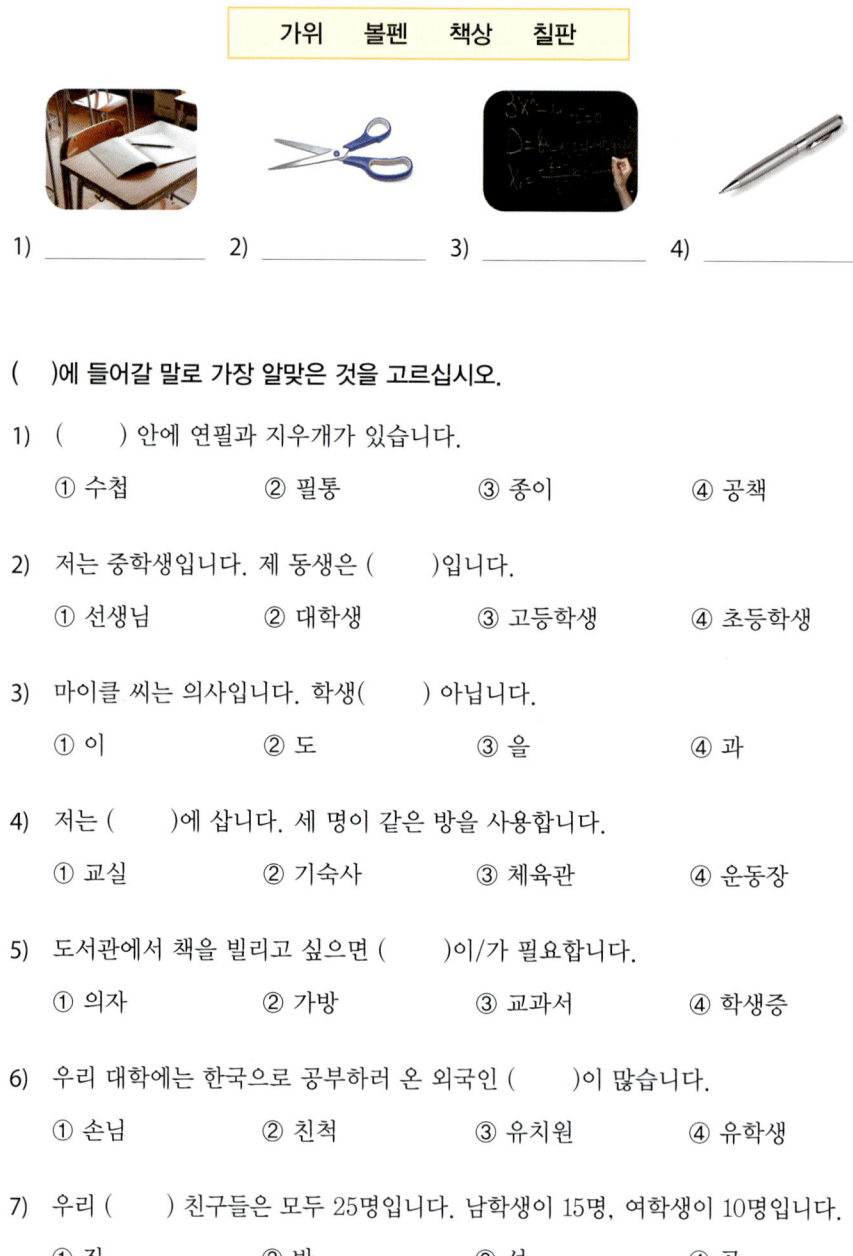

1) _____ 2) _____ 3) _____ 4) _____

2. ( )에 들어갈 말로 가장 알맞은 것을 고르십시오.

1) ( ) 안에 연필과 지우개가 있습니다.

① 수첩　　　　② 필통　　　　③ 종이　　　　④ 공책

2) 저는 중학생입니다. 제 동생은 ( )입니다.

① 선생님　　　② 대학생　　　③ 고등학생　　　④ 초등학생

3) 마이클 씨는 의사입니다. 학생( ) 아닙니다.

① 이　　　　　② 도　　　　　③ 을　　　　　④ 과

4) 저는 ( )에 삽니다. 세 명이 같은 방을 사용합니다.

① 교실　　　　② 기숙사　　　③ 체육관　　　④ 운동장

5) 도서관에서 책을 빌리고 싶으면 ( )이/가 필요합니다.

① 의자　　　　② 가방　　　　③ 교과서　　　　④ 학생증

6) 우리 대학에는 한국으로 공부하러 온 외국인 ( )이 많습니다.

① 손님　　　　② 친척　　　　③ 유치원　　　　④ 유학생

7) 우리 ( ) 친구들은 모두 25명입니다. 남학생이 15명, 여학생이 10명입니다.

① 집　　　　　② 반　　　　　③ 섬　　　　　④ 곳

3. 여기는 어디입니까? 알맞은 것을 고르십시오.

1)

Track 60 35회 듣기 9번

남자: 실례합니다. **책**은 몇 권까지 빌릴 수 있어요?

여자: 다섯 권요.

① 미용실　　　　② 사진관　　　　③ 도서관　　　　④ 우체국

2)

Track 61 47회 듣기 10번

남자: 손님, 뭘 찾으세요?

여자: **사전**은 어디에 있어요?

① 공원　　　　② 교회　　　　③ 빵집　　　　④ 서점

4. 다음을 읽고 물음에 답하십시오.

83회 읽기 53, 54번

　　저는 감기에 걸려서 오늘 학교에 못 갔습니다. 병원에 가고 싶었지만 한국어를 잘 못해서 그냥 **기숙사**에 있었습니다. 그때 친구가 **기숙사**에 와서 저를 데리고 병원에 갔습니다. **기숙사**로 (㉠) 친구가 밥도 사 주었습니다. 정말 고마웠습니다.

1) ㉠에 들어갈 말로 가장 알맞은 것을 고르십시오.

① 돌아오지만　　　　　　② 돌아오려면

③ 돌아오지 말고　　　　　④ 돌아오기 전에

2) 윗글의 내용과 같은 것을 고르십시오.

① 저는 오늘 밥을 못 먹었습니다.

② 저는 오늘 친구하고 병원에 갔습니다.

③ 저는 오늘 친구의 기숙사 방에 갔습니다.

④ 저는 오늘 학교에 가서 친구를 만났습니다.

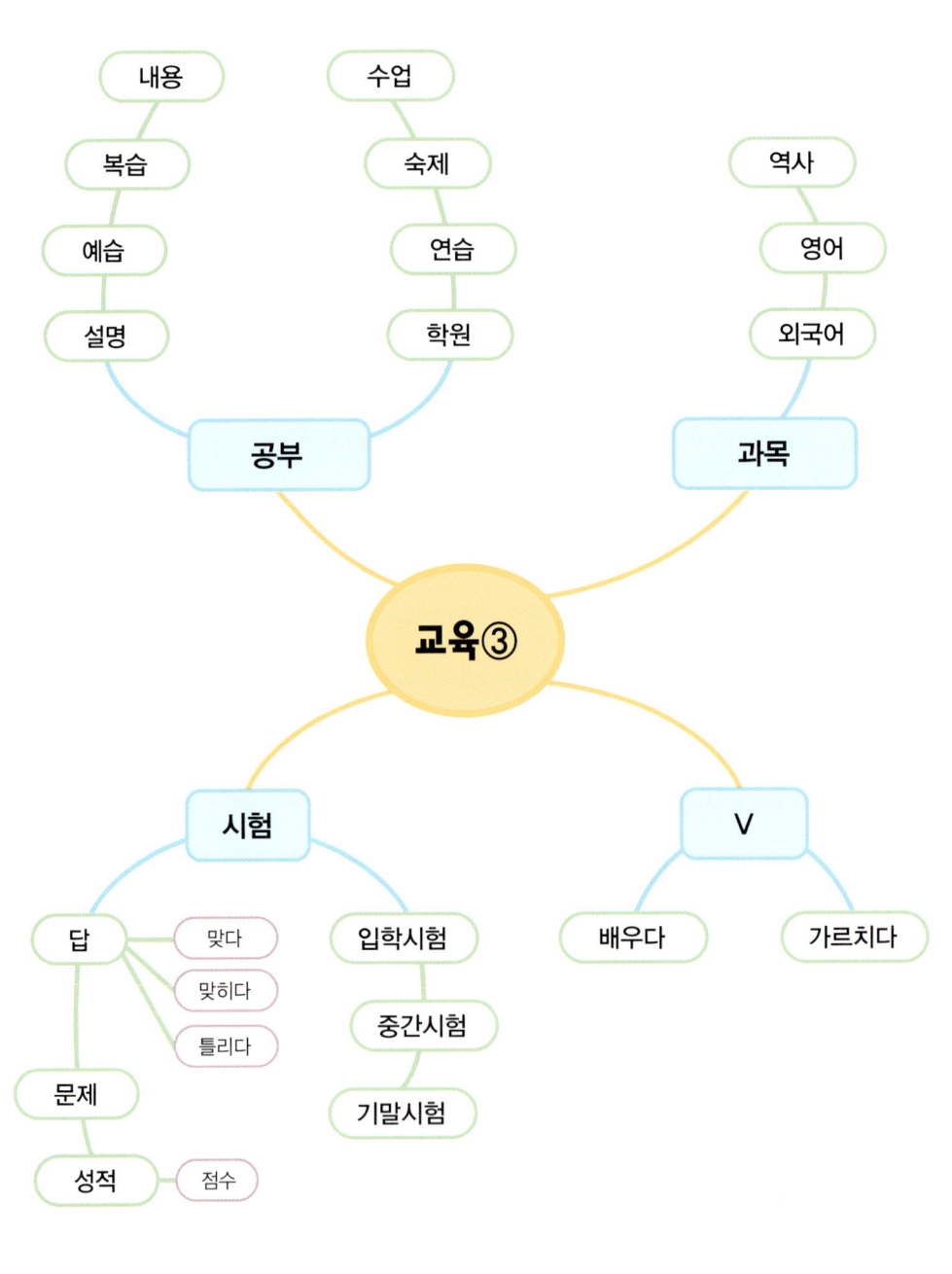

	영어	일본어	중국어	베트남어
공부				
공부	study	勉強	学习	học
내용	content	内容	内容	nội dung
복습	review	復習	复习	ôn tập
예습	preparation (for tomorrow's class)	予習	预习	học bài trước
설명	explanation	説明	说明	giải thích
수업	class, lesson	授業	课程	buổi học
숙제	homework	宿題	作业	bài tập về nhà
연습	practice	練習	练习	luyện tập
학원	private academy	塾	补习班	trung tâm đào tạo
학원에 다니다	to attend a private academy	塾に通う	上补习班	đi học ở trung tâm
과목				
역사	history	歴史	历史	lịch sử
영어	English	英語	英语	tiếng anh
외국어	foreign language	外国語	外语	ngoại ngữ
시험				
시험	exam, test	試験	考试	bài kiểm tra
시험을 보다	to take an exam	試験を受ける	参加考试	làm bài kiểm tra
답	answer	答え	答案	câu trả lời
맞다	to be correct, to be right	合う	正确	đúng
답이 맞다	the answer is correct	答えが合う	答案正确	câu trả lời là đúng
맞히다	to get the answer right	当てる	猜对	đoán
답을 맞히다	to answer correctly	答えを当てる	答对问题	đoán câu trả lời
틀리다	to be incorrect	間違う、間違える	错误	sai
문제	problem, question	問題	试题	vấn đề, câu hỏi
문제를 풀다	to answer a question	問題を解く	解题	trả lời câu hỏi
성적	grade	成績	成绩	thành tích
점수	score	点数	分数	điểm số
입학시험	entrance exam	入学試験	入学考试	kỳ thi tuyển sinh
중간시험	midterm exam	中間試験	期中考试	kì thi giữa kỳ
기말시험	final exam	期末試験	期末考试	kỳ thi cuối kỳ
V				
배우다	to learn	学ぶ	学/学习	học
가르치다	to teach	教える	教	dạy

1. ( )에 들어갈 말로 가장 알맞은 것을 고르십시오.

1) 저는 초등학교 때 태권도 ( )에 다녔습니다.
   ① 학년   ② 학기   ③ 정원   ④ 학원

2) 저는 매일 다음날 배울 단어와 문법을 집에서 ( ).
   ① 틀립니다   ② 다닙니다   ③ 맞습니다   ④ 예습합니다

3) 단어 시험 문제의 답을 모두 ( ) 기분이 좋습니다.
   ① 맞아서   ② 맞혀서   ③ 틀려서   ④ 배워서

4) 우리 선생님은 아주 잘 가르치십니다. 어려운 것도 쉽게 ( ).
   ① 공부하십니다   ② 설명하십니다   ③ 연습하십니다   ④ 맞히십니다

5) 김수미 씨는 선생님입니다. 외국인 학생들에게 한국어를 ( ).
   ① 풉니다   ② 베웁니다   ③ 가르칩니다   ④ 연습합니다

6) 이번 시험에서 좋은 ( )을/를 받고 싶어서 열심히 공부했습니다.
   ① 선물   ② 점수   ③ 문제   ④ 내용

7) 단어 시험을 봤는데 30문제 모두 ( ). 기분이 아주 좋았습니다.
   ① 맞았습니다   ② 틀렸습니다   ③ 설명했습니다   ④ 배웠습니다

8) 이번 학기에 한국 ( ) 수업을 듣고 있습니다. 아주 재미있습니다.
   ① 역사   ② 문제   ③ 설명   ④ 숙제

9) 흐엉 씨는 베트남 사람인데 ( )을/를 잘합니다. 한국어도 잘하고 영어도 잘합니다.
   ① 운동   ② 예습   ③ 요리   ④ 외국어

10) 내일 한국대학교 ( )을/를 봅니다. 시험에 꼭 붙어서 한국대학교에 다니고 싶습니다.
   ① 숙제   ② 성적   ③ 기말시험   ④ 입학시험

2. 다음을 듣고 대화 내용과 같은 것을 고르십시오.

Track 62   47회 듣기 18번

> 여자: 요즘 테니스를 치고 있는데 재미있어요. 민수 씨도 테니스 칠 수 있어요?
> 남자: 아니요. 저는 한 번도 쳐 본 적이 없어요.
> 여자: 그래요? 제가 **가르쳐** 줄 수 있는데 한번 **배워** 볼래요?
> 남자: 좋아요. 이번 주 토요일에 시간이 있으니까 **가르쳐** 주세요.

① 여자는 테니스를 가르칠 수 없습니다.   ② 남자는 주말에 시간이 없습니다.

③ 남자는 테니스를 배운 적이 없습니다.   ④ 여자는 요즘 운동을 못 하고 있습니다.

3. 다음을 읽고 물음에 답하십시오.

60회 읽기 53, 54번

> 저는 맛있는 빵을 만드는 사람이 되고 싶습니다. 그래서 **학원**에서 빵 만드는 것을 **배웁니다**. 저녁에는 빵 가게에서 아르바이트를 합니다. 빵 가게에서 일을 하면 **학원**에서 **배운** 빵을 만들어 볼 수 있고 사람들이 좋아하는 빵을 알 수 있습니다. 제가 일하는 가게는 (㉠) 곳이라서 손님이 많이 옵니다. 일이 힘들지만 행복합니다.

1) ㉠에 들어갈 말로 가장 알맞은 것을 고르십시오.

① 간단한   ② 한가한   ③ 유명한   ④ 위험한

2) 윗글의 내용과 같은 것을 고르십시오.

① 저는 이제 학원에 다니지 않습니다.

② 저는 빵 가게에서 일하는 것이 좋습니다.

③ 저는 오전에 빵 가게에서 아르바이트를 합니다.

④ 저는 빵 가게에서 빵을 만들어 보지 못했습니다.

Day 67 일과 직업①

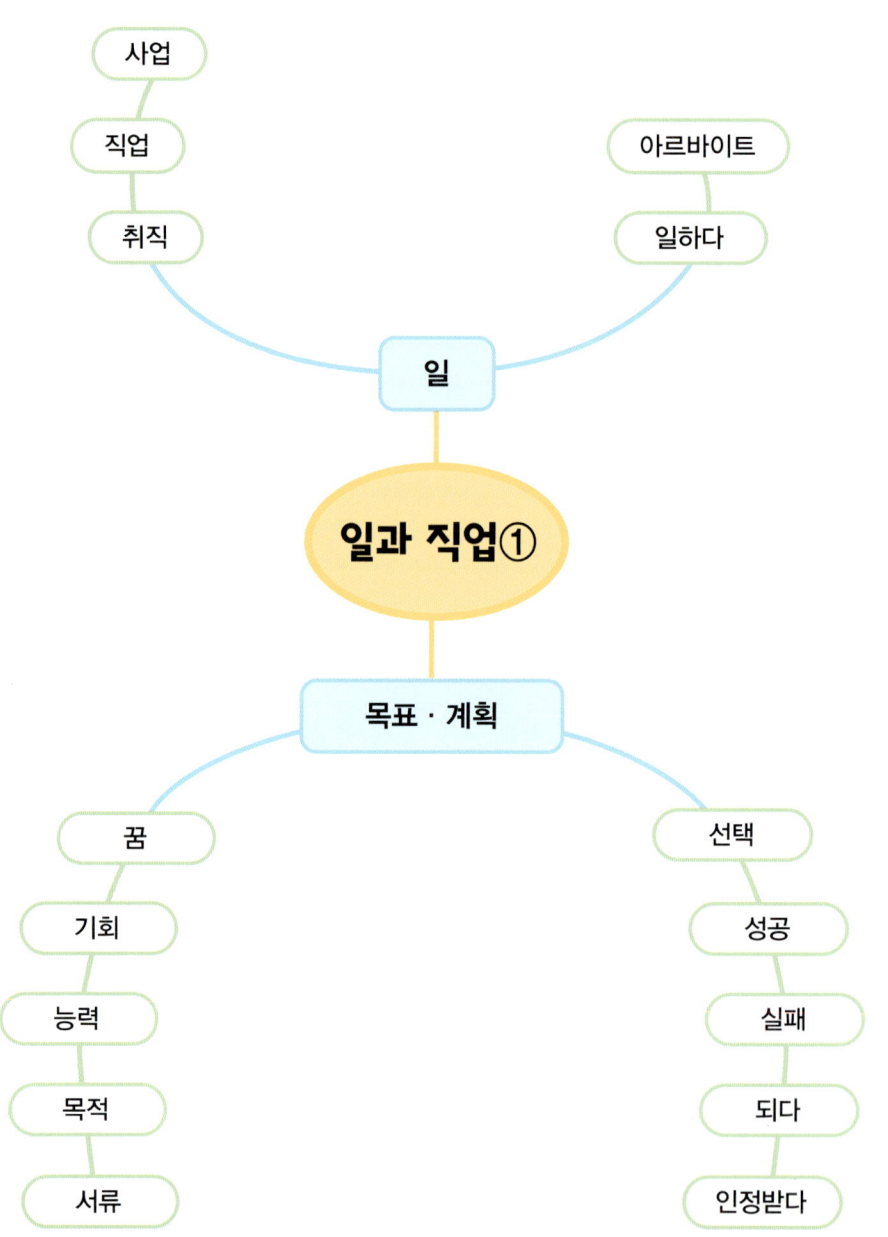

일

일과 직업①

목표 · 계획

사업
직업
취직

아르바이트
일하다

꿈
기회
능력
목적
서류

선택
성공
실패
되다
인정받다

	영어	일본어	중국어	베트남어
일				
일	work	仕事	工作	công việc
사업	business	事業	生意	việc kinh doanh
직업	occupation, job	職業	职业	nghề nghiệp
취직	getting a job	就職	就职	có được việc làm
아르바이트	part-time job	アルバイト	兼职	công việc bán thời gian
아르바이트를 구하다	to look for a part-time job	アルバイトを探す	找兼职	tìm việc bán thời gian
일하다	to work	働く	工作	làm việc
목표 · 계획				
꿈	dream	夢	梦想	ước mơ
꿈이 있다	to have a dream	夢がある	有梦想	có ước mơ
꿈을 키우다	to pursue a dream	夢を育てる	培养梦想	nuôi dưỡng ước mơ
기회	opportunity	機会、チャンス	机会	cơ hội
기회를 잡다	to seize an opportunity	チャンスをつかむ	把握机会	nắm bắt cơ hội
능력	ability	能力	能力	năng lực
한국어능력시험	TOPIK (Test of Proficiency in Korean)	韓国語能力試験	韩语能力考试	bài kiểm tra năng lực tiếng hàn
능력을 기르다	to develop ability	能力を伸ばす	培养能力	bồi dưỡng năng lực
목적	purpose	目的	目的	mục đích
서류	documents	書類	文件, 材料	hồ sơ
입학 서류	admission documents	入学書類	入学材料	hồ sơ nhập học
서류를 준비하다	to prepare documents	書類を準備する	准备材料	chuẩn bị hồ sơ
선택	choice	選択	选择	sự lựa chọn
성공	success	成功	成功	sự thành công
실패	failure	失敗	失败	sự thất bại
되다	to become	なる	成为, 变得	trở nên
인정받다	to be recognized	認められる	得到认可	được công nhận

1. ( )에 들어갈 말로 가장 알맞은 것을 고르십시오.

1) 동생이 원하는 자동차 회사에 (   )을 해서 기쁩니다.
   ① 성공   ② 선택   ③ 취직   ④ 생활

2) 나중에 (   )이/가 있으면 외국에 나가서 일해 보고 싶습니다.
   ① 목적   ② 실수   ③ 기회   ④ 서류

3) 한국어 (   )을/를 기르려고 매일 한국 드라마나 영화를 봅니다.
   ① 성적   ② 습관   ③ 태도   ④ 능력

4) 요즘 회사에서 해야 할 (   )이 많아서 밥 먹을 시간도 없습니다.
   ① 곳   ② 일   ③ 꿈   ④ 날

5) 비자를 신청했는데 오늘까지 대사관에 (   )을/를 보내야 합니다.
   ① 서류   ② 소포   ③ 선물   ④ 준비

6) 초등학교 때 케이팝(K-pop)과 춤을 좋아해서 가수가 (   ) 싶었습니다.
   ① 남고   ② 되고   ③ 나오고   ④ 생기고

7) 타오 씨는 회사에서 능력을 (   ) 부장이 될 때까지 5년밖에 안 걸렸습니다.
   ① 얻어서   ② 만들어서   ③ 충분해서   ④ 인정받아서

8) 김수철 씨는 지금은 큰 회사의 사장이지만 크고 작은 (   )도 많았습니다.
   ① 계획   ② 실패   ③ 성공   ④ 기회

9) 나오미 씨는 10년 다닌 컴퓨터 회사를 그만두고 자기 (   )을/를 시작하려고 합니다.
   ① 직업   ② 취미   ③ 사업   ④ 선택

10) 내가 외국어를 공부하는 (   )은/는 다른 나라를 조금 더 깊이 이해하고 새로운 문화를 경험하는 것입니다.
   ① 목적   ② 결과   ③ 습관   ④ 시간

2. 다음을 듣고 대화 내용과 같은 것을 고르십시오.

1)

(Track 63) 47회 듣기 20번

> 남자: 내년에 우리 졸업하는데, 수미 씨는 뭐 할 거예요?
> 여자: 외국에 가서 **일하려고** 해요.
> 남자: 그래요? 무슨 **일**을 하고 싶은데요?
> 여자: 컴퓨터 회사에서 **일하고** 싶어요. 그래서 지금 준비하고 있어요.

① 두 사람은 외국에서 공부할 겁니다.
② 두 사람은 회사에 다니고 있습니다.
③ 여자는 취직 준비를 하고 있습니다.
④ 남자는 작년에 학교를 졸업했습니다.

2)

(Track 64) 64회 듣기 21번

> 여자: 민수 씨, **아르바이트**할 곳을 찾았어요?
> 남자: 아니요. 아직 못 찾았어요.
> 여자: 제가 **일하는** 박물관에서 **아르바이트**할 사람을 찾고 있는데, 생각 있어요?
> 남자: 박물관 **아르바이트**는 안 해 봤는데 한번 해 보고 싶어요.

① 여자는 남자와 같은 일을 합니다.
② 여자는 박물관에서 일하고 있습니다.
③ 남자는 박물관에서 일을 해 봤습니다.
④ 남자는 아르바이트를 안 하려고 합니다.

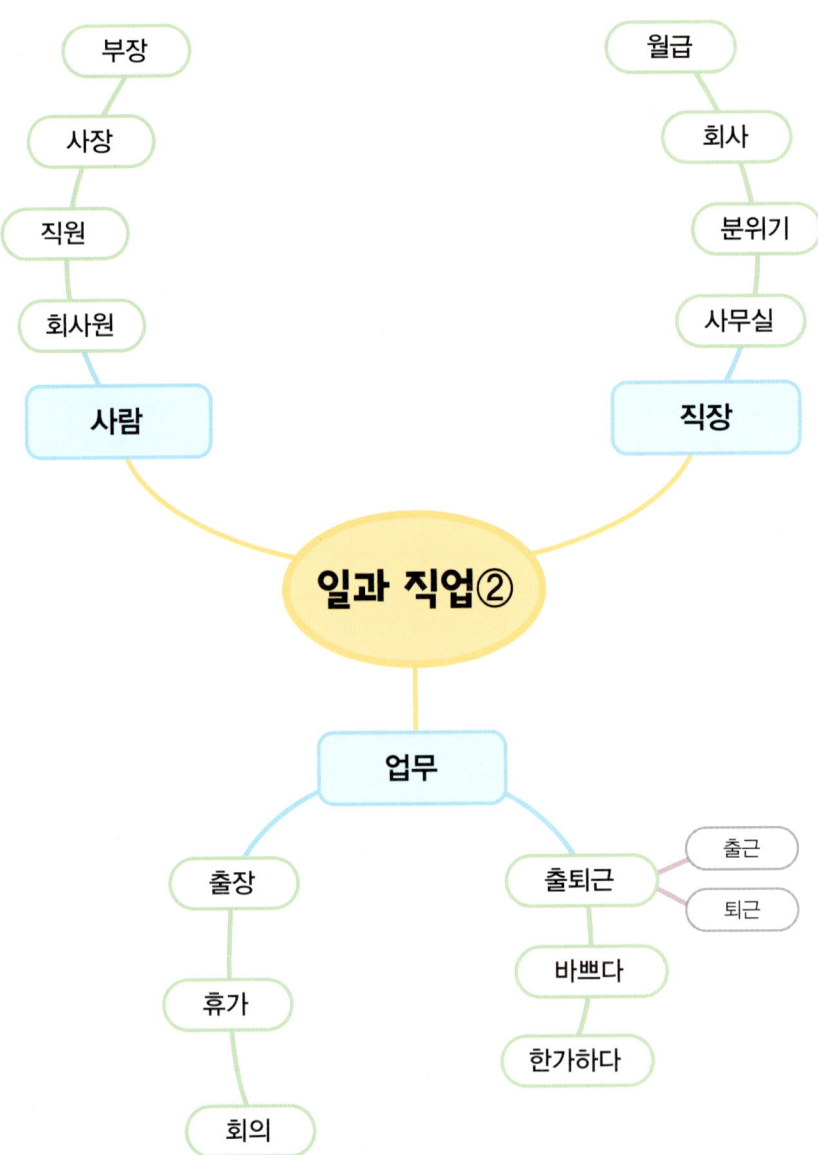

	영어	일본어	중국어	베트남어
사람				
부장	department head	部長	部长	trưởng phòng
사장	CEO	社長	老板	giám đốc
직원	employee	従業員	职员	nhân viên
회사원	office worker	会社員	上班族	nhân viên công ty
직장				
직장	workplace	職場	职场	nơi làm việc
직장 생활	working life	職場生活	职场生活	cuộc sống nơi công sở
직장에 다니다	to work (somewhere), to be employed	職場に通う	在职场工作	đi làm
월급	salary	月給、給料	月薪	lương
월급이 많다	to have a high salary	給料が多い	月薪高	lương cao
월급을 받다	to receive a salary	給料をもらう	领月薪	nhận lương
회사	company	会社	公司	công ty
분위기	atmosphere	雰囲気	氛围	bầu không khí
분위기가 좋다	the atmosphere is pleasant	雰囲気が良い	氛围好	bầu không khí tốt
사무실	office	事務室、オフィス	办公室	văn phòng
업무				
출장	business trip	出張	出差	chuyến công tác
출장을 가다	to go on a business trip	出張に行く	去出差	đi công tác
휴가	vacation	休暇	假期	kì nghỉ
휴가를 가다	to take a vacation	休暇を取る	去度假	đi nghỉ mát
회의	meeting	会議	会议	cuộc họp
출퇴근	commute	通勤	通勤	sự đi làm và tan sở
출퇴근 시간	commuting hours	通勤時間	通勤时间	giờ đi làm và giờ tan sở
출근	going to work	出勤	上班	đi làm
퇴근	getting off work	退勤	下班	tan sở
바쁘다	to be busy	忙しい	忙	bận rộn
한가하다	to be free (not busy)	暇だ	有空/闲	nhàn rỗi

1. ( )에 들어갈 말로 가장 알맞은 것을 고르십시오.

1) 히엔 씨는 회사일 때문에 외국으로 ( )을/를 자주 갑니다.

① 직장   ② 출근   ③ 출장   ④ 휴가

2) 제가 일하고 있는 ( )은/는 20층에 있는데 한강이 보입니다.

① 휴게실   ② 화장실   ③ 사무실   ④ 기숙사

3) ( ) 시간에는 길이 많이 막혀서 보통 지하철이나 버스를 탑니다.

① 취직   ② 직장   ③ 출퇴근   ④ 출입국

4) 우리 언니는 ( )인데 신발 회사에서 구두를 디자인하는 일을 합니다.

① 공무원   ② 연예인   ③ 변호사   ④ 회사원

5) 우리 회사는 월급도 많고 일하는 ( )도 좋아서 오래 다니고 싶습니다.

① 휴가   ② 경치   ③ 분위기   ④ 서비스

6) 내일 ( ) 시간까지 준비해야 할 것이 많아서 오늘 밤늦게까지 일해야 합니다.

① 회원   ② 직원   ③ 회사   ④ 회의

7) 오늘은 ( )이/가 나오는 날이라서 퇴근 후에 오랜만에 쇼핑을 하려고 합니다.

① 휴가   ② 월급   ③ 현금   ④ 서류

8) 회사 일로 한 달 동안 바빴지만 이번 주부터는 조금 ( ) 운동을 다시 시작할 겁니다.

① 바빠서   ② 심해서   ③ 충분해서   ④ 한가해서

9) 회사에 여름 ( )을/를 열흘 신청했는데 독일에 살고 있는 언니 집에 가려고 합니다.

① 월급   ② 휴가   ③ 출근   ④ 출장

10) 샘 씨는 지금 자동차 회사에 다니고 있는데 고등학교 졸업 후 대학교에 가지 않고 바로 ( ) 생활을 시작했습니다.

① 선수   ② 직장   ③ 사업   ④ 유학

2. 다음을 듣고 대화 내용과 같은 것을 고르십시오.

Track 65 **64회 듣기 17번**

> 남자: 수미 씨, 내일 **출장** 가지요? 잘 다녀오세요.
> 여자: 아침에는 회사에 올 거예요. 저녁에 출발해요.
> 남자: 아, 그래요? 그럼 내일 봐요.

① 남자는 출장을 갑니다.　　　② 여자는 아침에 출발합니다.

③ 여자는 내일 회사에 안 갑니다.　　④ 남자는 내일 여자를 만날 겁니다.

3. 다음을 듣고 물음에 답하십시오.

Track 66 **41회 듣기 25, 26번**

> 여자: 안녕하십니까? 매주 수요일 우리 회사 '가족 사랑의 날'입니다. 내일 '가족 사랑의 날'에는 모두 4시에 **퇴근**하시기 바랍니다. 특별히 이번에는 회사에서 케이크를 준비했습니다. 내일 **퇴근**하실 때 3층에 있는 식당에서 받아 가시기 바랍니다. 가족들과 즐거운 시간 보내십시오. 감사합니다.

1) 여자가 왜 이 이야기를 하고 있는지 고르십시오.

　① 회사의 특별한 날을 정하려고　　② 회사의 쉬는 날을 말해 주려고

　③ 회사의 행사 준비 장소를 바꾸려고　　④ 회사에서 주는 선물을 알려 주려고

2) 들은 내용과 같은 것을 고르십시오.

　① 이 회사의 식당은 4층에 있습니다.

　② 이 회사는 수요일마다 케이크를 줍니다.

　③ '가족 사랑의 날'에는 4시에 퇴근합니다.

　④ '가족 사랑의 날'에는 가족들이 회사에 옵니다.

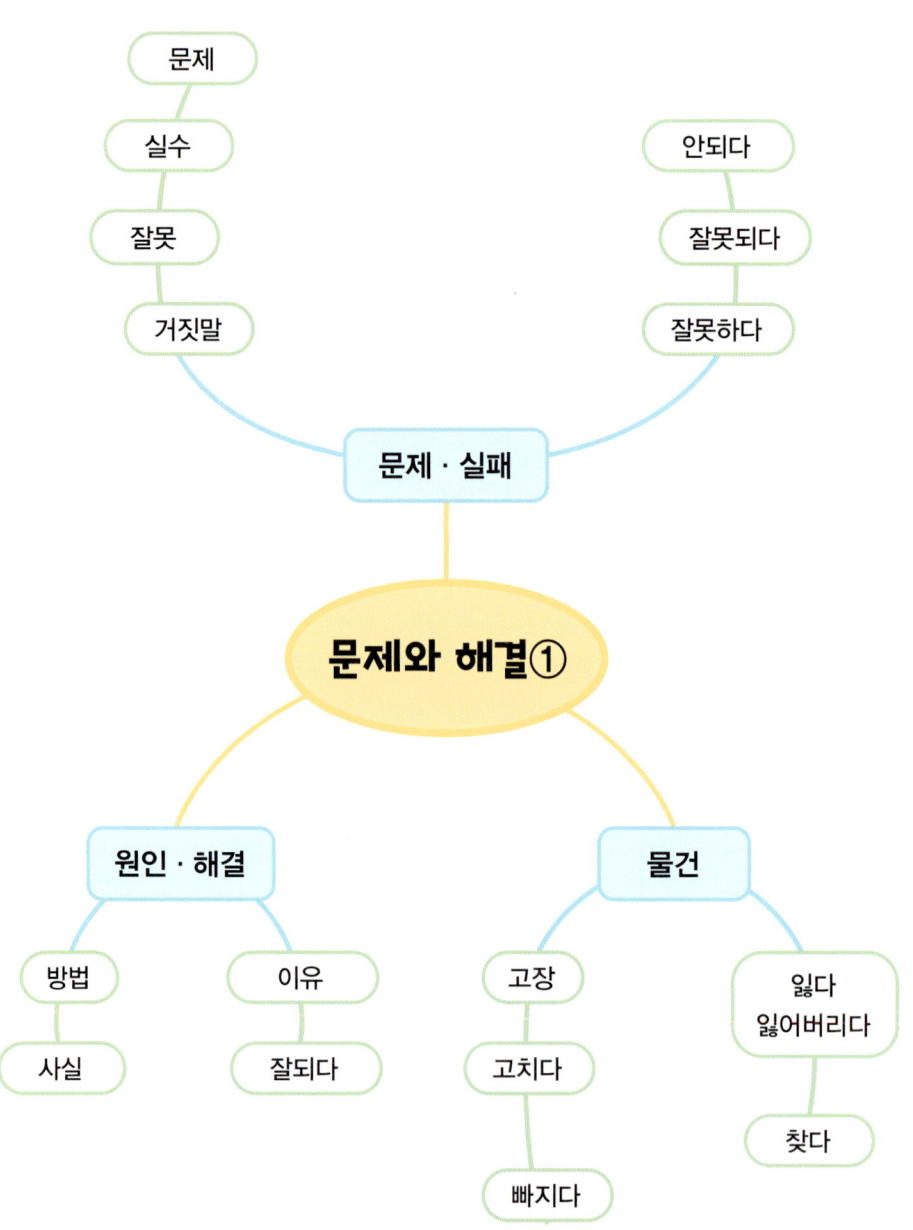

	영어	일본어	중국어	베트남어

문제 · 실패

문제	problem	問題	问题	vấn đề, câu hỏi
문제가 생기다	a problem arises	問題が起きる、発生する	出问题	phát sinh vấn đề
실수	mistake	失敗、誤り	失误, 错误	sai sót
잘못	fault	過ち、間違い	错误	sai lầm
잘못이 없다	to not be (someone's) fault	過ちがない	没有错	không làm sai
잘못 이해하다	to misunderstand	勘違いする	理解错误	hiểu lầm
거짓말	lie	嘘	谎言	lời nói dối
안되다	to not work out	うまくいかない	不行, 不可以	không tốt đẹp, không ổn
사업이 안되다	the business doesn't do well	事業がうまくいかない	生意不顺	công việc kinh doanh không được tốt
잘못되다	to go wrong	間違う、失敗する	做错了, 出现问题	bị sai, bị hỏng
수술이 잘못되다	the surgery goes wrong	手術が失敗する	手术失败	ca phẫu thuật bị hỏng
계산이 잘못되다	the calculation is wrong	計算が間違っている	计算错误	tính toán sai lầm
잘못하다	to make a mistake, to do ~ wrong	間違える	做错	mắc sai lầm

원인 · 해결

방법	method	方法	方法	phương pháp
공부 방법	study methods	勉強方法	学习方法	phương pháp học tập
사용 방법	how to use	使用方法	使用方法	cách sử dụng
사실	fact	事実	事实	sự thật
사실이 아니다	to not be a fact	事実ではない	不是事实	không phải sự thật
사실과 다르다	different from the fact	事実と異なる	与事实不符	khác với sự thật
이유	reason	理由	理由, 原因	lý do
잘되다	to go well	うまくいく	做得好	diễn ra tốt đẹp
공부가 잘되다	studying goes well	勉強がうまくいく	学习进展顺利	việc học tập diễn ra tốt đẹp

물건

물건	thing, object	物件/	物件	đồ vật
고장	breakdown	故障	故障	sự hư hỏng
고장이 나다	to break down	故障する	出故障	bị hư hỏng
고치다	to repair, to fix	直す	修理	sửa chữa
빠지다	to fall out	抜ける、落ちる	掉, 落下	rớt ra
잃다, 잃어버리다	to lose	失う、失くす	丢失	đánh mất, rơi
찾다	to find	探す、見つける	找	tìm

1. ( )에 들어갈 말로 가장 알맞은 것을 고르십시오.

1) 언니가 새로 시작한 옷 가게가 ( ) 기쁩니다.

   ① 찾아서　　　　② 고쳐서　　　　③ 잘돼서　　　　④ 잘못돼서

2) 자전거가 ( )이/가 나서 A/S 센터에 가야 합니다.

   ① 고장　　　　　② 속도　　　　　③ 짜증　　　　　④ 기억

3) 수학 시험에서 계산을 ( ) 좋은 점수를 받지 못했습니다.

   ① 안돼서　　　　② 잃어서　　　　③ 빠져서　　　　④ 잘못해서

4) 도서관에서 옆에 앉은 두 사람이 자꾸 이야기해서 공부가 ( ).

   ① 빠졌습니다　② 안되었습니다　③ 잘못되었습니다　④ 잃었습니다

5) 초등학교 때 길을 잃은 강아지를 주인에게 ( ) 준 적이 있습니다.

   ① 기른　　　　　② 도운　　　　　③ 찾아　　　　　④ 알린

6) 어제 음식을 ( ) 먹어서 배탈이 났습니다. 약을 사러 가려고 합니다.

   ① 따로　　　　　② 잘못　　　　　③ 먼저　　　　　④ 직접

7) 저는 세탁기나 선풍기 같은 물건을 사면 먼저 사용 ( )을/를 읽습니다.

   ① 이유　　　　　② 경험　　　　　③ 사실　　　　　④ 방법

8) 형이 컴퓨터를 전공해서 우리 집 컴퓨터에 ( )이/가 생기면 형이 고칩니다.

   ① 방법　　　　　② 문제　　　　　③ 실수　　　　　④ 물건

9) 말하기 대회에 나가는데 작은 ( )도 하지 않으려고 매일 연습하고 있습니다.

   ① 실례　　　　　② 부탁　　　　　③ 실수　　　　　④ 수고

10) 어렸을 때 학교에 가기 싫어서 어머니께 배가 아픈 것처럼 ( ) 적이 있습니다.

   ① 실수한　　　　② 잘못한　　　　③ 잃어버린　　　④ 거짓말한

2. 다음을 듣고 여자의 중심 생각을 고르십시오.

Track 67 83회 듣기 23번

> 여자: 시계가 **고장** 났는데 **고칠** 수 있을까요?
> 남자: 한번 볼게요. 꽤 오래된 시계네요.
> 여자: 이거 제가 정말 좋아하는 시계예요. 계속 쓰고 싶어요.
> 남자: 네, 그럼 고쳐 보고 연락드리겠습니다.

① 새 시계를 구경해 보고 싶습니다.

② 시계를 오늘 바로 고쳐야 합니다.

③ 시계를 고쳐서 오래 쓰고 싶습니다.

④ 좋은 시계로 바꾸어 주면 좋겠습니다.

3. 다음을 순서에 맞게 배열한 것을 고르십시오.

37회 읽기 57번

> (가) 그런데 공항에서 지갑을 **잃어버렸습니다.**
> (나) 지난주에 친구들과 같이 여행을 갔습니다.
> (다) 지갑을 다시 **찾아서** 정말 다행이었습니다.
> (라) 그때 안내원이 방송을 해서 지갑을 **찾아** 주었습니다.

① (나)-(가)-(다)-(라)　　　② (나)-(가)-(라)-(다)

③ (나)-(다)-(가)-(라)　　　④ (나)-(다)-(라)-(가)

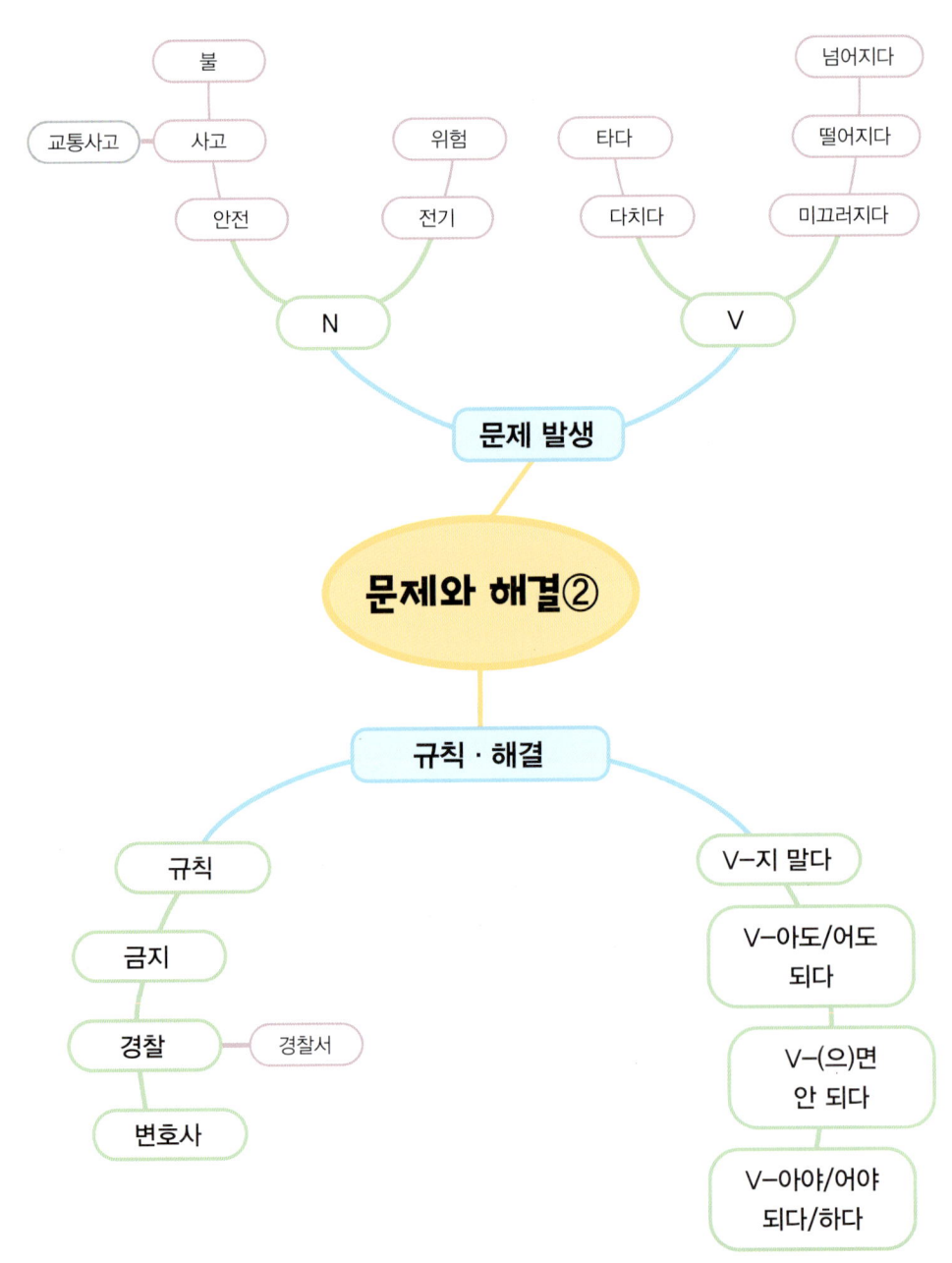

	영어	일본어	중국어	베트남어
문제 발생				
불	fire	火	火	ngọn lửa
불이 나다	a fire breaks out	火事が起きる	发生火灾	lửa bùng cháy ra
사고	accident	事故	事故	tai nạn
사고가 나다	an accident happens	事故が起きる	发生事故	xảy ra tai nạn
교통사고	traffic accident	交通事故	交通事故	tai nạn giao thông
안전	safety	安全	安全	sự an toàn
위험	danger	危険	危险	sự nguy hiểm
전기	electricity	電気	电	điện
전기가 나가다	the power goes out	停電する	停电	bị mất điện
타다	to burn	燃える	被火烧	lái
다치다	to get hurt	怪我をする	受伤	bị thương
넘어지다	to fall down	転ぶ	跌倒	bị ngã
떨어지다	to fall, to drop (by itself)	落ちる	掉下	bị rớt xuống
미끄러지다	to slip	滑る	滑倒	bị trơn trượt
규칙 · 해결				
규칙	rule	規則	规则	qui tắc
교통 규칙	traffic rules	交通規則	交通规则	qui tắc giao thông
규칙을 지키다	to follow the rules	規則を守る	遵守规则	thuân thủ qui tắc
금지	prohibition	禁止	禁止	sự cấm đoán
출입 금지	no entry	立入禁止	禁止出入	cấm ra vào
경찰	police officer	警察	警察	cảnh sát
경찰서	police station	警察署	警察局	sở cảnh sát
변호사	lawyer	弁護士	律师	luật sư
V-지 말다	don't V (prohibition)	Vない	不要做某事	không làm V
V-아도/어도 되다	may / can V, it's ok to V	Vてもいい	可以做某事	có thể làm V
V-(으)면 안 되다	must not V, to not be allowed to V	Vてはいけない	不能做某事	nếu làm V thì không được
V-아야/어야 되다/하다	must / have to V	Vなければならない	必须做某事	phải làm V

1. 그림을 보고 알맞은 단어를 골라 쓰십시오.

| 경찰   변호사   경찰서   교통사고 |

1) _____ 2) _____ 3) _____ 4) _____

2. ( )에 들어갈 말로 가장 알맞은 것을 고르십시오.

1) 비나 눈이 오는 날에 등산을 하는 것은 ( ).

① 안전합니다　　② 중요합니다　　③ 튼튼합니다　　④ 위험합니다

2) 어릴 때 2층 침대에서 바닥으로 ( ) 적이 있습니다.

① 탄　　　　　② 다친　　　　　③ 떨어진　　　　④ 미끄러진

3) 처음 스케이트를 배울 때 두세 걸음도 못 가서 계속 ( ).

① 위험했습니다　② 떨어졌습니다　③ 넘어졌습니다　④ 탔습니다

4) ( )이/가 나면 먼저 건물에서 빨리 나오고 119에 전화하세요.

① 불　　　　　② 병　　　　　③ 전기　　　　　④ 태풍

5) 벌써 두 시입니다. 비행기 출발 시간에 늦지 않으려면 지금 ( ).

① 출발해야 됩니다　　　　　③ 출발해도 됩니다

③ 출발하지 마십시오　　　　④ 출발하면 안 됩니다

6) 10시까지 기숙사에 들어가는 것이 우리 학교 기숙사의 ( )입니다.

① 차례　　　　② 안전　　　　③ 금지　　　　④ 규칙

7) 어젯밤에 태풍 때문에 한 시간 동안 ( )이/가 들어오지 않아서 아주 불편했습니다.

① 사고　　　　② 전기　　　　③ 냄새　　　　④ 바람

3. 다음을 듣고 여자의 중심 생각을 고르십시오.

Track 68 41회 듣기 22번

> 남자: 저기 좀 보세요. 우리 동네에도 자전거 도로가 생겼어요.
> 여자: 그렇네요. 도로에서 자전거를 탈 때마다 **위험**했는데 잘됐네요.
> 남자: 그런데 신문에서 보니까 자전거 도로에서도 **사고**가 많이 나는 것 같아요.
> 여자: 그래요? 그렇지만 자전거 도로가 생겨서 더 **안전**하게 탈 수 있을 것 같은데요.

① 동네에서 자전거를 타면 안 됩니다.

② 많은 사람들이 자전거를 타야 합니다.

③ 안전한 자전거 도로가 생겨서 좋습니다.

④ 자전거 도로에서도 사고가 날 수 있습니다.

4. 다음을 순서에 맞게 배열한 것을 고르십시오.

60회 읽기 58번

> (가) 학교 앞에서 어린이 **교통사고**가 많이 납니다.
> (나) 또 어린이들이 갑자기 도로로 나올 때도 있습니다.
> (다) 그래서 학교 앞에서 운전할 때는 조심해야 합니다.
> (라) 어린이는 키가 작아서 운전할 때 잘 보이지 않습니다.

① (가)-(나)-(다)-(라)　　　　② (가)-(라)-(나)-(다)

③ (라)-(나)-(다)-(가)　　　　④ (라)-(다)-(가)-(나)

✏️ 어휘력 쑥쑥

교 **教**	가르치다	to teach / 教える / 教 / dạy
	교사	teacher / 教師 / 教师 / giáo viên
	교실	classroom / 教室 / 教室 / lớp học
	교육	education / 教育 / 教育 / giáo dục
	교과서	textbook / 教科書 / 课本 / sách giáo khoa, giáo trình
	학교	school / 学校 / 学校 / trường học

직 **職**	직업, 일	accupation, job, work / 仕事 / 工作 / công việc
	직업	occupation, job / 職業 / 职业 / nghề nghiệp
	직원	employee / 従業員 / 职员 / nhân viên
	직장	workplace / 職場 / 职场 / nơi làm việc
	취직	getting a job / 就職 / 就职 / có được việc làm

습 **習**	익히다, 배우다	to learn / 学ぶ / 学, 学习 / học
	습관	habit / 習慣 / 习惯 / thói quen
	복습	review / 復習 / 复习 / ôn tập
	예습	study in advance / 予習 / 预习 / học bài trước
	연습	practice / 練習 / 练习 / luyện tập

 한국 문화 코너

● 한국의 집

아파트

여러 집이 함께 사는 5층 이상의
높은 건물이에요.

빌라

여러 집이 사는 2~4층 정도의
낮은 건물이에요.

원룸

방 하나와 부엌, 화장실이 같이 있는
작은 집이에요.

오피스텔

사무실과 집으로 모두 사용할 수 있어요.

하숙집

집주인이 있고 식사가 나와요.

주택

한 가족이 따로 사는 집이에요.

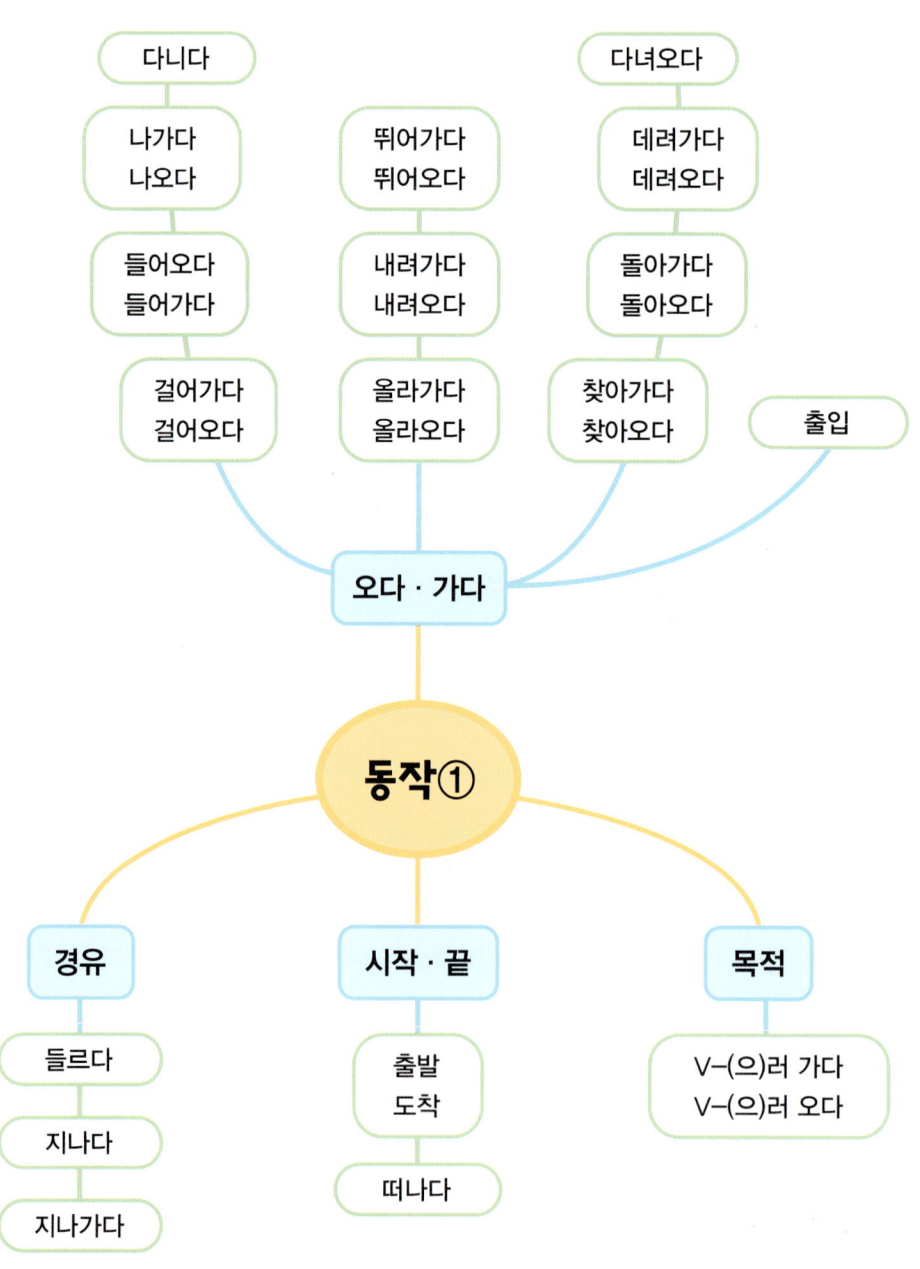

다니다

나가다
나오다

들어오다
들어가다

걸어가다
걸어오다

뛰어가다
뛰어오다

내려가다
내려오다

올라가다
올라오다

다녀오다

데려가다
데려오다

돌아가다
돌아오다

찾아가다
찾아오다

출입

오다 · 가다

동작①

경유

들르다

지나다

지나가다

시작 · 끝

출발
도착

떠나다

목적

V-(으)러 가다
V-(으)러 오다

	영어	일본어	중국어	베트남어

오다 · 가다

오다	to come	来る	来	đến
가다	to go	行く	去	đi
다니다	to attend, to go regularly	通う	上, 去, 来回	đi lại, tham gia
나가다	to go out	出る	出去	đi ra ngoài
나오다	to come out	出てくる	出来, 出现	xuất hiện
들어가다	to go in, enter	入る	进去	đi vào
들어오다	to come in, enter	入ってくる	进来	vào đến
걸어가다	to walk to	歩いていく	走去	đi bộ đi
걸어오다	to walk toward, walk here	歩いてくる	走来	đi bộ đến
뛰어가다	to run to	走っていく	跑去	chạy đi
뛰어오다	to run toward, run here	走ってくる	跑来	chạy đến
내려가다	to go down	おりる、おりていく	下去	đi xuống
내려오다	to come down	おりる、おりてくる	下来	xuống đến
올라가다	to go up, to rise, to climb	上がってくる	上来	lên đến
올라오다	to come up	上がる	爬, 爬上	trèo lên
다녀오다	to go and come back	行ってくる	回来	đi và trở về
데려가다	to take someone	連れていく	带去	đón (ai đó) đi
데려오다	to bring someone	連れてくる	带来	đón (ai đó) về
돌아가다	to go back, to return	戻る、帰る	返回	đi trở lại
돌아오다	to come back, to return	戻ってくる、帰ってくる	回来	đến trở lại
찾아가다	to go visit	訪ねる、会いにいく	去找	đi tìm gặp
선생님을 찾아가다	to go visit the teacher	先生に会いにいく	去找老师	đi tìm gặp giáo viên
찾아오다	to come visit	訪ねてくる、会いにくる	来访	tìm đến
손님이 찾아오다	a guest comes to visit	お客さんが訪ねてくる	客人来访	khách hàng tìm đến
출입	entry and exit, access	出入	出入	sự ra vào

경유

들르다	to stop by, to drop by	立ち寄る	顺便	ghé vào, ghé ngang qua
지나다	to pass	通る	经过	đi qua
지나가다	to pass	通り過ぎる	经过	đi ngang qua
지나가는 사람	passerby	通りすがりの人	路人	người đi ngang qua

시작 · 끝

출발	departure	出発	出发	xuất phát
도착	arrival	到着	到达	đến nơi
떠나다	to leave	発つ、離れる	离开	rời đi
한국을 떠나다	to leave Korea	韓国を発つ	离开韩国	rời khỏi hàn quốc

목적

V–(으)러 가다	to go (to) V	Vしにいく	去做	đi để làm V
V–(으)러 오다	to come (to) V	Vしにくる	来做	đến để làm V

1. ( )에 들어갈 말로 가장 알맞은 것을 고르십시오.

1) 오빠는 회사원입니다. 자동차 회사에 ( ).

  ① 옵니다 ② 나옵니다 ③ 다닙니다 ④ 들어갑니다

2) 드디어 다음 달에 유학을 마치고 우리나라로 ( ).

  ① 데려옵니다 ② 올라갑니다 ③ 돌아갑니다 ④ 다녀옵니다

3) 집에서 학교까지 가깝습니다. 그래서 매일 학교에 ( ).

  ① 떠납니다 ② 돌아갑니다 ③ 내려옵니다 ④ 걸어갑니다

4) 부산으로 가는 기차를 탔습니다. 2시간 30분 후에 부산에 ( ).

  ① 출입합니다 ② 출발합니다 ③ 지나갑니다 ④ 도착합니다

5) 여름이 시작되었습니다. 날씨가 더워서 오늘 미용실에 머리를 ( ).

  ① 자를 수 있습니다 ② 자른 것 같습니다
  ③ 자르러 갈 겁니다 ④ 자른 적이 없습니다

6) 저녁에 불고기가 먹고 싶어서 퇴근 길에 소고기를 사러 시장에 ( ).

  ① 들렀습니다 ② 돌아왔습니다 ③ 도착했습니다 ④ 다녔습니다

7) 한국에 온 지 1년이 되었습니다. 이번 방학에는 고향에 ( ) 합니다.

  ① 올라오려고 ② 찾아오려고 ③ 다녀오려고 ④ 걸어오려고

8) 은행에 가야 하는데 길을 잘 모릅니다. 그래서 사람들에게 물어서 ( ).

  ① 올라갔습니다 ② 찾아갔습니다 ③ 들어왔습니다 ④ 지나갔습니다

9) 이 건물 안에는 담배를 피울 수 있는 곳이 없습니다. 건물 밖으로 ( ) 있습니다.

  ① 나가면 ② 지나면 ③ 떠나면 ④ 다니면

10) 초등학교 때까지는 어머니가 병원에 저를 ( ) 중학교 때부터는 저 혼자 갔습니다.

  ① 데려가셨지만 ② 뛰어가셨지만 ③ 돌아가셨지만 ④ 내려가셨지만

2. 다음을 듣고 이어지는 말을 고르십시오.

Track 69 41회 듣기 5번

> 여자: 휴가 잘 **다녀오세요**.
> 남자: _____

① 고맙습니다.　　② 괜찮습니다.　　③ 축하합니다.　　④ 그렇습니다.

3. 다음을 듣고 가장 알맞은 그림을 고르십시오.

Track 70 60회 듣기 16번

> 남자: 수미 씨, 늦어서 미안해요.
> 여자: 아직 영화 시작 안 했어요. **들어가요**.

①  ②  ③  ④

4. 다음을 듣고 <u>여자의</u> 중심 생각을 고르십시오.

Track 71 60회 듣기 22번

> 남자: 수미 씨는 회사에 차를 안 가지고 **다녀요**?
> 여자: 네. 저는 지하철로 **다녀요**.
> 남자: 운전해서 **다니는** 게 편하지 않아요?
> 여자: 아니요. 길이 막혀서 지하철을 타는 게 편해요.

① 운전 연습을 많이 해야 합니다.
② 피곤할 때는 운전을 하면 안 됩니다.
③ 지하철로 회사에 가는 것이 더 좋습니다.
④ 회사에서 지하철역이 가까워서 좋습니다.

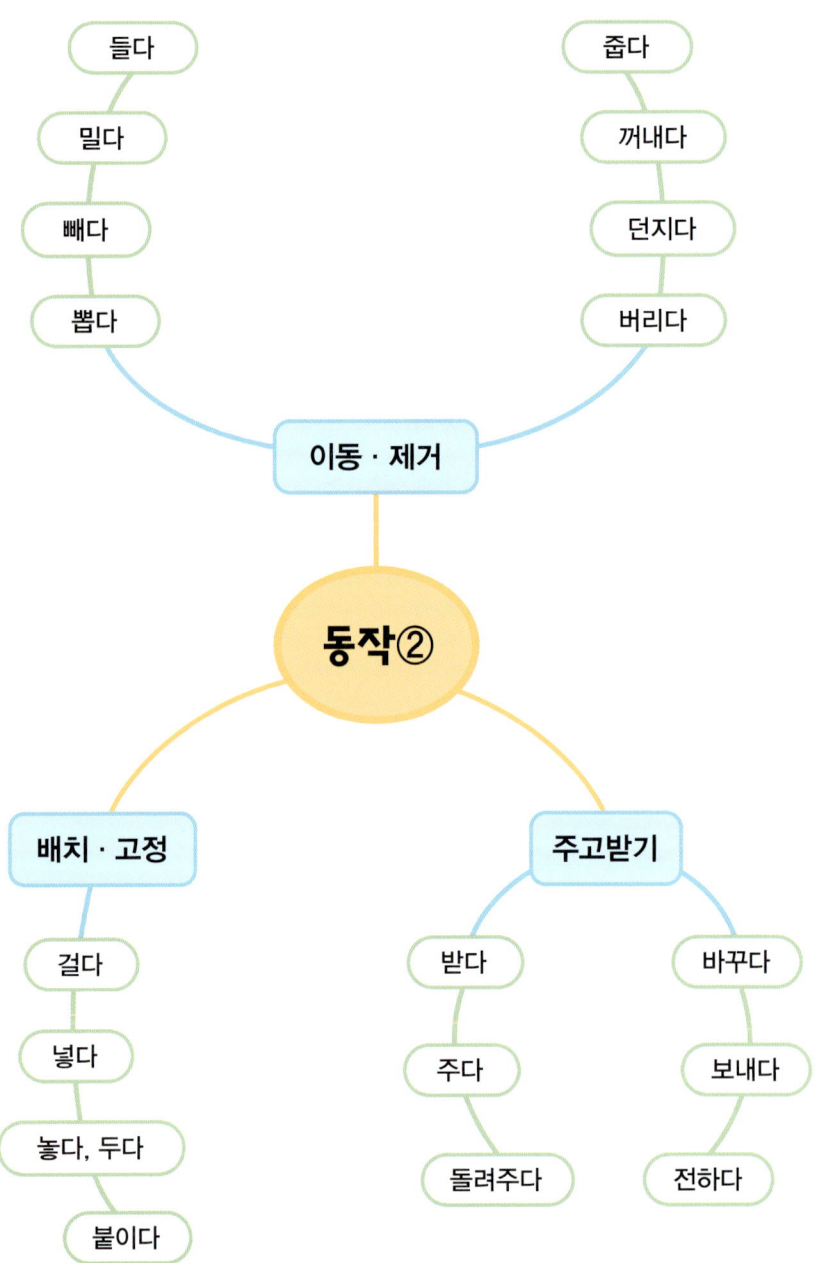

	영어	일본어	중국어	베트남어
이동 · 제거				
들다	to carry, to hold	持つ	提	mang, giữ
가방을 들다	to carry a bag	カバンを持つ	提包	mang túi xách
손을 들다	to raise a hand	手を挙げる	举手	giơ tay lên
밀다	to push	押す	推	đẩy
빼다	to take out, to remove	取り出す	拿出, 抽出	lấy ra
책장에서 책을 빼다	to take a book out of the bookshelf	本棚から本を取り出す	从书架拿书	lấy sách ra khỏi kệ
살을 빼다	to lose weight	体重を減らす	减肥	giảm cân
뽑다	to pull out, to select	抜く	拔, 选拔	rút, nhổ
이를 뽑다	to pull out a tooth	歯を抜く	拔牙	nhổ răng
직원을 뽑다	to hire employees	従業員を採用する	招聘职员	tuyển nhân viên
줍다	to pick up	拾う	捡	nhặt
쓰레기를 줍다	to pick up trash	ごみを拾う	捡垃圾	nhặt rác
꺼내다	to take out	取り出す	拿出来	lấy ra
던지다	to throw	投げる	扔	ném
버리다	to throw away	捨てる	丢	vứt bỏ
배치 · 고정				
걸다	to hang	掛ける	挂	treo
옷을 걸다	to hang clothes	服を掛ける	挂衣服	treo quần áo
넣다	to put in	入れる	放入	đặt vào
놓다, 두다	to put, to place	置く	放置	đặt xuống
붙이다	to attach	貼る	贴	gắn, dán
주고받기				
받다	to receive	もらう	接, 收到	nhận
주다	to give	あげる	给	cho, đưa
돌려주다	to return, to give back	返す	归还	đưa trả lại
바꾸다	to change	変える	改变	đổi, thay
계획을 바꾸다	to change a plan	計画を変える	改变计划	thay đổi kế hoạch
순서를 바꾸다	to change the order	順番を変える	改变顺序	thay đổi thứ tự
보내다	to send	送る	发送	gởi
전하다	to tell, to pass on	伝える、届ける	转达	truyền đạt, chuyển
소식을 전하다	to share the news	知らせを伝える	通知消息	truyền tin tức
편지를 전하다	to hand someone a letter	手紙を届ける	递信	truyền thư

1. ( )에 들어갈 말로 가장 알맞은 것을 고르십시오.

1) 어제 치과에 가서 이를 ( ). 너무 아팠습니다.

① 바꿨습니다　　② 받았습니다　　③ 뽑았습니다　　④ 두었습니다

2) 곧 시험을 시작하겠습니다. 책을 가방 안에 ( ).

① 전하십시오　　② 던지십시오　　③ 넣으십시오　　④ 꺼내십시오

3) 책상을 옮겨야 하는데 너무 무거워서 혼자 ( ) 수 없습니다.

① 들　　　　　② 줄　　　　　③ 주울　　　　④ 보낼

4) 산에는 쓰레기통이 없어서 쓰레기를 집으로 가져가서 ( ) 합니다.

① 버려야　　　② 받아야　　　③ 드려야　　　④ 주워야

5) 언니에게 큰 여행 가방을 빌렸습니다. 내일 가방을 ( ) 언니 집에 갈 겁니다.

① 뽑으러　　　② 꺼내러　　　③ 주우러　　　④ 돌려주러

6) 사진이나 그림처럼 벽에 ( ) 수 있는 텔레비전이 새로 나왔는데 사고 싶습니다.

① 넣을　　　　② 붙일　　　　③ 바꿀　　　　④ 놓을

7) 옷장이 작아서 옷을 다 ( ) 수 없습니다. 그래서 작은 옷걸이를 사려고 합니다.

① 밀　　　　　② 줄　　　　　③ 걸　　　　　④ 뺄

8) 가: 지금 마이클 씨가 자리에 없군요.
　 나: 네, 회의 중이에요. 저한테 말씀하시면 제가 마이클 씨한테 ( ).

① 드릴게요　　② 붙일게요　　③ 전할게요　　④ 버릴게요

9) 가: 눈이 너무 많이 와서 자동차가 움직이지 않아요.
　 나: 그럼 제가 내려서 뒤에서 한번 ( ) 볼게요.

① 밀어　　　　② 던져　　　　③ 뽑아　　　　④ 걸어

2. 다음을 듣고 가장 알맞은 그림을 고르십시오.

Track 72 | 36회 듣기 16번

> 남자: 잠깐만요, 손님. 여기 전화기 **놓고** 가셨어요.
> 여자: 어머, 그래요?

①  ②  ③  ④

3. 다음을 듣고 여자의 중심 생각을 고르십시오.

1)

Track 73 | 52회 듣기 24번

> 남자: 인터넷으로 구두를 샀는데 좀 크네요. **바꾸는** 게 좋겠지요?
> 여자: 네. 저도 그런 적이 있어서 인터넷으로 신발을 잘 안 사요.
> 남자: 인터넷으로 신발을 사면 가게에 안 가서 편한데…….
> 여자: 하지만 이렇게 물건을 **바꿔야** 할 때는 다시 **보내고 받아야** 해서 시간이 걸리잖아요.

① 신발은 좀 크게 신는 게 좋습니다.
② 신발이 안 맞을 때는 빨리 바꿔야 합니다.
③ 인터넷으로 신발을 사면 바꾸기 쉽습니다.
④ 인터넷으로 신발을 사지 않는 게 좋습니다.

2)

Track 74 | 64회 듣기 24번

> 남자: 수미 씨, 이거 주스 병 아니에요?
> 여자: 네. 주스 병을 **버리지** 않고 꽃병으로 쓰고 있어요.
> 남자: 전 이런 생각 못 했는데 이렇게 하면 쓰레기도 안 생기고 좋겠네요.
> 여자: 맞아요. 생각해 보면 **버리지** 않고 다시 쓸 수 있는 게 많아요.

① 물건을 안 버리고 다시 쓰는 게 좋습니다.
② 물건을 많이 살 필요가 없습니다.
③ 쓰레기를 버리는 곳이 많이 필요합니다.
④ 쓰레기를 모아서 버려야 합니다.

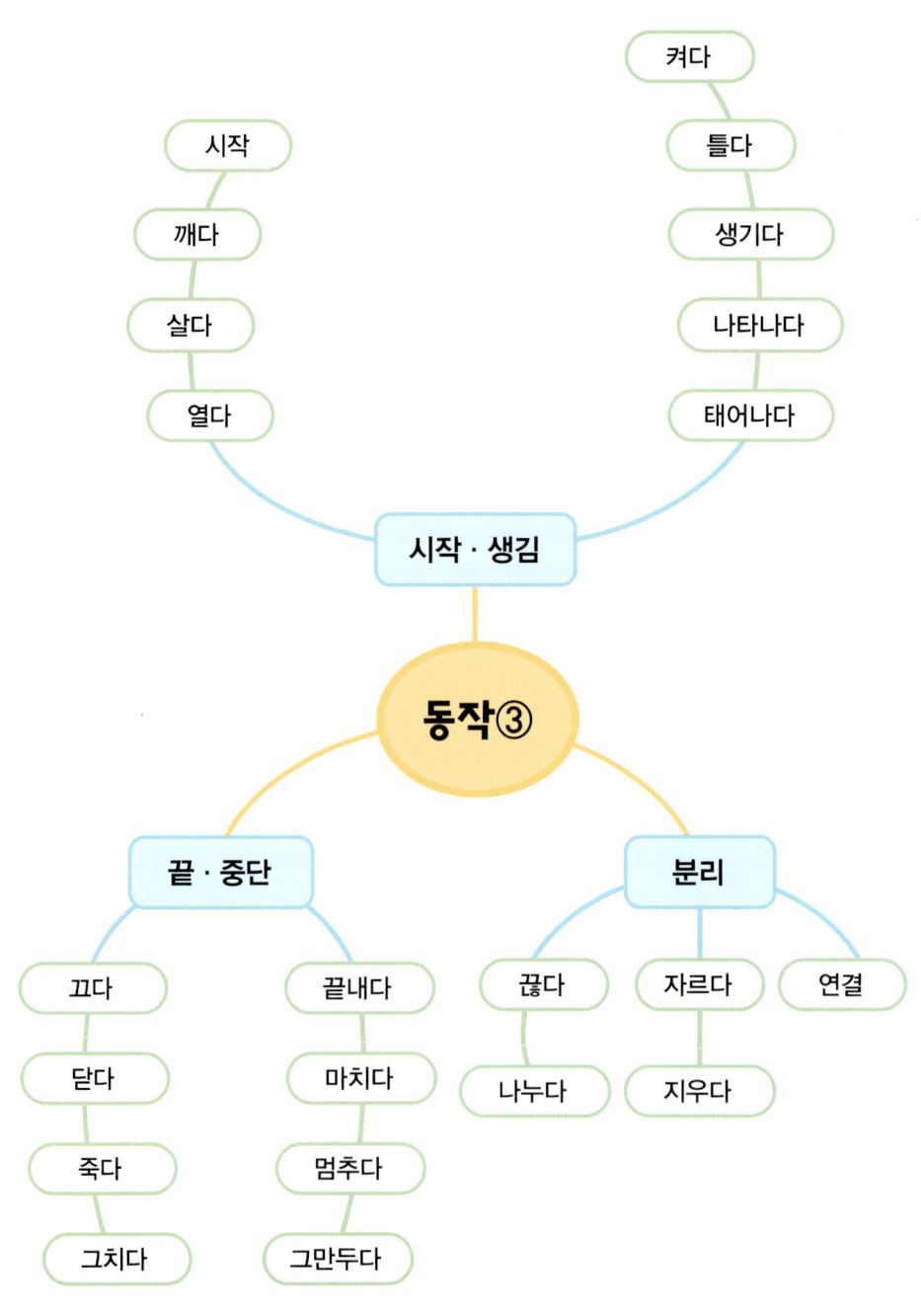

	영어	일본어	중국어	베트남어
시작 · 생김				
시작	start	始め	开始	bắt đầu
깨다	to wake up	目が覚める	醒来	thức dậy
살다	to live	住む、暮らす	生活, 居住	sống
열다	to open	開ける	打开	mở ra
켜다	to turn on	つける	打开	bật, mở
불을 켜다	to turn on the light	電気をつける	开灯	bật đèn lên
틀다	to play, to turn on	かける	打开	bật, mở (máy móc)
음악을 틀다	to play music	音楽をかける	播放音乐	mở nhạc lên
생기다	to occur, to appear	できる、生じる	发生, 产生	nảy sinh, phát sinh
관심이 생기다	to develop an interest	興味が湧く	产生兴趣	nảy sinh mối quan tâm
친구가 생기다	to make a friend	友達ができる	交到朋友	kết bạn
나타나다	to appear	現れる	出现	xuất hiện
태어나다	to be born	生まれる	出生	sinh ra, ra đời
끝 · 중단				
끄다	to turn off	消す	关	tắt
닫다	to close	閉める	关闭	đóng
죽다	to die	死ぬ	死, 去世	chết
그치다	to stop	止む	停	dừng lại
비가 그치다	the rain stops	雨が止む	雨停了	mưa đã tạnh
끝내다	to finish	終える、終わらせる	结束	hoàn thành
마치다	to complete	終える、終わる	结束	kết thúc
수업을 마치다	to finish a class	授業を終える	课结束了	kết thúc buổi học
멈추다	to stop	止まる、止める	停止	dừng lại
그만두다	to quit	やめる	放弃, 辞职	từ bỏ
회사를 그만두다	to quit a company	会社をやめる	辞职	nghỉ việc ở công ty
분리				
끊다	to cut off	やめる、切る	断开	cắt đứt
담배를 끊다	to quit smoking	タバコをやめる	戒烟	bỏ thuốc lá
전화를 끊다	to hang up	電話を切る	挂断电话	cúp điện thoại
나누다	to divide, to share	分ける	分享	chia
자르다	to cut	切る	剪断	cắt
지우다	to erase, to delete	消す	擦掉	xóa
연결	connection	つながり	连接	sự liên quan

1. ( )에 들어갈 말로 가장 알맞은 것을 고르십시오.

1) 보고 싶은 할아버지가 어젯밤 꿈에 ( ).

① 생기셨습니다　② 나타나셨습니다　③ 태어나셨습니다　④ 켜셨습니다

2) '카페 숨'과 '고야'는 24시간 문을 ( ) 카페입니다.

① 여는　　　　　② 켜는　　　　　③ 생기는　　　　　④ 나누는

3) 저는 영화관에 가면 영화가 시작하기 전에 휴대폰을 ( ).

① 끕니다　　　　② 지웁니다　　　③ 마칩니다　　　④ 닫습니다

4) 며칠 동안 계속 비가 왔는데 오늘 오후에 드디어 비가 ( ).

① 마쳤습니다　　② 끊었습니다　　③ 지웠습니다　　④ 그쳤습니다

5) 지금 하고 있는 일이 성격에 안 맞아서 회사를 ( ) 합니다.

① 끄려고　　　　② 멈추려고　　　③ 끊으려고　　　④ 그만두려고

6) 우리 기숙사에서는 10시 이후에 방에서 음악을 ( ) 안 됩니다.

① 살면　　　　　② 틀면　　　　　③ 닫으면　　　　④ 지우면

7) 엘리베이터 안에서는 인터넷 ( )이 잘되지 않을 때가 많습니다.

① 시작　　　　　② 연결　　　　　③ 출발　　　　　④ 출입

8) 태풍 소리가 너무 커서 잠이 ( ). 태풍이 빨리 지나가면 좋겠습니다.

① 깼습니다　　　② 잘랐습니다　　③ 끝냈습니다　　④ 죽었습니다

9) 요코 씨가 반지를 꼈습니다. 요코 씨에게 남자 친구가 ( ) 것 같습니다.

① 멈춘　　　　　② 생긴　　　　　③ 헤어진　　　　④ 시작한

10) 옆집 언니는 요리를 좋아하는데 맛있는 음식을 만들 때마다 우리 집에 ( ) 줍니다.

① 나눠　　　　　② 틀어　　　　　③ 열어　　　　　④ 잘라

2. 다음을 듣고 물음에 답하십시오.

Track 75 52회 듣기 27, 28번

> 여자: 네, 인주 서비스 센터입니다. 무엇을 도와 드릴까요?
> 남자: 새로 산 텔레비전이 갑자기 소리가 안 나와요.
> 여자: 그럼 텔레비전을 한번 꺼 보세요. 그리고 잠시 후에 다시 **켜** 보세요.
> 남자: 그렇게 해 봤는데 안 돼요. 오늘 고칠 수 있을까요?
> 여자: 오늘은 늦어서 어렵고요. 내일 오전에 직원이 연락 드리고 고치러 갈 겁니다.
> 남자: 네, 알겠습니다.

1) 두 사람이 무엇에 대해 이야기를 하고 있는지 고르십시오.

① 고장 난 텔레비전　　　　② 사고 싶은 텔레비전
③ 서비스 센터 연락 방법　　④ 서비스 센터 이용 시간

2) 들은 내용과 같은 것을 고르십시오.

① 남자는 텔레비전을 사러 왔습니다.　② 남자는 내일 직원과 통화할 겁니다.
③ 여자는 남자의 집에 찾아갈 겁니다.　④ 여자는 남자의 텔레비전을 고쳤습니다.

3. 다음을 읽고 물음에 답하십시오.

64회 읽기 69, 70번

> 　몇 달 전, 우리 집 앞에서 떨고 있는 작고 마른 강아지를 보았습니다. 저는 그 강아지가 너무 불쌍해 보였습니다. 저는 강아지를 집으로 데려와 먹을 것을 주고 잠도 재워 주었습니다. 그때부터 주인을 찾고 있는데 아직도 주인이 **나타나지** 않았습니다. 그 강아지는 이제 (㉠) 저의 좋은 친구가 되었습니다. 강아지와 헤어지기 싫습니다.

1) ㉠에 들어갈 말로 가장 알맞은 것을 고르십시오.

① 잠이 많아져서　　　　② 주인을 찾아서
③ 크고 건강해져서　　　④ 계속 떨고 있어서

2) 윗글의 내용으로 알 수 있는 것을 고르십시오.

① 저는 강아지의 주인을 만났습니다.
② 저는 이 강아지를 잃어버렸습니다.
③ 저는 이 강아지를 키우는 것이 싫습니다.
④ 저는 길에서 데려온 강아지를 키우고 있습니다.

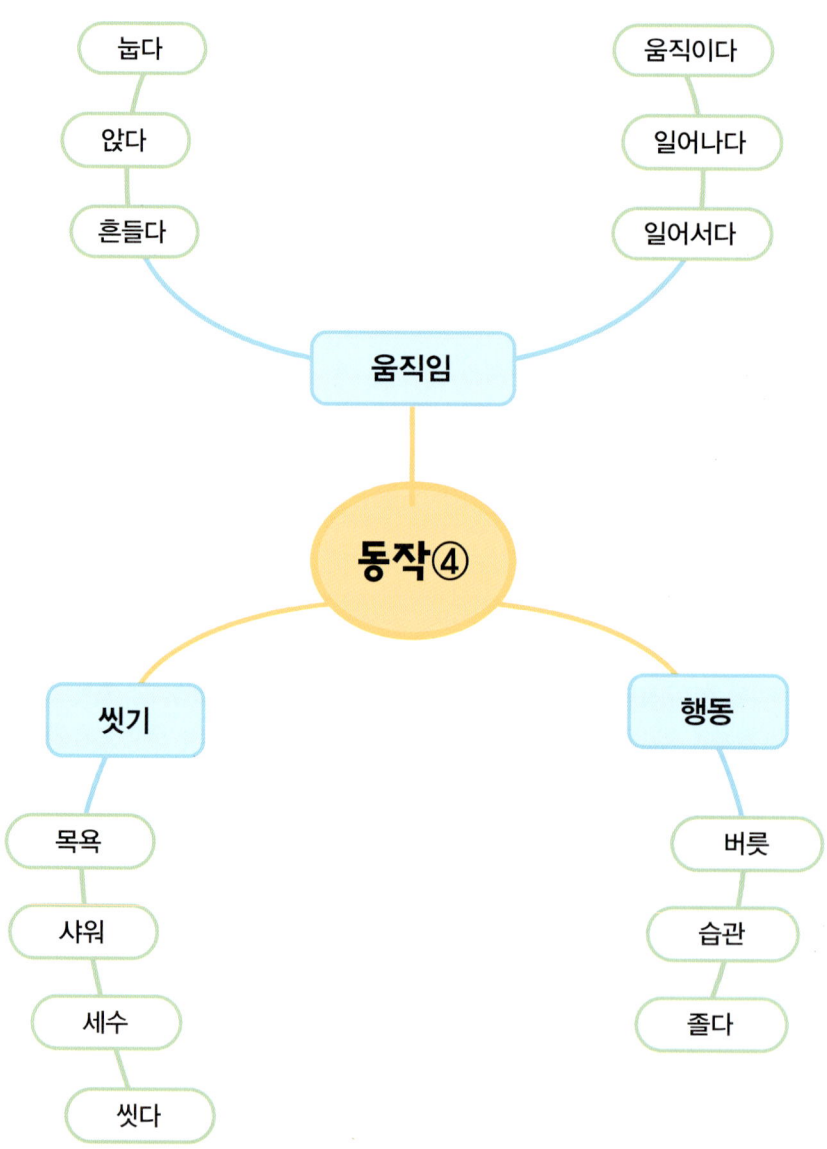

	영어	일본어	중국어	베트남어
움직임				
눕다	to lie down	横になる	躺下	nằm xuống
앉다	to sit	座る	坐下	ngồi
흔들다	to shake	揺らす	摇晃	lắc, rung
고개를 흔들다	to shake one's head	首を振る	摇头	lắc đầu
손을 흔들다	to wave one's hand	手を振る	挥手	vẫy tay
움직이다	to move	動く	移动	di chuyển
기차가 움직이다	the train moves	電車が動く	火车开动	tàu di chuyển
몸을 움직이다	to move one's body	体を動かす	活动身体	di chuyển cơ thể
일어나다	to get up	起きる、 立ち上がる	起床, 起身	thức dậy, đứng dậy
일찍 일어나다	to wake up early	早く起きる	早起	thức dậy sớm
자리에서 일어나다	to stand up from a seat	席から立ち上がる	从座位上站起来	đứng dậy khỏi chỗ ngồi
일어서다	to stand up	立つ	站起来	đứng lên
씻기				
목욕	a bath	入浴	洗澡	việc tắm gội
샤워	a shower	シャワー	淋浴	tắm vòi hoa sen
세수	face washing	洗顔	洗脸	rửa mặt
씻다	to wash	洗う	洗	rửa
행동				
행동	behavior	行動	行为	hành vi
이상한 행동	strange behavior	変な行動	奇怪的行为	hành vi kỳ lạ
버릇	habit	癖	坏习惯	thói quen
버릇이 생기다	to develop a habit	～という癖がつく	养成习惯	tạo thành thói quen ~
습관	habit	習慣	习惯	thói quen
좋은 습관	good habit	良い習慣	好习惯	thói quen tốt
습관을 기르다	to build a habit	習慣を身につける	培养习惯	phát triển thói quen
졸다	to doze off	うとうとする、 居眠りする	困, 打瞌睡	ngủ gật

1. ( )에 들어갈 말로 가장 알맞은 것을 고르십시오.

1) 요즘 날씨가 더워서 하루에 여러 번 ( ).

① 흔듭니다　　② 움직입니다　　③ 일어섭니다　　④ 샤워합니다

2) 영화가 너무 재미없어서 영화가 끝날 때까지 계속 ( ).

① 일어났습니다　② 졸았습니다　　③ 세수했습니다　④ 씻었습니다

3) 압두 씨는 계획한 것이 있으면 바로 ( )(으)로 옮깁니다.

① 방법　　　　　② 목적　　　　　③ 자리　　　　　④ 행동

4) 비행기가 출발하기 시작합니다. 자리에서 ( ) 안 됩니다.

① 흔들면　　　　② 앉으면　　　　③ 행동하면　　　④ 일어서면

5) 어린이날에 조카에게 ( ) 강아지 장난감을 선물했습니다.

① 그만두는　　　② 들어가는　　　③ 움직이는　　　④ 태어나는

6) 저는 아침에 일어나면 10분쯤 침대에 ( ) 하는 간단한 운동을 합니다.

① 졸아서　　　　② 앉아서　　　　③ 붙여서　　　　④ 걸어서

7) 주말에는 수업이 없어서 아침 늦게까지 잡니다. 보통 오전 10시쯤 ( ).

① 좁니다　　　　② 일어납니다　　③ 눕습니다　　　④ 목욕합니다

8) 기말시험 기간이 드디어 끝났습니다. 빨리 집에 가서 침대에 ( ) 싶습니다.

① 놓고　　　　　② 밀고　　　　　③ 눕고　　　　　④ 들고

9) 공항에서 부모님과 헤어질 때 손을 ( ) 인사하는데 갑자기 눈물이 났습니다.

① 씻으면서　　　② 넣으면서　　　③ 내리면서　　　④ 흔들면서

10) 저는 약속 시간에 늦는 ( )이/가 있는데 올해는 이런 습관을 꼭 고치려고 합니다.

① 취미　　　　　② 직업　　　　　③ 버릇　　　　　④ 생각

2. 다음을 읽고 물음에 답하십시오.

41회 읽기 59, 60번

> 걷기는 많은 사람들이 쉽게 할 수 있는 운동입니다. (㉠) 걷는 것은 건강에 도움이 많이 됩니다. (㉡) 다리만 **움직이면서** 걷는 것이 아니고 온몸이 **움직이게** 되기 때문입니다. (㉢) 그런데 걷기 운동을 할 때에는 천천히 걷기 시작해서 조금씩 빨리 걷는 것이 좋습니다. (㉣) 이렇게 하는 것이 건강에 도움이 더 많이 됩니다.

1) 다음 문장이 들어갈 곳으로 가장 알맞은 것을 고르십시오.

> 어린 아이부터 나이가 많은 사람까지 모두 쉽게 할 수 있습니다.

① ㉠   ② ㉡   ③ ㉢   ④ ㉣

2) 윗글의 내용과 같은 것을 고르십시오.

① 사람들은 걸을 때 온몸이 움직이게 됩니다.
② 다리만 움직이면서 걷는 것이 건강에 좋습니다.
③ 걷기 운동은 처음부터 빨리 걷는 것이 좋습니다.
④ 천천히 오래 걷는 것이 건강에 더 도움이 됩니다.

3. 다음을 읽고 물음에 답하십시오.

35회 읽기 67, 68번

> 문제를 풀기 어려울 때는 책상 앞에만 **앉아** 있지 마십시오. 계속 **앉아** 있으면 좋은 생각이 (㉠) 않습니다. 그럴 때는 **일어나서** 걷는 것이 좋습니다. 걸으려고 꼭 밖으로 (㉡). 집 안도 좋고 사무실 안도 괜찮습니다.

1) ㉠에 들어갈 말로 가장 알맞은 것을 고르십시오.

① 나지   ② 많지
③ 없어지지   ④ 달라지지

2) ㉡에 들어갈 말로 가장 알맞은 것을 고르십시오.

① 나가려고 합니다   ② 나갈 수 있습니다
③ 나가지 않아도 됩니다   ④ 나가지 않기로 합니다

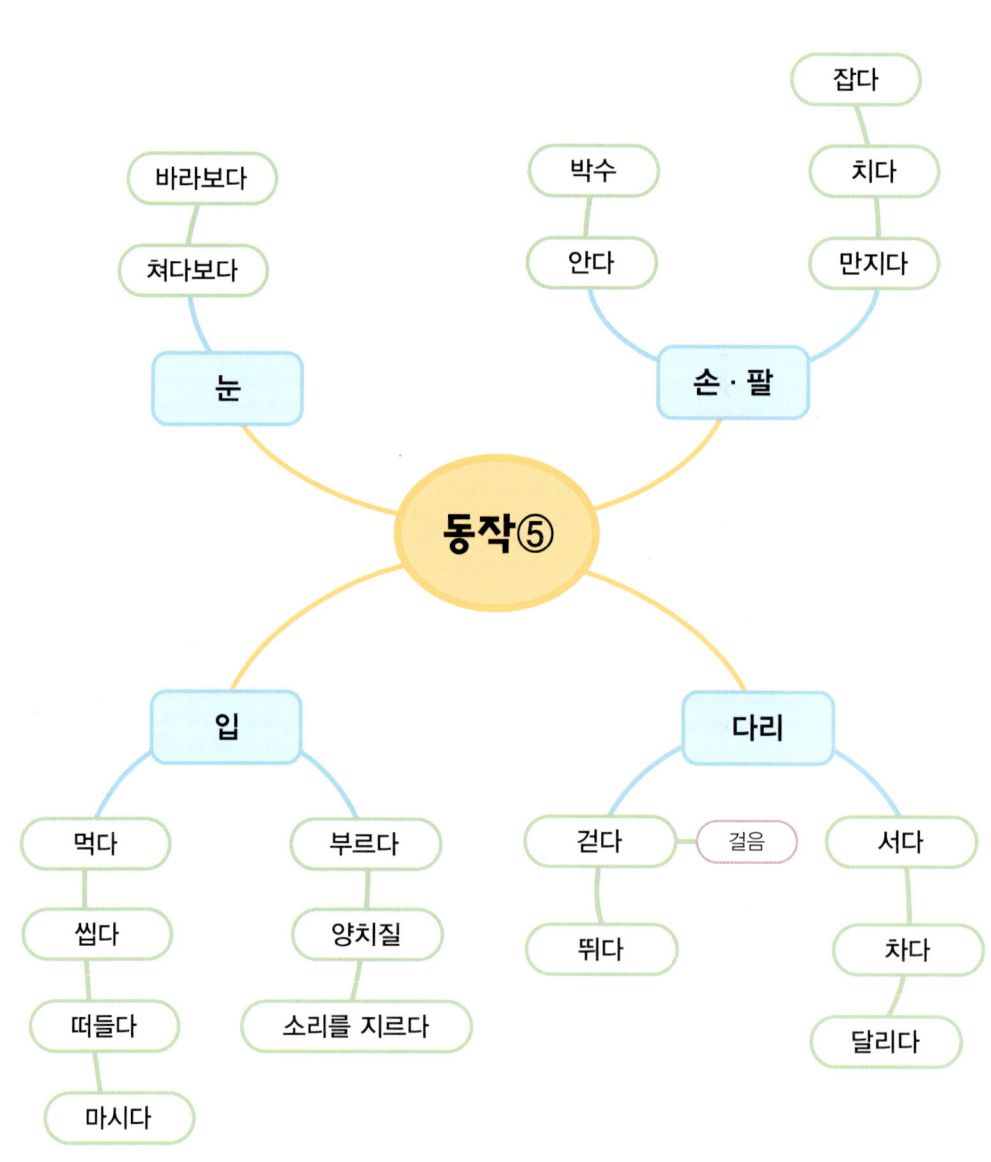

잡다
치다
만지다

박수
안다

손·팔

바라보다
쳐다보다

눈

동작⑤

입

먹다
씹다
떠들다
마시다

부르다
양치질
소리를 지르다

다리

걷다　걸음
뛰다

서다
차다
달리다

	영어	일본어	중국어	베트남어
눈				
바라보다	to look at	見つめる	注視	trông mong, quan sát
쳐다보다	to stare at	じっと見る	盯着看	nhìn chằm chằm
손·팔				
박수	applause	拍手	掌声	sự vỗ tay
박수를 치다	to clap hands	拍手する	鼓掌	vỗ tay
안다	to hug	抱く	拥抱	ôm
잡다	to hold	つかむ	抓住	giữ, nắm
손을 잡다	to hold hands	手を握る、つなぐ	牵手	nắm tay
치다	to hit	たたく	敲, 打	đánh
얼굴을 치다	to hit someone in the face	顔をたたく	打脸	đánh vào mặt
만지다	to touch	触る	摸	chạm
입				
먹다	to eat	食べる	吃	ăn
씹다	to chew	噛む	咀嚼	nhai
떠들다	to make noise	騒ぐ	喧哗	làm ồn
마시다	to drink	飲む	喝	uống
부르다	to call	呼ぶ	叫	gọi, hát
노래를 부르다	to sing	歌を歌う	唱歌	hát bài hát
이름을 부르다	to call someone's name	名前を呼ぶ	叫名字	gọi tên
양치질	toothbrushing	歯磨き	刷牙	đánh răng súc miệng
소리를 지르다	to shout, to yell	大声を出す、叫ぶ	喊叫	la hét
다리				
걷다	to walk	歩く	走	đi bộ
걸음	step, walking pace	歩み	步伐	bước chân
걸음이 빠르다	to walk fast	歩くのが速い	步伐快	bước đi nhanh
걸음을 멈추다	to stop walking	歩みを止める	止步	dừng bước
뛰다	to run	走る	跑	chạy
서다	to stand	立つ	站	đứng
차다	to kick	蹴る	踢	đá
공을 차다	to kick a ball	ボールを蹴る	踢球	đá bóng
달리다	to run	走る	奔跑	chạy

1. ( )에 들어갈 말로 가장 알맞은 것을 고르십시오.

1) 저는 운전할 때 잠이 오면 껌을 ( ).
   ① 남깁니다   ② 마십니다   ③ 씹습니다   ④ 끓입니다

2) 남자 친구와 데이트할 때 손을 ( ) 걷습니다.
   ① 닦고   ② 들고   ③ 치고   ④ 잡고

3) 우리 집 강아지는 이름을 ( ) 바로 저에게 옵니다.
   ① 부르면   ② 떠들면   ③ 지르면   ④ 안으면

4) 버스나 지하철 안에서 시끄럽게 통화하거나 ( ) 안 됩니다.
   ① 걸으면   ② 떠들면   ③ 만지면   ④ 나누면

5) 우리 할머니는 저를 만날 때마다 항상 두 팔로 ( ) 주십니다.
   ① 뛰어   ② 안아   ③ 잡아   ④ 바라봐

6) 길에서 넘어졌는데 사람들이 ( ) 것 같아서 얼굴이 빨개졌습니다.
   ① 부르는   ② 달리는   ③ 만지는   ④ 쳐다보는

7) 동생은 ( )이/가 빨라서 집에서 지하철역까지 10분밖에 안 걸립니다.
   ① 박수   ② 소리   ③ 걸음   ④ 이해

8) 친구가 외국 여행을 가서 휴대폰으로 찍은 사진을 저에게 ( ) 주었습니다.
   ① 보여   ② 꺼내   ③ 주워   ④ 잘라

9) 백화점에서 아르바이트를 하는데 8시간 동안 ( ) 일해서 다리가 아픕니다.
   ① 차서   ② 서서   ③ 쳐서   ④ 앉아서

10) 하루에 세 번 식사 후에 3분 동안 ( )을/를 합니다. 이렇게 하면 이 건강에도 좋고 기분도 좋습니다.
   ① 목욕   ② 박수   ③ 양치질   ④ 설거지

2. 다음을 읽고 물음에 답하십시오.

36회 읽기 59, 60번

> 저는 어릴 때부터 춤추는 것을 좋아했습니다. (㉠) 요즘도 매일 혼자 거울을 보면서 춤 연습을 합니다. (㉡) 주말에는 가끔 친구들과 같이 지하철역이나 공원에서 공연도 합니다. (㉢) 사람들의 **박수** 소리를 들으면 기분이 좋아져서 더 열심히 춤을 춥니다. (㉣)

1) 다음 문장이 들어갈 곳으로 가장 알맞은 것을 고르십시오.

> 사람들은 우리의 춤을 보고 박수를 치면서 소리를 지릅니다.

① ㉠   ② ㉡   ③ ㉢   ④ ㉣

2) 윗글의 내용과 같은 것을 고르십시오.

① 저는 날마다 춤 연습을 합니다.   ② 저는 공연 보는 것을 좋아합니다.

③ 저는 요즘 춤에 관심이 생겼습니다.   ④ 저는 혼자 공원에서 공연을 합니다.

3. 다음을 읽고 물음에 답하십시오.

60회 읽기 67, 68번

> 한국에서는 아이의 첫 번째 생일을 '돌'이라고 말합니다. 돌에는 아이가 물건을 **잡는** 특별한 행사를 합니다. 아이가 공을 **잡으면** 운동선수, 마이크를 **잡으면** 연예인이 될 것이라고 생각합니다. 연필은 선생님, 돈은 부자를 의미합니다. 아이 앞에 놓는 물건들의 (㉠) 모두 아이의 건강과 행복을 생각하는 마음이 들어 있습니다.

1) ㉠에 들어갈 말로 가장 알맞은 것을 고르십시오.

① 의미는 다르지만   ② 색깔은 다양하지만

③ 모양은 특별하지만   ④ 분위기는 비슷하지만

2) 윗글의 내용과 같은 것을 고르십시오.

① 공은 부자가 되는 것을 의미합니다.

② 아이가 물건을 많이 잡으면 더 좋습니다.

③ 물건을 잡는 행사는 첫 번째 생일에 합니다.

④ 마이크를 잡으면 선생님이 될 것이라고 생각합니다.

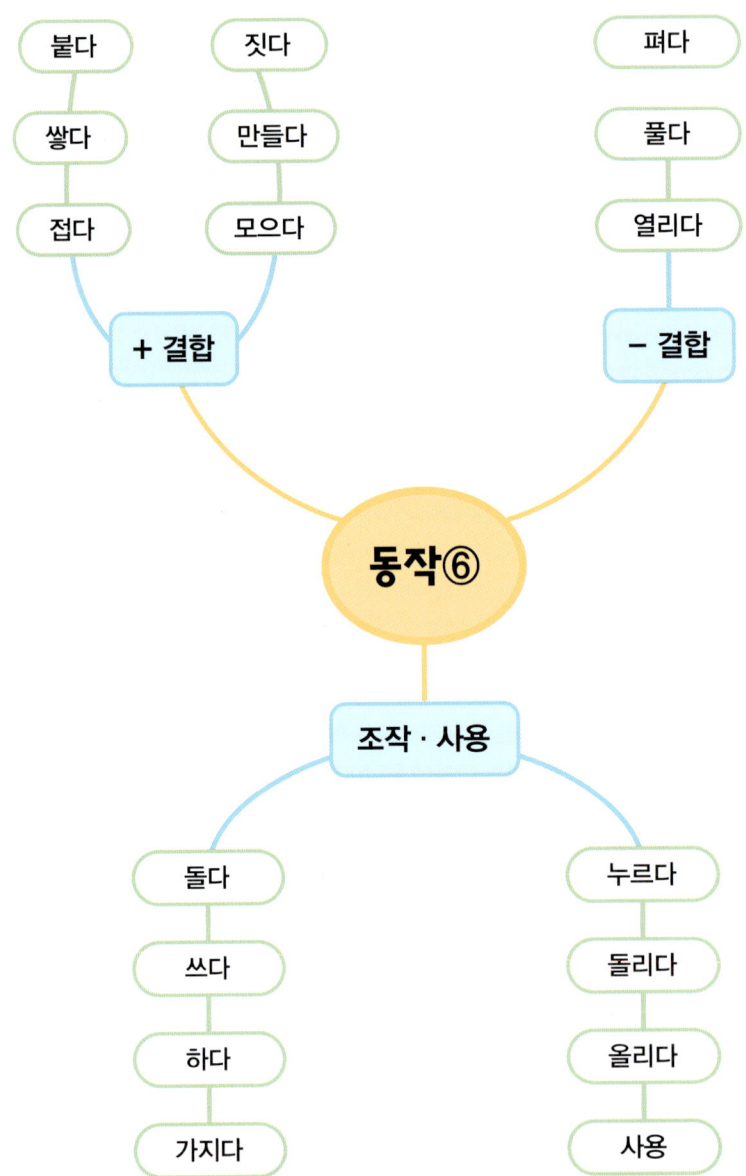

	영어	일본어	중국어	베트남어
+ 결합				
붙다	to stick, to be attached	付く	粘贴	dán
쌓다	to pile up	積む	堆积	chồng lên, chất lên
접다	to fold	折る	折叠	gấp lại
짓다	to build, to make	建てる	建造	xây
밥을 짓다	to cook rice	炊く	做饭	nấu
건물을 짓다	to build a building	建物を建てる	盖楼	xây dựng
이름을 짓다	to name	名付ける	命名	đặt tên
만들다	to make, to create	作る	制作	làm, tạo ra
모으다	to gather, to collect	集める	积攒	gom lại
− 결합				
펴다	to spread out, to open	広げる	展开	trải ra, mở ra
풀다	to untie, to loosen	解く	解开	tháo gỡ
열리다	to be opened	開かれる	打开	được mở
조작 · 사용				
돌다	to turn, to go around	回る	转动	xoay
쓰다	to write, to use	書く, 使う	写, 用	viết, dùng
하다	to do	する	做	làm
가지다	to have	持つ	拿着, 拥有	có, mang theo
누르다	to push down, to press	押す	按压	nhấn
돌리다	to turn	回す	转动	xoay, vặn
올리다	to raise	上げる	提高, 上传	nâng lên
사용	use	使用	使用	sử dụng

1. ( )에 들어갈 말로 가장 알맞은 것을 고르십시오.

1) 나중에 시골에서 마당이 넓은 집을 ( ) 살고 싶습니다.

① 펴고 ② 짓고 ③ 쌓고 ④ 팔고

2) 자동차 문이 안 ( ) 자동차 서비스 센터에 전화했습니다.

① 열려서 ② 돌아서 ③ 풀려서 ④ 붙어서

3) 포스트잇이 벽에 잘 안 ( ). 붙이면 자꾸 떨어집니다.

① 품니다 ② 접습니다 ③ 올립니다 ④ 붙습니다

4) 넥타이를 하면 목이 답답해서 퇴근해서 집에 오면 바로 넥타이를 ( ).

① 품니다 ② 돌립니다 ③ 만듭니다 ④ 쌓습니다

5) 카야 씨는 매일 달리기를 합니다. 집 근처에 있는 중학교 운동장을 열 번 ( ).

① 합니다 ② 삽니다 ③ 돕니다 ④ 씁니다

6) 저는 할아버지 댁에 가면 자기 전에 할아버지 방에 가서 이불을 ( ) 드립니다.

① 펴 ② 풀어 ③ 접어 ④ 쌓아

7) 누나는 만화책 ( ) 것이 취미입니다. 지금까지 산 만화책이 삼백 권쯤 있습니다.

① 모으는 ② 그리는 ③ 만드는 ④ 올리는

8) 새로 이사 온 아파트는 건물에 들어오기 전에 1층 정문에서 비밀번호를 ( ) 합니다.

① 가져야 ② 지어야 ③ 눌러야 ④ 모아야

9) 일곱 살 된 조카는 종이 놀이를 좋아합니다. 종이를 자르거나 ( ) 여러 가지를 만듭니다.

① 풀어서 ② 접어서 ③ 붙어서 ④ 눌러서

10) 새로 산 교통 카드는 편의점에서 먹을 것이나 물건을 살 때도 ( ) 수 있어서 아주 편리합니다.

① 주문할 ② 사용할 ③ 신청할 ④ 취소할

2. 다음을 읽고 물음에 답하십시오.

64회 읽기 51, 52번

전에는 문을 열 때 항상 열쇠를 **사용했습니다**. 그런데 요즘은 꼭 열쇠가 필요한 것은 아닙니다. 자기만 아는 번호를 **사용할** 수도 있고 카드로 문을 열 수도 있습니다. (㉠) 사람마다 모두 다른 목소리나 얼굴 모양을 이용하는 방법도 있습니다. 요즘은 이렇게 다양한 방법을 **씁니다**.

1) ㉠에 들어갈 말로 가장 알맞은 것을 고르십시오.

① 그리고 ② 그래서 ③ 그러면 ④ 그렇지만

2) 무엇에 대한 내용인지 맞는 것을 고르십시오.

① 열쇠가 사용되는 곳 ② 열쇠로 할 수 있는 일
③ 문을 여는 여러 가지 방법 ④ 문을 열 때 카드를 쓰는 이유

3. 다음을 읽고 물음에 답하십시오.

41회 읽기 61, 62번

제 이름은 김둘입니다. 할아버지께서는 제 옆에 항상 친구가 있기를 바라셨습니다. 그래서 숫자 2로 이름을 **지어** 주셨습니다. 이 특별한 이름 덕분에 사람들이 저를 잘 기억합니다. 그리고 다른 사람들과 쉽게 친구가 될 수 있습니다. 할아버지께서 **지어** 주신 이름의 의미처럼 제 옆에는 항상 친구가 있습니다. 그래서 (㉠) 행복합니다.

1) ㉠에 들어갈 말로 가장 알맞은 것을 고르십시오.

① 아프지 않고 ② 외롭지 않고
③ 바쁘지 않고 ④ 급하지 않고

2) 윗글의 내용과 같은 것을 고르십시오.

① 우리 할아버지의 이름은 김둘입니다.
② 사람들은 제 이름을 잘 잊어버립니다.
③ 제 이름에는 특별한 의미가 있습니다.
④ 저는 이름 때문에 친구를 사귀기 힘듭니다.

듣다 / 보다 / 빼다 / 열다 / 팔다 / N하다
끝내다 / 남기다 / 내리다 / 돌리다 / 맞추다
모으다 / 올리다 / 줄이다

N이/가 N을/를 V

비슷한 동사①

N이/가 V

들리다 / 보이다 / 빠지다 / 열리다 / 팔리다 / N되다
끝나다 / 남다 / 내리다 / 돌다 / 맞다
모이다 / 오르다 / 줄다

	영어	일본어	중국어	베트남어
N이/가 N을/를 V	N (subject) V N (object)	NがNをV	谁做什么	V (chủ ngữ) làm V (động từ) V (tân ngữ)
듣다	to listen	聞く	听	nghe
보다	to see, to look at	見る	看	nhìn
빼다	to take out, to remove	取り出す、抜く	拿出	lấy ra
열다	to open	開ける	打开	mở
팔다	to sell	売る	卖	bán
N하다	to do, to perform, to carry out	Nする	做N	làm N
끝내다	to finish	終える、終わらせる	结束	hoàn thành
남기다	to leave	残す	剩下	để lại, bỏ lại
내리다	to lower	下げる、降りる	降低	xuống, đi xuống
돌리다	to turn, to rotate	回す	转动	xoay, vặn
맞추다	to match, to set	合わせる	对准	điều chỉnh
모으다	to gather	集める	收集	gom lại
올리다	to raise, to lift	上げる	提高, 上传	tăng lên
줄이다	to reduce	減らす	减少, 缩小	giảm xuống
N이/가 V				
들리다	to be heard	聞こえる	听到	được nghe
보이다	to be seen	見える	看到	được thấy
빠지다	to fall out	抜ける	掉进	rơi vào
열리다	to be opened	開く	被打开	được mở
팔리다	to be sold	売れる	被卖	được bán
N되다	to be / get V-ed	Nされる	成为N	trở thành N
끝나다	to end, to finish	終わる	结束（被动词）	kết thúc
남다	to remain, to be left	残る	剩下, 留下	còn lại
내리다	to drop, to go down	下がる、降りる	下来, 下降	rơi xuống
돌다	to turn, to spin	回る	转动	xoay
맞다	to be correct, to be right	合う	正确, 被打	bị, trúng
모이다	to gather, to assemble	集まる	聚集	tập hợp
오르다	to rise, to go up	上がる	上去, 上升	tăng lên
줄다	to decrease	減る	减少	giảm bớt

1. 알맞은 단어를 고르십시오.

1) 저는 음악을 (**들리면서, 들으면서**) 청소합니다.

2) 택시 요금이 이번 달부터 200원이 (**오릅니다, 올립니다**).

3) 선풍기가 (**돌지, 돌리지**) 않습니다. 고장이 난 것 같습니다.

4) 우리 동네에 있는 약국은 일요일에도 문을 (**열립니다, 엽니다**).

5) 비가 너무 많이 와서 콘서트가 (**취소되었습니다, 취소했습니다**).

6) 삼 개월 동안 매일 달리기를 해서 3kg을 (**빠졌습니다, 뺐습니다**).

7) 바지를 (**맞았는데, 맞췄는데**) 몸에 잘 (**맞고, 맞추고**) 아주 편합니다.

8) 방학이 얼마 (**남지, 남기지**) 않았습니다. 일주일 후에 학교에 갑니다.

9) 새 옷을 샀는데 세탁 후에 조금 (**줄어서, 줄여서**) 입으면 불편합니다.

10) 주말에 쉬고 싶어서 오늘 저녁까지 숙제를 (**끝나려고, 끝내려고**) 합니다.

11) 설날 아침에는 가족들과 친척들이 모두 (**모여서, 모아서**) 떡국을 먹습니다.

12) 교수님께 메일로 숙제를 보내야 하는데 갑자기 인터넷 연결이 안 (**됩니다, 합니다**).

13) 우리 동네에 유명한 떡집이 있는데 보통 오후 두세 시 전에 떡이 다
    (**팔립니다, 팝니다**).

14) 우리 할머니 댁은 시골에 있는데 밤이 되면 너무 어두워서 아무것도 (**보이지, 보지**)
    않습니다.

2. ( )에 들어갈 말로 가장 알맞은 것을 고르십시오.

1) 우리 회사는 내년에 월급을 10% ( ) 했습니다.

① 지키기로 ② 올리기로 ③ 모으기로 ④ 부르기로

2) 다음 달에 취직 시험을 ( ). 시험에 꼭 붙었으면 좋겠습니다.

① 합니다 ② 봅니다 ③ 맞습니다 ④ 듣습니다

3) 요즘 바빠서 빨래를 못 했습니다. 이번 주말에는 세탁기를 ( ) 겁니다.

① 고칠 ② 돌릴 ③ 만들 ④ 세울

4) 방학 때 외국 여행을 가려고 아르바이트를 해서 번 돈을 ( ) 있습니다.

① 꺼내고 ② 모으고 ③ 바꾸고 ④ 부치고

5) 오늘 배운 문법은 여러 번 선생님의 설명을 들었지만 이해가 잘 안 ( ).

① 돕니다 ② 됩니다 ③ 자랍니다 ④ 모입니다

6) 저는 추운 날씨를 싫어합니다. 빨리 이 겨울이 ( ) 봄이 오면 좋겠습니다.

① 끝나고 ② 나오고 ③ 변하고 ④ 자르고

7) 언니가 남자 친구가 생겼는데 매일 행복해 보입니다. 사랑에 ( ) 것 같습니다.

① 맞춘 ② 빠진 ③ 오른 ④ 열린

8) 현주자동차에서 만든 '투상'은 올해 전 세계에서 가장 많이 ( ) 한국 자동차입니다.

① 생긴 ② 남은 ③ 모인 ④ 팔린

9) 음식을 한 번에 많이 만들지 않고 만든 음식을 ( ) 않으면 음식 쓰레기를 줄일 수 있습니다.

① 내리지 ② 나누지 ③ 남기지 ④ 모으지

10) 저는 대학교 때 시험 기간 일주일 전부터 잠자는 시간을 한두 시간 ( ) 열심히 공부했습니다.

① 돌려서 ② 모여서 ③ 줄여서 ④ 풀어서

11) 나오미 씨와 저는 서로 비슷한 것이 많습니다. 좋아하는 음식도 비슷하고 생각이나 성격도 잘 ( ).

① 걸립니다 ② 만듭니다 ③ 맞습니다 ④ 사귑니다

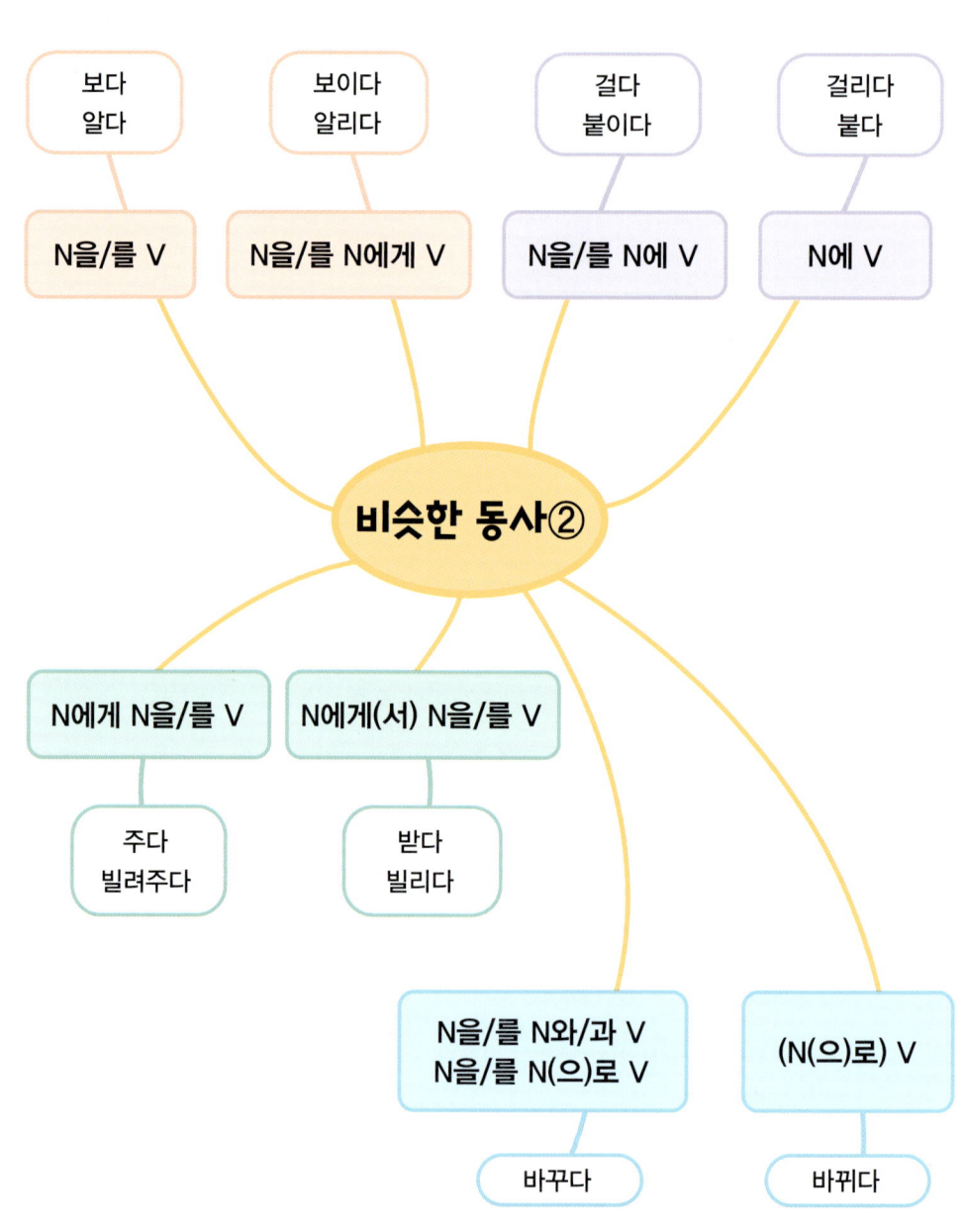

	영어	일본어	중국어	베트남어
N을/를 V				
보다	to see, to look at	見る	看	nhìn
알다	to know	知る	知道	biết
N을/를 N에게 V				
보이다	to show	見える	被看见	thấy được
알리다	to inform	知らせる	告知	cho biết, báo hiệu
N을/를 N에 V				
걸다	to hang	掛ける	挂	treo
붙이다	to attach	貼る、付ける	贴	gắn, dán
N에 V				
걸리다	to be hung	掛かる	挂	bị treo
붙다	to stick	付く	粘贴	bị dính, bị gắn
N에게 N을/를 V				
주다	to give	あげる	给	cho, đưa cho
빌려주다	to lend	貸す	借给	cho mượn
N에게(서) N을/를 V				
받다	to receive	もらう	收到	nhận được
빌리다	to borrow	借りる	接收	vay mượn
N을/를 N(으)로 V				
바꾸다	to change	変える	把……换成……	đổi, thay
(N(으)로) V				
바뀌다	to be changed	変わる	被换	bị thay, bị đổi

1. 알맞은 단어를 고르십시오.

1) 친구의 교과서와 내 교과서가 (**바뀐, 바꾼**) 것을 집에 온 후에 알았습니다.

2) 학교 도서관에서 책을 빌리려면 책을 빌리는 곳에서 학생증을 (**봐, 보여**) 줘야 합니다.

3) 우리 집 거실 벽에는 아버지의 70살 생신 때 찍은 가족 사진이 (**걸려, 걸어**) 있습니다.

4) 요즘은 우체국에 직접 가서 편지를 보내면 우표를 (**붙고, 붙이지**) 않고 보낼 수 있습니다.

5) 한국에 처음 왔을 때 (**아는, 알리는**) 사람이 한 명도 없었는데 지금은 친구들이 많습니다.

6) 한국에서 사는 동안 같은 하숙집에서 산 니샤카 씨에게서 많은 도움을 (**받았습니다, 줬습니다**).

7) 친구 집에 놀러 갔는데 집에 돌아가려고 할 때 비가 내리기 시작해서 친구에게서 우산을 (**빌렸습니다, 빌려주었습니다**).

2. ( )에 들어갈 말로 가장 알맞은 것을 고르십시오.

1) 친구에게서 생일 선물로 예쁜 목도리를 ( ).
① 줬습니다　　　② 걸었습니다　　　③ 받았습니다　　　④ 알렸습니다

2) 우리 집 거실에는 큰 가족 사진이 ( ) 있습니다.
① 보여　　　② 바꿔　　　③ 빌려　　　④ 걸려

3) 어렸을 때 저는 언니( ) 옷을 서로 바꿔서 입을 때가 많았습니다.
① 도　　　② 를　　　③ 만　　　④ 와

4) 저는 여행에서 돌아오면 여행 중에 찍은 사진을 냉장고에 ( ) 자주 봅니다.
① 걸리고　　　② 보이고　　　③ 붙이고　　　④ 자르고

5) 내일 동생이 고등학교를 졸업합니다. 그래서 내일 동생(   ) 줄 꽃다발을 살 겁니다.

   ① 에게　　　　　② 에서　　　　　③ 이랑　　　　　④ 에게서

6) 친구 결혼식에 가는데 새로 산 원피스에 어울리는 구두가 없어서 언니가 구두를 (   ).

   ① 시켰습니다　　② 빌려줬습니다　　③ 물어봤습니다　　④ 얻었습니다

7) 가: 어떻게 오셨어요?
   나: 중국 돈을 한국 돈(   ) 바꾸고 싶어요.

   ① 까지　　　　　② 밖에　　　　　③ 으로　　　　　④ 에서

8) 가: 머리(   ) 껌이 붙었어요. 어떻게 하죠?
   나: 기름을 사용하면 조금 쉽게 떨어질 거예요. 한번 해 보세요.

   ① 에　　　　　　② 로　　　　　　③ 에게　　　　　④ 에게서

9) 가: 지윤 씨와 유타 씨가 사귀는 거 어떻게 (   )?
   나: 알리 씨에게 들었어요. 알리 씨가 유타 씨하고 친해요.

   ① 돌았어요　　　② 들렸어요　　　③ 믿었어요　　　④ 알았어요

10) 가: 어서 오세요, 사라 씨. 집 찾는 게 어렵지 않았어요?
    나: 아니요, 금방 찾았어요. 그런데 이 옷을 어디(   ) 걸면 돼요?

    ① 를　　　　　　② 에　　　　　　③ 에게　　　　　④ 까지

11) 가: 한국어로 된 만화책을 읽고 있네요. 피터 씨가 샀어요?
    나: 아니요. 다니엘 씨(   ) 빌렸는데 아주 재미있어요. 단어도 별로 어렵지 않아서 이해하기 쉽고요.

    ① 하고　　　　　② 에서　　　　　③ 처럼　　　　　④ 에게

12) 가: 어, 초록색 불이 빨간색 불(   ) 바뀔 것 같아요. 뛸까요?
    나: 다음 신호까지 기다려요. 아직 시간이 있어서 서두르지 않아도 될 것 같아요.

    ① 로　　　　　　② 만　　　　　　③ 을　　　　　　④ 에

13) 가: 다음 달에 우리 학교에서 외국인 한국어 말하기 대회가 열리는데 알고 있어요?
    나: 몰랐어요. 우리 반 친구들(   ) 알려 줍시다. 대회에 나가고 싶은 친구들이 있을 것 같아요.

    ① 까지　　　　　② 밖에　　　　　③ 한테　　　　　④ 한테서

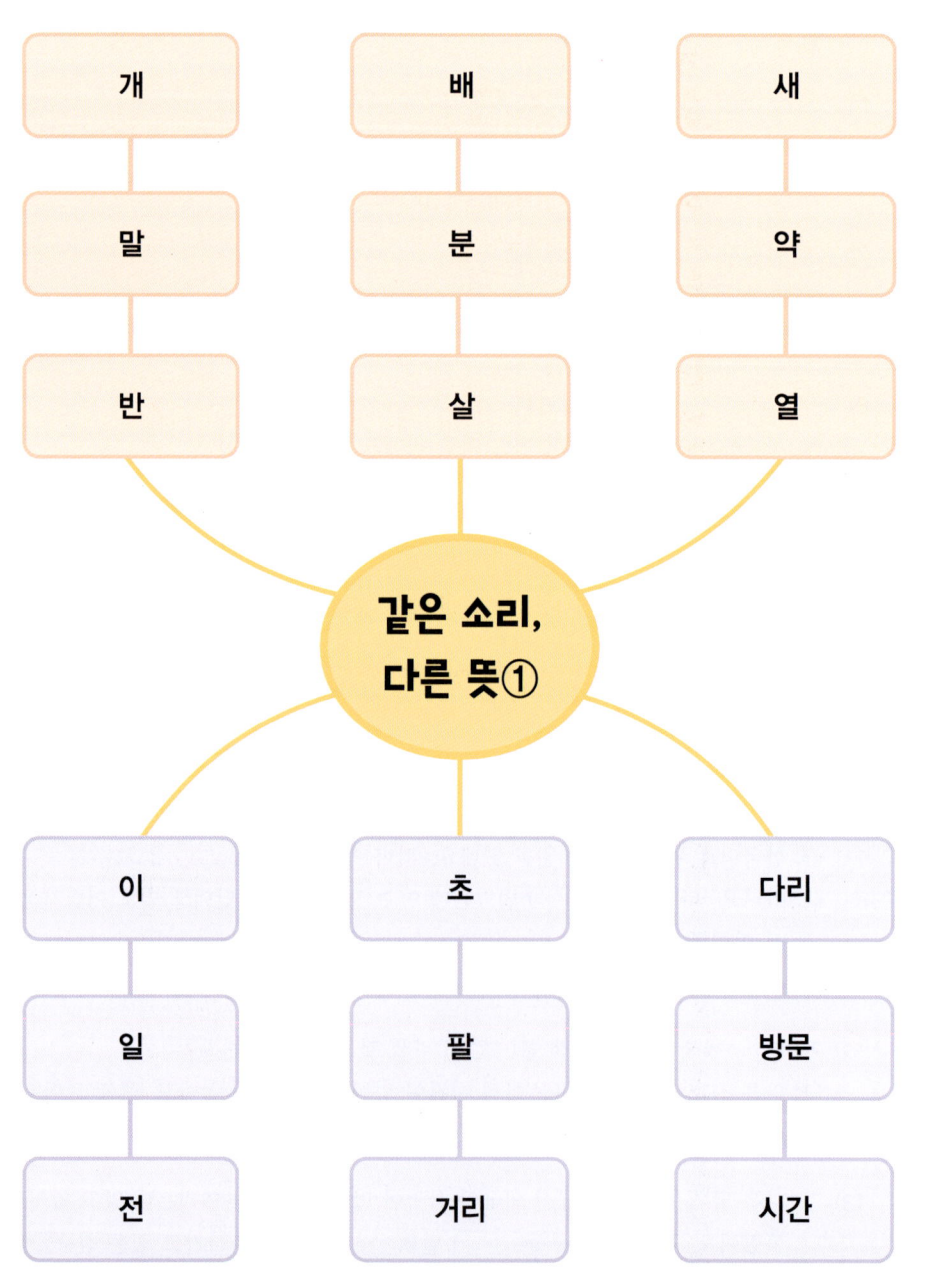

	영어	일본어	중국어	베트남어
개	counter for items, dog	個	个, 狗	cái
말	end, words, horse	個口（荷物、積み荷）	末, 马, 话	lời nói
반	half	半分	班, 半	một nửa
배	times (multiplier), stomach / belly, pear, ship / boat	倍	梨, 倍, 肚子, 船	gấp…lần
분	minute, person (honorific)	分	分, 位	phút
살	years old, flesh	歳	岁, 肉	tuổi
새	bird, new	鳥	新, 鸟	chim
약	about, medicine	約	大约, 药	khoảng
열	ten, fever	十	十, 热	mười
이	two, this, tooth	二	二, 牙, 这	hai
일	one, ~day (of the month), days, work	一、～日	一, 日, 天, 事	một, ngày
전	entire, before, ago	銭 （古い韓国貨幣）	前, 全	jeon, trước đó
초	second, early part	秒	初, 秒	giây
팔	eight, arm	八	八, 手臂	tám
거리	distance, street	距離	街道, 距离	khoảng cách
다리	bridge, leg	橋	腿, 桥	cây cầu
방문	a visit, door (of a room)	訪問	拜访, 房门	thăm nom
시간	time, hour(s)	時間	时间, 小时	thời gian

1. ( )에 공통적으로 들어갈 단어를 고르십시오.

1)

> • 시장에서 사과를 세 ( ) 샀습니다.
> • 저는 동물 중에서 ( )을/를 제일 좋아합니다.

① 개   ② 말   ③ 명   ④ 소

2)

> • 우리 교실은 ( ) 층에 있습니다. 804호입니다.
> • 오늘 이사를 했는데 이삿짐이 무거워서 ( )이/가 아픕니다.

① 이   ② 발   ③ 눈   ④ 팔

3)

> • 한 달 ( )에 산 휴대폰이 벌써 고장 났습니다.
> • 페이스북(Facebook)은 ( ) 세계에서 가장 많은 사람들이 이용하는 SNS입니다.

① 이   ② 전   ③ 초   ④ 앞

4)

> • 저는 매일 삼십 ( ) 이상 걷기 운동을 합니다.
> • 이 사진에서 어느 ( )이/가 히엔 씨의 아버지이십니까?

① 분   ② 일   ③ 명   ④ 시

5)

> • 집에 오는 길에 넘어져서 ( )을/를 다쳤습니다.
> • 밤에 지하철을 타고 한강 ( )을/를 건널 때 보이는 경치가 아름답습니다.

① 팔   ② 배   ③ 다리   ④ 거리

6)

• 학교에서 (   )이/가 가까운 집을 찾고 있습니다.
• 눈이 많이 와서 (   )에 사람들이 별로 없습니다.

① 거리   ② 다리   ③ 자리   ④ 시간

7)

• 다음 달 (   )에 부모님이 한국에 여행을 오십니다.
• 저는 물 속에서 사십 (   ) 정도 숨을 쉬지 않을 수 있습니다.

① 후   ② 초   ③ 말   ④ 분

8)

• 오늘 늦게 일어나서 아침을 먹을 (   )이/가 없었습니다.
• 제 고향은 한국에서 멉니다. 비행기로 열 다섯 (   ) 걸립니다.

① 약   ② 시간   ③ 일   ④ 거리

9)

• K-POP 콘서트에 갔는데 콘서트가 밤 (   ) 시에 끝났습니다.
• 어제부터 머리에 (   )이/가 나고 콧물이 납니다. 감기인 것 같습니다.

① 땀   ② 열   ③ 약   ④ 화

10)

• 요즘 날씨가 더워서 잘 때 창문도 (   )도 모두 열고 잡니다.
• 이번 휴가 때 영국으로 유학을 간 언니를 (   )하려고 합니다.

① 방문   ② 초대   ③ 축하   ④ 환영

11)

- 시험이 끝나고 우리 (　　　) 친구들과 같이 노래방에 갔습니다.
- 피자를 시켰는데 피자가 너무 커서 (　　　)밖에 못 먹었습니다.

① 반　　　　　② 다　　　　　③ 교실　　　　　④ 조금

12)

- 조카가 벌써 스무 (　　　)이/가 되었습니다. 시간이 참 빠릅니다.
- 겨울에 추운 날씨 때문에 운동을 자주 하지 못해서 (　　　)이/가 쪘습니다.

① 살　　　　　② 새　　　　　③ 일　　　　　④ 분

13)

- 이사를 가면 지금 쓰고 있는 가구를 버리고 (　　　) 가구를 살 겁니다.
- 우리 집 근처에 산이 있어서 아침에 일어나면 (　　　) 소리를 들을 수 있습니다.

① 이　　　　　② 새　　　　　③ 약　　　　　④ 팔

14)

- 길에서 넘어져서 무릎에서 피가 납니다. 집에 가서 (　　　)을 바를 겁니다.
- 지금 제주도로 가는 비행기 안에 있습니다. (　　　) 10분 후에 제주도에 도착합니다.

① 반　　　　　② 약　　　　　③ 살　　　　　④ 열

15)

- 저는 하루에 세 번 (　　　)을/를 닦습니다.
- (　　　) 책은 제 책이 아닙니다. 차야 씨 책입니다.
- 저녁에 식당에 가서 삼겹살 (　　　) 인분과 냉면을 먹었습니다.

① 눈　　　　　② 저　　　　　③ 이　　　　　④ 일

16)

• 한국에서 보통 6월 ( )에 장마가 시작됩니다.
• 제주도에 여행 갔을 때 ( )을/를 처음 타 봤습니다.
• 한국 영화를 보고 싶지만 ( )이/가 너무 빨라서 이해하기 어렵습니다.

① 개 　　　　　 ② 말 　　　　　 ③ 배 　　　　　 ④ 초

17)

• 제 생일은 오 월 삼 ( )입니다.
• 갈비탕을 끓이려고 소고기를 ( ) 킬로그램 샀습니다.
• 저는 졸업 후에 게임을 만드는 ( )을/를 하고 싶습니다.
• 우리 학교는 3( ) 동안 시험을 봅니다. 다음 주 월요일부터 수요일까지 기말시험입니다.

① 분 　　　　　 ② 개 　　　　　 ③ 일 　　　　　 ④ 살

18)

• 태국은 한국보다 땅이 큽니다. 한국보다 다섯 ( ) 정도 큽니다.
• 부산에서 제주도에 갈 때 비행기를 타지 않고 ( )을/를 타고 갔습니다.
• 과일을 다 먹어서 오늘 마트에서 오렌지 다섯 개와 ( ) 두 개를 샀습니다.
• 저는 매운 것을 잘 못 먹습니다. 매운 음식을 많이 먹으면 ( )이/가 아픕니다.

① 귤 　　　　　 ② 배 　　　　　 ③ 이 　　　　　 ④ 번

낫다 / 싸다
쓰다 / 적다 / 차다

A · V

같은 소리,
다른 뜻②

V

감다 / 걸다 / 나다 / 내다 / 들다 / 맞다
찌다 / 치다 / 타다 / 켜다 / 풀다 / 걸리다 / 나오다
내리다 / 맞추다 / 보이다 / 부르다

	영어	일본어	중국어	베트남어
A · V				
낫다	to be better, to get better	良くなる、治る	更好, 痊愈	đỡ hơn, tốt hơn
싸다	to be cheap, to pack	包む	打包, 便宜	đóng gói
쓰다	to use, to write, to be bitter, to wear	使う	写, 苦, 戴, 用	xài, sử dụng
적다	to write, to be few / little	記す、書く	写上, 少	ghi chép
차다	to kick, to be cold, to be full, to wear	蹴る	凉, 戴, 踢, 满	đá
V				
감다	to close (one's eyes), to wash (one's hair)	巻く	闭眼, 洗头	nhắm (mắt), gội (đầu)
걸다	to hang, to start (a conversation), to call	掛ける	挂, 打, 搭话	treo
나다	to come out	起こる、出る	出现, 受伤, 流, 发火, 想起	xảy ra
내다	to pay, to let out, to assign	払う、出す	支付, 留, 发火	trả tiền
들다	to hold, to cost, to carry, to raise, to come in	持つ	提, 满意, 花费	giữ, nắm
맞다	to fit, to be correct	合う	适合, 对	vừa vặn
찌다	to steam-cook, to gain weight	蒸す	蒸, 长胖	hấp
치다	to hit, to play	打つ	打, 掀, 弹, 鼓掌	đánh
타다	to ride, to get on, to burn	乗る	乘坐, 滑, 被烧	lái, lên (xe)
켜다	to turn on, to play	つける	开, 拉	bật, mở
풀다	to solve, to untie, to loosen	解く、ほどく	卸, 释放, 做题	tháo gỡ
걸리다	to be hung, to take (time)	引っ掛かる、捕まる	花费, 挂, 得	bị treo, bị bắt
나오다	to come out	出てくる	出来, 出现	xuất hiện
내리다	to get off, to fall	降りる	下车, 下雨	đi xuống
맞추다	to match, to set	合わせる	对, 定做, 调	điều chỉnh
보이다	to be seen, to show	見える、現れる	看见, 看起来, 出示	nhìn thấy được
부르다	to call, to sing	呼ぶ	唱, 点名	gọi

1. ( )에 공통적으로 들어갈 단어를 고르십시오.

1)

> • 시험 문제를 풀기 전에 먼저 이름을 ( )(으)세요.
> • 저는 아침과 점심은 충분하게 잘 먹지만 저녁은 ( )게 먹습니다.

① 짜다　　　　② 쓰다　　　　③ 적다　　　　④ 묻다

2)

> • 우리 형은 발이 커서 발에 ( )는 신발을 찾기가 어렵습니다.
> • 루이 씨가 알려 준 안 씨 전화번호가 ( )지 않아서 다시 물어봤습니다.

① 들다　　　　② 맞다　　　　③ 받다　　　　④ 잡다

3)

> • 할머니는 고기를 굽거나 튀기지 않고 ( )아서/어서 드십니다.
> • 저는 늦은 밤에 라면이나 과자를 먹으면 살이 쉽게 ( )ㅂ니다.

① 썰다　　　　② 찌다　　　　③ 치다　　　　④ 타다

4)

> • 저는 초등학교 때까지는 밤에 무서워서 불을 ( )고 잤습니다.
> • 명동에 가면 거리에서 바이올린을 ( )는 사람이 있는데 사람들이 음악을 들으려고
>   모여 있습니다.

① 끄다　　　　② 내다　　　　③ 켜다　　　　④ 하다

5)

> • 동생이 수술해서 병원에 있습니다. 빨리 ( )(으)면 좋겠습니다.
> • 지금 차가 많이 막히는 시간이니까 버스보다 지하철 타는 게 더 ( )을/ㄹ 것 같습
>   니다.

① 나다　　　　② 낫다　　　　③ 내다　　　　④ 쉬다

6)

- 이 식당은 가격이 (   )고 맛있고 서비스도 좋아서 자주 옵니다.
- 내일 아침 일찍 공항에 가야 해서 오늘 저녁에 여행 짐을 (   )(으)려고 합니다.

① 적다　　　　　② 싸다　　　　　③ 쓰다　　　　　④ 풀다

7)

- 이 식당에 오면 저는 항상 치즈 돈까스를 (   )았습니다/었습니다.
- 어렸을 때 첫째 언니가 나에게 방 청소를 자주 (   )았습니다/었습니다.

① 고르다　　　　② 돌리다　　　　③ 부르다　　　　④ 시키다

8)

- 친구들과 노래방에 가서 한 시간 동안 노래를 (   )었습니다.
- 우리 선생님은 수업을 시작하기 전에 항상 출석을 먼저 (   )습니다/ㅂ니다.

① 남기다　　　　② 만들다　　　　③ 부르다　　　　④ 나오다

9)

- 남산에 가려면 여기에서 지하철을 타고 명동역에서 (   )면 됩니다.
- 일주일 동안 계속 비가 (   )고 있습니다. 빨리 비가 그치면 좋겠습니다.

① 내리다　　　　② 멈추다　　　　③ 나오다　　　　④ 다니다

10)

- 저는 회사에서 일하면서 피곤할 때 의자에 앉아서 잠깐 눈을 (   )고 싶습니다.
- 새로 산 비누로 머리를 (   )았는데/었는데 비누 냄새가 좋아서 기분이 좋습니다.

① 감다　　　　　② 씻다　　　　　③ 켜다　　　　　④ 들다

11)

- 저는 학교에 지하철을 (　　)고 갑니다.
- 큰 교통사고가 나서 자동차가 불에 다 (　　)았습니다/었습니다.
- 우리 고향에는 눈이 오지 않아서 저는 스키를 (　　)아/어 본 적이 없습니다.

① 나다　　　　　② 내다　　　　　③ 치다　　　　　④ 타다

12)

- 교실 뒤에 시계가 (　　)어 있습니다.
- 회사에서 집까지 걸어서 20분밖에 안 (　　)습니다/ㅂ니다.
- 여름에 에어컨을 너무 세게 틀면 감기에 (　　)기 쉽습니다.

① 들다　　　　　② 붙다　　　　　③ 걸리다　　　　　④ 막히다

13)

- 우리 집에서 남산이 (　　)ㅂ니다.
- 니키 씨가 오늘 기분이 안 좋아 (　　)ㅂ니다.
- 비행기를 타기 전에 직원에게 여권을 (　　)어야 합니다.

① 걸리다　　　　② 돌리다　　　　③ 버리다　　　　④ 보이다

14)

- 호텔에 가서 먼저 짐을 (　　)고 저녁을 먹으러 갈 겁니다.
- 저는 스트레스가 있을 때 매운 음식을 먹으면서 스트레스를 (　　)습니다/ㅂ니다.
- 토픽 시험(TOPIK)을 보려고 토픽 책을 사서 문제를 많이 (　　)았습니다/었습니다.

① 내다　　　　　② 걸다　　　　　③ 싸다　　　　　④ 풀다

15)

- 이번 주말에는 외출하지 않고 집에서 푹 (　　)고 싶습니다.
- 산에 가면 공기가 맑고 신선해서 크게 숨을 (　　)습니다/ㅂ니다.
- 냉면이 먹고 싶어서 식당에 갔는데 식당이 (　　)는 날이었습니다.

① 내다　　　　　② 닫다　　　　　③ 들다　　　　　④ 쉬다

16)

- 선생님이 한국어로 일기를 쓰는 숙제를 (　　　)(으)셨습니다.
- 저는 매달 휴대폰 요금을 4~5만 원 정도 (　　　)고 있습니다.
- 동생이 저에게 말하지 않고 새로 산 제 신발을 신고 나가서 동생에게 크게 화를 (　　　)
  았습니다/었습니다.

① 내다 　　　　　② 들다 　　　　　③ 주다 　　　　　④ 쓰다

17)

- 시험이 끝난 후에 친구들과 서로 답을 (　　　)아/어 봤습니다.
- 언니가 결혼식 때 입을 한복을 (　　　)(으)러 가는데 같이 가려고 합니다.
- 휴가 때 친구와 같이 여행을 가고 싶은데 날짜를 (　　　)기가 쉽지 않습니다.

① 고르다 　　　　② 맞추다 　　　　③ 바꾸다 　　　　④ 정하다

18)

- 롱 씨에게 여러 번 전화를 (　　　)았는데/었는데 받지 않습니다.
- 옷장을 놓을 곳이 없어서 벽에 (　　　)아서/어서 사용하는 옷걸이를 샀습니다.
- 한국어 수업 첫날 엘빈 씨가 저에게 먼저 말을 (　　　)았고/었고 우리는 금방 친구가 됐
  습니다.

① 걸다 　　　　　② 놓다 　　　　　③ 보내다 　　　　④ 붙이다

19)

- 생일 선물로 스카프를 받았는데 아주 마음에 (　　　)습니다/ㅂ니다.
- 빨간색 원피스를 입고 손에 가방을 (　　　)고 있는 사람이 타오 씨입니다.
- 스키장에 스키를 타러 가면 스키와 옷과 신발을 빌려야 해서 돈이 많이 (　　　)습니다/
  ㅂ니다.

① 들다 　　　　　② 맞다 　　　　　③ 벌다 　　　　　④ 쓰다

20)

- ( )은/ㄴ 맛이 나는 이 채소 이름이 무엇입니까?
- 몬시네 씨는 글씨를 아주 예쁘게 ( )습니다/ㅂ니다.
- 저는 눈이 나빠서 초등학교 때부터 안경을 ( )았습니다/었습니다.
- 티중 씨, 제가 지우개를 안 가져왔는데 티중 씨 지우개 좀 ( )아도/어도 돼요?

① 맞다   ② 쓰다   ③ 짜다   ④ 들다

21)

- 어제 우리 학교가 9시 뉴스에 ( )았습니다/었습니다.
- 동생은 화가 나면 화가 풀릴 때까지 방에서 ( )지 않습니다.
- 저와 제일 친한 친구 수영이는 저와 같은 중학교, 고등학교, 대학교를 ( )았습니다/었습니다.
- 회사 앞에 있는 칼국수 식당은 메뉴가 하나밖에 없어서 주문하면 음식이 거의 3분 안에 ( )습니다/ㅂ니다.

① 내다   ② 나다   ③ 걸리다   ④ 나오다

22)

- 딜런 씨가 화가 나서 책상을 ( )고 밖으로 나갔습니다.
- 수요일마다 동네 체육관에서 사람들과 탁구를 ( )습니다/ㅂ니다.
- 우리 언니는 다섯 살때부터 피아노를 배워서 피아노를 아주 잘 ( )습니다/ㅂ니다.
- 오늘 리나 씨가 수업 시간에 친구들 앞에서 노래를 불렀는데 가수처럼 잘 불렀습니다. 리나 씨 노래가 끝나고 우리는 모두 박수를 ( )았습니다/었습니다.

① 맞다   ② 차다   ③ 치다   ④ 하다

23)

- 바람이 ( )습니다/ㅂ니다. 곧 겨울이 시작될 것 같습니다.
- 휴대폰으로도 시간을 알 수 있어서 저는 시계를 ( )지 않습니다.
- 스티브 씨는 힘이 셉니다. 축구공을 ( )(으)면 공이 아주 멀리 갑니다.
- 예약하고 싶은 호텔 방이 다 ( )아서/어서 다른 호텔을 찾아야 합니다.

① 맞다   ② 비다   ③ 차다   ④ 하다

24)

- 상처가 ( )은/ㄴ 곳에 물이 들어가면 아주 아픕니다.
- 콧물이 ( )고 기침이 나옵니다. 감기에 걸린 것 같습니다.
- 친구가 약속 시간에 30분이나 늦어서 좀 화가 ( )았습니다/었습니다.
- 며칠 된 반찬에서 이상한 냄새가 ( )아서/어서 먹지 않고 버렸습니다.
- 한국에 온 지 삼 년이 되었지만 한국에 온 첫날이 아직도 기억이 ( )습니다/ㅂ니다.

① 나다   ② 내다   ③ 들다   ④ 풀다

어휘력 쑥쑥

입 入	들어가다, 들어오다	to go in, to come in, to enter / 入る / 进去 / đi vào
	입구	entrance / 入口 / 入口 / cổng vào
	입원	hospitalization / 入院 / 住院 / nhập viện
	입학	admission / 入学 / 入学 / nhập học
	입장권	admission ticket / 入場券 / 入场券 / vé vào cửa
	출입	entry and exit, access / 立入禁止 / 禁止出入 / cấm ra vào

출 出	나가다, 나오다	to go out, to come out / 出る / 出去 / đi ra ngoài
	출근	going to work / 出勤 / 上班 / đi làm
	출발	departure / 出発 / 出发 / xuất phát
	출석	attendance / 出席 / 出席 / sự tham dự
	출장	business trip / 出張 / 出差 / chuyến công tác
	외출	going out / 外出 / 外出 / đi ra ngoài

동 動	움직이다	to move / 動く / 移动 / di chuyển
	동물	animal / 動物 / 动物 / động vật
	운동	exercise / 運動 / 运动 / tập luyện, vận động
	행동	behavior / 行動 / 行为 / hành vi
	자동차	automobile / 自動車 / 汽车 / ô tô
	자동판매기	vending machine / 自動販売機 / 自动售货机 / máy bán hàng tự động

● 한국의 에티켓

나이가 많은 사람과
두 손으로 악수해요.

나이가 많은 사람에게
두 손으로 물건을 받거나 드려요.

나이가 많은 사람에게 인사할 때
고개를 숙여요.

나이가 많은 사람과 술을 마실 때
고개를 돌려요.

식사할 때 그릇을 들고 먹지 않아요.

버스나 지하철에서 나이 많은 사람이나 몸이
불편한 사람이 타면 자리에서 일어나요.

연습문제 정답

Day 01 수 · 양①

1. 1) 만 2) 이십팔 3) 십팔 4) 팔십 5) 백삼십팔
   6) 칠백오십삼 7) 영일영 이사오삼 육칠구팔
   8) 사십 9) 백육십오만 구천 10) 십사억 오천만
   11) 칠십만 12) 영
2. 1) ② 2) ④ 3) ①

Day 02 수 · 양②

1. 1) ④ 2) ② 3) ③ 4) ③ 5) ③ 6) ④ 7) ③
   8) ③ 9) ① 10) ①
2. 1) ① 2) ② 3) ①

Day 03 수 · 양③

1. 1) ③ 2) ① 3) ① 4) ① 5) ④ 6) ① 7) ①
   8) ③ 9) ②
2. ④
3. 1) ③ 2) ①
4. ①

Day 04 수 · 양④

1. 1) ④ 2) ③ 3) ① 4) ④ 5) ③ 6) ④ 7) ③
   8) ③ 9) ③ 10) ②
2. ①
3. ④
4. 1) ② 2) ③

Day 05 수 · 양⑤

1. 1) ② 2) ③ 3) ① 4) ① 5) ④ 6) ① 7) ④
   8) ④ 9) ④
2. ③
3. ②
4. 1) ④ 2) ③

Day 06 시간 · 순서①

1. 1) ① 2) ② 3) ④ 4) ③ 5) ② 6) ④ 7) ③
   8) ① 9) ① 10) ④
2. ②
3. ④
4. ①

Day 07 시간 · 순서②

1. 1) ③ 2) ④ 3) ② 4) ② 5) ① 6) ② 7) ①
   8) ④ 9) ① 10) ①
2. ③
3. 1) ② 2) ③

Day 08 시간 · 순서③

1. 1) ③ 2) ④ 3) ③ 4) ④ 5) ② 6) ③ 7) ①
   8) ④ 9) ④ 10) ③
2. ①
3. ③
4. 1) ③ 2) ④

Day 09 시간 · 순서④

1. 1) ③ 2) ① 3) ② 4) ③ 5) ④ 6) ④ 7) ①
   8) ④ 9) ① 10) ③
2. ②
3. ②

Day 10 시간 · 순서⑤

1. 1) ③ 2) ③ 3) ② 4) ④ 5) ④ 6) ④ 7) ④
   8) ① 9) ③ 10) ②
2. ①
3. ①
4. 1) ③ 2) ④

Day 11 장소①

1. 1) 슈퍼마켓 2) 시장 3) 헬스클럽 4) 테니스장

2. 1) ③ 2) ④ 3) ③ 4) ④ 5) ④ 6) ③ 7) ④

3. 1) ① 2) ③

4. 1) ③ 2) ④

Day 12 장소②

1. 1) 우표 2) 봉투 3) 소포 4) 기자

2. 1) ③ 2) ④ 3) ① 4) ③ 5) ④ 6) ③

3. ①

4. 1) ④ 2) ①

Day 13 장소③

1. 1) 섬 2) 군인 3) 왕 4) 마을

2. 1) ④ 2) ③ 3) ③ 4) ② 5) ③ 6) ④ 7) ③

3. 1) ③ 2) ①

4. 1) ④ 2) ①

Day 14 장소④

1. 1) ② 2) ③ 3) ③ 4) ② 5) ② 6) ② 7) ④
8) ① 9) ③ 10) ①

2. 1) ② 2) ④

3. 1) ③ 2) ④

Day 15 위치 · 방향 ①

1. 1) ④ 2) ① 3) ③ 4) ② 5) ③ 6) ① 7) ④
8) ④ 9) ④

2. ④

3. 1) ④ 2) ③

Day 16 위치 · 방향②

1. 1) 북쪽 2) 서쪽 3) 동쪽 4) 남쪽

2. 1) ④ 2) ② 3) ① 4) ②

3. ③

4. ①

5. ③

Day 17 지시

1. 1) ② 2) ④ 3) ③ 4) ② 5) ④ 6) ④ 7) ④
8) ① 9) ① 10) ④ 11) ④ 12) ① 13) ①
14) ③

2. 1) ② 2) ④ 3) ④

3. ①

4. 1) ④ 2) ② 3) ①

Day 18 연결

1. 1) ② 2) ③ 3) ① 4) ② 5) ③ 6) ④ 7 ④
8) ① 9) ①

2. 1) ② 2) ③ 3) ③

Day 19 색깔

1. 1) 흰색 2) 노란색 3) 초록색 4) 빨간색 5) 검
은색 6) 주황색

2. 1) ① 2) ④ 3) ① 4) ②

3. ④

4. ②

연습문제 정답

Day 20 부분·전체

1. 1) ① 2) ① 3) ③ 4) ① 5) ③ 6) ③ 7) ①
8) ③ 9) ③ 10) ①

2. ③

3. ②

4. ②

Day 21 사람

1. 1) ③ 2) ① 3) ② 4) ③ 5) ① 6) ④ 7) ③
8) ② 9) ④ 10) ①

2. 1) ④ 2) ③

3. 1) ③ 2) ④

Day 22 가족

1. 1) ④ 2) ④ 3) ① 4) ① 5) ③

2. 1) ④ 2) ④ 3) ③ 4) ④ 5) ④

3. 1) ② 2) ①

4. 1) ④ 2) ④

Day 23 마음·감정①

1. 1) ① 2) ③ 3) ① 4) ③ 5) ② 6) ② 7) ④
8) ③ 9) ② 10) ③

2. ①

3. ②

4. 1) ④ 2) ④

Day 24 마음·감정②

1. 1) ③ 2) ② 3) ② 4) ① 5) ④ 6) ① 7) ②
8) ③ 9) ① 10) ①

2. ④

3. 1) ① 2) ③

Day 25 마음·감정③

1. 1) ④ 2) ③ 3) ① 4) ③ 5) ④ 6) ① 7) ④
8) ④ 9) ① 10) ①

2. ③

3. 1) ③ 2) ①

Day 26 성격·태도

1. 1) ③ 2) ① 3) ④ 4) ③ 5) ① 6) ④ 7) ④
8) ③ 9) ①

2. ③

3. 1) ① 2) ②

Day 27 몸·감각①

1. 1) 머리카락 2) 눈 3) 이 4) 목 5) 코 6) 입
7) 입술 8) 어깨 9) 다리 10) 발 11) 팔
12) 가슴 13) 배 14) 발가락

2. 1) ④ 2) ① 3) ③ 4) ③

3. 1) ② 2) ① 3) ④

Day 28 몸·감각②

1. 1) ④ 2) ④ 3) ① 4) ① 5) ① 6) ④ 7) ②
8) ② 9) ③ 10) ①

2. ①

3. 1) ④ 2) ③

Day 29 건강①

1. 1) ③ 2) ② 3) ② 4) ④ 5) ③ 6) ③ 7) ③
8) ③ 9) ④ 10) ④

2. ④

3. 1) ② 2) ④

Day 30 건강②

1. 1) ③ 2) ③ 3) ④ 4) ① 5) ① 6) ② 7) ②
   8) ② 9) ② 10) ④

2. ④

3. ①

4. 1) ④ 2) ③

Day 31 생각

1. 1) ④ 2) ③ 3) ② 4) ① 5) ① 6) ④ 7) ①
   8) ③ 9) ① 10) ③

2. 1) ④ 2) ④

3. 1) ③ 2) ④

Day 32 관계①

1. 1) ④ 2) ③ 3) ② 4) ① 5) ④ 6) ④

2. 1) ② 2) ③

3. ②

4. 1) ③ 2) ①

Day 33 관계②

1. 1) ③ 2) ① 3) ④ 4) ① 5) ④ 6) ④ 7) ③
   8) ④ 9) ① 10) ④

2. 1) ② 2) ①

3. 1) ① 2) ③

Day 34 관계③

1. 1) ④ 2) ③ 3) ② 4) ② 5) ① 6) ④ 7) ③
   8) ③ 9) ③

2. 1) ② 2) ①

3. 1) ① 2) ①

Day 35 말 · 글①

1. 1) ② 2) ① 3) ① 4) ④ 5) ① 6) ③ 7) ③
   8) ② 9) ②

2. ④

3. ④

4. ①

Day 36 말 · 글②

1. 1) ① 2) ③ 3) ① 4) ③ 5) ③ 6) ③

2. ②

3. 1) ① 2) ④

Day 37 높임말

1. 1) ③ 2) ③ 3) ① 4) ④ 5) ④ 6) ① 7) ②
   8) ④ 9) ① 10) ①

2. ④

3. 1) ② 2) ②

4. ②

Day 38 상태 · 정도①

1. 1) ③ 2) ③ 3) ① 4) ④ 5) ④ 6) ① 7) ②
   8) ① 9) ② 10) ④

2. ①

3. ②

4. ④

5. ②

Day 39 상태 · 정도②

1. 1) ③ 2) ① 3) ④ 4) ④ 5) ② 6) ④ 7) ②
   8) ③ 9) ① 10) ①

2. ①

3. 1) ③ 2) ①

연습문제 정답

Day 40 상태·정도③

1. 1) ① 2) ① 3) ① 4) ② 5) ② 6) ② 7) ③
8) ④ 9) ① 10) ④

2. 1) ④ 2) ③

3. 1) ② 2) ③

Day 41 날씨·계절

1. 1) 구름이 많다 2) 바람이 불다 3) 눈이 오다
4) 비가 오다

2. 1) ③ 2) ③ 3) ③ 4) ② 5) ④ 6) ③ 7) ③

3. 1) ④ 2) ③

4. 1) ④ 2) ④

Day 42 자연

1. 1) 하늘 2) 꽃 3) 별 4) 강 5) 돌 6) 잎
7) 해 8) 산

2. 1) ② 2) ① 3) ② 4) ④ 5) ②

3. ①

4. 1) ④ 2) ③

Day 43 동물

1. 1) 말 2) 돼지 3) 고양이 4) 닭 5) 호랑이
6) 소 7) 코끼리 8) 강아지

2. 1) ① 2) ① 3) ④ 4) ② 5) ③

3. 1) ④ 2) ②

4. 1) ③ 2) ②

Day 44 여가 생활①

1. 1) 만화를 그리다 2) 춤을 추다 3) 잠을 자다
4) 비디오 게임을 하다

2. 1) ② 2) ③ 3) ④ 4) ④ 5) ② 6) ① 7) ④

3. ①

4. ④

5. 1) ② 2) ①

Day 45 여가 생활②

1. 1) 스케이트 2) 축구 3) 야구 4) 수영

2. 1) ③ 2) ① 3) ② 4) ③ 5) ④ 6) ④ 7) ③

3. ①

4. 1) ④ 2) ④

Day 46 여가 생활③

1. 1) ② 2) ④ 3) ③ 4) ④ 5) ④ 6) ② 7) ④
8) ② 9) ① 10) ①

2. 1) ① 2) ④

3. ①

Day 47 여행

1. 1) ② 2) ① 3) ③ 4) ② 5) ③ 6) ② 7) ①
8) ② 9) ④ 10) ③

2. ②

3. ④

Day 48 한국

1. 1) 송편 2) 무궁화 3) 세배 4) 떡국 5) 김치
6) 남대문 7) 윷놀이 8) 태극기

2. 1) ② 2) ② 3) ① 4) ② 5) ②

3. ③

4. 1) ④ 2) ②

Day 49 돈

1. 1) ① 2) ④ 3) ② 4) ② 5) ① 6) ③ 4) ①
5) ④ 6) ③

2. ②

3. ③

4. 1) ④ 2) ①

Day 50 물건 사기

1. 1) ② 2) ② 3) ① 4) ① 5) ④ 6) ② 7) ②
8) ② 9) ② 10) ③

2. ①

3. 1) ③ 2) ②

Day 51 교통①

1. 1) 지하철 2) 트럭 3) 공항 4) 버스 5) 비행기
6) 택시 7) 기차역 8) 배

2. 1) ④ 2) ② 3) ② 4) ② 5) ④

3. 1) ① 2) ②

4. 1) ③ 2) ③

Day 52 교통②

1. 1) 육교 2) 신호등 3) 횡단보도 4) 삼거리

2. 1) ④ 2) ② 3) ① 4) ④ 5) ③ 6) ④ 7) ①

3. ③

4. 1) ③ 2) ④

Day 53 음식①

1. 1) 수저 2) 물 3) 접시 4) 칼 5) 요리사
6) 얼음 7) 유리컵 8) 냄비

2. 1) ③ 2) ④ 3) ② 4) ③ 5) ②

3. 1) ③ 2) ②

4. 1) ④ 2) ②

Day 54 음식②

1. 1) ① 2) ④ 3) ① 4) ② 5) ①

2. 1) ① 2) ②

3. 1) ② 2) ③

Day 55 음식③

1. 1) 썰다 2) 끓이다 3) 굽다 4) 찌다
5) 튀기다 6) 볶다

2. 1) ④ 2) ④ 3) ④ 4) ② 5) ①

3. ④

4. 1) ③ 2) ①

Day 56 음식④

1. 1) 돼지고기 2) 수박 3) 김 4) 무 5) 딸기
6) 닭고기 7) 참외 8) 귤

2. 1) ③ 2) ② 3) ① 4) ② 5) ①

3. ②

4. 1) ③ 2) ①

5. ③

Day 57 음식⑤

1. 1) 샌드위치 2) 떡 3) 아이스크림 4) 커피
5) 콜라 6) 초콜릿 7) 식빵 8) 케이크

2. 1) ④ 2) ① 3) ① 4) ③ 5) ③

3. 1) ② 2) ③

4. 1) ④ 2) ①

Day 58 음식⑥

1. 1) ③ 2) ③ 3) ② 4) ② 5) ① 6) ① 7) ②
8) ④ 9) ② 10) ③

2. ②

3. ④

4. ③

Day 59 옷①

1. 1) 원피스 2) 와이셔츠 3) 치마 4) 안경
5) 운동복 6) 운동화 7) 블라우스 8) 청바지

2. 1) ② 2) ② 3) ④ 4) ③ 5) ③ 6) ②

3. 1) ③ 2) ①

4. ③

Day 60 옷②

1. 1) 목걸이 2) 귀걸이 3) 넥타이 4) 시계
5) 스카프 6) 가방 7) 반지 8) 체크무늬

2. 1) ① 2) ② 3) ① 4) ② 5) ③

3. ③

4. 1) ③ 2) ②

Day 61 집①

1. 1) 이불 2) 칫솔 3) 식탁 4) 휴지 5) 비누
6) 치약 7) 수건 8) 침대

2. 1) ② 2) ① 3) ④ 4) ② 5) ④

3. ①

4. 1) ④ 2) ②

Day 62 집②

1. 1) 옷걸이 2) 시계 3) 선풍기 4) 텔레비전
5) 테이블 6) 쓰레기통 7) 전화기 8) 거울

2. 1) ③ 2) ① 3) ③ 4) ② 5) ①

3. ③

4. 1) ③ 2) ③

Day 63 집③

1. 1) 다림질하다 2) 이삿짐을 싣다 3) 설거지하다
4) 짐을 싸다

2. 1) ① 2) ④ 3) ② 4) ① 5) ④ 6) ② 7) ①

3. ②

4. ②

5. 1) ① 2) ③

Day 64 교육①

1. 1) ③ 2) ④ 3) ① 4) ③ 5) ①

2. 1) ① 2) ② 3) ③

3. 1) ② 2) ①

4. 1) ④ 2) ④

Day 65 교육②

1. 1) 책상 2) 가위 3) 칠판 4) 볼펜

2. 1) ② 2) ④ 3) ① 4) ② 5) ④ 6) ④ 7) ②

3. 1) ③ 2) ②

4. 1) ④ 2) ②

Day 66 교육③

1. 1) ④ 2) ④ 3) ② 4) ② 5) ③ 6) ② 7) ①
8) ① 9) ④ 10) ④

2. ③

3. 1) ③ 2) ②

Day 67 일 · 직업①

1. 1) ③ 2) ③ 3) ④ 4) ② 5) ① 6) ② 7) ④
8) ② 9) ③ 10) ①

2. 1) ③ 2) ②

1. 1) ③ 2) ③ 3) ③ 4) ④ 5) ③ 6) ④ 7) ②
8) ④ 9) ② 10) ②

2. ④

3. 1) ④ 2) ③

1. 1) ③ 2) ① 3) ④ 4) ② 5) ③ 6) ② 7) ④
8) ② 9) ③ 10) ④

2. ③

3. ②

1. 1) 경찰서 2) 교통사고 3) 변호사 4) 경찰

2. 1) ④ 2) ③ 3) ③ 4) ① 5) ① 6) ④ 7) ②

3. ③

4. ②

1. 1) ③ 2) ③ 3) ④ 4) ④ 5) ③ 6) ① 7) ③
8) ② 9) ① 10) ①

2. ①

3. ①

4. ③

1. 1) ③ 2) ③ 3) ① 4) ① 5) ④ 6) ② 7) ③
8) ③ 9) ①

2. ④

3. 1) ④ 2) ①

1. 1) ② 2) ① 3) ① 4) ④ 5) ④ 6) ② 7) ②
8) ① 9) ② 10) ①

2. 1) ① 2) ②

3. 1) ③ 2) ④

1. 1) ④ 2) ③ 3) ④ 4) ④ 5) ③ 6) ② 7) ②
8) ③ 9) ④ 10) ③

2. 1) ① 2) ①

3. 1) ① 2) ③

1. 1) ③ 2) ④ 3) ① 4) ② 5) ② 6) ④ 7) ③
8) ① 9) ② 10) ③

2. 1) ③ 2) ①

3. 1) ① 2) ③

1. 1) ② 2) ① 3) ④ 4) ① 5) ③ 6) ① 7) ①
8) ③ 9) ② 10) ②

2. 1) ① 2) ③

3. 1) ② 2) ③

1. 1) 들으면서 2) 오릅니다 3) 돌지 4) 엽니다
5) 취소되었습니다 6) 뺐습니다 7) 맞췄는데,
맞고 8) 남지 9) 줄어서 10) 끝내려고
11) 모여서 12) 됩니다 13) 팔립니다
14) 보이지

2. 1) ② 2) ② 3) ② 4) ② 5) ② 6) ① 7) ②
8) ④ 9) ③ 10) ③ 11) ③

1. 1) 바뀐 2) 보여 3) 걸려 4) 붙이지 5) 아는
6) 받았습니다 7) 빌렸습니다

2. 1) ③ 2) ④ 3) ④ 4) ③ 5) ① 6) ② 7) ③
8) ① 9) ④ 10) ② 11) ④ 12) ① 13) ③

1. 1) ① 2) ④ 3) ② 4) ① 5) ③ 6) ① 7) ②
8) ② 9) ② 10) ① 11) ① 12) ① 13) ②
14) ② 15) ③ 16) ② 17) ③ 18) ②

1. 1) ③ 2) ② 3) ② 4) ③ 5) ② 6) ② 7) ④
8) ③ 9) ① 10) ① 11) ④ 12) ③ 13) ④
14) ④ 15) ④ 16) ① 17) ② 18) ① 19) ①
20) ② 21) ④ 22) ③ 23) ③ 24) ①

색인

색인

색인

색인

색인

369

370

색인

색인

색인

색인

380

MEMO

MEMO

MEMO

마인드맵으로 배우는
초급 토픽 어휘 1800

초판 인쇄	2026년 2월 2일
초판 발행	2026년 2월 9일
저자	정보영, 최은영
편집	김아영, 권이준, 윤상희
펴낸이	엄태상
디자인	공소라
조판	보스코
콘텐츠 제작	김선웅, 장형진
마케팅 본부	이승욱, 노원준, 조성민, 이선민, 김동우
경영기획	조성근, 최성훈, 김로은, 최수진, 오희연
물류	정종진, 윤덕현, 신승진, 구윤주
펴낸곳	한글파크
주소	서울시 종로구 자하문로 300 시사빌딩
주문 및 교재 문의	1588-1582
팩스	0502-989-9592
홈페이지	http://www.sisabooks.com
이메일	book_korean@sisadream.com
등록일자	2000년 8월 17일
등록번호	제300-2014-90호

ISBN 979-11-6734-108-2 (13710)